チャンク Advanced

東京外国語大学教授 **投野由紀夫** 編

発展

CROWN Chunk Builder Advanced

三省堂

デザイン	株式会社志岐デザイン事務所(萩原睦・山本嗣也)
イラスト	ナイトウカズミ
編集協力	岡本茂紀(オフィスLEPS) 久松紀子
英文執筆	Julie Lewthwaite
英文校閲	Freya Martin
録音	株式会社巧芸創作
DTP	株式会社アベル社 G-clef

まえがき

　英語が得意でない人はたいてい「英語の文の組み立て（＝文法）がわからない」か「単語力が足りない」かのどちらかです。英語がある程度できる人は、この基礎は身についてきていますが、読めても喋れない、書けない、という発信能力を鍛える部分でうまくいかないことが多いのです。

　この『クラウン チャンクで英単語』はチャンク（chunk）学習によってこれらの悩みを一石二鳥で解決しようという画期的な教材です。

　チャンク（chunk）とは、take medicine（薬を飲む）のように1つの覚えるべき単語Y（たとえばmedicine）に対して、その単語を身につけるために最も適するパートナーで、かつすでに誰もが知っている基本単語（ここではtake）を組み合わせたX+Y（take medicine）のまとまりを表すようなフレーズのことです。

　本書では、このチャンクの選定を私の専門のコーパス（大量の実際に使用された英語をコンピューター分析するための言語データベース）を使って教科書や入試問題を分析して行い、新しい単語Yと知っている単語Xの組み合わせで、どんどん発信語彙がついていくようにチャンクを配列しています。だまされたと思って、このチャンクを学んでみてください。一気に自分のアイデアを英語にしてみる「文の組み立て」と「単語力」が知らず知らずのうちに身についていくのを体感され、英語が苦手な人は骨組みと語彙の知識がつき、英語が得意な人もより発信力が身についてパワーアップするに違いありません。

　チャンクの道も一歩から！　健闘を祈ります！

投野由紀夫

もくじ

本書の構成……… 6
本書の使い方……… 10
学習のヒント……… 13
発音記号表……… 14

LEVEL 1

STEP1 ……… 16
STEP2 ……… 30
STEP3 ……… 44
STEP4 ……… 58
STEP5 ……… 72

LEVEL 2

STEP6 ……… 88
STEP7 ……… 102
STEP8 ……… 116
STEP9 ……… 130
STEP10 ……… 144
STEP11 ……… 158
STEP12 ……… 172

STEP13 ……… 186
STEP14 ……… 200
STEP15 ……… 214
STEP16 ……… 228
STEP17 ……… 242
STEP18 ……… 256
STEP19 ……… 270

LEVEL 3

STEP20 ……… 286
STEP21 ……… 300
STEP22 ……… 314
STEP23 ……… 328
STEP24 ……… 342
STEP25 ……… 356
STEP26 ……… 370

フォーカスワード
(基本動詞)

- ask ····· 29
- come ····· 43
- do ····· 57
- feel ····· 71
- find ····· 85
- get ····· 101
- give ····· 115
- go ····· 129
- have ····· 143
- know ····· 157
- look ····· 171
- make ····· 185
- put ····· 199
- say ····· 213
- see ····· 227
- take ····· 241
- tell ····· 255
- think ····· 269
- want ····· 283

フォーカスワード
(前置詞)

····· 384

レッツ！ スピーク❶ ····· 86
レッツ！ スピーク❷ ····· 284
レッツ！ スピーク❸ ····· 386

さくいん ····· 387

記号一覧

名	名詞	＝	同意語
動	動詞	⇔	反意語
形	形容詞	⇒	派生語・関連語
副	副詞	ア	アクセント注意
接	接続詞	発	発音注意
前	前置詞	活用	動詞の活用
助	助動詞	複数	名詞の複数形
代	代名詞	変化	形容詞の比較級・最上級
間	間投詞	※	補足情報

本書の構成

■メインページ

Ⓐ Round

学習した日付を記入する欄です。頑張って最低3回繰り返しましょう。

Ⓑ チェックボックス

覚えたチャンク・単語にチェックをつけましょう。3回チェックが入ったら完成です。

Ⓒ チャンク

LEVEL1・2は、日本語→英語の順で示しています。日本語を見て、チャンクを言えるようになりましょう。LEVEL3は、英語→日本語の順で示しています。英語を見て、日本語の意味がすらすら出てくるように学習しましょう。チャンクでターゲットとなっている単語とその訳は赤字にしています。また、派生語・関連語についてもチャンクを示している場合もあります。

Ⓓ 見出し語

チャンクの中で、押さえておきたい単語です。

Ⓔ 黙字

色を薄くして、発音されない字を示しています。

| Round 1 | 月 | 日 | Round 2 | 月 | 日 | Round 3 | 月 | 日 |

想像・推量	0037	未来を想像する ▶想像力豊かな作家 ▶想像上の生き物	imagine a future ▶an imaginative writer ▶an imaginary creature
	0038	彼女の能力を疑う ▶彼が来るかどうか疑う	doubt her ability ▶doubt if he will come
	0039	不思議に思える ▶一見不可能な	seem strange ▶seemingly impossible
説明・描写	0040	変化を説明する ▶20%を占める ▶銀行口座を開く	account for the change ▶account for 20% ▶open a bank account
	0041	状況を詳しく述べる	describe the situation
	0042	線を引く ▶注意を引きつける	draw a line ▶draw attention
	0043	ポスターを展示する	display a poster
	0044	理由を説明する	explain the reason
	0045	見解を表す ▶国を代表する	represent the views ▶represent the country
	0046	可能性を示す	indicate the possibility
	0047	詳細を覚えている	remember the details
	0048	よく使われる表現	a common expression

ポイント account は多義語。以下のチャンクも確認しておこう。
take this into account (これを考慮に入れる)
on this account (このような理由により)

❻発音記号

単語の読み方を示しています。

❼アクセント・発音

アクセントや発音に注意すべき語に、それぞれ㋐・㋭アイコンをつけています。

❽意味

見出し語の中で、とくに覚えておくべき意味を赤字にしています。

❾STEP

60チャンク（LEVEL3は90チャンク）で1STEPです。

❿ポイント・問題

単語の使い分け・語法などの情報、もしくは練習問題として入試問題が載っています。単語への理解を深めましょう。

本書の構成

■例文ページ

各STEPで学習したチャンクを、より着実に覚えるためのページです。何度も繰り返して、LEVEL1・2は日本語から英語、LEVEL3は英語から日本語が言えるようになりましょう。

Ⓐ訳文

例文の訳です。チャンクの訳にあたる部分を赤字にしてあります。

Ⓑ例文

学習したチャンクを赤字にしてあります。

※ LEVEL3は、Ⓐがページ右側、Ⓑがページ左側に来ています。

■フォーカスページ

英語の学習上、とくに重要な基本語を特集したページです。

Ⓐ見出し語

取り上げている単語です。

Ⓑ共通イメージ

単語の意味がもつ共通の意味を表しています。

Ⓒ意味

単語の主な意味が載っています。

Ⓓイメージ図

単語のコアな意味をイメージでとらえるためのイラストです。

Ⓔ○○で言ってみよう!

見出し語で表現できる主なフレーズを載せてあります。何度も繰り返して言ってみましょう。

本書の使い方

本書はふつうの単語集とは構成が異なり、単語と単語の結びつきのセット＝チャンクの学習をメインに置いています。それゆえ以下のような手順で学習することで最大限の効果が出るように作られています。単に単語を丸暗記するのはやめて、もっと戦略的に効果的な語彙学習をしてみてください。

ステップ1

チャンクの英語から日本語にできるかをチェック

まず、見開きページの左側、チャンクの英語を見て意味がすぐに日本語で出てくるか確認してみましょう。もし、日本語訳が正しくできれば、そのチャンクに含まれる英単語は認識できていることになるので、ステップ3に進みます。もしチャンクを正しく日本語にできないようならば、ステップ2を先におこなってください。

ステップ3

日本語の意味を見てチャンクが言えるか確認

今度は覚えた単語を組み込んだチャンク自体を覚えます。これも基本的にはステップ2と同様にまずは英語から日本語に、次に日本語から英語にできるかを何度も練習しましょう。この段階でもうその単語の使い方の最も典型的な例をマスターしていますので、相当力がついているはずです。

ステップ2
チャンクの英単語を確認

チャンクをすぐに日本語にできない場合は、右ページを見て、チャンクの中に出てくる単語の意味を覚えましょう。覚える際は、目で単語を見て耳で聞いて口で発音して手で実際に書いて、など多様なモードで記憶に留めるようにしてください。この場合、最初は英語→日本語の順で練習し、慣れてきたら日本語→英語で出てくるかチェックします。また、派生語・関連語のチャンクについても2周目以降の学習でチェックしましょう。

ステップ4
単語について理解を深めよう

そのページにある単語の使い分けや語法などの補足情報や、練習問題として入試問題を載せています。ここもあわせて学習することで単語についての理解を深めましょう。

※ LEVEL3は、日本語と英語が逆になっています。必ずしも日本語→英語の言いかえができなくてもよいですが、余裕があればやってみましょう。

ステップ5

チャンクを文レベルで使えるように練習

最後にチャンクの入った文レベルでの練習をします。これによって、チャンクを発信語彙として用いることのできるレベルまで引き上げます。これも、日本語を見て英語を何度も口で言って実際にスペリングなどに注意して書いてみてください。ここまでできれば、チャンクを使って自己表現するレベルにまで単語力が身についています。

何度も繰り返そう！

※文にあわせて、時制や冠詞、単数／複数などチャンクを適宜変化させましょう。日本語に主語がない場合もあります。文意にあわせて、適当な主語を補うようにしてみましょう。

※LEVEL3は、日本語と英語が逆になっています。必ずしも日本語→英語の言いかえができなくてもよいですが、余裕があればやってみましょう。

学習のヒント

1 音声データを活用しましょう

チャンク、単語、例文など豊富なバリエーションの音声を無料でご用意しています。英単語学習では、多様なモードで学習することが重要です。耳で聞いて、実際に口に出して発音しましょう。最終的には、日本語を聞いて英語が瞬時に言えるようになることを目指しましょう。

専用アプリで音声無料ダウンロード

ことまなS

書名を選んでクラウドマークをタップ！

下記URLでも音声を無料で聞くことができます。

http://www.sanseido-publ.co.jp/chunk/

2 インターバルを置きながら復習します

単語学習のポイントは「忘れる頃に復習する」ということです。一度では単語は覚えられません。むしろ忘れる方がふつうです。記憶の研究ではできるだけマルチモードで脳に定着しやすくする、忘れそうになった頃に再生して復習する、というのが定番です。この本も目標を決めたらそれまでに最低4～5回は繰り返しましょう。そして、1回目と2回目のインターバルを基準に、3回目はその間隔の2乗、（3日だったら3の2乗で9日）開けて復習します。次は3乗で27日と言った具合です。試してみてください。

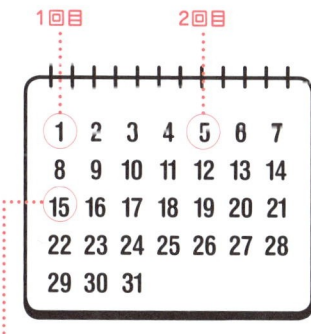

発音記号表

母 音		子 音	
/i: イー/	**meat** [mí:t ミート]	/p プ/	**pen** [pén ペン]
/i イ/	**big** [bíg ビグ]	/b ブ/	**busy** [bízi ビズィ]
/e エ/	**bed** [béd ベド]	/t ト/	**ten** [tén テン]
/æ ア/	**map** [mǽp マプ]	/d ド/	**day** [déi デイ]
/æ ア | ɑ: アー/	**ask** [ǽsk アスク]	/k ク/	**kitchen** [kítʃən キチン]
/ɑ: アー/	**farther** [fɑ́:rðər ファーザ]	/g グ/	**game** [géim ゲイム]
/ɑ ア | ɔ オ/	**hot** [hát ハト]	/ts ツ/	**cats** [kǽts キャツ]
/ʌ ア/	**cut** [kʌ́t カト]	/dz ヅ/	**goods** [gúdz グヅ]
/ɔ: オー/	**fall** [fɔ́:l フォール]	/f フ/	**food** [fú:d フード]
/ɔ: オー | ɔ オ/	**soft** [sɔ́:ft ソーフト]	/v ヴ/	**have** [hǽv ハヴ]
/u: ウー/	**school** [skú:l スクール]	/θ ス/	**thin** [θín スィン]
/u ウ/	**book** [búk ブク]	/ð ズ/	**this** [ðís ズィス]
/ə:r アー/	**hurt** [hə́:rt ハート]	/s ス/	**sea** [sí: スィー]
/ər ア/	**over** [óuvər オウヴァ]	/z ズ/	**zoo** [zú: ズー]
/ə ア/	**about** [əbáut アバウト]	/ʃ シュ/	**push** [púʃ プシュ]
/ei エイ/	**take** [téik テイク]	/ʒ ジュ/	**television** [téləvìʒən テレヴィジョン]
/ai アイ/	**high** [hái ハイ]	/h フ/	**hat** [hǽt ハト]
/ɔi オイ/	**voice** [vɔ́is ヴォイス]	/tʃ チ/	**chair** [tʃéər チェア]
/ou オウ/	**note** [nóut ノウト]	/dʒ ヂ/	**just** [dʒʌ́st ヂャスト]
/au アウ/	**how** [háu ハウ]	/m ム, ン/	**meet** [mí:t ミート]
/iər イア/	**ear** [íər イア]	/n ヌ, ン/	**noon** [nú:n ヌーン]
/eər エア/	**fair** [féər フェア]	/ŋ ング/	**sing** [síŋ スィング]
		/l ル/	**leg** [lég レグ]

＊カナ発音はおおよその目安と考えてください。
＊/ə/ はアクセントのないあいまいな発音で, この部分のカナ発音は, なるべくつづり字に合わせて「アイウエオ」としてあります。
＊イタリック体は, その音を発音する場合と発音しない場合があることを表しています。

CROWN Chunk Builder
Advanced

LEVEL
1

高校必修

| Round 1 | 6月6日 | Round 2 | 月 日 | Round 3 | 月 日 |

LEVEL 1

動作・身体

0001	錠剤を**飲み込む**	**swallow** a pill
0002	その仕事**に応募する** ▶現実の問題**に適用される**	**apply for** the work ▶apply to practical problems
0003	事態を**処理する**	**handle** the situation
0004	その機械を**動かす** ▶患者**の手術をする**	**operate** the machine ▶operate on the patient
0005	土台を**揺るがす**	**shake** the foundation
0006	**身体の**病気	**physical** illness
0007	仕事を**やめる** ▶喫煙を**やめる**	**quit** my job ▶quit smoking

考慮・検討

0008	彼の提案について**考える**	**consider** his proposal
0009	**再検討**を行う ▶**批評**を受ける	conduct a **review** ▶receive reviews
0010	**問題**に取り組む ▶免許証を**発行する**	address an **issue** ▶issue a license
0011	役立つ**ヒント** ▶アフリカの西**端**	useful **tips** ▶the western tip of Africa
0012	その問題を**解く** ▶可能な**解決策**	**solve** the problem ▶a potential solution

次の（ ）内に正しい前置詞を入れよう。
He applied (　) the bank (　) a loan.
(「彼は銀行にローンの申し込みをした」、となるように一語ずつ記入)

☐☐☐	**swallow** [swάlou]	動 飲み込む 名 飲むこと、ひと飲み
☐☐☐	**apply** [əplái]	動 ❶ (…に)応募する、申し込む(for)、(団体などに)応募[志願]する(to) ❷ (…に)あてはま[め]る、適用される(to) ⇒ application 名 ❶ 申し込み ❷ 適用、応用
☐☐☐	**handle** [hǽndl]	動 処理する、扱う 名 取っ手
☐☐☐	**operate** [άpərèit]	動 ❶ 動かす、作動する ❷ (人を)手術する(on) ⇒ operátion 名 手術、操作
☐☐☐	**shake** [ʃéik] 活用:shook-shaken	動 揺さぶる、振る、揺れる 名 振ること、振動 ⇒ sháky 形 ❶ 震える、揺れる ❷ 不安定な、あてにならない
☐☐☐	**physical** [fízikəl]	形 ❶ (身)体の、肉体の ❷ 物質の、物理(学)の ⇒ phýsics 名 物理学
☐☐☐	**quit** [kwít] 活用:quit-quit	動 やめる(= give up) ★ quit doing …することをやめる
☐☐☐	**consider** [kənsídər]	動 ❶ (よく)考える、…しようかと思う(doing) ❷ 思う ★ consider O C OをCと見なす ⇒ considerátion 名 考慮、思いやり
☐☐☐	**review** [rivjú:]	名 ❶ 再検討 ❷ 批評 ❸ 復習 動 ❶ 見直す、再検討する ❷ 復習する
☐☐☐	**issue** [íʃu:]	名 ❶ 問題(点) ❷ 発行(物)、(新聞・雑誌などの)号 動 発行する
☐☐☐	**tip** [típ]	名 ❶ ヒント ❷ 先端、先 ❸ チップ
☐☐☐	**solve** [sάlv]	動 ❶ (問題などを)解く、解決する ❷ 溶解する ⇒ solútion 名 ❶ 解決(策) ❷ 溶解、溶液

正解 to, for (申込先には to、申し込む内容には for を使う)

	分離	0013 領土を**分ける** ▶分業	**divide** the territory ▶<u>division</u> of labor
		0014 **別の**種	a **separate** species
		0015 票を**分ける**	**split** the vote
	批判・反対	0016 失敗**を**彼**のせいにする**	**blame** him **for** the failure
		0017 その法律に**反対する** ▶その考え**に反対である**	**oppose** the legislation ▶<u>be opposed to</u> the idea
		0018 **否定的な**感情	**negative** emotions
		0019 政府を**非難する**	**criticize** the government
	誤り・失敗	0020 **誤り**を犯すことを回避する	avoid making an **error**
		0021 **ばかな**間違い	**silly** mistakes
		0022 交渉**に失敗する** ▶実現**しない**	**fail in** the negotiations ▶<u>fail to</u> come true
✓		0023 お茶を**こぼす**	**spill** tea
✓		0024 **責任**を認める ▶他人**のあら探しをする**	admit **fault** ▶<u>find fault with</u> others

criticize は、意見や言動などを批判するときに広く使う語。
blame は、事故や失敗など、具体的な問題点を人のせいにするときに使う。
She always ×criticizes (⇒○blames) others for her failure.
(彼女は自分の失敗をいつも他人のせいにする)

	divide [dəváid]	動 (…に)分ける、分割する(into) ⇒ divísion 名 ❶ 分割 ❷ 部門
	separate [sépərət]	形 別の、離れた 動 [sépərèit] 隔てる、分ける ⇒ separátion 名 分離
	split [splít] 活用:split-split	動 分ける[分割する]、裂く
	blame [bléim]	動 せいにする、非難する ★ blame A for B [B on A] BをAのせいにする、BのことでAを非難する
	oppose [əpóuz]	動 反対する ★ be opposed to A Aに反対である(※このopposedは形容詞) ⇒ opposítion 名 反対
	negative [négətiv]	形 ❶ 否定的な、不賛成の(⇔ pósitive) ❷ 負の
	criticize [krítəsàiz]	動 非難する、批判する ★ criticize A for B AをBのことで[AのBを]非難する ⇒ críticism 名 非難
	error [érər]	名 誤り、間違い
	silly [síli]	形 ばかな、愚かな
	fail [féil]	動 ❶ (…に)失敗する(in)、(試験に)落ちる ❷ …しない(to do) ⇒ fáilure 名 失敗
	spill [spíl] 活用:spilled[spilt]-spilled[spilt]	動 こぼす、こぼれる
	fault [fɔ́ːlt]	名 ❶ (失敗などの)責任 ❷ 欠点、欠陥 ★ find fault with A Aのあら探しをする、Aの欠点を探す

oppose A と be opposed to A はほぼ同意。ただ、be opposed to the marriage というと「結婚に反対している」という意志を表すのに対し、oppose the marriage は「結婚に反対して具体的な行動を取る」といった違いが生じることがある。いずれにせよ、× oppose to the marriage としないよう注意しよう。

| | Round 1 月 日 | Round 2 月 日 | Round 3 月 日 |

修理・交換

0025 鏡を**取り付ける** | **fix** a mirror
▶利率を**決定する** | ▶fix the interest rate

0026 電球を**取り替える** | **replace** the bulbs
▶砂糖を蜂蜜と**取り替える** | ▶replace sugar with honey

0027 ひびを**修理する** | **repair** the crack

知覚・精神

0028 標識に**気がつく** | **notice** a sign
▶彼が一人で座っているのに気がつく | ▶notice him sitting alone

0029 精力を**集中させる** | **concentrate** my energy
▶その問題に**集中する** | ▶concentrate on the issue

0030 外交政策に**焦点を合わせる** | **focus on** foreign policy

0031 **なぞ**のままである | remain a **mystery**

0032 彼の音楽**の才能** | his **talent for** music

0033 犠牲者**のために祈る** | **pray for** the victims

0034 彼が病気**かしらと思う** | **wonder if** he is sick
▶自然の**驚異** | ▶natural wonder

0035 **目がさめた**ままでいる | stay **awake**

0036 君の**心**を占める | occupy your **mind**

ポイント fix はさまざまな意味で使われるので、多くのチャンクを覚えておこう。
　　fix my chair（私のいすを修理する）
　　fix (on) the date for the meeting（会議の日程を決める）
　　fix a plan（計画を決める）

☐☐☐	**fix** [fíks]	動 ❶ 取り付ける、固定する ❷ 修理する ❸ (時間、価格などを)決める ⇒ fixture 名 備品、固定されたもの
☐☐☐	**replace** [ripléis]	動 ❶ 取り替える、取って代わる ❷ …の後を継ぐ、…の後任となる ★ replace A with B　A を B と取り替える ⇒ replácement 名 交換
☐☐☐	**repair** [ripéər]	動 修理する 名 修理
☐☐☐	**notice** [nóutəs]	動 ❶ 気がつく ★ notice A do[doing]　A (人など)が…する[している]のに気がつく ❷ 通知する
☐☐☐	**concentrate** [kánsəntrèit] ⑦	動 (注意などを)集中させる、専念する ★ concentrate on A　A に集中する ⇒ concentrátion 名 集中
☐☐☐	**focus** [fóukəs]	動 (…に)焦点を合わせる、(…に)集中する(on) 名 焦点、的
☐☐☐	**mystery** [místəri]	名 なぞ、神秘 ⇒ mystérious 形 神秘的な
☐☐☐	**talent** [tǽlənt] ⑦	名 (…の)才能(for) ⇒ tálented 形 才能がある
☐☐☐	**pray** [préi]	動 (…を)祈る(for) ⇒ práyer [préər] 名 祈り
☐☐☐	**wonder** [wʌ́ndər]	動 ❶ …かしら(と思う) (if[whether]節) ❷ 不思議に思う(about) 名 驚異、不思議なもの
☐☐☐	**awake** [əwéik]	形 目がさめて(⇔ asléep) 動 起こす　目をさます (※活用：awoke-awoken)
☐☐☐	**mind** [máind]	名 心、精神 動 ❶ いやだと思う、気に障る ❷ 心にとめる、注意する

芸能人を指す「テレビタレント」は和製英語。英語では、TV personality、TV star などと言うのがふつう。また、「有名人」という意味では celebrity を使うことが多い。「セレブ」は celebrity を略した celeb に由来するが、celeb はネイティブも使っている。

| | Round 1　　月　　日 | Round 2　　月　　日 | Round 3　　月　　日 |

LEVEL 1

推測・想像

0037 未来を**想像する** — **imagine** a future
- ▶**想像力豊かな**作家 — ▶an imaginative writer
- ▶**想像上の**生き物 — ▶an imaginary creature

0038 彼女の能力を**疑う** — **doubt** her ability
- ▶彼が来る**かどうか疑う** — ▶doubt if he will come

0039 不思議に**思える** — **seem** strange
- ▶**一見**不可能な — ▶seemingly impossible

説明・描写

0040 変化**を説明する** — **account for** the change
- ▶20%**を占める** — ▶account for 20%
- ▶銀行**口座**を開く — ▶open a bank account

0041 状況を**詳しく述べる** — **describe** the situation

0042 線を**引く** — **draw** a line
- ▶注意を**引きつける** — ▶draw attention

0043 ポスターを**展示する** — **display** a poster

0044 理由を**説明する** — **explain** the reason

0045 見解を**表す** — **represent** the views
- ▶国を**代表する** — ▶represent the country

0046 可能性を**示す** — **indicate** the possibility

0047 **詳細**を覚えている — remember the **details**

0048 よく使われる**表現** — a common **expression**

ポイント account は多義語。以下のチャンクも確認しておこう。
take this into account（これを考慮に入れる）
on this account（このような理由により）

☐☐☐	**imagine** [imædʒin]	動 想像する ⇒ imaginátion 名 想像(力) ⇒ imáginative 形 想像力豊かな ⇒ imáginary 形 想像上の
☐☐☐	**doubt** [dáut]	動 疑う、 　(…かどうか)疑問に思う(if[whether]節) 名 疑い
☐☐☐	**seem** [síːm]	動 思われる、見える ⇒ séemingly 副 一見したところ、外見的には
☐☐☐	**account** [əkáunt]	動 ❶ (…を)説明する、(…の)原因となる(for) ❷ (割合、部分を)占める(for) 名 ❶ 理由　❷ (銀行の)口座　❸ 報告書、説明 ★ on account of A　Aのために、Aの理由で
☐☐☐	**describe** [diskráib]	動 詳しく述べる、記述する、描写する ⇒ descríption 名 記述、描写
☐☐☐	**draw** [drɔ́ː] 活用：drew-drawn	動 ❶ 線を引く、(絵を)描く　❷ 引っ張る ❸ (注意などを)引きつける 名 引き分け ⇒ dráwing 名 スケッチ、図面
☐☐☐	**display** [displéi]	動 ❶ 展示する、陳列する　❷ (感情を)示す 名 展示
☐☐☐	**explain** [ikspléin]	動 (物事を)説明する ⇒ explanátion 名 説明
☐☐☐	**represent** [rèprizént]	動 ❶ 表す、象徴する(= stand for) ❷ 代表する
☐☐☐	**indicate** [índəkèit]	動 示す、指し示す ⇒ indicátion 名 指示
☐☐☐	**detail** [díːteil]	名 詳細、細部 ★ in detail　詳細に
☐☐☐	**expression** [ikspréʃən]	名 ❶ 表現、言い回し　❷ 表情 ⇒ expréss 動 表現する　名 急行列車

draw のチャンクを確認しよう。
　　draw in the end（結局引き分けになる）
　　draw $100 from the bank（銀行から100ドル引き出す）

経済	0049 価値を高める	add **value**
	0050 富を産む	generate **wealth**
	0051 お金を旅行に使う	**spend** money **on** trips
	0052 利益を得る	**earn** a profit
	0053 その情報を共有する	**share** the information
	0054 予算を削減する	cut the **budget**
職業	0055 審査員に感銘を与える	impress the **judges**
	0056 お気に入りの作家	a favorite **author**
	0057 職業を選ぶ	choose my **occupation**
比較	0058 電車より車を好む ▶むしろ屋内にいたい	**prefer** cars **to** trains ▶prefer to stay indoors
	0059 光と影の対照	the **contrast** between light and dark
	0060 価格を比較する ▶人生を旅にたとえる	**compare** the prices ▶compare life to a journey

 judge を使ったことわざに、Don't judge a book by its cover.（本の中身を表紙で判断するな⇒見かけで判断してはいけない）がある。

☐☐☐	**value** [vǽljuː]	名 ❶ 価値　❷ 価格 動 評価する ⇒ váluable 形 価値のある、高価な ⇒ inváluable 形 非常に貴重な
☐☐☐	**wealth** [wélθ]	名 富、資産 ⇒ wéalthy 形 豊かな、裕福な
☐☐☐	**spend** [spénd] 活用：spent-spent	動 ❶（お金を）（…に）使う、費やす(on) 　❷（時間を）過ごす、費やす
☐☐☐	**earn** [ə́ːrn]	動 ❶（金を）得る、かせぐ　❷ 獲得する ⇒ éarnings 名 所得
☐☐☐	**share** [ʃéər]	動 共有する、たがいに分け合う 名 ❶ 仕事の分担、役割　❷（利益などの）分け前 　❸（会社の）株
☐☐☐	**budget** [bʌ́dʒət]	名 予算 ⇒ búdgetary 形 予算の、予算上の
☐☐☐	**judge** [dʒʌ́dʒ]	名 ❶ 審査員、審判　❷ 裁判官 動 判断する ⇒ júdgment 名 ❶ 判断(力)　❷ 裁判、審判
☐☐☐	**author** [ɔ́ːθər] 発	名 作家、著者 ⇒ authórity 名 ❶ 権威、権力 　❷ (authorities)当局、官庁
☐☐☐	**occupation** [ɑ̀kjəpéiʃən]	名 ❶ 職業　❷ 占領 ⇒ óccupy 動 占領する
☐☐☐	**prefer** [prifə́ːr] ア	動（…より）好む(to) ★ prefer A to B　B より A を好む ★ prefer to do　むしろ…したい ⇒ préference 名 好み
☐☐☐	**contrast** [kɑ́ntræst] ア	名 対照 ★ in contrast to[with] A　A と対照的に 動 [kəntrǽst] 対照をなす、対照させる
☐☐☐	**compare** [kəmpéər]	動 比較する ★ compare A with[to] B　A を B と比べる ★ compare A to B　A を B にたとえる ⇒ compárison 名 比較

prefer は目的語に -ing 形を取ることもある。
I prefer swimming to running.（私は走るより泳ぐほうが好きだ）

例文でCHECK!!

/60

☐	彼女は冷たい水で錠剤を飲み込んだ。	She swallowed a pill with cold water.	0001
☐	彼はその仕事に応募するように私に勧めた。	He advised me to apply for the work.	0002
☐	彼女はすばやく事態を処理した。	She quickly handled the situation.	0003
☐	その機械を動かす方法を教えていただけませんか。	Could you show me how to operate the machine?	0004
☐	その問題は、私たちの計画の土台を揺るがした。	The trouble shook the foundation of our plan.	0005
☐	過度のストレスは身体の病気を引き起こしかねない。	Too much stress can lead to physical illness.	0006
☐	私はついに仕事をやめることを決心した。	I finally decided to quit my job.	0007
☐	私たちはそのプロジェクトに対する彼の提案について考えているところだ。	We are considering his proposal for the project.	0008
☐	彼らはその貿易問題の再検討を行った。	They conducted a review of the trade problems.	0009
☐	彼らは人権問題に取り組み始めた。	They began addressing human rights issues.	0010
☐	この本は学生に対し、役立つヒントを提供する。	This book provides useful tips for students.	0011
☐	その問題を解くのに私は数時間かかった。	It took me several hours to solve the problem.	0012
☐	イギリス人はその領土を2つに分けた。	The British divided the territory into two parts.	0013
☐	彼らは若鳥を別の種と取り違えた。	They mistook the young birds for a separate species.	0014
☐	ジョンとアダムズは票を分けたが、アダムズが2票差で敗北した。	John and Adams split the vote, with Adams losing by two votes.	0015
☐	一部の人々は失敗を彼のせいにした。	Some people blamed him for the failure.	0016
☐	地域住民はその法律に反対した。	The local residents opposed the legislation.	0017
☐	否定的な感情は肯定的な感情よりもはるかによく見られる。	Negative emotions are far more common than positive ones.	0018
☐	児童労働に対して気づかぬふりをしていると彼らは政府を非難した。	They criticized the government for turning a blind eye to child labor.	0019
☐	誤りを犯すことを回避するためにスペリングを確認すべきだ。	You should check the spelling to avoid making an error.	0020

☐	彼は試験で**ばかな間違い**をするのを止める方法を私たちに示した。	He showed us how to stop making **silly mistakes** in exams.	0021
☐	彼らは適切なときに「ノー」と言えなかったため、**交渉に失敗した**。	They **failed in the negotiations** because they couldn't say "no" at the right time.	0022
☐	そのウェイターは私のシャツに**お茶をこぼした**。	The waiter **spilt tea** on my shirt.	0023
☐	彼女はその自動車事故についてついに**責任を認めた**。	She finally **admitted fault** for the car accident.	0024
☐	彼女は父親に、壁に**鏡を取り付ける**ように頼んだ。	She asked her father to **fix a mirror** on the wall.	0025
☐	私たちはランプの中の**電球を取り替えた**。	We **replaced the bulbs** in the lamps.	0026
☐	彼は天井の**ひびを修理した**。	He **repaired the crack** on the roof.	0027
☐	彼女は道路の**標識に気がついた**。	She **noticed a sign** on the road.	0028
☐	私は自分の研究に**精力を集中させている**。	I **am concentrating my energy** on my studies.	0029
☐	その新聞記事は**外交政策に焦点を合わせていた**。	The newspaper article **focused on foreign policy**.	0030
☐	その日彼らに何が起こったかは**なぞのままである**。	What happened to them on that day **remains a mystery**.	0031
☐	彼はとても幼い頃に**音楽の才能**を示した。	He showed **his talent for music** at a very early age.	0032
☐	全国民が**犠牲者のために祈った**。	The whole nation **prayed for the victims**.	0033
☐	顔色が青いので、**彼が病気かしらと思った**。	I **wondered if he was sick** because he looked pale.	0034
☐	彼女はその退屈な授業の間、**目をさましたままでいる**ようとした。	She tried to **stay awake** during the boring class.	0035
☐	一人でいるとき何が**君の心を占めていますか**。	What **occupies your mind** when you are alone?	0036
☐	全世界が平和であるという**未来を想像しよう**。	Let's **imagine a future** where the whole world is at peace.	0037
☐	**彼女の**その仕事を遂行する**能力を疑って**はいない。	I do not **doubt her ability** to do the job.	0038
☐	彼が突然考えを変えたのが私には**不思議に思える**。	It **seems strange** to me that he has suddenly changed his mind.	0039
☐	彼らは自分たちの計画の**変更を説明する**ことができなかった。	They could not **account for the change** in their plan.	0040

☐	その先生は私に**状況を詳しく述べる**ように頼んだ。	The teacher asked me to **describe the situation**.	0041
☐	私はそれらの単語の下に**線を引いた**。	I **drew a line** under those words.	0042
☐	店主は窓に**ポスターを展示する**ことに同意した。	The shopkeeper agreed to **display a poster** in the window.	0043
☐	私は彼女に、なぜ空が青いかという**理由を説明する**ように頼んだ。	I asked her to **explain the reason** why the sky is blue.	0044
☐	その調査は若者たちの**見解を表している**。	The survey **represents the views** of young people.	0045
☐	天気予報では来週雪が降る**可能性を示している**。	The weather report **indicates the possibility** of snow next week.	0046
☐	彼女は、彼がその事故の**詳細を覚えている**かどうかたずねた。	She asked if he **remembered the details** of the accident.	0047
☐	「悪銭身に付かず」は**よく使われる表現**だ。	"Easy come, easy go." is **a common expression**.	0048
☐	よい本は君の人生の**価値を高める**だろう。	Good books will **add value** to your life.	0049
☐	彼は素早く**富を産む**方法を知っている。	He knows how to **generate wealth** quickly.	0050
☐	彼女はすべての**お金を旅行に使った**。	She **spent** all the **money on trips**.	0051
☐	君は写真をオンラインで売って**利益を得る**ことができる。	You can **earn a profit** from selling your photos online.	0052
☐	私たち全員と**その情報を共有して**いただけませんか？	Could you **share the information** with all of us?	0053
☐	彼らはイベントの**予算を削減する**ことを決めた。	They decided to **cut the budget** for the event.	0054
☐	彼のすばらしい演技は**審査員に感銘を与えた**。	His wonderful performance **impressed the judges**.	0055
☐	村上氏は多くの人にとって**お気に入りの作家**だ。	Mr. Murakami is **a favorite author** of many people.	0056
☐	私は教えることが好きなので、自分の**職業を選んだ**。	I **chose my occupation** because I liked teaching.	0057
☐	彼は近距離の移動には**電車より車を好む**。	He **prefers cars to trains** when he travels a short distance.	0058
☐	**光と影の対照**が、彼の絵の中で際立っている。	**The contrast between light and dark** is outstanding in his paintings.	0059
☐	彼女は何を買う前にもオンラインで**価格を比較する**。	She **compares the prices** online before she buys anything.	0060

ask

❶ たずねる ❸ 招く
❷ たのむ、求める ❹ 要求する

[ǽsk アスク]

❶ たずねる
ask a question

❸ 誘う、招く

❷ たのむ、求める
ask him to do my homework

❹ 要求する

▶▶▶ ask で言ってみよう!

もの・こと

□ 彼の**名前**を**たずねる**   ask his name
□ 彼の**故郷**を**たずねる**   ask his hometown
□ 彼女の**住所**を**たずねる**   ask her address
□ 彼女の**秘密**を**たずねる**   ask her secret

人

□ **医者**に**たずねる**   ask a doctor
□ **専門家**に**たずねる**   ask an expert
□ **先生**に宿題について**たずねる**   ask my teacher about homework
□ **両親**にお金をくれるように**たのむ**   ask my parents for money

依頼・招待

□ 彼の**助言**を**求める**   ask for his advice
□ 彼女を**ディナー**に**誘う**   ask her to dinner
□ 彼に**手伝ってくれ**と**たのむ**   ask him to help
□ 君に**お願いする**   ask you a favor

LEVEL 1

感情・感覚

0061	彼の話に退屈する	be **bored with** his talk
0062	**楽しみ**を求める	seek **pleasure**
0063	彼女を**気の毒**に思う	feel **pity** for her
0064	ひどい**におい**がする	**smell** awful
0065	喪失**感** ▶危険を**感じる**	a **sense** of loss ▶**sense** danger

状態・存在

0066	金属**から成る**	**consist of** metals
0067	**片づいた**中庭	a **tidy** yard
0068	保存の**状態** ▶意見を**述べる**	the **state** of conservation **state** my opinion
0069	部活**に所属する**	**belong to** the club
0070	突然**消える**	suddenly **disappear**
0071	永遠に**存在する**	**exist** forever
0072	能力**不足**	**lack** of ability

 pity が「残念なこと」となる場合は可算名詞となる。
It is a pity that he didn't win the match.
（彼が試合に勝たなかったのは残念だ）

☐	**bored** [bɔ́ːrd]	形 (…に)退屈した、うんざりした(with) ⇒ bóring 形 退屈な、うんざりさせる ⇒ bóredom 名 退屈
☐	**pleasure** [pléʒər] 発	名 楽しみ、喜び ⇒ pléase 動 喜ばせる、満足させる、気に入る
☐	**pity** [píti]	名 ❶ 気の毒(※この意味では不可算) ❷ (a pity で)残念なこと ⇒ pítiful 形 あわれを誘う、卑しむべき
☐	**smell** [smél]	動 においがする、かぐ 名 におい、香り
☐	**sense** [séns]	名 ❶ 感覚、感じ　❷ 意味 ★ make sense　道理に合う、つじつまが合う 動 感じる ⇒ sénsitive 形 敏感な　⇒ sénsible 形 賢明な
☐	**consist** [kənsíst]	動 (…から)成る(of)(= be composed of) ★ consist in A　Aに存在する
☐	**tidy** [táidi]	形 片づいた、きちんとした 動 整理する、片づける(up)
☐	**state** [stéit]	名 ❶ 状態　❷ 国家、州 動 述べる ⇒ státement 名 記述、声明
☐	**belong** [bilɔ́ːŋ]	動 (…に)所属する、(…の)ものである(to) ⇒ belóngings 名 所持品、財産(※複数扱い)
☐	**disappear** [dìsəpíər]	動 消える、見えなくなる(⇔ appéar) ⇒ disappéarance 名 見えなくなること、失踪
☐	**exist** [igzíst]	動 存在する、生存する ⇒ exístence 名 存在
☐	**lack** [lǽk]	名 不足　動 欠いている ★ lack for A　Aがなくて困っている ⇒ lácking 形 足りない、欠けている

ポイント sense の派生語を確認しよう。
　　　sensitive skin（敏感な肌）
　　　a sensible decision（賢明な決定）

LEVEL 1

迷惑・混乱

0073	隣人を**いらいらさせる**	**annoy** the neighbor
0074	私のプライバシーを**妨げる**	**disturb** my privacy
0075	君の頭を**悩ませる**	**bother** your head
0076	消費者を**混乱させる**	**confuse** consumers

ポジティブな感情・評価

0077	**よく知っている**声 ▶その地域を**よく知っている**	a **familiar** voice ▶be familiar with the area
0078	彼の勇気を**称賛する**	**admire** his courage
0079	**調和**を作り出す	create **harmony**
0080	君に**お願い**をする	ask you a **favor**
0081	大いに**有利**である	have a great **advantage**
0082	**理想的な**仕事	an **ideal** occupation
0083	彼の欲求を**満たす** ▶**満足のいく**結果	**satisfy** his desires ▶satisfactory results
0084	**優れた**サービス	**excellent** service

次の（ ）内に入れるのに最も適当なものを、下の(1)〜(4)から選びなさい。
I've lived near the airport so long that I'm now ( ) to the noise of the airplanes.
(1) aware (2) conscious (3) familiar (4) used　　（センター試験）

☐	**annoy** [ənɔ́i]	動 いらいらさせる ★ be annoyed with[at, about] A　Aにいらいらしている
☐	**disturb** [distə́:rb]	動 ❶ 妨げる、乱す ❷ 心配させる、不安にする(= wórry) ⇒ distúrbance 名 妨害、騒ぎ
☐	**bother** [bɑ́ðər]	動 悩ませる、困らせる ★ bother to *do* [*doing*]（否定文・疑問文で）わざわざ…する
☐	**confuse** [kənfjú:z]	動 混乱させる、当惑させる ★ confuse A with B　AをBと混同する ⇒ confúsion 名 混乱
☐	**familiar** [fəmíljər] ⑦	形 ❶（…を）よく知っている(with)、よく知られている(to)　❷ 親しい ⇒ familiárity 名 ❶ 熟知　❷ 親しさ
☐	**admire** [ədmáiər]	動 称賛する、感心する ★ admire A for B　AのBを称賛する ⇒ admirátion 名 称賛、感心
☐	**harmony** [hɑ́:rməni]	名 調和 ★ in harmony with A　Aと調和して ⇒ harmónious 形 調和のとれた
☐	**favor** [féivər]	名 お願い、親切な行為 ★ ask a favor of A　Aにお願いをする ★ in favor of A　Aに賛成して
☐	**advantage** [ədvǽntidʒ] ⑦	名 有利(な立場)、利点(⇔ disadvántage) ⇒ advantágeous 形 有利な
☐	**ideal** [aidí:əl] ⑦	形 理想的な 名 理想
☐	**satisfy** [sǽtəsfài] ⑦	動（…で）満たす、満足させる(with) ⇒ satisfáction 名 満足 ⇒ satisfáctory 形 満足のいく
☐	**excellent** [éksələnt]	形 優れた、優秀な ⇒ éxcellence 名 優秀(さ)

正解 4　(⟨be familiar to ＋人⟩で「人によく知られている」、⟨be used to A⟩で「Aに慣れている」の意味)
(私は空港の近くに長く住んでいるので、今や飛行機の騒音に慣れている)

0085	話に**基づく**	**be based on** a story
0086	**主な**原因	the **principal** cause
0087	**上級**管理職	a **senior** manager
0088	谷**底**	the valley **bottom**
0089	**高齢者**人口	the **elderly** population
0090	**適切な**行動	**appropriate** action
0091	**正確な**定義	the **precise** definition
0092	**適切な**視点	a **proper** perspective
0093	アメリカ**市民**	a U.S. **citizen**
0094	近隣諸**国**	neighboring **nations**
0095	その法案**に賛成票を投じる**	**vote for** the bill
0096	**軍事**援助	**military** aid

世界保健機関では、60歳〜74歳を the elderly、75歳以上を the aged と呼んでいる。「老人」という時は、an old person というより、an elderly person や、an older person と呼ぶほうがていねい。an older person は、「若い人よりは年上」という意味になり、少し和らげた言い方となる。また、a senior person もていねいな表現。

☐	**base** [béis]	動 基礎を置く 名 基礎、土台、ふもと ★ be based on A　A に基づく ⇒ básic 形 基本的な
☐	**principal** [prínsəpəl]	形 主な、主要な　名 校長
☐	**senior** [síːnjər]	形 ❶（役職などが）上級の、上位の ❷（…より）年上の、先輩の (to)（⇔ júnior） 名 年長者、上司
☐	**bottom** [bátəm]	名 底（⇔ tóp）
☐	**elderly** [éldərli]	形 高齢の、初老の 名 (the elderly)（集合的に）高齢者
☐	**appropriate** [əpróupriət] ⑦	形（目的、状況にかなって）適切な、ふさわしい
☐	**precise** [prisáis]	形 正確な、ちょうどの ⇒ precision 名 正確さ、精密さ
☐	**proper** [prápər]	形 ❶ 適切な、ちゃんとした ❷ 固有の、独特な ⇒ próperly 副 適切に、正しく
☐	**citizen** [sítəzən]	名 市民、国民 ⇒ cítizenship 名 市民権
☐	**nation** [néiʃən]	名 ❶ 国家　❷ 国民 ⇒ nátional 形 国家の、国民の
☐	**vote** [vóut]	動 投票する　名 投票 ★ vote for A　A に賛成票を投じる ★ vote against A　A に反対票を投じる
☐	**military** [mílətèri]	形 軍の、陸軍の　名 軍隊 ⇒ návy 形 海軍の　名 海軍 ⇒ ármy 名 軍隊、陸軍

「国」を表す語には、nation、country、state などがある。nation は、「同じ文化や人種の集団」というニュアンスがあり、state は「政治の単位」というニュアンスがある。country は最も一般的な語で、地理的な「国」を表すことが多い。

| Round 1 | 月 日 | Round 2 | 月 日 | Round 3 | 月 日 |

LEVEL 1

与える・加える

0097	規則を**曲げる**	**bend** the rules
0098	彼**に**助け**を提供する**	**provide** him **with** help
0099	価値を**付け加える**	**add** value
0100	ITの**影響**	the **influence** of IT
0101	**影響**を与える	have an **effect**
0102	支援を**提供する**	**offer** support

性質

0103	**正常な**状態	**normal** conditions
0104	**なめらかな**曲線	a **smooth** curve
0105	**直射**日光	**direct** sunlight
0106	**形**になる	take **shape**
0107	独自の**特徴** ▶その芸術家を**特集する**	a unique **feature** ▶**feature** the artist
0108	生活の**質**	**quality** of life

次の（　）内に入れるのに最も適当なものを、下の(1)〜(4)から選びなさい。
Parents should provide their children (　) decent food and clothing.
(1) by　(2) for　(3) to　(4) with

☐☐☐	**bend** [bénd] 活用：bent-bent	動 曲げる、曲がる
☐☐☐	**provide** [prəváid]	動 提供[供給]する、与える ★ provide A with B[B for A]　A(人)にB(もの)を提供[供給]する ⇒ provision 名 供給、準備
☐☐☐	**add** [ǽd]	動 (付け)加える、足す ★ add to A　Aを増やす、Aを増す ⇒ addítion 名 追加、付け加わったもの
☐☐☐	**influence** [ínfluəns] ⓐ	名 (…への)影響(力)(on)　動 影響を及ぼす ⇒ influéntial 形 影響力がある
☐☐☐	**effect** [ifékt]	名 ❶ (…への)影響、効果(on)　❷ 結果 ★ have an effect on A　Aに影響を与える ⇒ efféctive 形 効果がある、有効な
☐☐☐	**offer** [ɔ́:fər] ⓐ	動 提供する ★ offer to do　…することを申し出る 名 申し出
☐☐☐	**normal** [nɔ́:rməl]	形 ❶ 正常な、通常の(⇔ abnórmal) 　❷ ふつうの、標準の
☐☐☐	**smooth** [smú:ð] ⓐ	形 ❶ なめらかな、平らな　❷ 円滑な、順調な 動 平らにする、円滑にする
☐☐☐	**direct** [dərékt]	形 ❶ 直接的な(⇔ indiréct)　❷ まっすぐな 動 ❶ (…に)向ける(to)　❷ 導く、指図する ⇒ diréctor 名 監督
☐☐☐	**shape** [ʃéip]	名 ❶ 形　❷ 調子 ★ be in good [bad] shape 調子がよい[悪い] 動 形作る
☐☐☐	**feature** [fí:tʃər]	名 特徴　動 呼び物にする、特集する
☐☐☐	**quality** [kwάləti]	名 質(⇔ quántity 量)　形 良質の

正解　4　(〈provide＋人＋with＋物〉で「人に物を提供する」の意味)
　　　(親は子どもたちによい食事や衣服を提供するべきである)

信頼・自信	0109 成功**を確信している**	be **confident of** success
	0110 天気**次第である** ▶輸入**に頼る**	**depend on** the weather ▶ depend on imports
	0111 **つけ**で売る	sell on **credit**
	0112 彼らの**信頼**を得る	gain their **trust**
気持ちを伝える	0113 家賃**に不満を言う**	**complain about** the rent
	0114 彼の演技を**評価する**	**appreciate** his performance
	0115 その先生**に謝る**	**apologize to** the teacher
	0116 勉強する**よう彼を励ます**	**encourage** him **to** study
大きい・多い	0117 **追加**料金	an **extra** fee
	0118 **十分な**お金	**plenty of** money
	0119 **ばく大な**利益	an **enormous** profit
	0120 **大きな**問題 ▶経済学**を専攻する**	a **major** issue ▶ major in economics

☐☐☐	**confident** [kάnfədənt]	形 (…を)確信して(about、of、that 節) ⇒ cónfidence 名 ❶ 自信、確信 　　　　　　　　❷ (…への)信頼(in)
☐☐☐	**depend** [dipénd]	動 ❶ 次第である　❷ 頼る ★ depend on A　A次第である、Aに頼る
☐☐☐	**credit** [krédət]	名 ❶ つけ、クレジット　❷ 名誉、信用 ★ do A credit [do credit to A]　Aの名誉となる 動 信用する ★ credit A with B　AがB(資質など)をもつと信じる
☐☐☐	**trust** [trʌ́st]	名 信頼、信用　動 信頼する、信用する ⇒ trústworthy 形 信頼できる、当てになる
☐☐☐	**complain** [kəmpléin]	動 不満[不平]を言う ★ complain(to A)about [of] B　(Aに)Bのことで不満[不平]を言う ⇒ compláint 名 不平、不満
☐☐☐	**appreciate** [əprí:ʃièit]	動 ❶ (正しく)評価する、真価を認める 　❷ 感謝する ★ I would appreciate it if…　…だとありがたいのですが。 ⇒ appreciátion 名 評価、感謝
☐☐☐	**apologize** [əpάlədʒàiz]	動 謝る　★ apologize to A for B　Bのことで A(人)に謝る ⇒ apólogy 名 謝罪、おわび ⇒ apologétic 形 弁解の、謝罪の
☐☐☐	**encourage** [inkə́:ridʒ]	動 ❶ 励ます、勇気づける　❷ 促す ★ encourage A to do　…するよう A を励ます ⇒ encóuragement 名 奨励
☐☐☐	**extra** [ékstrə]	形 追加の、余分な 名 ❶ 余分なもの　❷ 追加料金
☐☐☐	**plenty** [plénti]	名 たくさん. ★ plenty of A　十分な A、たくさんの A ★ in plenty　たくさん、十分に 副 たっぷり、十分に
☐☐☐	**enormous** [inɔ́:rməs]	形 ばく大な、巨大な
☐☐☐	**major** [méidʒər]	形 (他と比べて)大きな、より重要な(⇔ minor) 動 (…を)専攻する(in) ⇒ majórity 名 過半数、多数

例文でCHECK!!　　　　　　　　　　　　　　　　　/60

☐	人々が**彼の話に退屈する**のではないかと彼は心配していた。	He was worried that people would **be bored with his talk**.	0061
☐	彼は読書に**楽しみを求めた**。	He **sought pleasure** in reading books.	0062
☐	私は**彼女を気の毒に思**わざるをえなかった。	I could not help but **feel pity for her**.	0063
☐	その卵は腐っていて、**ひどいにおいがした**。	The egg was rotten and **smelled awful**.	0064
☐	彼が行ってしまうと、私は**喪失感**を経験した。	When he was gone, I experienced **a sense of loss**.	0065
☐	カナダの2ドル硬貨は2つの**金属から成る**。	The Canadian $2 coin **consists of** two **metals**.	0066
☐	彼女の家には、小さいが**片づいた中庭**がある。	Her house has a small but **tidy yard**.	0067
☐	あれらの歴史的建造物の**保存の状態**はすばらしい。	**The state of conservation** of those historic buildings is excellent.	0068
☐	私の子どもたち全員が野球**部に所属している**。	All my children **belong to the** baseball **club**.	0069
☐	私にはなぜ彼が**突然消えた**のかわからない。	I don't know why he **suddenly disappeared**.	0070
☐	宇宙ですら**永遠には存在し**ないかもしれない。	Even the universe may not **exist forever**.	0071
☐	彼は自分の**能力不足**に気づいていなかった。	He was not aware of his **lack of ability**.	0072
☐	彼は**隣人をいらいらさせ**ないように音楽の音量を下げた。	He turned down the music so as not to **annoy the neighbor**.	0073
☐	私は人々に**私のプライバシーを妨げ**てほしくない。	I don't want people to **disturb my privacy**.	0074
☐	ばかげたことで**君の頭を悩ませる**な。	Don't **bother your head** about silly things.	0075
☐	その広告の中の情報は**消費者を混乱させた**。	The information in the advertisement **confused consumers**.	0076
☐	ラジオから**よく知っている声**が聞こえたように思った。	I thought I heard **a familiar voice** on the radio.	0077
☐	私は、正しいことを行う**彼の勇気を称賛した**。	I **admired his courage** to do the right thing.	0078
☐	私たちは自然と人間との間の**調和を作り出す**必要がある。	We need to **create harmony** between nature and humans.	0079
☐	私は**君にお願いをし**たい。	I would like to **ask you a favor**.	0080

英語を話す人々は私たちの社会では**大いに有利である**。	People who speak English **have a great advantage** in our society.	0081
農業は常に**彼の理想的な仕事**であった。	Farming has always been **his ideal occupation**.	0082
彼は**自分の欲求を満たす**ためにあらゆることをする。	He does everything to **satisfy his desires**.	0083
そのレストランはおいしい食事と**優れたサービス**を提供している。	The restaurant offers good food and **excellent service**.	0084
その映画は実話に**基づいている**。	The movie **is based on a** true **story**.	0085
ここにおける貧困の**主な原因**は賃金の低さだ。	**The principal cause** of poverty here is poor wages.	0086
彼女は営業部の**上級管理職**だ。	She is **a senior manager** of the sales department.	0087
彼らは下降し、ついに**谷底**に立った。	They climbed down, until they stood on **the valley bottom**.	0088
日本の**高齢者人口**は年々増加している。	**The elderly population** in Japan grows year on year.	0089
彼はその病人を助けるために**適切な行動**を取った。	He took **appropriate action** to help the sick person.	0090
私はその語の**正確な定義**を知りたい。	I want to know **the precise definition** of the word.	0091
歴史を理解することで、現在の出来事についての**適切な視点**が得られる。	An understanding of history gives **a proper perspective** on current events.	0092
平均的な**アメリカ市民**は毎年５万ドル稼ぐ。	**The** average **U.S. citizen** earns $50,000 every year.	0093
政府は**近隣諸国**との友好関係を維持している。	The government maintains friendly relations with **neighboring nations**.	0094
全政党が**その法案に賛成票を投じた**。	All the parties **voted for the bill**.	0095
彼らは、その紛争地域に対して**軍事援助**を行うことに同意した。	They agreed to give **military aid** to the troubled area.	0096
私たちのリーダーは**規則を曲げる**ことに同意しなかった。	Our leader did not agree to **bend the rules**.	0097
彼にはいつも**自分に助けを提供してくれる**多くの友人がいた。	He had many friends who always **provided him with help**.	0098
よい友達は私たちの人生によい**価値を付け加える**。	Good friends **add** good **value** to our life.	0099
私たちの日常生活に対する**ITの影響**はとても大きい。	**The influence of IT** on our everyday life is huge.	0100

☐	食べるものが健康に大きな**影響を与える**ことがある。	What you eat can **have a** strong **effect** on health.	0101
☐	彼女は困ったときにいつも最初に**支援を提供して**くれた。	She was always the first to **offer support** when we were in trouble.	0102
☐	**正常な状態**の下では、ほかに何もする必要はない。	Under **normal conditions** you need not do anything else.	0103
☐	このソフトウェアで、簡単に**なめらかな曲線**を引くことができる。	With this software, you can draw **a smooth curve** easily.	0104
☐	**直射日光**に長く当てすぎると、この植物は枯れてしまう。	This plant will die if it is placed in **direct sunlight** too long.	0105
☐	数か月後、私たちの計画はついに**形になり**始めた。	After several months, our plan finally began to **take shape**.	0106
☐	その服の刺繍には**独自の特徴**があった。	The embroidery on the dress had **a unique feature**.	0107
☐	**生活の質**が高いことが常に高い満足を意味するわけではない。	High **quality of life** does not always mean high satisfaction.	0108
☐	彼はプロジェクトでの**成功を確信していた**。	He **was confident of success** in the project.	0109
☐	私たちの明日の計画は**天気次第で**ある。	Our plans for tomorrow **depend on the weather**.	0110
☐	その店は全商品を**つけで売っている**。	The shop **sells** all the goods **on credit**.	0111
☐	彼は**彼らの信頼を得る**のに3年間かかった。	It took him three years to **gain their trust**.	0112
☐	多くの人が高い**家賃に不満を言っている**。	Many people **complain about the** high **rent**.	0113
☐	聴衆は**彼の**すばらしい**演技を評価して**喝采を送った。	The audience **appreciated his** wonderful **performance** and cheered.	0114
☐	彼は授業中に笑ったことで**その先生に謝った**。	He **apologized to the teacher** for laughing in class.	0115
☐	彼の両親はいつも、もっと**勉強するよう彼を励ました**。	His parents always **encouraged him to study** harder.	0116
☐	クレジットカードを使うには**追加料金**がかかる。	There is **an extra fee** to use credit cards.	0117
☐	彼は新車を買うのに**十分なお金**を持っていた。	He had **plenty of money** to buy a new car.	0118
☐	彼はこの事業で**ばく大な利益**を得た。	He has made **an enormous profit** in this business.	0119
☐	気候変動は現代社会の**大きな問題**だ。	Climate change is **a major issue** of modern society.	0120

フォーカスワード 基本動詞 2

come

[kʌ́m カム]

❶ 来る
❷ (相手の方へ) 行く
❸ めぐって来る
❹ …(の状態)になる

共通イメージ

話題の中心に向かって移動

❶ 来る
come to your house

❸ めぐって来る

❷ (相手の方へ) 行く

❹ …(の状態)になる
come true

▶▶▶ come で言ってみよう!

場所

□ ジミーといっしょにここに来る	come here with Jimmy
□ いま行きます。	I'm coming.
□ 駅に着く	come to the station
□ 私のそばに来る	come close to me
□ おじの家に来る	come to my uncle's house
□ サンタクロースがやって来た。	Here comes Santa Claus.
□ 私の部屋に入ってくる	come into my room
□ 家から出てくる	come out of the house

季節・時・順番・状態

□ 春が来た。	Spring has come.
□ クリスマスの時期がまた来た。	Christmas time has come again.
□ 1位になる	come first
□ 明白になる	come to light

43

0121	目的地に到着する	arrive at the destination
0122	地球上に現れる	appear on the earth
0123	激しい交通量	heavy traffic
0124	遠く離れて	far apart
0125	頂上に着く	reach the top
0126	細い小道	a narrow path
0127	平和を築く	establish peace
0128	独立を達成する	achieve independence
0129	私たちの関係を改善する	improve our relationship
0130	戦争を生き延びる	survive the war
0131	実験を試みる	attempt an experiment
0132	課題に直面する ▶彼らの信念に異議を唱える	face a challenge ▶challenge their beliefs

ポイント
survive は、survive in the desert（砂漠の中で生き延びる）のように、自動詞としても用いる。また、目的語に人を置いて、survive her husband by two years（夫よりも2年長生きする）ということもできる。

☐	**arrive** [əráiv]	動 (…に)到着する、着く(at、in、on) ⇒ arrival 名 到着
☐	**appear** [əpíər]	動 ❶ 現れる、登場する ❷ 見える ★ appear(to be)C Cのように見える ⇒ appéarance 名 ❶ 出現、登場 ❷ 外観
☐	**traffic** [trǽfik]	名 交通(量)、往来
☐	**apart** [əpá:rt]	副 離れて、分かれて
☐	**reach** [rí:tʃ]	動 ❶ (…に)着く(※他動詞) ❷ (手などを)差し出す ❸ (…まで)達する ★ reach for A Aに向けて手をのばす
☐	**path** [pǽθ]	名 ❶ 小道 ❷ 進路、軌道
☐	**establish** [istǽbliʃ] 発	動 ❶ 築く、創立する ❷ 設立する(= fóund)、確立する ⇒ estáblishment 名 設立、確立
☐	**achieve** [ətʃí:v]	動 達成する、手に入れる ⇒ achievement 名 達成、業績
☐	**improve** [imprú:v]	動 改善する、よりよくする ⇒ impróvement 名 改善
☐	**survive** [sərváiv]	動 ❶ 生き延びる、生き残る ❷ (…より)長生きする ⇒ survíval 名 生存、生き残ること
☐	**attempt** [ətémpt]	動 試みる ★ attempt to do …しようと試みる 名 試み、努力
☐	**challenge** [tʃǽləndʒ] ア	名 ❶ 課題 ❷ 挑戦 ❸ 異議 動 ❶ 異議を唱える ❷ 挑む ★ challenge A to B A(人)にBを挑む

ポイント
動詞 challenge を「挑む、挑戦する」という意味で使うときは、人を目的語に取る。
○ challenge him
× challenge the game

回避・避難	0133 危険を**避ける** ▶政治の話をするのを避ける	**avoid** risks ▶**avoid** discussing politics
	0134 事故を**防ぐ**	**prevent** an accident
	0135 **逃亡**計画	a plan of **escape**
コミュニケーション・交渉	0136 所有権を**主張する**	**claim** ownership
	0137 その計画**に賛成する**	**agree to** the plan
	0138 彼に**連絡**する	make **contact** with him
	0139 彼の**頼み**を断る	refuse his **request**
	0140 時計を**調節する** ▶現実に順応する	**adjust** the clock ▶**adjust to** reality
	0141 彼女のEメール**に返事をする**	**reply to** her e-mail
時・時間	0142 出発を**遅らせる** ▶発送の遅れ	**delay** my departure ▶**delay in** shipment
	0143 正午に**到着の予定で** ▶大雨のために	**due** at noon ▶**due to** heavy rain
	0144 短**期間**	for a short **period**

> **ポイント** 動詞 escape は、escape being punished（罰せられるのを逃れる）のように、動名詞を目的語に取ることができる。また、His name escapes me.（彼の名前が思い出せない）のように、「記憶が消える、ど忘れする」という意味でも用いる。

☐	**avoid** [əvɔ́id]	動 避ける ★ avoid *doing* …することを避ける
☐	**prevent** [privént]	動 防ぐ、妨げる ★ prevent A from *doing* Aが…するのを妨げる ⇒ prevéntion 名 予防、妨げ
☐	**escape** [iskéip]	名 逃亡、脱出 動 (…から)逃げる(from)、(…を)免れる(*doing*)
☐	**claim** [kléim] 発	動 ❶ 主張する、要求する ❷ (本当だと)主張する、言い張る ★ claim to *do* …すると主張する 名 要求、主張
☐	**agree** [əgríː]	動 (…に)賛成する、同意する(to) ★ agree with A Aと同じ意見である ⇒ agréement 名 協定(書)、一致、同意
☐	**contact** [kántækt] ア	名 連絡、接触 動 連絡する、接触する
☐	**request** [rikwést]	名 頼み、要望 ★ at the request of A Aの依頼で 動 頼む ★ request A to *do* Aに…するよう頼む
☐	**adjust** [ədʒʌ́st]	動 ❶ (…に合うように)調節する(to) ❷ (環境などに)順応する、適合させる(to) ⇒ adjústment 名 調節、適合
☐	**reply** [riplái]	動 (…に)返事をする、答える(to) 名 答え、返事
☐	**delay** [diléi]	動 遅らせる、延期する ★ be delayed 遅れる 名 (…の)遅れ、延期(in)
☐	**due** [djúː]	形 ❶ 到着の予定で、(…する)予定で(be due to *do*) ❷ (当然)支払われるべき ★ due to A Aのために、Aが原因で
☐	**period** [píəriəd]	名 ❶ 期間、時期 ❷ 時代 ⇒ periódic 形 周期的な、定期的な ⇒ periódical 名 定期刊行物

ポイント delay は「遅らせる」という意味なので、「遅れる」というときは、be[get] delayed を使う。
　　The train is delayed.（電車が遅れている）

人のためにする

0145	彼が失礼なのを許す	**excuse** him **for** being rude
0146	早く出発することを提案する	**suggest** leaving early
0147	その患者を救う ▶エネルギーを節約する	**save** the patient ▶**save** energy
0148	王に仕える ▶武器として役立つ	**serve** the king ▶**serve** as a weapon
0149	注意して運転する ▶お年寄りの世話をする	drive with **care** ▶**take care of** the elderly

破壊・損害

0150	建物を破壊する	**destroy** the building
0151	パーティーをだいなしにする ▶子どもを甘やかす	**spoil** the party ▶**spoil** a child
0152	私たちの健康を害する	**harm** our health
0153	私たちの友情をだめにする	**ruin** our friendship
0154	大気を汚染する	**pollute** the atmosphere
0155	ひじを痛める	**hurt** my elbow
0156	穏やかに風が吹く	**blow** gently

☐☐☐	**excuse** [ikskjúːz] 発	動 ❶ 許す ❷ (義務などを)免除する ★ excuse A for doing A(人)が…する[した]のを許す 名 [ikskjúːs] 言い訳
☐☐☐	**suggest** [səgdʒést] ア	動 ❶ 提案する ❷ 暗示する ★ suggest doing …することを提案する ★ suggest (to A) that 節 (Aに)…を提案する ⇒ suggéstion 名 提案、暗示
☐☐☐	**save** [séiv]	動 ❶ 救う、助ける ❷ たくわえる ❸ 節約する
☐☐☐	**serve** [sə́ːrv]	動 ❶ 仕える、勤務する ❷ 役に立つ、(必要を)満たす ❸ (食べ物を)出す ⇒ sérvice 名 ❶ サービス ❷ 勤務
☐☐☐	**care** [kéər]	名 ❶ 注意 ❷ 世話 ❸ 心配 ★ take care of A Aの世話をする 動 気にする ★ care for A ❶ Aを心配する、Aを世話する ❷ (否定、疑問文で)Aを好む
☐☐☐	**destroy** [distrɔ́i]	動 ❶ 破壊する ❷ 台無しにする ⇒ destrúction 名 破壊 ⇒ destrúctive 形 破壊的な
☐☐☐	**spoil** [spɔ́il] 活用：spoiled[spoilt]-spoiled[spoilt]	動 ❶ だいなしにする、だめにする ❷ (子どもを)甘やかしてだめにする
☐☐☐	**harm** [háːrm]	動 害する、傷つける 名 害、損害 ⇒ hármful 形 有害な
☐☐☐	**ruin** [rúːən]	動 だめにする、破壊する 名 ❶ (rúins)廃墟 ❷ 破壊
☐☐☐	**pollute** [pəlúːt] ア	動 汚染する ⇒ pollútion 名 汚染
☐☐☐	**hurt** [hə́ːrt] 発 活用：hurt-hurt	動 痛める、傷つける
☐☐☐	**blow** [blóu] 発 活用：blew[blúː]-blown	動 ❶ (風が)吹く ❷ 吹き飛ばす 名 打撃、強打

| Round 1 月 日 | Round 2 月 日 | Round 3 月 日 |

教育・科学

0157	光を**反射する**	**reflect** light
0158	**具体的な**指示	**specific** instructions
0159	**証拠**を示す	provide **evidence**
0160	正式な**教育**	a formal **education**
0161	秘密を**漏らす**	**reveal** the secret
0162	技能を**練習する** ▶理論と**実践**	**practice** skills ▶theory and **practice**
0163	**化学**反応	a **chemical** reaction
0164	効果的な**方法**	an effective **method**

費用・料金

No.	日本語	英語
0165	数百万ドル**かかる** ▶追加**費用**	**cost** millions of dollars ▶extra **cost**
0166	入場**料**	an entrance **fee**
0167	多額の**金** ▶重量の**合計**	a large **sum** of money ▶the **sum** of the weight
0168	往復**運賃**	the round-trip **fare**

ポイント cost は、cost him $50（彼に50ドルの費用がかかる）のように、SVOO の文型を取ることができる。

☐☐☐	**reflect** [riflékt] ア	動 反射する、反映する ★ reflect on A　A についてよく考える ⇒ refléction 名 ❶ 反射　❷ 熟考
☐☐☐	**specific** [spəsífik] ア	形 具体的な、明確な ⇒ spécify 動 具体的に言う、明確に述べる
☐☐☐	**evidence** [évədəns]	名 (…の)証拠(of、that 節) ⇒ évident 形 明らかな
☐☐☐	**education** [èdʒəkéiʃən]	名 教育(※不可算名詞だが、具体例では a [an] をつける) ⇒ éducate 動 教育する
☐☐☐	**reveal** [rivíːl]	動 漏らす、明らかにする
☐☐☐	**practice** [præktəs]	動 ❶ 練習する　❷ 実践する ❸ 営む、開業する 名 ❶ 練習　❷ 実行、実践 ★ put A into practice　A を実行する
☐☐☐	**chemical** [kémikəl] 発	形 化学の、化学的な　名 化学物質 ⇒ chémistry 名 化学
☐☐☐	**method** [méθəd]	名 方法 ⇒ methodólogy 名 方法論
☐☐☐	**cost** [kɔ́ːst] 発 活用：cost-cost	動 ❶ (金などが)かかる ❷ (時間、労力を)要する 名 ❶ 費用　❷ 犠牲 ⇒ cóstly 形 高価な
☐☐☐	**fee** [fíː]	名 (手数料、入場料などの)料金、報酬
☐☐☐	**sum** [sʌ́m]	名 ❶ 金額　❷ 合計　❸ 概略、要点 動 ❶ 要約する　❷ 合計する ⇒ súmmary 名 要約 ⇒ súmmarize 動 要約する
☐☐☐	**fare** [féər]	名 (乗り物の)運賃

> **ポイント** fee は、a legal fee (弁護士料) のようにサービスへの対価のほか、a lesson fee (授業料)、a membership fee (会費) のように、団体や機関に払うお金にも用いる。

不安・恐怖	0169	彼の将来が心配で ▶平和を切望している	**anxious about** his future ▶be anxious for peace
	0170	老いへの恐怖	**fear** of aging
	0171	ひどい経験	an **awful** experience
	0172	その音におびえて	**frightened at** the sound
知性・意志	0173	その出来事を覚えている ▶忘れずに彼と会う ▶彼と会ったことを覚えている	**remember** the event ▶remember to see him ▶remember seeing him
	0174	知的生物	an **intelligent** creature
	0175	彼に故郷を思い出させる	**remind** him **of** his home
	0176	病気のふりをする	**pretend to** be ill
	0177	彼の権力への野望	his **ambition** for power
	0178	賢明な選択	a **wise** choice
	0179	新事業を作り出す	**create** a new business
	0180	新大統領を選ぶ	**choose** a new president

次の( )内に入れるのに最も適当なものを、下の(1)～(4)から選びなさい。
"I'd better call our neighbor to ask her to check the door of our apartment."
"You don't have to do that. I remember ( ) it when we left."
(1) lock (2) locking (3) to be locked (4) to lock　　（センター試験）

☐☐☐	**anxious** [ǽŋkʃəs] 発	形 ❶ (…が)心配な(about) ❷ (…を)切望して(for)、(…することを)切望して(to *do*) ⇒ anxiety [æŋzáiəti] 名 心配、不安
☐☐☐	**fear** [fíər]	名 (…への)恐怖、恐れ、不安(of、for) 動 恐れる ⇒ féarful 形 (嵐などが)恐ろしい
☐☐☐	**awful** [ɔ́ːfəl] 発	形 ひどい、恐ろしい
☐☐☐	**frightened** [fráitnd]	形 (…に)おびえた(at)、(…を)こわがった(of) ⇒ fríghtening 形 恐ろしい ⇒ fríghten 動 ひどくびっくりさせる
☐☐☐	**remember** [rimémbər]	動 覚えている、思い出す ★ remember to *do*　忘れずに…する ★ remember *doing*　…したことを覚えている
☐☐☐	**intelligent** [intéləʒənt]	形 知的な、賢い ⇒ intélligence 名 知性
☐☐☐	**remind** [rimáind]	動 思い出させる ★ remind A of B　A に B を思い出させる ⇒ remínder 名 思い出させるもの[人]
☐☐☐	**pretend** [priténd] ア	動 ふりをする、見せかける ★ pretend to *do*　…するふりをする ⇒ preténtious 形 見えを張った、うぬぼれた
☐☐☐	**ambition** [æmbíʃən] ア	名 (…の、…する)野望、大望(for、to *do*) ⇒ ambítious 形 野望のある、熱望して
☐☐☐	**wise** [wáiz]	形 賢明な、賢い ⇒ wísdom 名 知恵
☐☐☐	**create** [kriéit] 発	動 作り出す、創造する ⇒ creátion 名 創造 ⇒ creátive 形 創造力がある、独創的な
☐☐☐	**choose** [tʃúːz] 活用：chose-chosen	動 選ぶ ⇒ chóice 名 選ぶこと、選択権

正解　2　(remember locking it (=the door) で「ドアに鍵をかけたことを覚えている」)
「アパートのドアを調べてもらうように、お隣さんに電話をかけた方がいいね」
「その必要はないよ。出かける時に鍵をかけたのを覚えているから」

例文でCHECK!!

☐	その飛行機は時間通りに**目的地に到着した**。	The plane **arrived** **at** **the** **destination** on time.	0121
☐	最初のほ乳類は約2億8千万年前に**地球上に現れた**。	First mammals **appeared** **on** **the** **earth** about 280 million years ago.	0122
☐	**激しい交通量**のため、このあたりで自転車に乗るのは危険かもしれない。	Riding a bike around here might be dangerous due to **heavy** **traffic**.	0123
☐	彼らは**遠く離れて**いたが、毎日電話で話をした。	They were **far** **apart**, but spoke every day on the phone.	0124
☐	その山の**頂上に着く**ことはまだ誰にもできていない。	No one has ever been able to **reach** **the** **top** of the mountain.	0125
☐	**細い小道**が森の中の小さい湖に通じていた。	**A** **narrow** **path** led to a small lake in the woods.	0126
☐	その地域では**平和を築く**のに何年もかかった。	It took years to **establish** **peace** in the region.	0127
☐	彼は両親からの**独立を達成し**ようとした。	He tried to **achieve** **independence** from his parents.	0128
☐	私たちは友人たちとの**関係を改善**しようと一生懸命努めた。	We worked hard to **improve** **our** **relationship** with our friends.	0129
☐	人口の半分しか**戦争を生き延び**なかった。	Only half of the population **survived** **the** **war**.	0130
☐	好奇心が彼に**実験を試み**させた。	Curiosity led him to **attempt** **an** **experiment**.	0131
☐	彼女は勇気をもって**その課題に直面した**。	She **faced** **the** **challenge** with courage.	0132
☐	**危険を避ける**ならば、チャンスも失うだろう。	If you **avoid** **risks**, you will also miss out on chances.	0133
☐	彼の素早い判断が**事故を防いだ**。	His quick thinking **prevented** **an** **accident**.	0134
☐	私たちは夏の暑さからの**逃亡計画**を立てた。	We made **a** **plan** **of** **escape** from the heat of summer.	0135
☐	誰もその猫の**所有権を主張し**なかったので、私たちはそれを飼うことにした。	No one **claimed** **ownership** of the cat, so we decided to keep it.	0136
☐	私の妹は決して**その計画に賛成し**なかった。	My sister never **agreed** **to** **the** **plan**.	0137
☐	私たちは今週、**彼に連絡する**ことができていない。	We haven't been able to **make** **contact** **with** **him** this week.	0138
☐	数秒後、その先生は**彼の頼みを断った**。	After a few seconds, the teacher **refused** **his** **request**.	0139
☐	私は車の中の**時計を調節する**必要がある。	I need to **adjust** **the** **clock** in my car.	0140

☐	彼が彼女のEメールに返事をするのに30分かかった。	It took him 30 minutes to **reply to her e-mail**.	0141
☐	台風のせいで、**出発を遅らせ**なければならなかった。	I had to **delay my departure** due to the typhoon.	0142
☐	電車は**正午に到着の予定**である。	Our train is **due at noon**.	0143
☐	子どものとき、彼女は**短期間**彼女のおばと一緒に住んでいた。	As a child, she lived with her aunt **for a short period**.	0144
☐	私は**彼が失礼なのを決して許せ**なかった。	I could never **excuse him for being rude**.	0145
☐	彼女は疲れているようだったので、私たちは**早く出発することを提案した**。	She seemed tired, so we **suggested leaving early**.	0146
☐	この新薬が**その患者を救った**。	This new medicine **saved the patient**.	0147
☐	彼はコックとして**王に仕えた**。	He **served the king** as a cook.	0148
☐	その老婦人はいつもかなり**注意して**運転した。	The old woman always **drove with** great **care**.	0149
☐	爆弾が**建物を破壊し**、2人が死亡した。	The bomb **destroyed the building** and killed two people.	0150
☐	彼らは喧嘩を始めて**パーティーをだいなしにした**。	They began to fight and **spoiled the party**.	0151
☐	喫煙と飲酒は**私たちの健康を害す**るかもしれない。	Smoking and drinking may **harm our health**.	0152
☐	金銭問題が**私たちの**長く続いた**友情をだめにした**。	A money issue **ruined our** long **friendship**.	0153
☐	大都市では、車からのガスの放出が**大気を汚染している**。	In large cities, gas emissions from cars **pollute the atmosphere**.	0154
☐	私は階段から落ちて**ひじを痛めた**。	I fell down the stairs and **hurt my elbow**.	0155
☐	南から**穏やかに**風が**吹いた**。	The wind **blew gently** from the south.	0156
☐	月は太陽からの**光を反射する**。	The moon **reflects light** from the sun.	0157
☐	彼はその機械の使用について**具体的な指示**をした。	He gave **specific instructions** about the use of the machine.	0158
☐	その科学者は自分の理論を支える**証拠を示した**。	The scientist **provided evidence** to support his theory.	0159
☐	彼は**正式な教育**を受けたことがないが、偉大な学者になった。	He never had **a formal education** but became a great scholar.	0160

☐	彼の母親は決して彼の出生の**秘密を漏ら**さなかった。	His mother never **revealed the secret** about his birth.	0161
☐	当校は書く**技能を練習する**オンライン講座を提供している。	Our school offers an online course to **practice** writing **skills**.	0162
☐	消化の過程では数千の**化学反応**が起こっている。	Thousands of **chemical reactions** take place during the process of digestion.	0163
☐	外国で生活するのは、外国語を習得する**効果的な方法**である。	Living abroad is **an effective method** of learning a foreign language.	0164
☐	その50階建ての建物は、建設するのに**数百万ドルかかった。**	The 50-story building **cost millions of dollars** to build.	0165
☐	その博物館は日曜日には**入場料**を取らない。	The museum does not charge **an entrance fee** on Sundays.	0166
☐	彼女は**多額の金**を稼ぎ、自分の事業を開始するためにそれを使った。	She earned **a large sum of money** and used it to start her own business.	0167
☐	**往復運賃**は、別々に券を買うよりも安い。	**The round-trip fare** is cheaper than buying separate tickets.	0168
☐	彼は学校での成績がよくなかったので、両親は**彼の将来を心配**に感じた。	Since he did poorly at school, his parents felt **anxious about his future**.	0169
☐	彼女はまだ若いが、母親の**老いへの恐怖**を理解していた。	She was still young, but understood her mother's **fear of aging**.	0170
☐	それは最初から最後まで**ひどい経験**だった。	It was **an awful experience** from start to finish.	0171
☐	彼らは銃の**音におびえて**いた。	They were **frightened at the sound** of the guns.	0172
☐	まるで昨日のことのように**その出来事を覚えている。**	I **remember the event** clearly as if it were yesterday.	0173
☐	猫は**知的生物**であり、よき仲間でもある。	A cat is **an intelligent creature** and a good companion.	0174
☐	その桜の花は**彼に故郷を思い出させた。**	The cherry blossoms **reminded him of his home**.	0175
☐	彼は学校に行きたくなかったので**病気のふりをした。**	He **pretended to be ill** because he didn't want to go to school.	0176
☐	**権力への野望**が彼を世界のリーダーにした。	**His ambition for power** made him a world leader.	0177
☐	彼と結婚するという彼女の決断は**賢明な選択**だった。	Her decision to marry him was **a wise choice**.	0178
☐	彼はほかの誰かのために働くよりも**新事業を作り出す**ことを選択した。	He chose to **create a new business** rather than work for someone else.	0179
☐	アメリカでは4年ごとに**新大統領を選ぶ。**	Every four years, Americans **choose a new president**.	0180

フォーカスワード 基本動詞 ❸

do

❶ する、行う
❷ 終える
❸ …に〜をもたらす
❹ 間に合う

[dú: ドゥー]

❶ する、行う
❷ 終える
❸ …に〜をもたらす
❹ 間に合う

助動詞として
Do you …? (疑問文)
I don't … (否定文)
Don't … (否定の命令)

〜する
do + A
Aをする

▶▶▶ do で言ってみよう!

動作の対象

□ 宿題をする	do my homework
□ 数学の問題をする	do a math problem
□ 悪いことをする	do bad things
□ 正しいことをする	do the right thing
□ 自分の仕事を先にする	do my job first
□ 義務を果たす	do my duty
□ 最善を尽くす	do my best
□ 最高の仕事をする	do the best work
□ 庭の手入れをする	do the garden
□ 髪の手入れをする	do my hair
□ 料理をする	do the cooking
□ 洗濯をする	do the laundry
□ 皿洗いをする	do the dishes
□ 彼に頼みごとをする	do him a favor

許可[禁止]・承認

0181	敗北を**受け入れる**	**accept** defeat
0182	彼を私たちと一緒に来**させる**	**let** him come with us
0183	彼女**が**行く**ことを許す** ▶毎月の**お小遣い**	**allow** her **to** go ▶monthly **allowance**
0184	君の誤りを**認める** ▶大学への**入学を許される**	**admit** your mistakes ▶be admitted to college
0185	学生の喫煙**を禁止する**	**forbid** students **to** smoke

仕事・組織・ビジネス

0186	働く**機会**	the **opportunity** to work
0187	委員会を**組織する**	**organize** a committee
0188	肉体**労働**	physical **labor**
0189	仕事**から引退する**	**retire from** my job
0190	リーダーとしての**役割**	the **role** as a leader
0191	何とか生き延びる ▶会社を**経営する**	**manage to** survive ▶manage a company
0192	外国**貿易**	foreign **trade**

> **ポイント** accept は「申し出や依頼を受け入れる」、admit は「いやなことをしぶしぶ認める」が基本的な意味。「敗北を認める」は accept defeat、admit defeat の両方が使えるが、accept の場合は、降伏勧告を迫られて敗北を受け入れる、といったニュアンスがある。

accept
[əksépt]
- 動 受け入れる、受け取る
- ⇒ accéptable 形 受け入れられる
- ⇒ accéptance 名 受け入れ、受諾

let
[lét]
活用：let-let
- 動 ❶ (let A do) Aに…させる、Aが…することを許す ❷ (Let's do) 一緒に…しよう
- ★ Let me see.　えーと、そうですね。
- ★ let alone A　Aは言うまでもなく

allow
[əláu] 発
- 動 許す (= permít、lét)
- ★ allow A to do　Aが…するのを許す
- ⇒ allówance 名 ❶ 許容　❷ お小遣い

admit
[ədmít]
- 動 ❶ (…を)(しぶしぶ)認める (that節)
- ❷ (映画館、学校などに)入ることを許す
- ⇒ admíssion 名 入場、入学

forbid
[fərbíd]
活用：forbade[forbad]-forbidden
- 動 (forbid A to do [doing]) Aが…するのを禁止する、許さない

opportunity
[ὰpərtjúːnəti]
- 名 (…する)機会、チャンス (to do)

organize
[ɔ́ːrgənàiz]
- 動 組織する、主催する
- ⇒ organizátion 名 組織

labor
[léibər]
- 名 ❶ 労働　❷ 骨折り、努力
- ⇒ láborer 名 労働者
- ⇒ labórious 形 骨の折れる、苦心した、勤勉な

retire
[ritáiər]
- 動 (…から)引退する (from)
- ⇒ retirement 名 引退

role
[róul] 発
- 名 ❶ 役割 (= párt)　❷ 役
- ★ play a role　役割を果たす

manage
[mǽnidʒ] 発
- 動 ❶ 何とかやり遂げる　❷ 経営する
- ★ manage to do　何とか　する
- ⇒ mánagement 名 経営
- ⇒ mánager 名 管理者、経営者、監督

trade
[tréid]
- 名 ❶ 貿易、商取引　❷ 職業
- 動 取引する、貿易する

ポイント retire from work は「定年退職する」というニュアンスがある。対して quit one's job は、年齢に関わらず、自分の意思で仕事をやめる、という意味となる。

| Round 1 　月　日 | Round 2 　月　日 | Round 3 　月　日 |

LEVEL 1

ネガティブな感情・評価

0193	彼の言葉に**腹を立てる**	be **upset by** his words
0194	**醜い**顔	an **ugly** face
0195	その映画を**嫌う**	**dislike** the film
0196	昆虫を**嫌う**	**hate** insects
0197	最終列車に**乗りそこなう**	**miss** the last train

気象・自然災害

0198	**洪水**を予防する	prevent **floods**
0199	激しい**嵐**	a severe **storm**

増大・範囲

0200	税金を**含む**	**include** tax
0201	広**範囲**	a wide **range**
0202	数が**増える**	**increase in** number
0203	携帯電話を**借りる**	**borrow** a cellphone
0204	通知を**受け取る**	**receive** a notice

> **ポイント** dislike は dislike seeing the film（その映画を見るのをいやがる）のように、動名詞のみを目的語に取るが、hate は、hate to see him suffer、hate seeing him suffer（彼が苦しむのを見るのを嫌う）のように、目的語に不定詞、動名詞の両方を取る。

☐☐☐	**upset** [ʌpsét]	形 腹を立てた、取り乱した(by、about) 動 ❶ 動転させる、うろたえさせる 　❷ 転覆する、ひっくりかえる 　（活用：upset-upset）
☐☐☐	**ugly** [ʌ́gli] 発	形 ❶ 醜い　❷ 不快な ⇒ úgliness 名 醜さ
☐☐☐	**dislike** [disláik]	動 嫌う　★ dislike doing …するのを嫌う 名 嫌悪（of、for）
☐☐☐	**hate** [héit]	動 （ひどく）嫌う、憎む ★ hate doing[to do] …するのを嫌う 名 憎しみ(= hátred)
☐☐☐	**miss** [mís]	動 ❶ （電車やバスなどに）乗りそこなう、…しそこなう　❷ （…がいなくて）さびしく思う
☐☐☐	**flood** [flʌ́d] 発	名 洪水 ★ a flood of A 大量の A 動 ❶ 氾濫する、氾濫させる 　❷ （大勢で）どっと押し寄せる
☐☐☐	**storm** [stɔ́ːrm]	名 嵐 ⇒ stórmy 形 嵐の
☐☐☐	**include** [inklúːd]	動 含む、含める(⇔ exclúde 除外する) ⇒ inclúsion 名 含むこと、包括 ⇒ inclúsive 形 すべてを含んだ、包括的な
☐☐☐	**range** [réindʒ]	名 範囲　動 及んでいる、範囲にわたる
☐☐☐	**increase** [inkríːs] ア	動 増える(in)、増やす(⇔ decréase) 名 [ínkriːs] 増加
☐☐☐	**borrow** [bárou]	動 借りる(↔ lénd) ⇒ bórrowing 名 借りたもの
☐☐☐	**receive** [risíːv]	動 受け取る ⇒ recéipt [risíːt] 名 領収書、受け取り 　recéption 名 受入れ、受付

> ポイント　borrow は、「動かせるものやお金を一定期間借りる」というニュアンスがある。「消しゴムをちょっと借りる」「お手洗いを借りる」といったときには、borrow ではなく use を使うのがふつう。また、「金を払って借りる」というときには、一般に rent を使う。

0205	創立記念日	the **anniversary** of founding
0206	母の日を**祝う**	**celebrate** Mother's Day
0207	教師**と言い合いをする**	**argue with** the teacher
0208	公開**討論**	a public **debate**
0209	その問題について**議論する**	**discuss** the issue
0210	**緊急**出口	an **emergency** exit
0211	私の財布**を奪う**	**rob** me **of** my wallet
0212	彼らの子ども**に**働く**のを強制する**	**force** their children **to** work
0213	交通**事故**	a traffic **accident**
0214	**犯罪**を犯す	commit a **crime**
0215	**殺人**事件	a **murder** case
0216	国際**情勢** ▶重大**事件**	international **affairs** ▶a serious affair

ポイント argue は自分の正しさを認めさせるために主張する、という意味合いで、ここから「言い合いをする」の意味が生じる。debate はある問題について、賛成と反対の立場に別れて議論すること。discuss は問題解決のために話し合うときに用いる一般的な語。

☐☐☐	**anniversary** [ǽnəvə́ːrsəri]	名 記念日、～周年
☐☐☐	**celebrate** [séləbrèit]	動 祝う ⇒ celebrátion 名 祝うこと、祝賀会 ⇒ celébrity 名 有名人、名士
☐☐☐	**argue** [ɑ́ːrgjuː]	動 ❶(…と)言い合いをする(with) ❷ 議論する、主張する ⇒ árgument 名 議論、主張
☐☐☐	**debate** [dibéit]	名 討論 動 (…と)討論する(with)
☐☐☐	**discuss** [diskʌ́s]	動 議論する、話し合う ⇒ discússion 名 話し合い、討議
☐☐☐	**emergency** [imə́ːrdʒənsi]	形 緊急の、非常の 名 緊急(事態)、非常時
☐☐☐	**rob** [rɑ́b]	動 奪う ★ rob A of B A(人、場所)からBを奪う ⇒ róbbery 名 強盗事件 ⇒ róbber 名 強盗
☐☐☐	**force** [fɔ́ːrs]	動 強制する ★ force A to do Aに…するのを強制する 名 力、暴力 ⇒ fórceful 形 強力な ⇒ fórcible 形 無理強いの、力ずくの
☐☐☐	**accident** [ǽksədənt]	名 ❶ 事故 ❷ 偶然、偶然の出来事 ★ by accident 偶然(に)、たまたま ⇒ accidéntal 形 偶然の
☐☐☐	**crime** [kráim]	名 犯罪 ⇒ críminal 名 犯罪者 形 犯罪の
☐☐☐	**murder** [mə́ːrdər]	名 殺人 ⇒ múrderer 名 殺人者
☐☐☐	**affair** [əféər]	名 ❶(ふつう affairs)情勢、問題 ❷ 事件、出来事 ❸ 事務、業務

> **ポイント** rob は人を目的語に取るのがふつう。
> ○ He robbed her of a ring. 「彼は彼女の指輪を奪った」
> × He robbed her ring.

	Round 1 月 日	Round 2 月 日	Round 3 月 日

LEVEL 1

追求・追跡

0217 その指導者に**ついて行く** — **follow** the leader

0218 細い**道** — a narrow **track**

0219 彼の目標を**追求する** — **pursue** his goal

言葉・言論

0220 小説を**出版する** — **publish** a novel

0221 お気に入りの**話題** — a favorite **topic**

0222 その名前を**発音する** — **pronounce** the name

0223 **うわさ**を広める — spread a **rumor**

0224 その**状況**を理解する — understand its **context**

0225 雑誌の**記事** — a magazine **article**
▶憲法第9**条** ▶**Article** 9 of the Constitution

0226 可能性について**述べる** — **mention** the possibility

0227 **文**構造 — the **sentence** structure
▶終身刑の**判決** ▶a life **sentence**

0228 彼の記事**に言及する** — **refer to** his article
▶辞書を**参照する** ▶**refer to** a dictionary

ポイント: track は多義語で、陸上競技場のトラック（走路）やトラック競技、楽曲、線路など、さまざまな意味になる。すでに学んだ path も「道」の意味だが、こちらは多義語ではない。ただし、one's career path（キャリア・パス、出世の道）のように、比喩的な意味で用いることはある。

☐ **follow** [fálou] 発	動 ❶ ついて行く[くる]、たどる ❷ 続いて起こる ❸ (法、規則などに)従う	
☐ **track** [trǽk]	名 ❶ (小)道 ❷ 足跡 動 あとを追う	
☐ **pursue** [pərsúː] ア	動 ❶ 追求する、追い求める ❷ 追いかける ⇒ pursúit 名 追求	
☐ **publish** [pʌ́bliʃ]	動 出版する、発表する ⇒ publicátion 名 出版、出版物	
☐ **topic** [tápik]	名 話題	
☐ **pronounce** [prənáuns]	動 ❶ 発音する ❷ 宣言する、断言する ⇒ pronunciátion 名 発音	
☐ **rumor** [rúːmər]	名 うわさ 動 (be rumored で)うわさされている	
☐ **context** [kántekst]	名 ❶ 状況、背景 ❷ 前後関係、文脈	
☐ **article** [áːrtikəl]	名 ❶ 記事 ❷ 品物 ❸ 条項	
☐ **mention** [ménʃən]	動 述べる、言及する 名 言及すること	
☐ **sentence** [séntəns]	名 ❶ 文 ❷ 判決, 宣言 動 判決を下す	
☐ **refer** [rifə́ːr] ア	動 ❶ (…に)言及する(to) ❷ (…を)参照する(to) ⇒ réference 名 ❶ (…への)言及 ❷ 調べること、参照	

> ポイント
> mention は他動詞であることに注意。
> ○ He mentioned the fact.
> × He mentioned about the fact.
> (彼はその事実について言及した)

	Round 1 月 日	Round 2 月 日	Round 3 月 日

LEVEL 1

程度

0229 ある**程度**の成功 / some **degree** of success
▶学位 / ▶an academic <u>degree</u>

0230 **ほとんど**信じられない / can **hardly** believe

0231 **ほとんど**完成して / **nearly** complete

病気・医療

0232 **病気**で寝ている / be **ill** in bed
▶<u>有害な</u>影響 / ▶<u>ill</u> effects

0233 **医学の**調査 / **medical** research

0234 **患者**を診る / see a **patient**
▶<u>忍耐強い</u>努力 / ▶<u>patient</u> efforts

社交・適合・関係

0235 友達に**挨拶する** / **greet** friends

0236 日本の文化を**紹介する** / **introduce** Japanese culture
▶新制度を<u>導入する</u> / ▶<u>introduce</u> a new system

0237 彼女に**敬意**を払う / pay **honor** to her

0238 **礼儀正しい**会話 / a **polite** conversation

0239 私たちのニーズに**合う** / **suit** our needs

0240 仕事上の**つながり** / business **ties**

( )内に入れるのに最も適当なものを、下の(1)〜(4)から選びなさい。
I ( ) have any money, so I can't buy a concert ticket.
(1) almost (2) hardly (3) mostly (4) nearly   (会津大)

degree [digríː]	名 ❶ 程度　❷（温度などの）度　❸ 単位 ★ by degrees　次第に、徐々に ★ to some degree　ある程度まで、いくぶん
hardly [háːrdli]	副 ほとんど…ない
nearly [níərli]	副 ❶ ほとんど、ほぼ　❷ あやうく…する
ill [íl]	形 ❶ 病気で、具合の悪い　❷ 悪い、有害な ★ speak ill of A　A を悪く言う ⇒ illness 名 病気
medical [médikəl]	形 医学の、医療の ⇒ médicine 名 ❶ 薬　❷ 医学
patient [péiʃənt]	名 患者　形 忍耐強い、がまん強い ⇒ pátience 名 寛容、忍耐
greet [gríːt]	動 挨拶する ⇒ gréeting 名 挨拶
introduce [ìntrədjúːs]	動 ❶ 紹介する　❷ 導入する ⇒ introdúction 名 導入、紹介 ⇒ introdúctory 形 紹介の、入門の
honor [ánər]	名 ❶ 敬意、尊敬　❷ 名誉（⇔ dishónor） 動 名誉を与える ★ be honored to do　…して光栄に思う
polite [pəláit]	形 礼儀正しい（⇔ impolíte） ⇒ políteness 名 礼儀正しさ
suit [súːt]	動 ❶ 合う、適する　❷ 都合がよい ★ be suited for[to] A　A に適している 名 ❶（上下一そろいの）服、スーツ　❷ 訴訟
tie [tái]	名 ❶（ふつう複数形で）つながり、関係 　　❷ ネクタイ 動（…と）結ぶ(to)

正解　2　(「ほとんど…ない」を表すのは hardly。almost や nearly には否定の意味がないので、「チケットが買えない」という後半の内容につながらない)

例文でCHECK!!

☐	その政治家は**敗北を受け入れる**ことを拒否した。	The politician refused to **accept defeat**.	0181
☐	彼女は**彼を私たちと一緒に来させ**なかった。	She didn't **let him come with us**.	0182
☐	彼女の両親はついに**彼女が**そのパーティーに**行くことを許した。**	Her parents finally **allowed her to go** to the party.	0183
☐	君は遅すぎないうちに**自分の誤りを認める**べきだ。	You should **admit your mistakes** before it is too late.	0184
☐	校則では、**学生の喫煙を禁止している。**	The school rules **forbid students to smoke**.	0185
☐	彼女は子どもと一緒に**働く機会**を歓迎した。	She welcomed **the opportunity to work** with children.	0186
☐	彼らはその問題を討議するために**委員会を組織した。**	They **organized a committee** to discuss the problem.	0187
☐	彼の仕事は、激しい**肉体労働**を必要とする。	His job requires hard **physical labor**.	0188
☐	私は65歳のときに**仕事から引退した。**	I **retired from my job** when I was 65.	0189
☐	彼は**リーダーとしての役割**において優れていた。	He was excellent in **his role as a leader**.	0190
☐	ケンはその事故で**何とか生き延びた。**	Ken **managed to survive** the accident.	0191
☐	日本経済は**外国貿易**に大きく依存している。	The Japanese economy largely depends on **foreign trade**.	0192
☐	彼女は**彼の言葉に腹を立てて**部屋を出て行った。	She **was upset by his words** and left the room.	0193
☐	その犬は**醜い顔**をしているがとても人懐こい。	The dog has **an ugly face** but is very friendly.	0194
☐	暴力シーンがあったので彼は**その映画を嫌った。**	He **disliked the film** because it contained violent scenes.	0195
☐	母は蝶が大好きだが、その他のどんな**昆虫も嫌っている。**	My mother loves butterflies, but **hates** any other **insects**.	0196
☐	彼は駅までずっと走ったので、**最終列車に乗りそこなわなかった。**	He ran all the way to the station so he didn't **miss the last train**.	0197
☐	**洪水を予防する**ために、私たちはもっと木を植える必要がある。	We need to plant more trees to **prevent floods**.	0198
☐	その船は**激しい嵐**で遭難した。	The ship was lost in **a severe storm**.	0199
☐	値札の価格は消費**税を含んでいる。**	The price on the tag **includes** consumption **tax**.	0200

□	その店には**広範囲**な電化製品があった。	The shop had **a wide range** of electrical goods.	0201
□	高齢者人口の**数が増えている**。	The elderly population **is increasing in number**.	0202
□	私は彼に電話をするために通行人から**携帯電話を借りた**。	I **borrowed a cellphone** from a passerby to call him.	0203
□	彼女は明日2時間水道が止まるという**通知を受け取った**。	She **received a notice** that the water would be off for two hours tomorrow.	0204
□	昨日は私たちの高校の**創立記念日**だった。	It was **the anniversary of founding** of our high school yesterday.	0205
□	彼は**母の日を祝う**ために母親を夕食に連れ出した。	He took his mother out to dinner to **celebrate Mother's Day**.	0206
□	彼は悪い成績を取ると、**教師と言い合いをした**。	He **argued with the teacher** when he got bad grades.	0207
□	私たちは学校改革についての**公開討論**を行った。	We had **a public debate** on school reform.	0208
□	私たちは来る日も来る日もその家族の**問題について議論した**。	We **discussed the issue** of the family day after day.	0209
□	建物の裏側に**緊急出口**がある。	There is **an emergency exit** at the back of the building.	0210
□	彼らは**私の財布を奪**おうとしたが、私は走って逃げた。	They tried to **rob me of my wallet**, but I ran away.	0211
□	発展途上国では、いまでも多くの親が**子どもに働くのを強制している**。	In developing countries, many parents still **force their children to work**.	0212
□	学校の前で**交通事故**があった。	There was **a traffic accident** in front of the school.	0213
□	警察は彼が**犯罪を犯した**と証明した。	The police have proved that he **committed a crime**.	0214
□	警察はそれが**殺人事件**だったのではないかと疑った。	The police suspected that it was **a murder case**.	0215
□	彼女は**国際情勢**に関するレポートを書いている。	She is writing a report on **international affairs**.	0216
□	みんなが**その指導者について行き**、言われたとおりにした。	Everyone **followed the leader** and did as they were told.	0217
□	私たちは**細い道**を登って山の頂上に着いた。	We climbed up **a narrow track** to the mountain's summit.	0218
□	彼はそのチームのメンバーになるという**目標を追求した**。	He **pursued his goal** of becoming a member of the team.	0219
□	彼女は50歳のときにはじめて**小説を出版した**。	She **published a novel** for the first time when she was 50.	0220

STEP 4

☐	ポップカルチャーは、私たちの会話のお気に入りの話題だ。	Popular culture is **our favorite topic** of conversation.	0221
☐	彼はその名前をどのように発音するのかまったくわからなかった。	He had no idea how to **pronounce the name**.	0222
☐	彼は、隣人が泥棒であるといううわさを広めた。	He **spread a rumor** that his neighbor was a thief.	0223
☐	その社会状況を理解すれば、この映画がもっとおもしろいことがわかるだろう。	You will find this movie more interesting if you **understand its** social **context**.	0224
☐	彼女は雑誌の記事で日本文化について学んだ。	She learned about Japanese culture from **a magazine article**.	0225
☐	彼は家を購入する可能性について述べた。	He **mentioned the possibility** of buying a home.	0226
☐	この本の文構造はしばしば複雑である。	**The sentence structure** of this book is often complicated.	0227
☐	その教授は講義で彼の記事に言及した。	The professor **referred to his article** in his lecture.	0228
☐	私たちはそのプロジェクトである程度の成功を収めた。	We have achieved **some degree of success** in the project.	0229
☐	自分の運の悪さがほとんど信じられなかった。	I **could hardly believe** my bad luck.	0230
☐	12月までに新しい高速道路はほとんど完成していた。	By December the new highway was **nearly complete**.	0231
☐	妹は3日間病気で寝ている。	My sister **has been ill in bed** for three days.	0232
☐	その会社は医学の調査に何百万ドルも投資した。	The company invested millions of dollars in **medical research**.	0233
☐	医者は患者を診るのに、平均3分しか費やさないと言われている。	They say doctors spend only 3 minutes in average to **see a patient**.	0234
☐	彼女はいつも笑顔で友達に挨拶する。	She always **greets friends** with a smile.	0235
☐	彼は世界に日本の文化を紹介した最初のヨーロッパ人のひとりだった。	He was one of the first Europeans to **introduce Japanese culture** to the world.	0236
☐	全生徒が彼女に敬意を払うためにホールに集まった。	All the students gathered in the hall to **pay honor to her**.	0237
☐	私はその婦人と礼儀正しい会話を楽しんだ。	I enjoyed **a polite conversation** with the lady.	0238
☐	私たちはその車が私たちのニーズに合うと思った。	We thought that the car **suited our needs**.	0239
☐	彼は欧米に仕事上のつながりをもっている。	He has **business ties** in Europe and the USA.	0240

フォーカスワード　基本動詞 ４

feel

[fiːl フィール]

❶ 感じる
❷ (痛み・感情など) を感じる
❸ 思う

共通イメージ
ハートでいろいろ感じている

❶ 感じる
feel good

❷ (痛み・感情など) を感じる
feel a pain

❸ 思う

▶▶▶ feel で言ってみよう!

感情

□ とてもうれしく感じる	**feel** very **happy**
□ 喜びを感じる	**feel joy**
□ 孤独を感じる	**feel alone**
□ 心に空しさを感じる	**feel emptiness** in my heart
□ 怒りを感じる	**feel angry**
□ 将来が不安だ	**feel anxious** about my future

感覚

□ 疲れを感じる	**feel tired**
□ 元気に感じる	**feel energetic**
□ 空腹を覚える	**feel hungry**
□ 満腹感を覚える	**feel full**
□ とても寒く感じる	**feel** very **cold**
□ 汗をかくのがわかる	**feel sweat**

成功	0241	真実を**悟る**	**realize** the truth
		▶夢を**実現する**	▶**realize** my dream
	0242	仕事**で成功する**	**succeed in** my career
		▶彼の財産**を引き継ぐ**	▶**succeed to** his fortune
		▶連休	▶**successive** holidays
	0243	秘密を**発見する**	**discover** a secret
	0244	競争に**勝つ**	**win** the race
社会・人間関係	0245	**委員会**の議長を務める	chair the **committee**
	0246	私たちの共通の**祖先**	our common **ancestor**
	0247	**男性の**脳	the **male** brain
	0248	**奴隷**貿易	the **slave** trade
	0249	**同窓**会	the **reunion** party
	0250	**女性の**運動選手	a **female** athlete
	0251	**性**差別	**gender** bias
	0252	全**人口**	the entire **population**

ポイント ancestor の反意語には、offspring、descendant（いずれも「子孫」）がある。offspring は子を指すことが多く、単複同形。descendant は、ふつうは子や孫よりも遠い子孫を表す。

realize [ríːəlàiz]	動 ❶ 悟る、理解する(that 節) ❷ 実現する ⇒ realizátion 名 ❶ 理解 ❷ 実現
succeed [səksíːd]	動 ❶ (…に)成功する(in) ❷ (…を)継ぐ(to) ⇒ succéss 名 成功 ⇒ succéssful 形 成功した ⇒ succéssive 形 連続した
discover [diskʌ́vər]	動 発見する、(初めて)見つける ⇒ discóvery 名 発見(すること)
win [wín] 活用：won-won[wʌ́n]	動 勝つ、(賞などを)獲得する ⇒ winning 名 ❶ 勝つこと ❷ 勝利
committee [kəmíti]	名 委員会、(集合的に)委員
ancestor [ǽnsestər]	名 祖先(⇔ óffspring)
male [méil]	形 男性の、雄の(⇔ fémale) 名 男性、雄
slave [sléiv]	名 奴隷 ⇒ slávery 名 奴隷制度
reunion [riːjúːnjən]	名 ❶ 同窓会、再会 ❷ 再結成、再結合
female [fíːmeil]	形 女性の、雌の 名 女性、雌
gender [dʒéndər]	名 性、性別(※社会的、文化的な意味で用いる。生物学的な意味での「性」は séx)
population [pàpjəléiʃən]	名 ❶ 人口 ❷ (ある地域の)全住民、人々

ポイント
gender「ジェンダー」とは、社会的、あるいは文化的に形成された性別の概念であり、「男らしさ」「女らしさ」、あるいは男性や女性に求められている役割や言動などを指す。たとえば、徴兵制度のある大半の国では男性にのみ兵役義務があるが、これは「男らしさ」に関するジェンダーの表れと言える。

0253	材料を輸入する	import **materials**
0254	ものを買う	buy **stuff**
0255	ひもを結ぶ	tie the **strings**
0256	原材料	the **raw** material
0257	人工衛星	an **artificial** satellite
0258	像を設置する	place a **statue**
0259	将来の準備をする	**prepare for** my future
0260	交通を規制する	**control** the traffic
0261	彼女のスキルを発達させる	**develop** her skills
	▶エンジンを開発する	▶ develop an engine
0262	ルネッサンス建築	Renaissance **architecture**
0263	装置を発明する	**invent** a device
0264	機能を向上させる	improve the **functions**

原材料・素材 / 人工・加工

ポイント
prepare the examination（試験を準備する）は、先生が試験問題を作成すること、prepare for the examination（試験に向けて準備する）は、生徒が試験に向けて勉強などをすること。prepare と prepare for は、前者が直接的、後者が間接的な準備を意味する。

☐☐☐	**material** [mətíəriəl]	名 ❶ (金属、木などの)材料、原料 ❷ (研究、執筆などの)資料
☐☐☐	**stuff** [stʌ́f]	名 ❶ (漠然と)もの、こと ❷ 材料、原料
☐☐☐	**string** [stríŋ]	名 ひも、糸 動 ひも[糸]を通す
☐☐☐	**raw** [rɔ́ː] 発	形 ❶ 未加工の、生の ❷ 未熟な
☐☐☐	**artificial** [àːrtəfíʃəl] ア	形 人工の(⇔ nátural)
☐☐☐	**statue** [stǽtʃuː]	名 像、彫像
☐☐☐	**prepare** [pripéər]	動 (…の)準備をする(for)、用意する ⇒ preparátion 名 準備すること ⇒ prepáratory 形 準備の
☐☐☐	**control** [kəntróul] ア	動 ❶ 規制する ❷ 支配する 名 ❶ 規制、支配(力) ❷ 制御
☐☐☐	**develop** [divéləp] ア	動 ❶ 発達(展)させる、発達(展)する ❷ 開発する ⇒ devélopment 名 ❶ 発達、成長 ❷ 開発
☐☐☐	**architecture** [áːrkətèktʃər] ア 発	名 建築(学)、建築様式 ⇒ árchitect 名 建築家
☐☐☐	**invent** [invént]	動 発明する → invéntion 名 発明
☐☐☐	**function** [fʌ́ŋkʃən]	名 機能、役割 動 機能する、働く ⇒ fúnctional 形 機能的な

> ポイント 「先進国」(=発展が完了した国)は a developed country、「発展途上国」(=発展中の国)は a developing country という。また、最近発展の目覚ましい中国やブラジルなどは、an emerging country(新興国)と呼ぶことが多い。

#	日本語	英語
0265	態度を変える	change my **attitude**
0266	習慣をやめる	break a **habit**
0267	怠けた学生	a **lazy** student
0268	恥ずかしそうな表情	a **shy** expression
0269	社会構造	the social **structure**
0270	厚い板	a **thick** board
0271	さまざまな形 ▶申込用紙に記入する ▶正式な儀式	different **forms** ▶fill in the form ▶formal ceremony
0272	薄い布	**thin** cloth
0273	その美しい風景	the beautiful **landscape**
0274	日の光で輝く	**shine** with sunlight
0275	木の根 ▶苦しみの原因	tree **roots** ▶the root of suffering
0276	アフリカ大陸	the African **continent**

ポイント form「形式」の反対は substance「内容、実体」。
a discussion without substance（内容のない議論）

☐	**attitude** [ǽtətjùːd]	名 (…に対する)**態度**(to、toward)
☐	**habit** [hǽbət]	名 (個人の)**習慣**、くせ ⇒ habítual 形 習慣的な、常習的な
☐	**lazy** [léizi]	形 **怠けた**、怠惰な ⇒ láziness 名 怠惰
☐	**shy** [ʃái]	形 **恥ずかしがり屋の**、内気な ⇒ shýness 名 内気
☐	**structure** [strʌ́ktʃər]	名 **構造** ⇒ strúctural 形 構造の、構造上の
☐	**thick** [θík]	形 **(分)厚い**(⇔ thin)、(液体などが)濃い
☐	**form** [fɔ́ːrm]	名 ❶ **形**、形態 ❷ (申込)用紙 動 形作る ⇒ fórmal 形 正式の、形式上の
☐	**thin** [θín]	形 ❶ **薄い**(⇔ thick) ❷ やせた(⇔ fát)
☐	**landscape** [lǽndskèip]	名 **風景**、景色
☐	**shine** [ʃáin] 活用：shone-shone	動 **輝く**、照らす 名 光
☐	**root** [rúːt]	名 ❶ **根** ❷ 原因、根源 動 根を下ろす
☐	**continent** [kɑ́ntənənt] ア	名 **大陸** ⇒ continéntal 形 大陸の

ポイント 「薄いコーヒー」は thin coffee とは言わず、weak coffee という。

| Round 1 | 月 日 | Round 2 | 月 日 | Round 3 | 月 日 |

LEVEL 1

継続・持続

0277 学び続ける — **continue to** learn
  ▶断続的な地震 — ▶ continual earthquakes
  ▶絶え間ない雨 — ▶ continuous rain

0278 新聞紙を持つ — **hold** a newspaper

0279 独身のままでいる — **remain** single

期待・予想

0280 彼が成功するのを期待する — **expect** him **to** succeed

0281 起こりそうである — **be likely to** happen

0282 結果を予測する — **predict** the result

0283 意味を推測する — **guess** the meaning

調査・研究

0284 解答への手がかり — a **clue to** the answer

0285 脳の研究 — **research into** the brain

0286 鍵を探す — **search for** the key

0287 仕事を求める — **seek** a job

0288 実地調査 — field **surveys**

ポイント continual は「間隔を置いて長く繰り返すこと」、continuous は「連続すること」を意味する。continual rain は「雨が降ったりやんだりを繰り返すこと」、continuous rain は「雨がずっと降り続けること」。

continue [kəntínjuː]	動 (…し)続ける、続く (to do/doing) ⇒ continual 形 くり返し起こる、断続的な ⇒ continuous 形 絶え間ない
hold [hóuld] 活用：held-held	動 ❶ (手に)持つ、抱く、にぎる ❷ 保つ、持続する　❸ 開催する
remain [riméin]	動 ❶ ままでいる　❷ 残る ★ remain C　C のままでいる
expect [ikspékt]	動 期待する、予期する ★ expect A to do　A が…することを期待する[だろうと思う] ⇒ expectátion 名 予想、期待
likely [láikli]	形 ありそうな ★ be likely to do　…しそうである
predict [pridíkt]	動 予測する、予言する ⇒ prediction 名 予言、予想
guess [gés]	動 推測する、言い当てる　名 推測
clue [klúː]	名 (…への)手がかり (to)
research [rísəːrtʃ]	名 (…の)研究、調査 (into, on) 動 研究する、調査する
search [sə́ːrtʃ]	動 探す ★ search (A) for B　B を求めて(A を)探す 名 捜索
seek [síːk] 活用：sought-sought	動 求める ★ seek for A　A を求める ★ seek to do　…しようと努める
survey [sə́ːrvei]	名 ❶ 調査、測量　❷ 概観 動 [sərvéi] ❶ 調査する　❷ 見渡す ⇒ survéillance 名 監視、調査

> ポイント
> 「予測する」の意味を持つ単語には、predict と forecast がある。predict は過去の事実や経験、あるいは直感に基づく予測、forecast は科学などに基づく根拠のある予測に用いるのがふつう。

0289	鳥に**えさをやる**	**feed** the birds
0290	ベルトを**身につける**	**wear** belts
0291	彼の**余暇**に	at his **leisure**
0292	**客**を満足させる	satisfy **customers**
0293	一点の**家具**	a piece of **furniture**
0294	おなじみの**曲** ▶時計を**調整する**	the familiar **tune** ▶**tune** the clock
0295	**単**価	a **unit** price
0296	**数字**を計算する ▶中心**人物**	calculate **figures** ▶a central **figure**
0297	**項目**を一覧表にする	list **items**
0298	**空の**箱	an **empty** box
0299	犯罪**率**	the crime **rate**
0300	10kgの**重さがある**	**weigh** 10 kilograms

生活・娯楽 / 数量・単位

ポイント
「客」を表す語には、customer の他に、visitor（訪問客、観光客）、guest（ホテルなどの客）、client（弁護士、銀行などの専門的なサービスを受ける客）といった語がある。

☐☐☐	**feed** [fíːd] 活用：fed-fed[féd]	動 えさをやる、食べ物を与える ⇒ fóod 名 食べ物
☐☐☐	**wear** [wéər] 活用：wore-worn	動 ❶身につけている、着ている（※「状態」を表す） ❷すり減らす、摩耗させる
☐☐☐	**leisure** [líːʒər]	名 余暇、レジャー（※不可算名詞） ★ at leisure 暇で、ゆっくり ★ at one's leisure 暇な時に、都合のよい時に
☐☐☐	**customer** [kʌ́stəmər]	名 (店、レストランなどの)客
☐☐☐	**furniture** [fə́ːrnitʃər]	名 家具（※不可算名詞） ⇒ fúrnish 動 備え付ける
☐☐☐	**tune** [tjúːn]	名 曲、旋律 動 (周波数などを)合わせる、調整する
☐☐☐	**unit** [júːnət]	名 単位
☐☐☐	**figure** [fígjər]	名 ❶数字 ❷姿、人物 ❸図形 動 思う
☐☐☐	**item** [áitəm]	名 ❶項目、品目 ❷記事
☐☐☐	**empty** [émpti]	形 空の、(家や部屋などが)空いている(⇔ fúll) 動 空にする
☐☐☐	**rate** [réit]	名 ❶率、割合 ❷速度 ★ at the rate of A　Aの割合[速度]で
☐☐☐	**weigh** [wéi]	動 ❶重さがある、重さをはかる ❷(…を)比較する(with、against) ⇒ wéight 名 重さ、重量

> **ポイント** figure A out で「Aを理解する、Aを解く[解決する]」の意味。
> I can't figure him out.（私は彼のことが理解できない）
> She figured out the math problem.（彼女は数学の問題を解いた）

例文でCHECK!!

☐	彼女は**真実を悟った**ときショックを受けた。	She was shocked when she **realized the truth**.	0241
☐	私は**仕事で成功する**ためには何でもやった。	I did everything I could to **succeed in my career**.	0242
☐	私は最近、家族の過去についての**秘密を発見した**。	I recently **discovered a secret** about my family's past.	0243
☐	彼女は**競争に勝つ**ためにハードなトレーニングを行った。	She trained hard so that she could **win the race**.	0244
☐	彼は**委員会の議長を務める**ように頼まれた。	He was asked to **chair the committee**.	0245
☐	彼らは、**私たちの共通の祖先**は魚だったと信じている。	They believe that **our common ancestor** was the fish.	0246
☐	彼は、**男性の脳**は女性の脳と大きく異なると言っている。	He says **the male brain** is greatly different from the female brain.	0247
☐	**奴隷貿易**は初期のギリシャ経済の中心だった。	**The slave trade** was central to the ancient Greek economy.	0248
☐	彼は**同窓会**に出席するのを楽しみにしていた。	He was looking forward to attending **the reunion party**.	0249
☐	**女性の運動選手**によって世界記録が打ち立てられたのは初めてだ。	It is the first time the world record was held by **a female athlete**.	0250
☐	彼の意見は明らかに**性差別**に基づいていた。	His opinion was clearly based on **gender bias**.	0251
☐	その村の**全人口**は 3,000 人未満である。	**The entire population** of the village is under 3,000.	0252
☐	その会社は**材料を輸入し**、車を世界中に輸出している。	The company **imports materials** and exports cars worldwide.	0253
☐	今日、多くの人がオンラインで**ものを買う**のを好む。	Today many people like to **buy stuff** online.	0254
☐	彼は結び目を実演するために、一緒に**ひもを結んだ**。	He **tied the strings** together to demonstrate the knot.	0255
☐	その彫刻家は**原材料**を美しい芸術作品に仕上げた。	The sculptor turned **the raw material** into a beautiful work of art.	0256
☐	ロシアは**人工衛星**を打ち上げた最初の国となった。	Russia was the first country to launch **an artificial satellite**.	0257
☐	市は公園の中央に**像を設置した**。	The city **placed a statue** in the center of the park.	0258
☐	私は**将来の準備をする**ために貯金している。	I am saving money to **prepare for my future**.	0259
☐	警察官は交差点で**交通規制した**。	Police officers **controlled the traffic** at the intersection.	0260

☐	彼女はゆっくりと、しかし着実に**自分のスキルを発達させた**。	She **developed her skills** slowly but steadily.	0261
☐	イタリアでは**ルネッサンス建築**の多くの実例を見ることができる。	You can see many examples of **Renaissance architecture** in Italy.	0262
☐	彼は世界を完全に変える**装置を発明した**。	He **invented a device** that completely changed the world.	0263
☐	ビタミンは身体**機能を向上させる**助けになる。	Vitamins help **improve the functions** of the body.	0264
☐	この本は人生に対する私の**態度を変えた**。	This book **changed my attitude** toward life.	0265
☐	悪い**習慣をやめる**のは非常に難しい。	It is very difficult to **break** a bad **habit**.	0266
☐	彼は**怠けた学生**で、家で勉強したことがなかった。	He was **a lazy student** and never studied at home.	0267
☐	彼女は**恥ずかしそうな表情**で彼を見た。	She looked at him with **a shy expression**.	0268
☐	別の国の**社会構造**は非常に異なることがある。	**The social structure** of different nations can be quite different.	0269
☐	彼は**厚い板**の上で野菜を切った。	He cut the vegetables on **a thick board**.	0270
☐	芸術は**さまざまな形**を取ることがある。	Art can take many **different forms**.	0271
☐	そのシャツは**薄い布**でできていた。	The shirt was made of **thin cloth**.	0272
☐	彼女は**美しい風景**を見るためにカーテンを開けた。	She opened up the curtains to see **the beautiful landscape**.	0273
☐	彼女の髪が**日の光で輝いた**。	Her hair **shone with sunlight**.	0274
☐	アリは通常、**木の根**の下に巣を作る。	Ants usually make their nest under **tree roots**.	0275
☐	**アフリカ大陸**には54の国がある。	**The African continent** contains 54 countries.	0276
☐	彼は高校を卒業してからも英語を**学び続けた**。	He **continued to learn** English after he graduated from high school.	0277
☐	その男は腕に**新聞紙を持っていた**。	The man **held a newspaper** in his arm.	0278
☐	彼は一生**独身のままでいた**。	He **remained single** all his life.	0279
☐	家族は全員、コンテストで**彼が成功するのを期待した**。	His whole family **expected him to succeed** in the competition.	0280

STEP 5

☐	彼女は事故が**起こりそうである**とは思っていなかった。	She didn't think an accident would **be likely to happen**.	0281
☐	その試合の**結果を予測する**ことは難しくない。	It is not difficult to **predict the result** of the game.	0282
☐	私は彼が言ったことの**意味を推測し**ようとした。	I tried to **guess the meaning** of what he said.	0283
☐	彼は**解答への手がかり**を見つけた。	He found **a clue to the answer**.	0284
☐	その科学者は人間の**脳の研究**を実施した。	The scientist carried out **research into the** human **brain**.	0285
☐	彼は彼女に、なくした**鍵を探す**のを手伝うように頼んだ。	He asked her to help him **search for the** lost **key**.	0286
☐	彼女はよりよい**仕事を求めて**アメリカに向けて出発した。	She left for the US to **seek a** better **job**.	0287
☐	彼らは定期的に水質汚染に関する**実地調査**を実施した。	They regularly carried out **field surveys** on water pollution.	0288
☐	毎朝、彼女は**鳥にえさをやる**ために公園に行った。	Every morning she went to the park to **feed the birds**.	0289
☐	彼らは**ベルトを身につけ**ず、シャツの前を開けたままだった。	They did not **wear belts** and left the front of their shirts open.	0290
☐	彼はさまざまな文化を学ぶため、**余暇**によく旅行をする。	He often travels **at his leisure** to learn about different cultures.	0291
☐	勝ち組の会社は**客を満足させる**方法を知っている。	The winning companies know how to **satisfy customers**.	0292
☐	**一点の家具**の価格が高いほど、より重いものだ。	The more expensive **a piece of furniture** is, the heavier it is.	0293
☐	彼は**おなじみの曲**を聞いてほほ笑んだ。	He smiled when he heard **the familiar tune**.	0294
☐	大量に購入するなら、より低い**単価**を提示いたします。	If you buy a large amount, we will offer **a** lower **unit price**.	0295
☐	彼は**数字を計算する**のが苦手だ。	He is not good at **calculating figures**.	0296
☐	彼女は店で必要な**項目を一覧表にした**。	She has **listed items** that she needs from the shop.	0297
☐	そのネコは**空の箱**で寝るのが好きだ。	The cat loves to sleep in **an empty box**.	0298
☐	この町の**犯罪率**は、昨年50%減少した。	**The crime rate** of this town decreased by 50% last year.	0299
☐	ジャガイモは合計**10kgの重さがある**。	The potatoes **weigh 10 kilograms** in total.	0300

フォーカスワード 基本動詞 ⑤

find

❶ 見つける
❷ わかる

[fáind ファインド]

共通イメージ

探していたものを見つける

❶ 見つける
find gold

❷ わかる
find the movie interesting

▶▶▶ find で言ってみよう!

身の回りのもの・場所

- かぎを見つける　　　　　　　　find a key
- なくした携帯電話を見つける　　find my lost cellphone
- 私のめがねが見つからない　　　cannot find my glasses
- 帰り道がわからない　　　　　　cannot find my way home
- 昼食を取るのによい場所を見つける　find a nice place for lunch
- 泊まるところを見つける　　　　find a place to stay
- 最寄りの駅を見つける　　　　　find the nearest station
- 繁華街に近いホテルを見つける　find a hotel close to downtown

抽象的なもの・評価

- よりよい方法を見つける　　　　find a better way
- 最も簡単な解決策を見つける　　find the easiest solution
- 手紙を書く時間を見つける　　　find the time to write a letter
- 病院のベッドにいることに気づく　find myself in the hospital bed
- その本がおもしろいことがわかる　find the book interesting
- この問題を解決するのが難しいとわかる　find it difficult to solve this problem

レッツ！スピーク ①

スピーキングが得意になるために

1 チャンクを確認しよう

日本人は、日本語で話すときも、あまり長くは話しません。
しかし英語では、自分の言いたいことが相手に伝わるように、ていねいに説明します。

例：
"What do you want to eat for dinner?"
"I'd like to eat some fish because it's good for the brain."
(「夕食に何を食べたい？」「魚を食べたい。頭にいいから。」)

夕食に何を食べたいか聞かれて、日本語であれば、「魚かな」の一言で済ませてしまうかもしれませんが、英語では、きちんと文の形で答えて、理由もつけています。いつもこのように話すようにすれば、スピーキングがいつの間にか得意になります。

2 言ってみよう

これまでに学んだチャンクを使って、文を完成させよう。

(1) 彼女はばかな間違いをしたので、先生に謝った。
　　She (　) (　) the teacher because she made (　) (　).
(2) 私は仕事で成功したいから、卒業しても英語を学び続けるつもりだ。
　　I will (　) (　) learn English because I want to (　) (　) my career.
(3) その女性の運動選手はすばらしかったので、競技に勝った。
　　The (　) (　) was excellent, so she (　) the (　).

解答
(1) apologized, to, silly, mistakes
(2) continue, to, succeed, in
(3) female, athlete, won, race

CROWN Chunk Builder

Advanced

LEVEL 2

入試標準

付随・所属	0301 子どもと**一緒に行く**	**accompany** a child
	0302 **仲間**になる	become **companions**
	0303 ラベルを**付ける** ▶お金**に愛着がある**	**attach** a label ▶be attached to money
物・物理	0304 **おみやげ**を買う	buy **souvenirs**
	0305 南**極**	the South **Pole**
	0306 その**おり**に入る	enter the **cage**
	0307 **毒**を飲み込む	swallow **poison**
	0308 **液体**燃料	a **liquid** fuel
	0309 **固体**になる	become **solid**
	0310 **弓**を射る	shoot a **bow**
	0311 **弾丸**を発射する	fire a **bullet**
	0312 重い**物**	a heavy **object**

> **ポイント** souvenir はふつう、「自分のために買うおみやげや思い出の品」という意味。gift や present は他人への贈り物やおみやげを指す。

☐	**accompany** [əkʌ́mpəni]	動 ❶ (人と)一緒に行く、ついて行く（※かたい語。会話は go [come] with を使う） ❷ 伴う、付随する ⇒ accómpaniment 名 ❶ 付随物　❷ 伴奏
☐	**companion** [kəmpǽnjən]	名 仲間、友達
☐	**attach** [ətǽtʃ]	動 ❶ (…に)付ける、添付する(to) ❷ (価値を)認める、愛着をもたせる ★ be attached to A　A に愛着がある ⇒ attáchment 名 愛着、付属物
☐	**souvenir** [suːvəníər] ア発	名 みやげ、思い出の品物、記念品
☐	**pole** [póul]	名 ❶ 極、電極　❷ 棒
☐	**cage** [kéidʒ]	名 ❶ おり、鳥かご　❷ 刑務所、監獄
☐	**poison** [pɔ́izn]	名 毒、毒薬 動 ❶ 毒を入れる、毒殺する　❷ 毒する ⇒ póisonous 形 有毒な
☐	**liquid** [líkwəd] 発	形 液体の、液状の　名 液体
☐	**solid** [sάləd]	形 ❶ 固体の　❷ 固い　❸ しっかりした 名 固体
☐	**bow** [bóu] 発	名 ❶ 弓　❷ 弓形のもの
☐	**bullet** [búlət] 発	名 弾丸、銃弾
☐	**object** [άbdʒikt] ア発	名 ❶ 物、物体　❷ 目的　❸ 対象 動 [əbdʒékt] (…に)反対する(to)

ポイント　object to A「A に反対する」は、自動詞であることに注意。

味・味覚	0313 つらい涙	**bitter** tears
	0314 すっぱくなる	turn **sour**
	0315 苦い**味がする** ▶ひどい趣味	**taste** bitter ▶poor taste
娯楽・楽しみ	0316 **快適さ**を増す ▶ここちよいいす	increase **comfort** ▶a comfortable chair
	0317 **喜劇**を演じる ▶こっけいな表情	perform **comedy** ▶a comical expression
光・輝き	0318 **観客**に感銘を与える	impress **spectators**
	0319 **ユーモア**を解する心	a sense of **humor**
	0320 客を**楽しませる**	**entertain** guests
	0321 **劇的な**効果	a **dramatic** effect
	0322 **生き生きした**想像	**vivid** imagination
	0323 通りを**照らす**	**illuminate** the street
	0324 彼の目の**輝き**	the **sparkle** in his eyes

ポイント taste は「味がする」という意味では進行形にしない。
○ The coffee tastes bitter.（そのコーヒーは苦い味がする）
× The coffee is tasting bitter.

☐	**bitter** [bítər]	形 ❶ つらい、苦しい ❷ にがい(⇔ swéet)
☐	**sour** [sáuər] 発	形 ❶ すっぱい、酸味の ❷ 不機嫌な、気難しい 動 ❶ 気難しくする ❷ すっぱくする
☐	**taste** [téist]	動 ❶ 味がする ❷ 味わう、味を見る ★ taste C C の味がする 名 ❶ 味 ❷ 好み、趣味 ⇒ tásty 形 (飲食物が)風味のよい、おいしい
☐	**comfort** [kʌ́mfərt] 発	名 ❶ 快適さ ❷ なぐさめ、なぐさめになる人[もの] ⇒ cómfortable 形 ❶ ここちよい ❷ 十分な
☐	**comedy** [kámədi]	名 喜劇(⇔ trágedy) ⇒ cómic 形 喜劇の 　　　　名 (新聞・雑誌の)続き漫画、漫画本 ⇒ cómical 形 こっけいな、ひょうきんな
☐	**spectator** [spéktèitər]	名 観客、見物人
☐	**humor** [hjúːmər] 発	名 ユーモア、おかしさ ⇒ húmorous 形 ユーモラスな
☐	**entertain** [èntərtéin] ア	動 楽しませる、もてなす ⇒ entertáinment 名 娯楽
☐	**dramatic** [drəmǽtik] ア	形 ❶ 劇的な、ドラマチックな ❷ 劇の ⇒ dráma 名 ❶ ドラマ、劇、演劇 　　　　　　❷ 劇的な事件
☐	**vivid** [vívəd]	形 ❶ (印象、描写などが)生き生きした ❷ あざやかな、鮮明な → vívidly 副 鮮やかに、はっきりと
☐	**illuminate** [ilúːmənèit]	動 ❶ 照らす、明るくする ❷ 明らかにする ⇒ illuminátion 名 照明
☐	**sparkle** [spáːrkl]	名 ❶ (目、宝石などの)輝き、きらめき ❷ 火花 動 キラキラ光る、泡立つ ⇒ spárk 名 ❶ 火花 ❷ 活気、ひらめき

> 「観客」を表す語には spectator と audience があるが、spectator はもともと「見る人」、audience は「聞く人」という意味に由来している。

0325	費用をかける**価値がある**	**worth** the cost	
	▶読む**価値がある**	▶**worth** reading	
0326	歴史的**重要性**	historical **significance**	
0327	何か**価値のある**もの	something **valuable**	
0328	**まれな**機会	a **rare** opportunity	
	▶**めったに**起こらない	▶**rarely** happen	
0329	**貴**金属	**precious** metals	
0330	観光**局**	the tourism **bureau**	
0331	販売**部門**	the sales **department**	
0332	**民主主義**を推進する	promote **democracy**	
0333	アイスランド**共和国**	the **Republic** of Iceland	
0334	国を**統治する**	**govern** the country	
0335	**帝国**を支配する	rule the **empire**	
0336	ローマ**皇帝**	a Roman **Emperor**	

ポイント worth の関連語として、形容詞の worthwhile「価値のある」も押さえよう。
His job is worthwhile.「彼の仕事はやる価値がある」

☐☐☐	**worth** [wə́ːrθ]	形 価値がある ★ worth doing …する価値がある 名 価値 ⇒ wórthy 形 価値のある
☐☐☐	**significance** [signífikəns]	名 重要性、意義、意味 ⇒ signíficant 形 ❶ 重要な、意義のある ❷ かなりの量の、相当な
☐☐☐	**valuable** [væljəbl]	形 価値のある、高価な、重要な ⇒ inváluable 非常に貴重な
☐☐☐	**rare** [réər]	形 (貴重で)まれな、珍しい ⇒ rárely 副 めったに…ない (= séldom)
☐☐☐	**precious** [préʃəs]	形 貴重な、高価な
☐☐☐	**bureau** [bjúərou] 発	名 (官庁の)局、庁 ⇒ buréaucracy 名 ❶ (集合的に)官僚 ❷ 官僚政治、官僚主義
☐☐☐	**department** [dipáːrtmənt]	名 ❶ (官庁、組織などの)部門、部、課、省 ❷ (デパートなどの)売り場
☐☐☐	**democracy** [dimákrəsi] ア	名 民主主義、民主政治 ⇒ democrátic 形 民主主義の ⇒ démocrat 名 ❶ 民主主義者 ❷ (Democrat で)民主党員 (⇔ Repúblican 共和党員)
☐☐☐	**republic** [ripʌ́blik]	名 共和国 ⇒ repúblican 形 共和国の 名 共和主義者
☐☐☐	**govern** [gʌ́vərn]	動 ❶ 統治する、(国、人民を)治める ❷ (行動などを)支配する ⇒ góvernment 名 政府
☐☐☐	**empire** [émpaiər] ア	名 ❶ 帝国　❷ 巨大企業組織
☐☐☐	**emperor** [émpərər]	名 皇帝、天皇 ⇒ émpress 名 皇后、女帝

> ポイント valuable と precious はほぼ同義語だが、valuable には「価値のある」、precious には「値段が高い」というニュアンスがある。

由来・起元	0337	原因を**突き止める**	**trace** the cause
	0338	**起源**を調査する	investigate the **origin**
	0339	事実に**由来する**	**derive from** the fact
宗教	0340	**神の**慈悲	**divine** grace
	0341	**神聖な**儀式	a **holy** ceremony
	0342	ギリシャ**神話**	the Greek **myths**
	0343	**偶像**を崇拝する	worship an **idol**
	0344	**宗教**の自由	freedom of **religion**
	0345	広まった**迷信**	a widespread **superstition**
	0346	経済的な**奇跡**	an economic **miracle**
	0347	**修道士**になる	become a **monk**
	0348	**神聖な**空間	a **sacred** space

ポイント: idol を同じ発音の idle (怠惰な) と混同しないようにしよう。
　　　　an idle student (怠惰な生徒)

☐☐☐	**trace** [tréis]	動 ❶ （由来、原因などを）突き止める ❷ 追跡する、見つけ出す 名 （動物などがいた）跡、形跡
☐☐☐	**origin** [ɔ́:rədʒən] ⑦	名 起源、源 ⇒ oríginal 形 ❶ 最初の　❷ 独創的な ⇒ originálity 名 独創性、独自性
☐☐☐	**derive** [diráiv]	動 （言葉、慣習などが）（…に）由来する、派生する(from) ★ derive A from B　A（喜びなど）をBから引き出す
☐☐☐	**divine** [dəváin]	形 神の、神聖な
☐☐☐	**holy** [hóuli]	形 神聖な、聖なる
☐☐☐	**myth** [míθ] 発	名 ❶ 神話　❷ 根拠のない話[事柄]、作り話 ⇒ mýstical 形 神秘主義の ⇒ mythólogy 名 神話学、（集合的に）神話
☐☐☐	**idol** [áidl] 発	名 ❶ 偶像　❷ アイドル
☐☐☐	**religion** [rilídʒən] ⑦	名 宗教 ⇒ relígious 形 宗教的な
☐☐☐	**superstition** [sù:pərstíʃən]	名 迷信 ⇒ superstítious 形 迷信の
☐☐☐	**miracle** [mírəkl]	名 奇跡、驚異 ⇒ miráculous 形 奇跡の、驚くべき
☐☐☐	**monk** [mʌ́ŋk] 発	名 修道士、僧
☐☐☐	**sacred** [séikrəd] 発	形 神聖な、宗教的な

monk とは、俗世間を捨てて修道院（monastery）に生きる男性修道者。修道女は nun という。

区分・分類	0349 一種のほ乳類 ▶問題を解決する	**a sort of** mammal ▶**sort out** the problem
	0350 範ちゅうに属する	belong to the **category**
	0351 その違いを区別する ▶優れた学者	**distinguish** the difference ▶a **distinguished** scholar
建物・住居	0352 建物を建設する	**construct** a building
	0353 50階建ての超高層ビル	a 50-story **skyscraper**
	0354 丸太小屋	a log **cabin**
動機づけ・刺激	0355 生徒たちのやる気を起こさせる	**motivate** students
	0356 決断を促す ▶彼に出ていくよう強く迫る	**urge** a decision ▶**urge** him **to** leave
	0357 従業員を奮い立たせる ▶ひらめきを得る	**inspire** the employees ▶have an **inspiration**
信頼・信用	0358 彼の助言を信頼する	**rely on** his advice
	0359 信頼できる証拠	**reliable** evidence
	0360 信念をもつ	hold a **belief**

☐☐☐	**sort** [sɔ́ːrt]	名 種類　★ a sort of A 一種の A 動 分類する　★ sort out 解決する
☐☐☐	**category** [kǽtəgɔ̀ːri] ⑦	名 範ちゅう、部門 ⇒ cátegorize 動 (…に)分類する (into、as)
☐☐☐	**distinguish** [distíŋgwiʃ]	動 区別する、見分ける ★ distinguish between A and B　A と B とを見分ける ★ distinguish A from B　A を B と区別する ⇒ distínguished 形 (…で)優れた、有名な (for)
☐☐☐	**construct** [kənstrʌ́kt]	動 ❶ (建物などを)建設する、組み立てる ❷ (文章などを)構成する ⇒ constrúction 名 建設、建造物 ⇒ constrúctive 形 建設の、建設的な
☐☐☐	**skyscraper** [skáiskrèipər]	名 超高層ビル
☐☐☐	**cabin** [kǽbən]	名 ❶ 小屋　❷ 船室、(飛行機の)客室
☐☐☐	**motivate** [móutəvèit]	動 やる気を起こさせる、動機づける ★ motivate A to do　A を駆り立てて…させる ⇒ motivátion 名 やる気を起こさせるもの、動機付け ⇒ mótive 名 動機、主題
☐☐☐	**urge** [ɔ́ːrdʒ]	動 ❶ 促す、強く勧める　❷ 急がせる ★ urge A to do　A (人)に…するよう強く迫る (しきりに促す) 名 衝動
☐☐☐	**inspire** [inspáiər]	動 奮い立たせる ⇒ inspirátion 名 ひらめき、霊感
☐☐☐	**rely** [rilái]	動 (…を)信頼する、たよる (on、upon) ⇒ relíance 名 信頼
☐☐☐	**reliable** [riláiəbl]	形 信頼できる、当てになる ⇒ relý 動 (…を)信頼する、たよる (on、upon)
☐☐☐	**belief** [bəlíːf]	名 信念、信じること、信頼 ⇒ belíeve 動 信じる

STEP 6

例文でCHECK!!

☐	大人は8歳未満の**子どもと一緒に行か**ねばならない。	An adult must **accompany a child** under the age of eight.	0301
☐	彼らは一生の**仲間**や友達に**なった**。	They **became** lifelong **companions** and friends.	0302
☐	彼女はそれぞれの品目に値段を示す**ラベルを付けた**。	She **attached a label** showing the price of each item.	0303
☐	安い値段で**おみやげ**をいくつか**買え**るみやげ物店がある。	There is a gift shop where you can **buy** some **souvenirs** at a low price.	0304
☐	ホッキョクグマは**南極**には生息していない。	Polar bears do not live at **the South Pole**.	0305
☐	彼はオスのライオンと一緒に**そのおりに入った**。	He **entered the cage** with a male lion.	0306
☐	彼は**毒を飲み込んだ**かのような腹痛を感じた。	His stomach felt as if he **had swallowed poison**.	0307
☐	彼らは**液体燃料**としてオリーブオイルを用いる。	They use olive oil as **a liquid fuel**.	0308
☐	なぜ卵が熱せられると**固体になる**のか、私は不思議に思う。	I wonder why eggs **become solid** when heated.	0309
☐	彼女は体育の授業で**弓を射る**方法を習った。	She learned how to **shoot a bow** at PE class.	0310
☐	誰かが**弾丸を発射して**、彼の家の窓を貫通した。	Someone **fired a bullet** through a window of his house.	0311
☐	彼は足に**重い物**を落とした。	He dropped **a heavy object** on his foot.	0312
☐	ヘレンはEメールを読むと突然**つらい涙**を流し始めた。	Helen burst into **bitter tears** when she read the e-mail.	0313
☐	牛乳が**すっぱくなった**ので私たちはそれを捨てなければならなかった。	The milk **turned sour** and we had to throw it away.	0314
☐	レモンをたくさん入れすぎないこと。さもないと、**苦い味がする**だろう。	Don't add too much lemon or it will **taste bitter**.	0315
☐	エアコンを使ったら、かなり**快適さを増す**だろう。	If you use an air conditioner, it will greatly **increase comfort**.	0316
☐	彼はプロとして**喜劇を演じる**希望をもって東京に引っ越した。	He moved to Tokyo hoping to **perform comedy** professionally.	0317
☐	そのダンサーの美しい演技は**観客**に深く**感銘を与えた**。	The dancer's beautiful performance deeply **impressed spectators**.	0318
☐	彼は、彼女には**ユーモアを解する心**がないと実感したが遅すぎた。	He realized she did not have **a sense of humor**, but it was too late.	0319
☐	彼らは週にいく晩か、**客を楽しませる**ために生演奏を提供している。	They put on live music to **entertain guests** several evenings a week.	0320

講演者が小休止したら、**劇的な効果**が生まれた。	The speaker paused, and it produced **a dramatic effect**.	0321
彼は**生き生きした想像**によって一連のすばらしい絵画を生み出した。	His **vivid imagination** led him to produce a series of great paintings.	0322
夜に**通りを照らす**ため、新しい照明が設置された。	New lamps were put in place to **illuminate the street** at night.	0323
彼女は、彼が贈り物を喜んでいることを**彼の目の輝き**から知った。	She knew he was delighted with the gift by **the sparkle in his eyes**.	0324
休暇は非常に高くついたが、**費用をかける価値**があった。	The holiday had been very expensive, but it was **worth the cost**.	0325
姫路城にはたいへんな**歴史的重要性**がある。	Himeji castle is of great **historical significance**.	0326
日曜日の市場では、**何か価値のあるもの**が見つけられるかもしれない。	You may find **something valuable** at the Sunday market.	0327
そのパーティーは私にとって映画スターと話をする**まれな機会**だった。	The party was **a rare opportunity** for me to speak with movie stars.	0328
彼の叔父さんは**貴金属**と宝石を扱っている。	His uncle deals in **precious metals** and jewelry.	0329
観光局は訪問客のために広範なパンフレットを有していた。	**The tourism bureau** had a wide range of leaflets for visitors.	0330
彼の父親は**販売部門**の担当だ。	His father is in charge of **the sales department**.	0331
国連はその国の**民主主義を推進する**ために支援を提供した。	The United Nations offered support to **promote democracy** in the country.	0332
アイスランド共和国は 1944 年に建国された。	**The Republic of Iceland** was founded in 1944.	0333
大統領は 2010 年以来、**その国を統治している**。	The president has been **governing the country** since 2010.	0334
ロマノノ家は 300 年間ロシア**帝国を支配した**。	The Romanov family **ruled the** Russian empire for 300 years.	0335
ネロはその残虐な行為で知られた**ローマ皇帝**だった。	Nero was **a Roman Emperor** known for his cruel acts.	0336
医師は彼女の病気の**原因を突き止めた**。	The doctor **traced the cause** of her illness.	0337
研究者たちは生命の**起源を調査している**。	The researchers **have been investigating the origin** of life.	0338
その国の成功は、安い労働力を提供するという**事実に由来する**。	The country's success **derives from the fact** that it provides cheap labor.	0339
彼は私たち一人ひとりに**神の慈悲**が得られますようにと祈った。	He prayed that **divine grace** would be available to each one of us.	0340

STEP 6

この寺は、古代においては**神聖な儀式**の会場だった。	This temple was the site of **a holy ceremony** in ancient times.	0341
ギリシャ神話では、地上と地下世界の間には川が流れているとされている。	In **the Greek myths**, a river flows between the Earth and the Underworld.	0342
その宗教は、人々が**偶像を崇拝する**のを許していない。	The religion does not allow people to **worship an idol**.	0343
宗教の自由は日本における基本的な人権である。	**Freedom of religion** is a basic human right in Japan.	0344
13という数字は縁起が悪いという**広まった迷信**が存在する。	There is **a widespread superstition** that the number 13 is unlucky.	0345
東アジアの国々は、20世紀後半に**経済的な奇跡**を経験した。	East Asian countries experienced **an economic miracle** in the late twentieth century.	0346
現代では、若い男性が**修道士になる**のは一般的ではない。	It is less usual nowadays for a young man to **become a monk**.	0347
地域の人々は長い間、その山を**神聖な空間**とみなしていた。	Local people long considered the mountain to be **a sacred space**.	0348
イルカは魚ではなく、**一種のほ乳類**である。	A dolphin is not a fish but **a sort of mammal**.	0349
ライオンは大型猫の**範ちゅうに属する**。	A lion **belongs to the category** of big cats.	0350
彼はオスとメスのひよこの**違いを区別する**ことができる。	He can **distinguish the difference** between male and female chicks.	0351
彼らは、100万ドルの費用で**建物を建設する**ことを決めた。	They decided to **construct a building** at a cost of one million dollars.	0352
彼の事務所は**50階建ての超高層ビル**の最上階にある。	His office is on the top floor of **a 50-story skyscraper**.	0353
彼はその国に移住し、一人で**丸太小屋**を建てた。	He moved to the country and built **a log cabin** by himself.	0354
その先生は、**生徒たちのやる気を起こさせる**方法を知っていた。	The teacher knew how to **motivate students**.	0355
彼はそのプロジェクトの**決断を促した**。	He **urged a decision** about the project.	0356
CEOのスピーチは**従業員を奮い立たせた**。	The CEO's speech **inspired the employees**.	0357
彼の助言だけ**を信頼せ**ず、他の可能性も探りなさい。	Do not **rely on his advice** alone; also seek other possibilities.	0358
私たちは、彼が**信頼できる証拠**をもっていると信じている。	We believe he has **reliable evidence**.	0359
彼は、正直が最善の策だという強い**信念をもっている**。	He **holds a** strong **belief** that honesty is the best policy.	0360

フォーカスワード 基本動詞 ⑥

get

[gét ゲト]

❶ 手に入れる、得る
❷ 買う
❸ 受け取る
❹ …になる

共通イメージ

手に入れる、手に入れて（結果的に）変化する

❶ 手に入れる、得る
get a lot of money

❷ 買う
❸ 受け取る
❹ …になる
get hot

▶▶▶ get で言ってみよう！

有益なもの

□ 彼の**助け**を**得る**	**get** his **help**
□ 両親の**許可**を**得る**	**get** my parents' **permission**
□ 彼女からその**情報**を**得る**	**get** the **information** from her
□ **就職する**	**get** a **job**
□ 少し**眠る**	**get** some **sleep**
□ 十分な**休息**をとる	**get** enough **rest**

感覚

□ 夕方に**暗くなる**	**get dark** in the evening
□ （体が）**回復する**	**get better**

到達点

□ 7時に**家に着く**	**get home** at seven
□ まもなく**そこに着く**	**get there** soon
□ **町**に**到着する**	**get** to the **town**
□ **核心**をつく	**get** to the **point**

捜査・審判	0361 探偵小説	a **detective** story
	0362 彼の罪を告白する	confess his **guilt**
	0363 刑務所を脱走する	break **jail**
	0364 正義のために戦う ▶公平な結論	fight for **justice** ▶a just conclusion
	0365 彼女を厳しく罰する	**punish** her severely
	0366 彼の自由を奪う	**deprive** him **of** his freedom
	0367 罪のない犠牲者たち	**innocent** victims
	0368 存在を証明する	**prove** the existence
魅力	0369 若者を誘惑する ▶彼をそそのかせて盗ませる	**tempt** young people ▶tempt him to steal
	0370 私の注意を引きつける ▶魅力的な外観	**attract** my attention ▶attractive appearance
	0371 大衆を魅了する ▶魅惑的なショー	**fascinate** the public ▶fascinating show
	0372 彼女の詩の魅力	the **charm** of her poem

ポイント 裁判官を表す語には、justice のほかに judge もある。
judge of the Supreme Court「最高裁判所判事」

detective
[ditéktiv]
形 探偵の、刑事の　名 探偵、刑事

guilt
[gílt] 発
名 罪、有罪
⇒ gúilty 形 ❶ 罪の意識がある　❷ 有罪の

jail
[dʒéil] 発
名 刑務所　動 投獄する

justice
[dʒʌ́stəs]
名 ❶ 正義、公正　❷ 裁判官
⇒ júst 形 ❶ 正しい、公平な
　　　　　　❷ 適正な、正当な

punish
[pʌ́niʃ]
動 (…のために)罰する(for)
⇒ púnishment 名 罰、刑罰
⇒ púnitive 形 刑罰の、(課税などが)過酷な

deprive
[dipráiv]
動 奪う
★ deprive A of B　A(人など)から B を奪う
⇒ deprivátion 名 (権利などの)剥奪、欠乏

innocent
[ínəsənt]
形 罪のない、無罪の
⇒ ínnocence 名 無罪

prove
[prúːv] 発
動 ❶ (…を)証明する(that 節、wh- 節)
　 ❷ (…であると)判明する(to be)
⇒ próof 名 証明

tempt
[témpt]
動 誘惑する、(気持ちを)引きつける
★ tempt A to do　A をそそのかして…させる

attract
[ətrǽkt]
動 引きつける、魅了する
⇒ attráction 名 魅力、(人を引きつける)名物
⇒ attráctive 形 魅力的な

fascinate
[fǽsəneit]
動 魅了する
⇒ fáscinating 形 魅惑的な
⇒ fáscinated 形 魅了された
⇒ fascinátion 名 うっとりすること、
　　　　　　　　　(魂を奪うような)魅力

charm
[tʃɑ́ːrm]
名 ❶ 魅力、(charms)(女性の)美貌、美しさ
　 ❷ まじない、魔法
動 魅惑する、魔法をかける

---

punishment は、子どもに与える罰から刑罰まで、広い意味で用いる。ほぼ同じ意味の単語に penalty があるが、penalty は可算名詞、punishment は不可算名詞。

Round 1 月 日	Round 2 月 日	Round 3 月 日

休止・休息

0373 本を読みながら**うたたね**する — **doze** over a book

0374 日陰で**休む** — **rest** in the shade
- ▶戸棚の上に**ある** — ▶**rest** on the cabinet
- ▶私の**残り**の人生 — ▶the **rest** of my life

0375 短い**休憩時間** — a short **intermission**

貢献・忠実

0376 芸術**に**人生を**捧げる** — **dedicate** my life **to** art

0377 **忠実な**ままでいる — remain **loyal**

0378 勝利**に貢献する** — **contribute to** the victory

思考

0379 家族の**概念** — the **concept** of family

0380 独特の**観点** — a unique **viewpoint**

0381 最悪の事態を**仮定する** — **assume** the worst
- ▶役割を**引き受ける** — ▶**assume** a role
- ▶悪い態度を**取る** — ▶**assume** a bad attitude

0382 **なぞなぞ**を解く — solve a **riddle**

0383 費用の**観念** — the **notion** of cost

0384 彼は来ると**思う** — **suppose** he will come
- ▶雨が降る**はずである** — ▶**be supposed to** rain

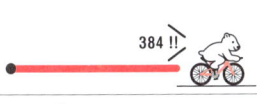

doze
[dóuz]
- 動 うたたねする、居眠りする
- 名 うたたね、居眠り

rest
[rést]
- 動 ❶ 休む　❷ (…に)ある、置く
- 名 ❶ 休息、安らぎ　❷ (the rest で)残り

intermission
[ìntərmíʃən]
- 名 ❶ 休憩時間　❷ 絶え間、休み

dedicate
[dédəkèit]
- 動 (…に)捧げる(to)
- ★ dedicate oneself to A　A に専念する
- ⇒ dedicátion 名 ❶ 献身、献呈　❷ 献呈の辞

loyal
[lɔ́iəl]
- 形 (…に)忠実[誠実]な(to) (= fáithful)
- ⇒ lóyalty 名 忠実さ、誠実

contribute
[kəntríbjuːt]
- 動 ❶ (…に)貢献する、寄与する(to)
- ❷ 寄付する
- ⇒ contribútion 名 貢献

concept
[kánsept]
- 名 概念、考え
- ⇒ concéive 動 (考え、計画などを)思いつく、想像する

viewpoint
[vjúːpɔ̀int]
- 名 観点、見地

assume
[əsjúːm]
- 動 ❶ (…ということを)仮定する(that 節)
- ❷ (職務などを)引き受ける
- ❸ (態度などを)とる
- ⇒ assúmption 名 仮定

riddle
[rídl]
- 名 なぞなぞ、難問

notion
[nóuʃən]
- 名 観念、考え

suppose
[səpóuz]
- 動 ❶ (…だと)思う(that 節)
- ❷ (命令文で)…するのはどうだろうか、仮に…としたら
- ★ be supposed to do　…することになっている、…するはずである

犯罪		
0385	彼が嘘をついていると疑う	**suspect** him **of** lying
0386	犯罪者を**逮捕する**	**arrest** the criminal
0387	**にせものの**パスポート	a **fake** passport
0388	**強盗**を捕まえる	catch a **burglar**
0389	**盗み**を働く	commit a **theft**
0390	**暴力**を防ぐ	prevent **violence**
変化		
0391	彼の目を光に慣れさせる ▶早起きに慣れている	**accustom** his eyes **to** light ▶<u>be accustomed to</u> rising early
0392	**溶けて**なくなる	**melt** away
0393	枝の**形を整える**	**trim** the branches
0394	持続可能な開発を**可能にする** ▶彼が勝つことを可能にする	**enable** sustainable development ▶**enable** him **to** win
0395	新たな環境**に適応する**	**adapt to** a new environment
0396	塩を**溶かす**	**dissolve** the salt

ポイント be accustomed to の後ろには動詞の原形ではなく名詞や -ing 形が来る。
× be accustomed to rise early

	suspect [səspékt] ⑦	動 ❶ 疑う、怪しいと思う　❷ 思う ★ suspect that 節　…かと思う 名 [sʌ́spekt] 容疑者 ⇒ suspícion 名 疑い
	arrest [ərést]	動 (…の容疑で)逮捕する(for) 名 逮捕
	fake [féik]	形 にせものの、本物でない 動 偽造する 名 にせもの、模造品
	burglar [bə́ːrɡlər]	名 (夜間に家に侵入する)強盗、泥棒
	theft [θéft]	名 盗み、窃盗 ⇒ thief 名 泥棒
	violence [váiələns]	名 ❶ 暴力　❷ 激しさ ⇒ víolent 形 暴力的な、激しい
	accustom [əkʌ́stəm]	動 慣らす ★ accustom A to B　A を B に慣れさせる ★ be [get、become] accustomed to A 　A に慣れている[慣れる]
	melt [mélt]	動 溶ける、溶かす ⇒ mélting pòt 名 (人種、文化などの)るつぼ
	trim [trím]	動 ❶ (刈ったり切ったりして)形を整える、手入れする　❷ (不要部分を)切り取る
	enable [inéibl]	動 可能にする ★ enable A to do　A が…することを可能にする
	adapt [ədǽpt]	動 (…に)適応する(to)、適応させる ★ adapt oneself to A　A に順応する ⇒ adaptátion 名 適応、順応
	dissolve [dizʌ́lv] 発	動 ❶ (水などで)溶かす、溶ける 　❷ (議会などを)解散する ⇒ dissolútion 名 ❶ 分解、溶解 　　　　　　　　❷ (議会などの)解散

ポイント　adaptor は交流電流（AC）を直流電流（DC）に変えて、電気機器に適合させる器具のこと。

自然現象・災害		
0397	自然**現象**	a natural **phenomenon**
0398	原子力**災害** ▶悲惨な火事	a nuclear **disaster** ▶**disastrous** fire
0399	細い**小川**	a narrow **stream**
0400	高**潮**	high **tide**
0401	なだらかに**流れる**	**flow** smoothly
消極・譲歩		
0402	質問**するのをためらう**	**hesitate to** ask
0403	**妥協**に至る	reach a **compromise**
0404	**消極的な**ままでいる	remain **passive**
熱意・情熱		
0405	テニスへの**熱意** ▶熱狂的なファン	**enthusiasm** for tennis ▶an **enthusiastic** fan
0406	**まじめな**議論	an **earnest** discussion
0407	**しきりにやってみたいと思う**	be **eager to** try
0408	**熱心な**学生	a **diligent** student

下の語句を並べかえて空所を補い、最も適当な文を完成させよ。
Do not ( ) ( ) ( ) ( ) ( ) of further assistance.
(1) I can (2) to call me (3) be (4) hesitate (5) if　（センター試験）

☐☐☐	**phenomenon** [fɪnάmənɑ̀n] 複数形：phenomena	名 ❶ 現象　❷ 驚異、不思議なもの ⇒ phenómenal 形 ❶ 自然現象の ❷ 驚異的な
☐☐☐	**disaster** [dɪzǽstər]	名 災害、災難 ⇒ disástrous 形 大災害の、悲惨な
☐☐☐	**stream** [stríːm]	名 ❶ 小川、流れ　❷ (時勢などの)流れ、風潮 動 流れる
☐☐☐	**tide** [táɪd]	名 ❶ 潮、潮の干満　❷ 形成、傾向 ⇒ tídal 形 潮の
☐☐☐	**flow** [flóu] 発	動 流れる　名 流れ、ほとばしり ★ flow in　流れこむ、(考えや言葉などが)すらすら出てくる
☐☐☐	**hesitate** [hézətèɪt] ア	動 (…することを)ためらう (to do) ⇒ hesitátion 名 ためらい
☐☐☐	**compromise** [kάmprəmàɪz] ア発	名 妥協 動 ❶ 妥協する　❷ おとしめる、傷つける
☐☐☐	**passive** [pǽsɪv]	形 ❶ 消極的な　❷ 受け身の、受動的な (⇔ áctive)
☐☐☐	**enthusiasm** [ɪnθjúːziæ̀zm] ア	名 熱意、熱中 ⇒ enthusiástic 形 熱心な、熱狂的な ⇒ enthúsiast 名 熱中している人
☐☐☐	**earnest** [ə́ːrnəst]	形 まじめな、真剣な ★ in earnest　本格的に、まじめに (※この earnest は名詞)
☐☐☐	**eager** [íːɡər]	形 しきりに…したいと思う (to do)、(…を)熱望している (for)
☐☐☐	**diligent** [dílədʒənt] ア	形 (…に)熱心な、励んでいる (in) ⇒ díligence 名 勤勉、(たゆまぬ)努力

正解　4 → 2 → 5 → 1 → 3 （hesitate to do がポイント）
（さらにお役に立てるなら、ご遠慮なくお電話ください）

飲食		
0409	祝宴を開く	give a **feast**
0410	十分な栄養	adequate **nutrition**
0411	彼の食欲を満たす	satisfy his **appetite**
0412	のどの渇きの感覚	a sense of **thirst**
音声・発声		
0413	大声でどなる	**yell** loudly
0414	声を出して泣く	cry **aloud**
0415	かすかなささやき声	a faint **whisper**
要求・主張・提案		
0416	計画を提案する	**propose** a plan
0417	世に訴える	**appeal to** the world
0418	謝罪を要求する	**demand** an apology
0419	スキルを必要とする	**require** a skill
0420	彼の権利を主張する	**insist on** his rights

ポイント aloud（声を出して）と loudly（大声で）の違いに注意しよう。

feast
[fíːst] 発
- 名 ❶ 祝宴、豪勢なごちそう ❷ 祝祭日
- 動 ❶ もてなす ❷ (目や耳を)楽しませる、(…を)楽しむ (on)

nutrition
[njuːtríʃən]
- 名 ❶ 栄養(状態) ❷ (栄養の)摂取、栄養状態
- ⇒ nútrient 名 栄養物 形 栄養のある

appetite
[ǽpətàit] ア
- 名 ❶ 食欲 ❷ 欲求

thirst
[θə́ːrst]
- 名 のどの渇き 動 のどが渇く、切望する
- ⇒ thirsty 形 ❶ のどが渇いた
  ❷ (…を)渇望して (for)

yell
[jél]
- 動 どなる、わめく
- 名 叫び声

aloud
[əláud]
- 副 声を出して
- ⇒ lóudly 副 大声で
- ⇒ loud 形 (声が)大きい、うるさい

whisper
[hwíspər]
- 名 ❶ ささやき声
  ❷ (風、川などの)さらさらいう音
- 動 (…に)ささやく (to)、小声で話す

propose
[prəpóuz] ア
- 動 提案する
- ★ propose to do [doing] …することを提案する
- ⇒ propósal 名 ❶ 提案
  ❷ 結婚の申し込み、プロポーズ

appeal
[əpíːl]
- 動 ❶ (…に)訴える、懇願する (to)
  ❷ (心を)引きつける
- 名 ❶ 懇願、訴え ❷ 魅力

demand
[dimǽnd]
- 動 (…することを)要求する (that 節)
- 名 ❶ 要求 ❷ 需要

require
[rikwáiər]
- 動 ❶ (…を)必要とする (to do、that 節)
  ❷ 要求する
- ⇒ requírement 名 要求物、要件

insist
[insíst]
- 動 ❶ (…を)(強く)主張する (on、that 節)
  ❷ (…を)(強く)要求する (on、that 節)
- ⇒ insístence 名 主張

ポイント demand（需要）の反対語は supply（供給）。いずれも経済に関する言葉。

例文でCHECK!!

フライトの間に、彼女は長編の**探偵小説**を読んだ。	During the flight she read **a** long **detective story**.	0361
私たちは彼に**自分の罪を告白**させることができなかった。	We could not get him to **confess his guilt**.	0362
彼らは**刑務所を脱走し**ようと数回試みたが、一度も成功しなかった。	They made several attempts to **break jail**, but never succeeded.	0363
ネルソン・マンデラは最後まで**正義のために**戦った。	Nelson Mandela **fought for justice** until the end.	0364
彼女の両親と先生は**彼女を厳しく罰した**。	Both her parents and the teacher **punished her severely**.	0365
彼の両親は、彼がいつも遅くまで帰って来ないので**彼の自由を奪った**。	His parents **deprived him of his freedom** because he always stayed out late.	0366
戦争で最も**罪のない犠牲者たち**は常に女性と子どもたちである。	The most **innocent victims** of war are always women and children.	0367
科学者の中には、魂の**存在を証明する**ことができると信じている人がいる。	Some scientists believe that they can **prove the existence** of the soul.	0368
学問から遠ざけようと**若者を誘惑する**多くのものがある。	There are many things to **tempt young people** away from their studies.	0369
彼女は**私の注意を引きつける**ために空中で腕を振った。	She waved her arms in the air to **attract my attention**.	0370
オリンピック大会での彼女の演技は**大衆を魅了した**。	Her performance at the Olympic Games **fascinated the public**.	0371
彼女の詩の魅力は、自然の美しさの描写にある。	**The charm of her poem** lies in her description of natural beauty.	0372
本を読みながらうたたねするのは、父の日曜日の楽しみのひとつである。	**Dozing over a book** is one of my father's pleasures on Sundays.	0373
厳しい練習のあと、選手たちは**日陰で休んだ**。	After heavy exercise, the players **rested in the shade**.	0374
彼らは**短い休憩時間**のあと、プレイを再開した。	They started playing again after **a short intermission**.	0375
私は**芸術に**残りの**人生を捧げる**ために早くに引退した。	I retired early to **dedicate** the rest of **my life to art**.	0376
顧客の3分の2以上は、10年後も**忠実なままでいた**。	More than two-thirds of their customers **remained loyal** after 10 years.	0377
チーム全体が**勝利に貢献した**。	The whole team **contributed to the victory**.	0378
家族の概念が急速に変わりつつある。	**The concept of family** is changing rapidly.	0379
彼の本は、日本文化に**独特の観点**を与えた。	His book offered **a unique viewpoint** on Japanese culture.	0380

最悪の事態を仮定するのが常に安全である。	Assuming the worst is always safe.	0381
彼がなぞなぞを解くには数時間かかった。	It took him several hours to solve a riddle.	0382
彼の計画に欠けているのは費用の観念だ。	What his plan lacks is the notion of cost.	0383
彼は来ると私は思わないが、尋ねることに害はない。	I don't suppose he will come, but there's no harm in asking.	0384
個人的には、私は彼が嘘をついていると疑っている。	Personally, I suspect him of lying.	0385
警察はまだ犯罪者を逮捕していない。	The police haven't arrested the criminal yet.	0386
彼はにせもののパスポートで入国したと信じられている。	He is believed to have entered the country using a fake passport.	0387
私たちの犬は強盗を追跡して、裏庭で捕まえた。	Our dog chased and caught a burglar in our yard.	0388
空腹と貧困が彼に盗みを働くように仕向けた。	Hunger and poverty drove him to commit a theft.	0389
彼らの仕事は、女性や少女に対する暴力を防ぐのを促進することである。	Their job is to help prevent violence against women and girls.	0390
彼の目を光に慣れさせるには多少時間がかかった。	It took him a while to accustom his eyes to light.	0391
太陽が輝き、雪が次第に溶けてなくなった。	The sun shone and the snow gradually melted away.	0392
彼女は木の枝の形を整えるために庭師を雇った。	She hired a gardener to trim the branches of the tree.	0393
クリーンエネルギーの利用によって、持続可能な開発が可能になるだろう。	Access to clean energy will enable sustainable development.	0394
子どもたちは、すぐに新たな環境に適応した。	Our children quickly adapted to a new environment.	0395
彼はバケツの水に塩を溶かした。	He dissolved the salt in the bucket of water.	0396
オーロラは、夜空を光で彩る自然現象である。	The northern lights are a natural phenomenon that illuminates the night sky.	0397
原子力災害の影響はすぐには見られない。	The effect of a nuclear disaster cannot be seen immediately.	0398
私たちの家の前に細い小川がある。	There is a narrow stream in front of our house.	0399
高潮の時には水は島をほぼ覆う。	At high tide the water almost covers the island.	0400

STEP 7

☐ 水が湖の中へと**なだらかに流れ**込んだ。	Water **flowed smoothly** into the lake.	0401
☐ 私は彼が結婚しているのかと**質問するのをためらった。**	I **hesitated to ask** if he was married.	0402
☐ 討議は**妥協に至る**まで夜通し続いた。	The discussion went on through the night until they **reached a compromise**.	0403
☐ **消極的なままでいる**のが難しいほどの挑発に直面したが、彼女は成功した。	In the face of such provocation it was hard to **remain passive**, but she succeeded.	0404
☐ 彼はかなりの**テニスへの熱意**をもっている。	He has great **enthusiasm for tennis**.	0405
☐ 彼らは夜遅くまで起きていて、結婚について**まじめな議論**をした。	They sat up late having **an earnest discussion** about marriage.	0406
☐ 兄はこの夏、**しきりに**富士山に登っ**てみたいと思っている。**	My brother **is eager to try** climbing Mt. Fuji this summer.	0407
☐ 彼女は非常に**熱心な学生**なので、試験でよい成績を収めるだろう。	She is such **a diligent student** that she will do well in her exams.	0408
☐ 王様は豊かな収穫を称える**祝宴を開く**ことを決定した。	The king decided to **give a feast** to celebrate the good harvest.	0409
☐ **十分な栄養**を取ることは若者にとって特に重要である。	Getting **adequate nutrition** is especially important for young people.	0410
☐ 彼は**自分の食欲を満たす**ために食べ続けた。	He kept eating to **satisfy his appetite**.	0411
☐ 私はジョギングのあと、強い**のどの渇きの感覚**を覚えた。	I had a strong **sense of thirst** after jogging.	0412
☐ 彼女は犬に向かって**大声でどなった。**	She **yelled loudly** at the dog.	0413
☐ 彼はポストに頭を強くぶつけて**声を出して泣いた。**	He **cried aloud** when he hit his head hard against the post.	0414
☐ 彼はジムとケイトの間で**かすかなささやき声**が交わされたのを聞いた。	He heard **faint whispers** exchanged between Jim and Kate.	0415
☐ 彼は新しい橋を建設する**計画を提案した。**	He **proposed a plan** to build a new bridge.	0416
☐ 音楽家たちは平和を**世に訴えた。**	The musicians **appealed to the world** for peace.	0417
☐ 彼は**謝罪を要求し**、2日以内に書面でそれを受け取った。	He **demanded an apology** and received one in writing within two days.	0418
☐ この仕事は特別な**スキルを必要とし**ない。	This task does not **require a** special **skill**.	0419
☐ 彼は**自分の権利を主張した**が、だれも聞いていなかった。	He **insisted on his rights**, but no one listened to him.	0420

フォーカスワード 基本動詞 ❼

give

[gív ギヴ]

❶ 与える
❷ 渡す
❸ 伝える
❹ (会などを)開く

共通イメージ

相手に与える

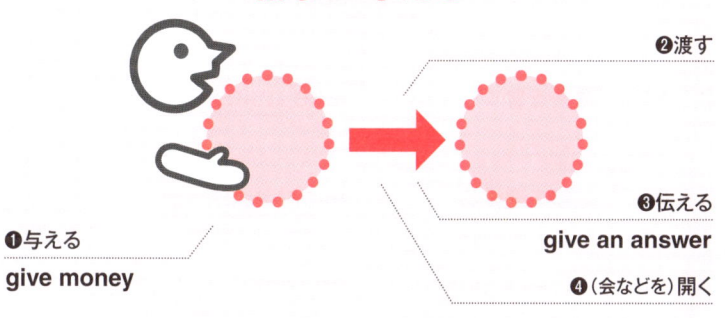

❶与える
give money

❷渡す

❸伝える
give an answer

❹(会などを)開く

▶▶▶ give で言ってみよう!

有益なもの

□ 彼女に贈り物をする	**give** her a **present**
□ 彼に助言をする	**give** him some **advice**
□ その腕時計を息子にあげる	**give** the **watch** to my son
□ 妻に指輪をあげる	**give** the **ring** to my wife
□ 切符を二枚もらう	**give** me two **tickets**
□ お金をくれる	**give** me some **money**
□ 彼女に花をあげる	**give** her a **flower**
□ 彼に DVD をあげる	**give** a **DVD** to him

コミュニケーション

□ 彼に私の名前を言う	**give** my **name** to him
□ 彼に盛大な拍手をする	**give** a big **hand** to him
□ 彼にその情報を伝える	**give** him the **information**
□ 彼女に電話をする	**give** her a **call**

| Round 1　　月　　日 | Round 2　　月　　日 | Round 3　　月　　日 |

LEVEL 2

危機・緊急

0421	緊急の電話	an **urgent** call
0422	危機を解決する ▶危機的な状況	resolve the **crisis** ▶**critical** condition
0423	避難所を探す	seek a **shelter**
0424	危険を冒す	take **risks**
0425	危険を避ける	avoid **hazards**
0426	避けられない誤り	an **inevitable** error

広い・狭い

0427	狭い通り	a **narrow** street
0428	幅の広い肩	**broad** shoulders
0429	広範囲にわたる洪水	**widespread** flooding

吸収・融合

0430	衝撃を吸収する ▶その本に夢中である	**absorb** shock ▶**be absorbed in** the book
0431	色を混ぜ合わせる	**blend** colors
0432	要素を結合させる ▶独特な組み合わせ	**combine** elements ▶a unique **combination**

ポイント　urgent に似た単語に emergent があるが、これは主に命に危険がある非常事態に用いる。urgent は「急を要する」場合を指す。

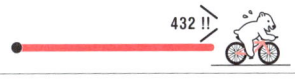

☐	**urgent** [ə́ːrdʒənt]	形 緊急の、急を要する ⇒ úrgency 名 緊急
☐	**crisis** [kráisəs] 複数形:crises	名 危機 ⇒ crítical 形 ❶ 危機の　❷ 批判的な、批評の
☐	**shelter** [ʃéltər]	名 ❶ 避難所、住まい　❷ 避難 動 ❶ (人を)かくまう、(…から)保護する(from) 　　❷ (…から)避難する(from)
☐	**risk** [rísk]	名 (自己責任で冒す)危険、リスク 動 危うくする ★ risk *doing* あえて…する ★ at the risk of A　Aを危険にさらして
☐	**hazard** [hǽzərd]	名 危険、危険の要因 ⇒ házardous 形 危険な
☐	**inevitable** [inévitəbl]	形 避けられない、当然の
☐	**narrow** [nǽrou]	形 (幅が)狭い、細長い(⇔ wíde) ⇒ nárrowly 副 危うく、かろうじて
☐	**broad** [brɔ́ːd] 発	形 幅の広い(⇔ nárrow)
☐	**widespread** [wáidspréd]	形 広範囲にわたる、広く普及した
☐	**absorb** [əbsɔ́ːrb]	動 ❶ 吸収する　❷ 夢中にする、奪う ★ be absorbed in A　Aに夢中である ⇒ absórption 名 ❶ 吸収、合併 　　　　　　　　❷ (…への)没頭、夢中(in)
☐	**blend** [blénd]	動 ❶ 混ぜ合わせる、混ざる 　　❷ (色が)溶け込む、(…と)調和する 名 混合(物)
☐	**combine** [kəmbáin]	動 (…と)結合させる、結合する(with) ⇒ combinátion 名 結合、組み合わせ

> risk は、主に自分の意思で回避できる危険で、あえて犯す危険を指す。hazard は、予測可能であるが避けられない、偶発的な危険を指す。また、危険をもたらす可能性を指すこともある。たとえば、花火（fireworks）は火災の危険をもたらす可能性のあるもの（a fire hazard）。

0433	大胆な発言	a **bold** remark
0434	他人に対して心が広い ▶気前のよさを見せる	**generous** to other people ▶show generosity
0435	何にでも好奇心が強い	**curious about** everything
0436	君の正直さに感謝する ▶私の正直な意見	appreciate your **honesty** ▶my honest opinion
0437	海水浴をする	**bathe** in the sea
0438	カーテンをかける ▶殺人で絞首刑になる	**hang** a curtain ▶be hanged for murder
0439	犯罪を犯す ▶約束がある	**commit** a crime ▶have a commitment
0440	新聞を折りたたむ	**fold** the newspapers
0441	左に傾く	**lean** to the left
0442	点を結ぶ	**connect** the dots
0443	かばんを置く	**lay** a bag
0444	泥棒を追いかける	**chase** the thief

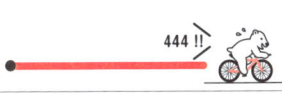

☐☐☐	**bold** [bóuld]	形 ❶ 大胆な、勇気のある ❷ 厚かましい、ずうずうしい ⇒ bóldly 副 ❶ 大胆に ❷ 厚かましく
☐☐☐	**generous** [dʒénərəs]	形 心の広い、気前のよい ⇒ generósity 名 気前のよさ
☐☐☐	**curious** [kjúəriəs]	形 ❶ (…について)好奇心の強い、知りたがる (about) ❷ 奇妙な ★ be curious to do 〜したがる ⇒ curiósity 名 好奇心
☐☐☐	**honesty** [ánəsti]	名 正直、誠実さ ⇒ hónest 形 正直な、誠実な
☐☐☐	**bathe** [béið] 発	動 ❶ 水浴びをする ❷ 入浴する ⇒ báth 名 ❶ 浴そう ❷ 入浴
☐☐☐	**hang** [hæŋ] 活用：hung-hung	動 ❶ かける、かかっている ❷ 絞首刑にする (※ この場合の活用は、hanged-hanged) ★ hang around [about] うろつく ★ hang on しがみつく
☐☐☐	**commit** [kəmít]	動 ❶ (罪、過ちなどを)犯す ❷ 委託する ★ commit oneself ❶(…に)身を投じる(to) ❷(…について)自分の立場を明らかにする(on) ⇒ commítment 名 ❶ 約束 ❷ 委託、委任
☐☐☐	**fold** [fóuld]	動 ❶ 折りたたむ ❷ (腕などを)組む ⇒ fólder 名 ❶ 紙ばさみ ❷ (コンピュータ) フォルダー(複数のファイルをまとめておく場所)
☐☐☐	**lean** [líːn]	動 ❶ 傾く、傾ける ❷ (…に)もたれる、寄りかかる(against、on、over) 形 やせた ★ lean on [upon] A Aに頼る、Aを当てにする
☐☐☐	**connect** [kənékt]	動 結ぶ ★ connect A with [to] B AをBと関係づける、AからBを連想する ⇒ connéction 名 つながること、接続
☐☐☐	**lay** [léi] 活用：laid-laid	動 ❶ 置く、横たえる ❷ (卵を)産む
☐☐☐	**chase** [tʃéis]	動 追いかける、追跡する 名 追跡

STEP 8

0445	彼女の本当の**身元**	her true **identity**
0446	**道徳**が欠如する	lack **morals**
0447	古代**文明**	ancient **civilization**
0448	**市民**社会	**civil** society
0449	高い**地位**	a high **status**
0450	奴隷を**解放する** ▶選択の**自由**	**liberate** slaves ▶**liberty** of choice
0451	**法律上の**義務 ▶国際**法**	a **legal** obligation ▶international **laws**
0452	**脅**す	make **threats**
0453	その出来事に**おびえている**	be **terrified at** the event
0454	戦争の**恐怖**	the **terror** of war
0455	**怖い**映画	a **scary** movie
0456	**恐ろしい**悪夢	a **horrible** nightmare

ポイント an ID card（身分証）は、an identity[identification] card の略。

☐☐☐	**identity** [aidéntəti]	名 ❶ 身元、特定の人物であること ❷ アイデンティティ ⇒ idéntify 動 (身元を)特定する
☐☐☐	**moral** [mɔ́ːrəl]	名 ❶ (社会の)道徳、モラル、(個人の)品行 ❷ 教訓 形 道徳的な、倫理的な
☐☐☐	**civilization** [sìvələzéiʃən]	名 文明 ⇒ cívilized 形 文明化した
☐☐☐	**civil** [sívəl]	形 市民の、民間の (※ civil war 内戦)
☐☐☐	**status** [stéitəs]	名 ❶ (高い)地位、身分 ❷ 状態、情勢
☐☐☐	**liberate** [líbərèit]	動 (…から)解放する、自由にする(from) ⇒ liberátion 名 解放すること、解放運動 ⇒ líberty 名 ❶ 自由 ❷ 気まま、勝手
☐☐☐	**legal** [líːgəl]	形 法律(上)の、合法の(⇔ illégal) ⇒ láw 名 ❶ 法律 ❷ 法則
☐☐☐	**threat** [θrét] 発	名 ❶ (…への)脅し、脅迫(against) ❷ 兆し、怖れ ⇒ thréaten 動 おびやかす、(…するよう)脅す (to do)
☐☐☐	**terrified** [térəfàid]	形 (…に)おびえて、(…を)こわがって(of, at) ★ be terrified to do …するのがこわい ⇒ térrify 動 おびえさせる、こわがらせる
☐☐☐	**terror** [térər]	名 ❶ (身がすくむほどの)恐怖 ❷ 暴力行為、テロ ⇒ térrorism 名 テロ(行為)、テロリズム
☐☐☐	**scary** [skéəri]	形 ❶ 怖い、恐ろしい ❷ (人が)驚きやすい、臆病な ⇒ scáre 動 こわがらせる 名 恐怖 ⇒ scáred 形 おびえた、びっくりした
☐☐☐	**horrible** [hɔ́ːrəbl]	形 恐ろしい ⇒ hórror 名 恐怖

ポイント scary と horrible は、「怖い」という意味では共通だが、horrible のほうがずっと意味が強い。That movie was horrible.(あの映画は最悪だった)というように、最低の評価をするときにも用いる。

決定・規定	0457	その用語を**定義する** ▶境界を**定める**	**define** the term ▶ define the boundary
	0458	スケジュールを**決定する**	**determine** the schedule
	0459	**決まったやり方**を当てはめる	apply a **formula**
	0460	争いを**解決する** ▶減量**しようと決心する** ▶**決議**を採択する	**resolve** the dispute ▶ resolve to lose weight ▶ adopt a resolution
交通	0461	**信号**を送る	send **signals**
	0462	京都**に向けて出発する**	**depart for** Kyoto
	0463	**乗り物**に乗る	ride a **vehicle**
	0464	乗客を**輸送する**	**transport** passengers
	0465	**終点**に到着する ▶**末期**がん	arrive at the **terminal** ▶ terminal cancer
	0466	漁**船**	a fishing **vessel**
	0467	ニューヨーク**行きである** ▶**きっと失敗する**	**be bound for** New York ▶ be bound to fail
	0468	バスに**乗り込む**	get **aboard** the bus

define
[difáin]
- 動 ❶ (…と)定義する(as)
  ❷ 限定する、範囲を定める
- ⇒ definítion 名 定義、限定化

determine
[ditə́ːrmən]
- 動 (…しようと)決定する、決める(to do)
- ⇒ determinátion 名 決定、決意
- ⇒ detérmined 形 かたく決心した、決然とした

formula
[fɔ́ːrmjələ]
複数形：formulae [formulas]
- 名 ❶ 決まったやり方 ❷ 公式
- ⇒ fórmulate 動 （系統だてて）述べる、（公式で）表す

resolve
[rizálv]
- 動 ❶ 解決する ❷ 決心する
- ★ resolve to do …しようと決心する
- ⇒ resolútion 名 ❶ 決議 ❷ 決心、決断

signal
[sígnəl]
- 名 信号、合図
- 動 合図する

depart
[dipáːrt]
- 動 (…から、…に向かって)出発する(from、for)
- ⇒ depárture 名 出発
- ⇒ depárted 名 (the departed で)故人
       形 過ぎ去った

vehicle
[víːikl]
- 名 ❶ 乗り物、車両 ❷ (伝達の)手段

transport
[trænspɔ́ːrt]
- 動 輸送する、運送する
- 名 [trǽnspɔːrt] 輸送、交通機関
- ⇒ transportátion 名 輸送[交通]機関、交通の便

terminal
[tə́ːrmənəl]
- 名 ❶ (交通機関の)終点、終着点
  ❷ (コンピュータの)端末
- 形 ❶ 末期の ❷ 最終的な

vessel
[vésəl]
- 名 ❶ (比較的大きな)船、船舶 ❷ 容器、うつわ

bound
[báund]
- 形 ❶ …行きの ❷ 縛られた、束縛された
- ★ be bound for A   (列車などが)A行きである
- ★ be bound to do   ❶ きっと…する
                   ❷ …する義務がある

aboard
[əbɔ́ːrd]
- 前 (乗り物に)乗って
- 副 バス[列車、飛行機、船]に乗って、機内[車内、船内]に
- ★ go aboard   (乗り物に)乗り込む

0469	はだかで暮らす	go **naked**
0470	ため息をつく	give a **sigh**
0471	はげ頭	a **bald** head
0472	むき出しの脚	**bare** legs
0473	息を止める ▶楽に呼吸をする	hold my **breath** ▶**breathe** comfortably
0474	栄光を勝ち取る	win **glory**
0475	具体的な内容	the specific **content**
0476	彼らの喜びを表現する	express their **delight**
0477	誇らしげな顔 ▶息子を誇りに思う ▶彼の仕事に誇りをもつ	a **proud** look ▶be proud of my son ▶have pride in his job
0478	熱帯の楽園	a tropical **paradise**
0479	穏やかな声	a **calm** voice
0480	幸運な状況 ▶財産を築く	**fortunate** circumstances ▶make a fortune

ポイント
naked と bare のチャンクを押さえておこう。
naked eyes（裸眼）　a naked bulb（裸電球）
bare feet（はだし）　bare hands（素手）

☐☐☐	**naked** [néikəd] 発	形 ❶ はだかの（※ふつう体の全体について言う）　❷ むき出しの　❸ （事実などが）あからさまな
☐☐☐	**sigh** [sái] 発	名 ため息　動 ため息をつく
☐☐☐	**bald** [bɔ́:ld] 発	形 ❶ （頭の）はげた、毛のない　❷ （山、木などが）はげた　❸ 飾りのない
☐☐☐	**bare** [béər]	形 （体の一部分が）むき出しの、はだかの
☐☐☐	**breath** [bréθ] 発	名 息、呼吸　⇒ bréathe 動 [brí:ð] 呼吸をする
☐☐☐	**glory** [glɔ́:ri]	名 ❶ 栄光、栄誉　❷ 壮麗さ、全盛　⇒ glórious 形 ❶ 栄誉ある、輝かしい　❷ すばらしい、とても愉快な
☐☐☐	**content** [kántent] ア	名 内容、中身　形 [kəntént] （…に）満足して（to、with）
☐☐☐	**delight** [diláit]	名 喜び、喜びとなるもの　動 喜ばせる　⇒ delíghtful 形 楽しい
☐☐☐	**proud** [práud] 発	形 ❶ 誇りをもっている、プライドがある　❷ （悪い意味で）いばった、得意そうな　★ be proud of A　Aを誇りに思う　★ be proud to *do*　…することを誇りに思う　⇒ príde 名 ❶ 自尊心、誇り　❷ うぬぼれ
☐☐☐	**paradise** [pǽrədàis]	名 ❶ 楽園、絶好の場所　❷ 天国
☐☐☐	**calm** [ká:m] 発	形 穏やかな、落ち着いた　動 静まる、落ち着かせる　⇒ cálmness 名 静けさ、落ち着き
☐☐☐	**fortunate** [fɔ́:rtʃənət]	形 （…で）幸運な（to *do*、in *do*ing）　⇒ fórtune 名 ❶ 運命　❂ 財産

STEP 8

ポイント　gh のつづりは読まないことが多い。これを「黙字」と言うが、gh は ghost のように語頭に来ると発音する。

例文でCHECK!!

☐	彼は母親が倒れたとき、助けを求めて**緊急の電話**をした。	He made **an urgent call** for help when his mother fell down.	0421
☐	2国のリーダーは**危機を解決する**ために会合を開いた。	The leaders of the two countries had a meeting to **resolve the crisis**.	0422
☐	台風が来る前に、その船は**避難所を探した**。	The ship **sought a shelter** before the typhoon arrived.	0423
☐	彼は選択肢があったとき、**危険を冒す**のを恐れなかった。	He was not afraid to **take risks** when he had choices.	0424
☐	人生で直面するかもしれないあらゆる**危険を避ける**のは不可能だ。	It is impossible to **avoid** all the **hazards** you may face during your life.	0425
☐	彼女はその日非常に疲れていたので、**避けられない誤り**をしてしまった。	She was so tired that day that she made **an inevitable error**.	0426
☐	その家は**狭い通り**にあったので、私たちは車ではそこに行けなかった。	The house was on **a narrow street**, so we could not reach it by car.	0427
☐	彼は**幅の広い肩**と強い腕の持ち主だった。	He had **broad shoulders** and strong arms.	0428
☐	大雨がこの地域に**広範囲にわたる洪水**を引き起こした。	The heavy rain caused **widespread flooding** in this area.	0429
☐	シートベルトが事故の**衝撃を吸収する**だろう。	The seatbelt will **absorb shock** in an accident.	0430
☐	彼は望んでいる色合いを得られるまで**色を混ぜ合わせた**。	He **blended colors** until he had the shade he wanted.	0431
☐	このゲームはテニスとバレーボールの**要素を結合させている**。	This game **combines elements** of tennis and volleyball.	0432
☐	彼は**大胆な発言**をしたので皆が動揺した。	He made **a bold remark** and everyone became upset.	0433
☐	彼はいつも**他人に対して心が広く**、皆は彼を尊敬した。	He was always **generous to other people** and everyone respected him.	0434
☐	その少年は**何にでも好奇心が強く**、多くの質問をした。	The boy was **curious about everything** and asked a lot of questions.	0435
☐	私は**君の正直さ**と勤勉さに大いに**感謝している**。	I greatly **appreciate your honesty** and hard work.	0436
☐	休暇の間、私たちは毎日**海水浴をした**。	During the vacation we **bathed in the sea** every day.	0437
☐	彼女は部屋を暖かくするためにドアの前に**カーテンをかけた**。	She **hung a curtain** in front of the door to make the room warmer.	0438
☐	彼は最初は**犯罪を犯す**つもりではなかった。	He didn't intend to **commit a crime** at first.	0439
☐	彼女はきちんと**新聞を折りたたんだ**。	She **folded the newspapers** neatly.	0440

□	そのバスは急に曲がったため、彼女はバランスを取ろうと左に傾いた。	The bus suddenly made a turn and she **leaned to the left** to keep her balance.	0441
□	点を結んで隠れた絵を見つけよう。	Find the hidden picture by **connecting the dots**.	0442
□	彼はベッドの上にかばんを置いた。	He **laid a bag** on his bed.	0443
□	2人の警官が泥棒を追いかけていた。	Two police officers **were chasing the thief**.	0444
□	彼女は自分の本当の身元を明かしたくなかったので偽名を使った。	She used a false name because she didn't want to reveal **her true identity**.	0445
□	彼は、現代社会は道徳が欠如していると信じている。	He believes that modern society **lacks morals**.	0446
□	彼は、すべての古代文明の中でエジプトが最も発展していたと主張している。	He argues that Egypt was the most advanced of all the **ancient civilizations**.	0447
□	市民社会は、広範な社会の必須の部分だ。	**Civil society** is an essential part of wider society.	0448
□	その大学は医学学校の中では高い地位を有している。	The college has **a high status** among medical schools.	0449
□	リンカーンは南北戦争で奴隷を解放するために戦った。	In the Civil War, Lincoln fought to **liberate slaves**.	0450
□	親は子どもの世話と教育を行う法律上の義務がある。	Parents have **a legal obligation** to care for and educate their children.	0451
□	彼は脅し続けたので、私たちはついに彼を警察に通報した。	He continued to **make threats**, so we finally reported him to the police.	0452
□	彼はその出来事におびえて、ひとことも話ができなかった。	He **was terrified at the event** and could not say a word.	0453
□	私たちは戦争の恐怖を忘れるべきではない。	We should not forget **the terror of war**.	0454
□	彼らは照明を消して怖い映画を見る準備をした。	They put out the lights and prepared to watch **a scary movie**.	0455
□	私はモンスターに襲われるという恐ろしい悪夢を見た。	I had **a horrible nightmare** about monsters attacking me.	0456
□	私たちは議論を続ける前に「自然な」という用語を定義する必要がある。	We need to **define the term** "natural" before continuing the debate.	0457
□	彼は過去の経験を踏まえたプロジェクトのスケジュールを決定した。	He **determined the schedule** for the project based on his past experience.	0458
□	あなたは全員に対して単に同じ決まったやり方を当てはめてはならない。	You can't just **apply the** same **formula** to everyone.	0459
□	妻との争いを解決するために、私にはあなたの助言が必要だ。	I need your advice to **resolve the dispute** with my wife.	0460

STEP 8

☐	脳は神経細胞に電気信号を送る。	The brain **sends** electrical **signals** to the nerve cells.	0461
☐	彼は4月6日に京都に向けて出発する計画を立てた。	He planned to **depart for Kyoto** on April 6.	0462
☐	この公園では乗り物に乗ることは許可されていない。	You are not allowed to **ride a vehicle** in this park.	0463
☐	東京の2つのバスターミナルは国中の乗客を輸送している。	The two bus stations in Tokyo **transport passengers** all over the country.	0464
☐	電車は予定より10分遅れて終点に到着した。	The train **arrived at the terminal** 10 minutes behind schedule.	0465
☐	大型漁船が港に入ってきた。	**A** large **fishing vessel** came into port.	0466
☐	この電車はニューヨーク行きである。	This train **is bound for New York**.	0467
☐	彼らは急いでバスに乗り込んだ。	They hurried to **get aboard the bus**.	0468
☐	その島の住民は浜辺の近くにはだかで暮らしている。	People on the island **go naked** near the beach.	0469
☐	母が安堵のため息をつくのが聞こえた。	I heard my mother **give a sigh** of relief.	0470
☐	その老人ははげ頭だった。	The old man had **a bald head**.	0471
☐	子供たちはむき出しの脚をしていてとても寒そうに見えた。	The children had **bare legs** and looked very cold.	0472
☐	私は水中で2分間息を止めることができる。	I can **hold my breath** under the water for two minutes.	0473
☐	栄光を勝ち取るひとつの方法は、スポーツが得意になることだ。	One way to **win glory** is to be good at a sport.	0474
☐	私はその計画の具体的な内容はわからない。	I don't know **the specific content** of the plan.	0475
☐	彼らは帽子を空中に放り投げて喜びを表現した。	They threw their caps in the air to **express their delight**.	0476
☐	彼らは自分たちの第一子を見て誇らしげな顔を交わした。	They exchanged **proud looks** when they saw their first baby.	0477
☐	いったん空港を出たら、あなた方を熱帯の楽園が待っている。	Once you get out of the airport, **a tropical paradise** is waiting for you.	0478
☐	彼は怒っている少年に穏やかな声で応答した。	He responded to the angry boy in **a calm voice**.	0479
☐	幸運な状況がチームを勝利に導いた。	**Fortunate circumstances** led the team to victory.	0480

フォーカスワード 基本動詞 8

go
[góu ゴゥ]

❶ 行く
❷ …になる
❸ (物事が)…に進行する
❹ (機械などが)動く

共通イメージ

話題の中心が別の場所に移動する

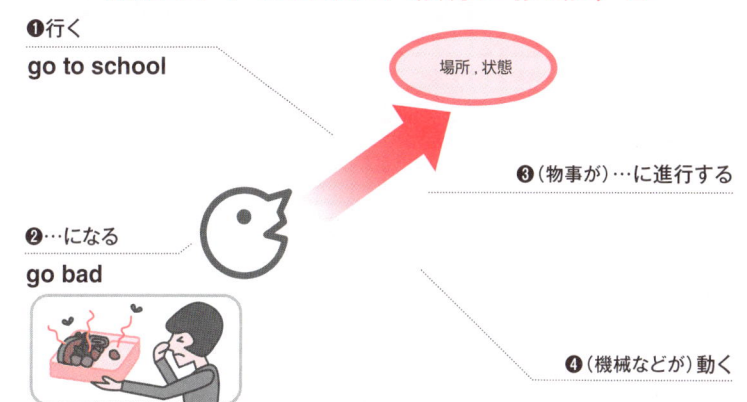

❶ 行く
go to school

場所, 状態

❸ (物事が)…に進行する

❷ …になる
go bad

❹ (機械などが)動く

▶▶▶ go で言ってみよう!

場所

□ イタリアに**行く**	go to Italy
□ 繁華街に**行く**	go downtown
□ 学校に**行く**	go to school
□ 仕事に**行く**	go to work

目的

□ 昼食を食べに**行く**	go for lunch
□ ドライブに**行く**	go for a drive
□ 川で魚釣りをしに**行く**	go fishing in the river
□ キャンプに**行く**	go camping
□ 買い物に**行く**	go shopping
□ 踊りに**行く**	go dancing

構成・組み立て	0481 過半数を**構成する**	**constitute** the majority
	0482 表面の**層**	the surface **layer**
	0483 委員会を**構成する** ▶詩を**創作する** ▶水で**構成されている**	**compose** the committee ▶compose a poem ▶be composed of water
	0484 **基礎**を築く	lay a **foundation**
対立・衝突	0485 損失**にも関わらず**	**despite** the loss
	0486 意見の**衝突**	a **conflict** of opinion
	0487 期待**に反して**	**contrary to** expectations
	0488 困難に**直面する**	**encounter** difficulties
非難・反対	0489 子どもを**しかる**	**scold** a child
	0490 彼を嘘をついた**という理由で非難する**	**accuse** him **of** lying
	0491 **抗議**をする ▶核実験に**抗議する**	make a **protest** ▶protest against nuclear tests
	0492 **反対**方向	the **counter** direction

ポイント　「日本国憲法」は the Japanese Constitution[the Constitution of Japan] という。constitute は「構成する」という意味であるから、国民が組み立てた国の組織や構成を文書の形で定めたものが constitution である。

constitute [kánstətjùːt]	動 ❶ 構成する　❷ (法律などを)制定する ⇒ constitútion [kànstətjúːʃən] 名 ❶ 憲法　❷ 体質、体格　❸ 構成、構造
layer [léiər]	名 層
compose [kəmpóuz]	動 ❶ 構成する ❷ 創作[作成]する、作曲する ★ be composed of A　A で構成されている ⇒ composítion [kàmpəzíʃən] 名 構成、作文
foundation [faundéiʃən]	名 ❶ 基礎、土台　❷ 財団、基金 ⇒ fóund 動 設立する
despite [dispáit]	前 …にも関わらず (= in spite of)
conflict [kánflikt]	名 ❶ (意見などの)衝突　❷ 争い、紛争 動 [kənflíkt] 衝突する、矛盾する
contrary [kántreri]	形 (…に)反して、反対の (to) 名 (ふつう the contrary で)逆 ★ on the contrary　反対に、それどころか
encounter [inkáuntər]	動 (困難などに)直面する、(思いがけなく人に)出会う (= come upon) 名 (偶然の)出会い
scold [skóuld]	動 (…の理由で)しかる (for)、(…に)小言を言う (at)
accuse [əkjúːz]	動 非難する、告訴する ★ accuse A of B　A(人)を B の理由で非難する[訴える] ⇒ accusátion 名 告訴、非難
protest [próutest]	名 (…に対する)抗議 (against) 動 [prətést] (…に)強く反対する、抗議する (against)
counter [káuntər]	形 副 反対の(に) 動 逆らう 名 逆

ポイント：despite は前置詞で、後ろには名詞が来る。同様の意味を表す接続詞の though や while と用い方を間違えないように注意。

0493	地位を**占める**	**occupy** a position	
	▶家事**で**忙しい	▶be occupied with housework	
0494	テーブルを**予約する**	**reserve** a table	
	▶判断を**保留する**	▶reserve judgement	
0495	**独占**インタビュー	an **exclusive** interview	
0496	**独特**の見方	a **unique** view	
0497	旅行を**手配する**	**arrange** a trip	
0498	購入を**取り消す**	**cancel** the purchase	
0499	あなたの**予約**を確認する	confirm your **booking**	
0500	**あいまいな**答え	a **vague** answer	
0501	危険**に**気づいている	be **aware of** the danger	
0502	（数字の）7 を幸運と**みなす**	**regard** seven **as** lucky	
	▶これ**に関して**	▶in regard to this	
0503	重要性を**認識する**	**recognize** the importance	
0504	**洞察**を得る	gain an **insight**	

☐	**occupy** [ákjəpài] 発	動 ❶ 占める、(家などに)住む ❷ 占領する ★ be occupied in [with] A　Aで忙しい、Aに専念する
☐	**reserve** [rizə́ːrv]	動 ❶ (座席などを)予約する ❷ 取っておく、保留する 名 たくわえ、備え ⇒ reservátion 名 ❶ 予約　❷ 取っておくこと
☐	**exclusive** [iksklúːsiv]	形 ❶ 独占的な、排他的な(⇔ inclúsive) ❷ 高級な、高価な
☐	**unique** [juːníːk] 発	形 ❶ (…に)独特な、特有の(to) ❷ 比類がない、優れた
☐	**arrange** [əréindʒ]	動 ❶ 手配する、取り決める　❷ 並べる ★ arrange (for A) to *do*　(Aが)…するように手はずを整える ⇒ arrángement 名 ❶ 準備、手配 ❷ 取り決め　❸ 並べること
☐	**cancel** [kǽnsəl]	動 取り消す、中止する ⇒ cancellátion 名 取り消し、中止
☐	**booking** [búkiŋ]	名 予約 ⇒ bóok 動 予約する
☐	**vague** [véig] 発	形 あいまいな、不明確な(⇔ cléar)
☐	**aware** [əwéər]	形 (…に)気づいて(of、that 節) ⇒ awáreness 名 意識
☐	**regard** [rigáːrd]	動 みなす、考える ★ regard A as B　AをBとみなす 名 ❶ 尊敬　❷ 注意　❸ (問題)点 ★ in regard to A　Aに関して ⇒ regárding 前 …に関して(は)
☐	**recognize** [rékəgnàiz] ア	動 ❶ 認識する、見分けがつく ❷ (…ということを)認める(that 節) ⇒ recognítion 名 認識、承認
☐	**insight** [ínsait] ア	名 洞察(力)、見識、深い理解

金銭	0505	彼女に300ドルの**借金がある** ▶病気のために	**owe** her $300 ▶<u>owing to</u> illness
	0506	**借金**を返す	pay off the **debt**
	0507	外**貨**	foreign **currency**
	0508	**払戻し金**を入手する	obtain a **refund**
	0509	**手付金**を払う	pay a **deposit**
	0510	**資金**を借りる	borrow **funds**
所有・包有	0511	写しを**同封する**	**enclose** a copy
	0512	危険を**伴う** ▶犯罪に関わっている	**involve** a risk ▶<u>be involved in</u> a crime
	0513	塩を**含んでいる**	**contain** salt
修理・調整	0514	建物を**修復する**	**restore** the building
	0515	行いを**改める** ▶服を**直す**	**mend** my ways ▶<u>mend</u> clothes
	0516	免許を**更新する**	**renew** the license

☐☐☐	**owe** [óu]	動 借金がある、借りている ★ owe A B [B to A]　A(人)にBの借りがある ⇒ ówing 形 未払いの、(owing to A で)Aのために、Aが原因で
☐☐☐	**debt** [dét] 発	名 借金、負債 ★ be in debt (to A)　(Aに)借金している、Aに恩義を感じている
☐☐☐	**currency** [kə́ːrənsi]	名 通貨、貨幣
☐☐☐	**refund** [ríːfʌnd] ア	名 払戻し金、返金 動 [rifʌ́nd] 払い戻す
☐☐☐	**deposit** [dipázət]	名 ❶ 手付金、保証金　❷ 預金
☐☐☐	**fund** [fʌ́nd]	名 ❶ 資金　❷ (知識などの)蓄積 動 (活動、組織などに)資金援助する ⇒ fúnding 名 (政府、公的機関による)財政支援 ⇒ fúnd-ràising 名 資金調達
☐☐☐	**enclose** [inklóuz]	動 ❶ (文書などを)同封する 　❷ (土地などを)囲む ⇒ enclósure 名 囲い込み、囲い地
☐☐☐	**involve** [inválv]	動 ❶ 伴う、含む　❷ (人を)巻き込む ★ be [get] involved in A　Aに関わっている[関わる] ⇒ invólved 形 関わりのある、参加して ⇒ invólvement 名 巻き込まれること
☐☐☐	**contain** [kəntéin]	動 含む、入れている ⇒ contáiner 名 容器
☐☐☐	**restore** [ristɔ́ːr]	動 (元の状態、形に)修復する、もどす ⇒ restorátion 名 復元、復旧
☐☐☐	**mend** [ménd]	動 ❶ (態度などを)改める　❷ 修理する、直す 名 補修、修理
☐☐☐	**renew** [rinjúː]	動 ❶ 更新する、新しくする 　❷ 回復する、再開する ⇒ renéwal 名 新しくすること、更新

0517	臓器を提供する	donate an **organ**
0518	がん細胞	cancer **cells**
0519	胸の痛み	**breast** pains
0520	手のひらをこする	rub my **palms**
0521	筋肉を鍛える	build **muscle**
0522	口頭試験	an **oral** examination
0523	組織を傷つける	damage **tissue**
0524	キャップを締める	**tighten** the cap
0525	ボタンを押す	**press** a button
0526	最古の類人猿たち	the oldest **apes**
0527	けものを狩る	hunt **beasts**
0528	見知らぬ人にほえる	**bark** at a stranger

ポイント 人体の構成要素は、cell（細胞）、tissue（組織）、organ（器官）の順に大きくなる。
　　　muscle tissue（筋肉組織）
　　　organ transplant（臓器移植）

organ
[ɔ́ːrɡən]
- 名 ❶ 臓器、器官　❷ オルガン
- ⇒ orgánic 形 ❶ 器官の　❷ 有機体の

cell
[sél]
- 名 ❶ 細胞　❷ 独房、小部屋　❸ 電池

breast
[brést]
- 名 胸、胸部
- ⇒ chést 名 胸（肋骨や胸骨に囲まれた部分。breast は chest の前部）

palm
[páːm] 発
- 名 手のひら
- （※「手の甲」は the back of the hand）

muscle
[mʌ́sl] 発
- 名 ❶ 筋肉　❷ 力、影響力
- ⇒ múscular 形 筋肉の

oral
[ɔ́ːrəl]
- 形 口頭の、口述の
- 名 口述試験

tissue
[tíʃuː]
- 名 ❶ 組織　❷ ティッシュペーパー、ちり紙

tighten
[táitn]
- 動 ❶（きつく）締める、ぴんと張る
- ❷（規制などが）強くなる
- ⇒ tíght 形 ❶ きつい、ぴんと張った　❷ 厳しい
- 副 きつく、ぴったりと

press
[prés]
- 動 ❶ 押す、押しつける　❷ アイロンをかける
- 名 報道機関、マスコミ
- ⇒ préssure 名 圧力

ape
[éip]
- 名 類人猿（※小型で尾の長いものは monkey）

beast
[bíːst]
- 名 （四つ足の大きな）けもの、動物

bark
[báːrk]
- 動 ❶（犬などが）ほえる(at)　❷ どなる(out)
- 名 ❶（犬などの）ほえ声　❷ 木の皮

---

ape「類人猿」は、霊長類の中でも最も進化した種のこと。オランウータン、チンパンジー、ゴリラなどが現存している。

0529	彼の希望を**押しつぶす**	**crush** his hope
0530	少数派を**抑圧する**	**oppress** the minority
0531	フィルムを光に**さらす**	**expose** the film to light
0532	無知**から生じる**	**stem from** ignorance
0533	彼の退職を**発表する**	**announce** his retirement
0534	勝者を**祝う**	**congratulate** the winner
0535	独立を**宣言する**	**proclaim** independence
0536	**会報**を発行する	issue a **bulletin**
0537	真実を**あばく**	**uncover** the truth
0538	コマーシャルを**放送する**	**broadcast** a commercial
0539	コレクションを**自慢する**	**boast** a collection
0540	おとぎ**話**	a fairy **tale**

crush
[kráʃ]
- 動 押しつぶす、つぶれる（※ crash「衝突する」との違いに注意）
- 名 夢中

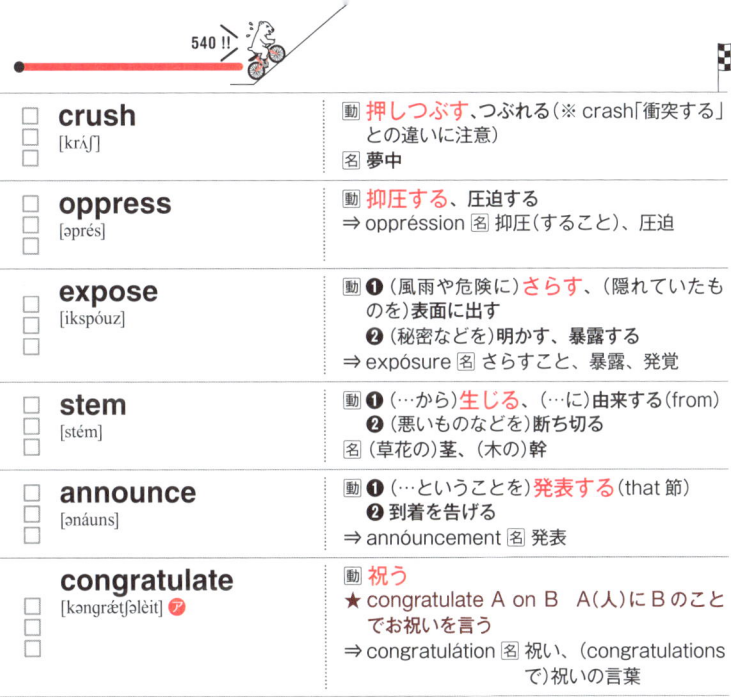

oppress
[əprés]
- 動 抑圧する、圧迫する
- ⇒ oppréssion 名 抑圧（すること）、圧迫

expose
[ikspóuz]
- 動 ❶ (風雨や危険に)さらす、(隠れていたものを)表面に出す
  ❷ (秘密などを)明かす、暴露する
- ⇒ expósure 名 さらすこと、暴露、発覚

stem
[stém]
- 動 ❶ (…から)生じる、(…に)由来する(from)
  ❷ (悪いものなどを)断ち切る
- 名 (草花の)茎、(木の)幹

announce
[ənáuns]
- 動 ❶ (…ということを)発表する(that 節)
  ❷ 到着を告げる
- ⇒ annóuncement 名 発表

congratulate
[kəngrǽtʃəlèit]
- 動 祝う
- ★ congratulate A on B　A(人)にBのことでお祝いを言う
- ⇒ congratulátion 名 祝い、(congratulations で)祝いの言葉

proclaim
[proukléim]
- 動 宣言する、公言する
- ⇒ proclamátion 名 宣言、布告

bulletin
[búlətən]
- 名 会報、公報、(ニュースの)短い公式発表

uncover
[ʌnkʌ́vər]
- 動 ❶ (秘密などを)あばく、明るみに出す
  ❷ おおいを取る(⇔ cóver)

broadcast
[brɔ́ːdkæst]
活用：broadcast-broadcast
- 動 放送する　名 放送

boast
[bóust]
- 動 ❶ 自慢する　❷ 誇りにする
- ★ boast of A　Aを自慢する
- 名 誇り、自慢(の種)
- ⇒ bóastful 形 高慢な、自慢して

tale
[téil]
- 名 お話、物語

STEP 9

例文でCHECK!!

☐	イタリア人がこの市の**過半数を構成している**。	Italian people **constitute the majority** of this city.	0481
☐	彼らは**表面の層**の下に古代文明の遺跡を発見した。	They found the ruins of an ancient civilization under **the surface layer**.	0482
☐	8人の委員と議長が**その委員会を構成している**。	Eight members and a chairperson **compose the committee**.	0483
☐	あなたは、毎日の練習によって、将来の成功の**基礎を築いている**。	You **are laying a foundation** for future success by daily exercise.	0484
☐	金銭の**損失にも関わらず**、彼らは決して希望を失わなかった。	**Despite the loss** of money, they never lost hope.	0485
☐	その会議では明らかな**意見の衝突**があった。	There was a clear **conflict of opinion** at the meeting.	0486
☐	**期待に反して**、彼は試合に勝った。	**Contrary to expectations**, he won the game.	0487
☐	地域の住民たちは生態系を保護する上で**困難に直面した**。	Local residents **encountered difficulties** in protecting the ecosystem.	0488
☐	**子どもをしかる**こともあるだろうが、決してぶつべきではない。	You might **scold a child**, but you should never hit him or her.	0489
☐	その少女たちは**彼を嘘をついたという理由で非難した**。	The girls **accused him of lying**.	0490
☐	市民は新しい法律に**抗議をした**。	The citizens **made a protest** against the new law.	0491
☐	一方のダンサーは右側に動き、他方のダンサーは**反対方向**に動いた。	One dancer moved to the right while the other moved in **the counter direction**.	0492
☐	彼女は昨年まで、その委員会において**ある地位を占めていた**。	She **occupied a position** on the committee until last year.	0493
☐	彼はランチに**テーブルを予約する**ためにレストランに電話した。	He called the restaurant to **reserve a table** for lunch.	0494
☐	その女優は一誌に**独占インタビュー**を提供した。	The actress gave **an exclusive interview** to one magazine.	0495
☐	彼にはアフリカ文化について**独特の見方**がある。	He has **a unique view** on African culture.	0496
☐	彼は休暇中のアメリカ**旅行を手配する**ことに同意した。	He agreed to **arrange a trip** to America for the holidays.	0497
☐	いつでも**購入を取り消す**ことができます。	You may **cancel the purchase** anytime.	0498
☐	**あなたの予約を確認する**まで一切の支払いを行わないで下さい。	Do not make any payments before we have **confirmed your booking**.	0499
☐	彼はその質問を完全には理解できず、**あいまいな答え**をした。	He did not fully understand the question and gave **a vague answer**.	0500

	彼女は食べすぎの**危険に気づいている**。	She **is aware of the danger** of eating too much.	0501
	欧米人は、**7を幸運とみなしている**。	People in Europe and America **regard seven as lucky**.	0502
	若者が健康の**重要性を認識する**のは難しい。	It is hard for young people to **recognize the importance** of good health.	0503
	彼はインドの地域文化に対する**洞察を得る**ためにインドを訪れた。	He visited India to **gain an insight** into its local cultures.	0504
	彼は**彼女に 300 ドルの借金があり**、月ごとに 50 ドル返済している。	He **owes her $300**, and he is paying it off at $50 a month.	0505
	彼女は、**借金を返す**ことができるように一生懸命に働いた。	She worked hard so that she could afford to **pay off the debt**.	0506
	彼はポケットを**外貨**でいっぱいにして旅行から戻った。	He returned from his travels with a pocket full of **foreign currency**.	0507
	払戻し金を入手したいなら、領収書を持ってくるべきだ。	You should bring the receipt if you want to **obtain a refund**.	0508
	家を買うためには**手付金を払う**必要がある。	You need to **pay a deposit** to buy a house.	0509
	会社は工場を建設するために追加**資金を借りる**必要があった。	The company had to **borrow** additional **funds** to build a factory.	0510
	彼は手紙に履歴書の**写しを同封する**よう求められた。	He was asked to **enclose a copy** of his resume with the letter.	0511
	あなたがやろうとしていることは高い**危険を伴う**。	What you are going to do **involves a** high **risk**.	0512
	このスープには多すぎる**塩を含んでいる**。	This soup **contains** too much **salt**.	0513
	彼らは現在、歴史上重要な**建物を修復**している。	They are now **restoring the** historic **building**.	0514
	両親は私に**行いを改める**ように言った。	My parents told me to **mend my ways**.	0515
	彼らは毎年**免許を更新**しなければならなかった。	They had to **renew the license** every year.	0516
	臓器を提供する予定なら、家族がそれを知っているようにすることだ。	If you plan to **donate an organ**, make sure your family are aware.	0517
	彼女はそれらが**がん細胞**であると心配していたが、幸運にもそうではなかった。	She was worried they were **cancer cells**, but fortunately they weren't.	0518
	彼女は**胸の痛み**を感じたので、診察を受けに医者に行った。	She felt **breast pains**, so she went to see the doctor.	0519
	私は緊張すると、**手のひらを**ジーンズに**こすり**つける。	When I'm nervous, I **rub my palms** on my jeans.	0520

☐ 彼の趣味は**筋肉を鍛える**ことのようだ。	It seems that his hobby is to **build muscle**.	0521
☐ 筆記試験だけではなく、**口頭試験**も受けなければならない。	We must take **an oral examination** as well as a written one.	0522
☐ 太陽を多量に浴びることで、筋肉の**組織を傷つける**ことがある。	You can **damage** muscle **tissue** by getting too much sun.	0523
☐ いま飲まないのならばボトルの**キャップを締める**べきだ。	You should **tighten the cap** on the bottle if you're not going to have a drink now.	0524
☐ 写真を取るには、ただこの**ボタンを押し**さえすればよい。	You just need to **press** this **button** to take the photograph.	0525
☐ **最古の類人猿たち**は、約3,200万年前に地上に出現した。	**The oldest apes** appeared on earth about 32 million years ago.	0526
☐ 彼は**けものを狩る**ことで生計を立てている。	He makes his living by **hunting beasts**.	0527
☐ 私たちの犬はよく**見知らぬ人にほえる**。	Our dog often **barks at a stranger**.	0528
☐ そのニュースは、祖国に帰るという**彼の希望を押しつぶした**。	The news **crushed his hopes** of returning to his home country.	0529
☐ 多数派が**少数派を抑圧する**のを防止すべきだ。	We should prevent the majority from **oppressing the minorities**.	0530
☐ 彼は誤って**フィルムを光にさらした**。	He **exposed the film to light** by mistake.	0531
☐ 憎悪はしばしば**無知から生じる**。	Hatred often **stems from ignorance**.	0532
☐ 昨日、正式に**彼の退職が発表された**。	**His retirement was** officially **announced** yesterday.	0533
☐ 私たちはそのレースの**勝者を祝う**ためにパーティーを開いた。	We held a party to **congratulate the winner** of the race.	0534
☐ アメリカ合衆国は、1776年7月4日に**独立を宣言した**。	The United States of America **proclaimed independence** on July 4, 1776.	0535
☐ その団体は、月に1回**会報を発行**している。	The association **issues a bulletin** once a month.	0536
☐ そのジャーナリストは、その戦争についての隠された**真実をあばいた**。	The journalist **uncovered the** hidden **truth** about the war.	0537
☐ そのテレビチャンネルでは、最新のテレビゲームの**コマーシャルを放送した**。	The television channel **broadcast a commercial** for the latest video game.	0538
☐ 彼は何百冊もの珍しいマンガ本の**コレクションを自慢している**。	He **boasts a collection** of hundreds of rare comic books.	0539
☐ すべての**おとぎ話**がハッピーエンドというわけではない。	Not all **fairy tales** have a happy ending.	0540

フォーカスワード 基本動詞 ❾

have

[hǽv ハヴ]

動 ❶ 持っている
❷ (仕事などが) ある
❸ 食べる、飲む

助 ❶ もう…してしまった
❷ …したことがある
❸ ずっと…している

共通イメージ
自分の手に持っている状態

動❶ 持っている
have a car

動❷ (仕事などが) ある
have five classes

動❸ 食べる、飲む
have breakfast

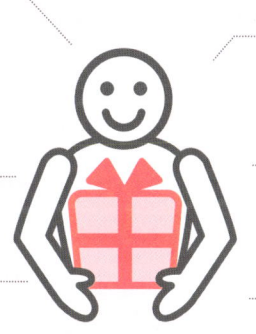

助❶ もう…してしまった

助❷ …したことがある

助❸ ずっと…している

▶▶▶ have で言ってみよう!

仕事・義務

☐ 英語の授業がある　　　　have an English class

☐ たくさんの宿題がある　　have a lot of homework

食べ物・飲み物

☐ 夕食にお寿司を食べる　　have sushi for dinner

☐ 一杯のスープを飲む　　　have a cup of soup

動作・状態

☐ よい経験をする　　　　　have a good experience

☐ よい夢を見る　　　　　　have a nice dream

☐ ひどい風邪をひいている　have a bad cold

☐ 頭痛がする　　　　　　　have a headache

	Round 1　月　日	Round 2　月　日	Round 3　月　日

LEVEL 2

多量・大規模

0541	**豊富な**供給 ▶天然資源に**富む**	an **abundant** supply ▶**abound in** natural resources
0542	**大きい**騒音 ▶声を出して読む	**loud** noise ▶read **aloud**
0543	広大な国	a **vast** country
0544	圧倒的大多数	the **overwhelming** majority
0545	並外れた才能	an **extraordinary** gift
0546	ものすごい重圧	**tremendous** pressure
0547	相当な努力	**considerable** efforts
0548	ばく大な借金	a **huge** debt
0549	壮大な景色	**magnificent** scenery

通知

0550	注意をする	exercise **caution**
0551	住民に**警告する**	**warn** the residents
0552	顧客に**知らせる**	**inform** customers

ポイント vast は平面的な広がり、huge は量・容積など、三次元的な巨大さを感じさせる語。

abundant [əbʌ́ndənt]	形 豊富な、(…が)たくさんある(in) ⇒ abóund 動 (…に)富む(in)、たくさんいる ⇒ abúndance 名 豊富、多量
loud [láud]	形 ❶ (声、音が)大きい、うるさい ❷ 派手な 副 大きな音[声]で ⇒ lóudly 副 大きな音[声]で ⇒ alóud 副 声を出して
vast [vǽst]	形 広大な、ばく大な
overwhelming [òuvərhwélmiŋ]	形 圧倒的な、大多数の
extraordinary [ikstrɔ́ːrdənèri] 発	形 並外れた、異常な(⇔ órdinary)
tremendous [triméndəs]	形 ものすごい、途方もない
considerable [kənsídərəbl]	形 相当な、かなりの ⇒ consíderate 形 思いやりがある
huge [hjúːdʒ]	形 ばく大な、非常に大きな
magnificent [mægnífəsənt]	形 (建物、景色などが)壮大な、雄大な ⇒ magníficence 名 壮大さ
caution [kɔ́ːʃən]	名 ❶ 注意、用心 ❷ 警告 動 警告する ★ caution A to *do* A(人)に…するよう警告[注意]する
warn [wɔ́ːrn] 発	動 警告する ★ warn A of [against] B A(人)にBを警告する ⇒ wárning 名 警告
inform [infɔ́ːrm]	動 知らせる、告げる ★ inform A of [about] B A(人)にBを知らせる ⇒ informátion 名 情報

ポイント inform A of B のチャンクも押さえておこう。
inform the police of the accident (警察に事故について知らせる)

位置		
0553	わきへ寄る	step **aside**
	▶その事実は別にして	▶aside from the fact
	▶その本をわきに置く	▶put aside the book
0554	表面上は	on the **surface**
0555	崖のふち	the cliff **edge**
	▶まさに去ろうとして	▶on the edge of leaving
0556	彼の上半身	his **upper** body
0557	村を囲む	**surround** the villages
0558	水平線の下に	**beneath** the horizon
0559	事務所を突き止める	**locate** the office
混乱・複雑		
0560	コーヒーをかき混ぜる	**stir** coffee
0561	混乱している	be in a **mess**
0562	大混乱を引き起こす	cause **chaos**
0563	状況を複雑にする	**complicate** the situation
0564	複雑な問題	**complex** issues

ポイント cutting edge は、「(技術や流行の) 最先端」という意味。
cutting-edge design (最先端のデザイン)

aside [əsáid]	副 わきへ、わきに ★ aside from A　A は別として ★ put [set] aside　わきに置く、取っておく	
surface [sə́ːrfəs] 発	名 表面　形 表面の	
edge [édʒ]	名 ❶ ふち、端　❷（刃物の）刃 ★ be on edge　いらだっている ★ on the edge of A　まさに A しようとして	
upper [ʌ́pər]	形 ❶ 上の、上の方の（⇔ lówer）　❷ 上位の	
surround [səráund]	動 囲む、包囲する ⇒ surróunding 名（surroundings で）状況、環境	
beneath [biníːθ] 発	前 ❶ …の下に[の]　❷ …より劣って	
locate [lóukeit] ア発	動 ❶（位置を）突き止める、探し出す　❷（be located で）位置する、ある ⇒ locátion 名 場所、位置	
stir [stə́ːr] 発	動 ❶（静かに液体などを）かき混ぜる　❷（感情を）かきたてる、奮起させる 名（かすかな）動き、混乱	
mess [més]	名 混乱（状態）、散らかった状態 動 散らかす、台無しにする ⇒ méssy 形 散らかった、ずさんな	
chaos [kéias] 発	名 大混乱、無秩序 ⇒ chaótic 形 混沌とした、無秩序な	
complicate [kámpləkeit]	動 複雑にする、こみいらせる、（病気を）こじらせる ⇒ cómplicated 形 複雑な、こみいった	
complex [kəmpléks] ア	形 複雑な 名 [kámpleks] 複合体、コンビナート	

ポイント　beneath は、under（…の真下に）、below（…の下に）と同じ意味だが、形式ばった語なので話し言葉ではまず用いない。

0565	純利益	the **net** income
0566	音量を上げる	increase the **volume**
0567	大量の水	a large **quantity** of water
0568	量を減らす	decrease the **amount**
0569	多数の種	**numerous** species
0570	過剰に食べる ▶過度の訓練	eat to **excess** ▶**excessive** training
0571	1ダースのリンゴ	a **dozen** apples
0572	動物園への入場	**admission** to the zoo
0573	彼女の罪を許す	**forgive** her sins
0574	喫煙を許可する ▶彼が入るのを許す	**permit** smoking ▶**permit** him **to** enter
0575	重要性を認める	**acknowledge** the importance
0576	計画を承認する ▶その方針に賛成する ▶彼女の承認を求める	**approve** the plan ▶**approve of** the policy ▶seek her **approval**

☐☐☐	**net** [nét]	形 ❶ 正味の、掛け値なしの(⇔ gróss 総体の) ❷ (あらゆる考慮を加えた)最終的な
☐☐☐	**volume** [váljəm] ⑦	名 ❶ 音量、ボリューム ❷ 量、体積 ❸ (全集物の)1巻
☐☐☐	**quantity** [kwántəti]	名 ❶ (…の)(分)量、数量(of) ❷ 量、数(⇔ quálity 質) ★ a large[small] quantity of A 大量[少量]のA(※ A は可算名詞、不可算名詞どちらでも可) ⇒ quántitative 形 量の
☐☐☐	**amount** [əmáunt]	名 量、額 動 (総計で…に)なる(to)
☐☐☐	**numerous** [njú:mərəs]	形 多数の、たくさんの
☐☐☐	**excess** [iksés]	名 ❶ 過剰、超過(量) ❷ 過度、やりすぎ ★ in excess of A A より多くを、A を超えて ⇒ excéssive 形 過度の
☐☐☐	**dozen** [dʌ́zən] 発	名 ダース、12個(※後ろに名詞が来るときは、ふつう of をつけずに形容詞的に使う) ★ a dozen of A 1ダースのA
☐☐☐	**admission** [ədmíʃən]	名 ❶ (…への)入場、入ること(の許可)(to、into) ❷ 入場料 ❸ 認めること、承認 ⇒ admít 動 ❶ (しぶしぶ)認める ❷ (会場、学校などに)入れる
☐☐☐ 活用: forgave-forgiven	**forgive** [fərgív]	動 (人、罪などを)(心から)許す ★ forgive A for doing A が…するのを許す ★ forgive A B A(人)の B(罪など)を許す
☐☐☐	**permit** [pərmít] ⑦	動 ❶ 許可する ❷ (物事が)可能にする、許す ★ permit A to do A が…するのを許す 名 [pɔ́:rmit] 許可証 ⇒ permíssion 名 許可
☐☐☐	**acknowledge** [əknálidʒ]	動 ❶ 認める、(…ということを)認める(that 節) ❷ 感謝する ⇒ acknówledg(e)ment 名 ❶ 承認 ❷ 感謝
☐☐☐	**approve** [əprú:v]	動 承認する(⇔ disappróve) ★ approve of A A に賛成する ⇒ appróval 名 承認、賛成(⇔ disappróval)

0577	価格**について**交渉する	**negotiate on** the price	
0578	彼の**日課**を邪魔する	disrupt his **routine**	
0579	苦情**に対処する** ▶おもちゃ**を扱う**	**deal with** the complaint ▶**deal in** toys	
0580	**義務**を果たす	fulfill my **duty**	
0581	**有名人**にインタビューをする	interview **celebrities**	
0582	**家主**に支払う	pay to the **landlord**	
0583	**商人**を引きつける	attract **merchants**	
0584	**居住者**を支援する ▶一時的な**住居**	assist **residents** ▶a temporary **residence**	
0585	**大統領**を選出する	elect the **president**	
0586	**正確な**数字	**accurate** figures	
0587	**正確な**日にち	the **exact** date	
0588	**筋の通った**説明	**reasonable** explanations	

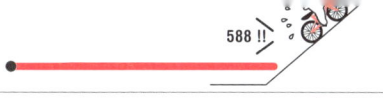

☐☐☐	**negotiate** [nigóuʃièit]	動 ❶ (…について)交渉する(on、about)、(…と)協議する(with) ❷ 取り決める、協定する ⇒ negotiátion 名 交渉、話し合い
☐☐☐	**routine** [ruːtíːn] ⑦	名 日課、きまりきった仕事　形 型通りの
☐☐☐	**deal** [díːl]	動 ❶ (…に)対処する、(…を)扱う(with) ❷ 配る、分ける ★ deal in A　A(商品)を扱う 名 ❶ 取引　❷ 取り扱い ★ make a deal with A　Aと取引する
☐☐☐	**duty** [djúːti]	名 ❶ 義務、職務　❷ 関税 ★ on duty　勤務中で、当番で ★ off duty　勤務時間外で
☐☐☐	**celebrity** [səlébrəti]	名 有名人、名士
☐☐☐	**landlord** [lændlɔːrd]	名 家主、(アパートなどの)所有者(⇔ ténant)
☐☐☐	**merchant** [mɜ́ːrtʃənt]	名 商人 ⇒ mérchandise 名 (集合的に)商品
☐☐☐	**resident** [rézədənt]	名 居住者、住民 ⇒ résidence 名 住居
☐☐☐	**president** [prézədənt]	名 (しばしば President)大統領 ⇒ presidéntial 形 大統領の
☐☐☐	**accurate** [ǽkjərət] ⑦発	形 正確な ⇒ áccuracy 名 正確さ
☐☐☐	**exact** [igzǽkt]	形 ❶ 正確な　❷ 厳密な ⇒ exáctly 副 ❶ 正確に 　　　　　　❷ (答えに使って)その通りです
☐☐☐	**reasonable** [ríːzənəbl]	形 ❶ 筋の通った、道理をわきまえた ❷ 適当な、(値段が)手ごろな

宇宙	0589 金星の**軌道**	the **orbit** of Venus
	0590 **宇宙**を探索する ▶**普遍的**な真実	explore the **universe** ▶the universal truth
	0591 **彗星**を発見する	discover a **comet**
	0592 **人工衛星**を打ち上げる	launch a **satellite**
保証・担保	0593 **保険**に入る	purchase **insurance**
	0594 家族の**きずな**	the family **bond**
	0595 1年間の**保証**	a one-year **warranty**
	0596 人権を**保証する**	**guarantee** the human rights
目的・目標	0597 ここにいる**つもりである**	**intend to** stay here
	0598 目標を**達成する**	**attain** the goal
	0599 完璧**をめざす**	**aim for** perfection
	0600 **目的**を達成する	meet the **objective**

> **ポイント** 宇宙を表す語には、universe のほかに space、cosmos がある。space は場所としての宇宙、cosmos は天体運動などの秩序を備えた宇宙を意味する。また、universe は「森羅万象、万物」といった意味を表すこともある。

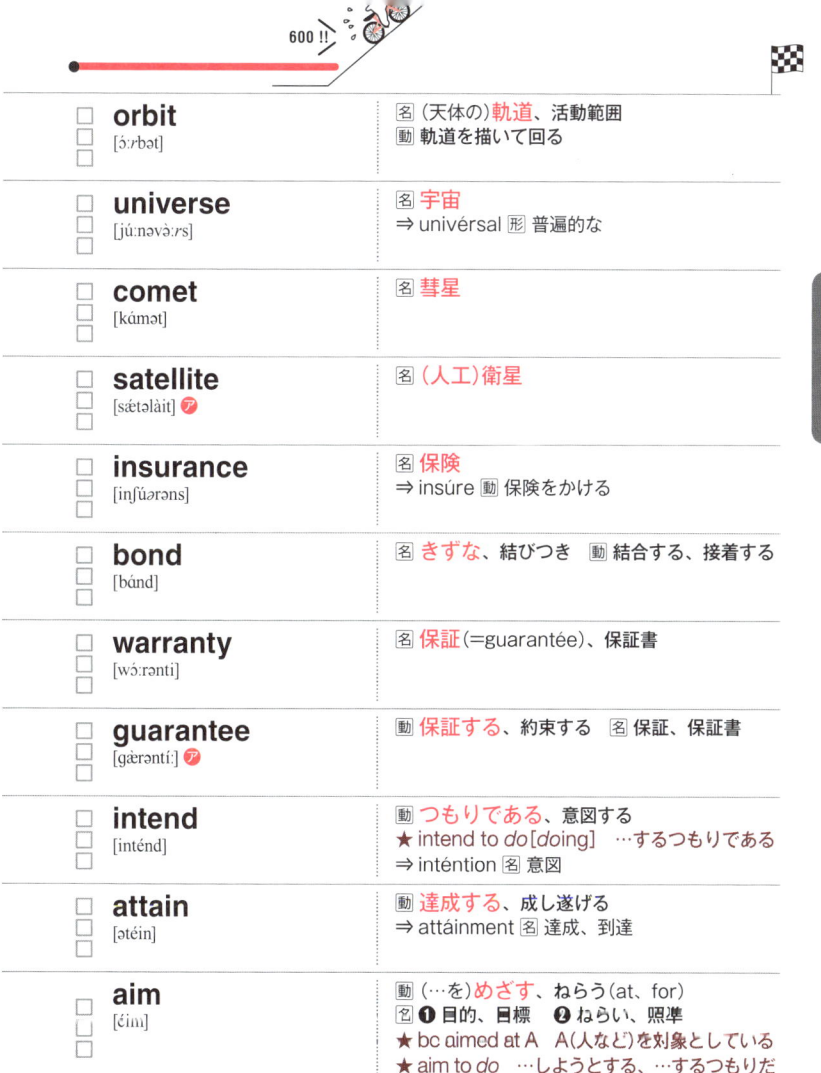

☐☐☐	**orbit** [ɔ́ːrbət]	名 (天体の)軌道、活動範囲 動 軌道を描いて回る
☐☐☐	**universe** [júːnəvəːrs]	名 宇宙 ⇒ univérsal 形 普遍的な
☐☐☐	**comet** [kámət]	名 彗星
☐☐☐	**satellite** [sǽtəlàit] ⑦	名 (人工)衛星
☐☐☐	**insurance** [inʃúərəns]	名 保険 ⇒ insúre 動 保険をかける
☐☐☐	**bond** [bánd]	名 きずな、結びつき　動 結合する、接着する
☐☐☐	**warranty** [wɔ́ːrənti]	名 保証(=guarantée)、保証書
☐☐☐	**guarantee** [gæ̀rəntíː] ⑦	動 保証する、約束する　名 保証、保証書
☐☐☐	**intend** [inténd]	動 つもりである、意図する ★ intend to do [doing] …するつもりである ⇒ inténtion 名 意図
☐☐☐	**attain** [ətéin]	動 達成する、成し遂げる ⇒ attáinment 名 達成、到達
☐☐☐	**aim** [éim]	動 (…を)めざす、ねらう(at、for) 名 ❶目的、目標　❷ねらい、照準 ★ be aimed at A A(人など)を対象としている ★ aim to do …しようとする、…するつもりだ
☐☐☐	**objective** [əbdʒéktiv]	名 目的　形 客観的な(⇔ subjéctive)

ポイント

warranty と guarantee は、日常語としてはほぼ同じ意味だが、厳密には warranty のほうは「制限つきの保証」、guarantee は「全体的な保証」を表し、guarantee のほうが意味が強い。なお、warranty の動詞形に warrant(保証する)がある。

例文でCHECK!!

海岸の町の住民は、新鮮な魚の**豊富な供給**を得られる。	Residents of the coastal town have access to **an abundant supply** of fresh fish.	0541
彼女は**大きな騒音**に飛び上がった。	She jumped at the **loud noise**.	0542
カナダは比較的人口の少ない**広大な国**である。	Canada is **a vast country** with a relatively small population.	0543
アメリカ人の**圧倒的大多数**がインターネットにアクセスしている。	**The overwhelming majority** of Americans have access to the Internet.	0544
彼女には歌の**並外れた才能**がある。	She has **an extraordinary gift** of song.	0545
市の職員は、その地域の犯罪を減少させる**ものすごい重圧**を受けていた。	City officials were under **tremendous pressure** to decrease crime in the area.	0546
その国は農業生産を増やすために**相当な努力**をした。	The country made **considerable efforts** to increase agricultural production.	0547
彼女は事業の失敗で**ばく大な借金**を負っている。	She is in **a huge debt** due to business failure.	0548
九州は、美しく**壮大な景色**でよく知られている。	Kyushu is well known for its beautiful **magnificent scenery**.	0549
金銭を扱う時には**注意をし**なければならない。	We have to **exercise caution** when we deal with money.	0550
政府はその区域を離れるように**住民に警告した**。	The government **warned the residents** to leave the area.	0551
銀行は新しい手数料を**顧客に知らせる**手紙を送った。	The bank sent out letters to **inform customers** of the new charges.	0552
彼は女性を電車から降ろすために**わきへ寄った**。	He **stepped aside** to let the woman off the train.	0553
彼女は**表面上は**冷静に見えたが、内心は怒っていた。	She appeared calm **on the surface**, but beneath she was angry.	0554
彼は車を運転して**崖のふち**に寄せた。	He drove the car close to **the cliff edge**.	0555
彼は窓から**上半身**をつき出した。	He stuck **his upper body** out of the window.	0556
背の高い木の柵が**村を囲んでいた**。	Tall wooden fences **surrounded the villages**.	0557
太陽はゆっくりと**水平線の下**に沈んだ。	The sun slowly sank **beneath the horizon**.	0558
彼女はその**事務所を突き止め**ようと、通りを行ったり来たりした。	She walked up and down the street, trying to **locate the office**.	0559
彼は**コーヒーをかき混ぜる**ためにペンを使った。	He used his pen to **stir coffee**.	0560

☐	国内の経済は**混乱している**。	The domestic economy **is in a mess**.	0561
☐	その交通事故は周辺数マイルに**大混乱を引き起こした**。	The traffic accident **caused chaos** for miles around.	0562
☐	警官の関与は、**状況を複雑にした**だけだった。	The involvement of police officers only **complicated the situation**.	0563
☐	それらは私たちが予測していたよりも**複雑な問題**だとわかった。	They turned out to be more **complex issues** than we had expected.	0564
☐	税金を支払った後の**純利益**は20,000ドルだった。	**The net income** after paying tax was $20,000.	0565
☐	ラジオが彼女の好きな曲をかけると、彼女は**音量を上げた**。	She **increased the volume** when the radio played her favorite music.	0566
☐	その新しい機械は**大量の**冷却**水**を必要とする。	The new machine requires **a large quantity of** cooling **water**.	0567
☐	医者は彼に毎日の摂取カロリー**量を減らす**よう忠告した。	His doctor advised him to **decrease the amount** of calories he consumed each day.	0568
☐	乱獲により、**多数の種**が失われた。	**Numerous species** have been lost due to overhunting.	0569
☐	**過剰に食べる**と重大疾患につながる可能性がある。	**Eating to excess** might lead to serious diseases.	0570
☐	彼女はパイを焼くために**1ダースのリンゴ**を買った。	She bought **a dozen apples** to bake a pie.	0571
☐	彼は**動物園の入場**料が高いのに驚いた。	He was surprised at the high price of **admission to the zoo**.	0572
☐	彼は何も言わずに**彼女の罪を許した**。	He **forgave her sins** without saying anything.	0573
☐	すべてのレストランが敷地内の**喫煙を許可している**わけではない。	Not all restaurants **permit smoking** on the premises.	0574
☐	彼はよき市民であることの**重要性を認めていた**。	He **acknowledged the importance** of being a good citizen.	0575
☐	私は**計画を承認する**ようマネージャーに頼んだ。	I asked my manager to **approve the plan**.	0576
☐	大阪の人はしばしば**価格について交渉する**と信じられている。	We believe that people in Osaka often **negotiate on the price**.	0577
☐	不意の電話が**彼の日課を邪魔した**。	Unexpected telephone calls **disrupted his routine**.	0578
☐	常連のお客様からの**苦情に対処しな**ければならなかった。	I had to **deal with the complaint** from our regular customer.	0579
☐	私は上司が悪いと思ったが、ともかく自分の**義務を果たした**。	I thought the boss was wrong, but I **fulfilled my duty** anyway.	0580

STEP 10

☐	私はスポーツやエンタテイメント界の**有名人にインタビューをした。**	I **interviewed celebrities** from the worlds of sports and entertainment.	0581
☐	毎月の期日に家賃を**家主に支払う**べきだ。	You should **pay** the rent **to the landlord** on the due date each month.	0582
☐	週末マーケットは、地域全体から**商人を引きつけた。**	The weekend market **attracted merchants** from all over the region.	0583
☐	スタッフはいつでも、どんな問題についても**居住者を支援する**準備ができている。	The staff members are ready to **assist residents** with any problems any time.	0584
☐	その国は昨年、初の女性**大統領を選出した。**	The country **elected** its first female **president** last year.	0585
☐	私たちは決断するために**正確な数字**を必要としている。	We need **accurate figures** to make a decision.	0586
☐	その戦争の**正確な日にち**は歴史の中で失われてしまった。	**The exact date** of the battle has been lost to history.	0587
☐	彼は自分がしたことについて**筋の通った説明**をした。	He gave **reasonable explanations** for what he had done.	0588
☐	太陽を回る**金星の軌道**は 225 日間だ。	**The orbit of Venus** around the sun takes 225 days.	0589
☐	民間企業が**宇宙を探索**し始めた。	Private companies have begun to **explore the universe**.	0590
☐	アマチュアの天文学者が偶然に**彗星を発見した。**	An amateur astronomer happened to **discover a comet**.	0591
☐	政府は気象予報のための**人工衛星を打ち上げる**予定である。	The government intends to **launch a satellite** for weather forecasting.	0592
☐	海外に旅行するときには**保険に入る**ように忠告するよ。	We advise you to **purchase insurance** when traveling abroad.	0593
☐	**家族のきずな**は何よりも強い。	**The family bond** is stronger than anything else.	0594
☐	そのコンピュータは **1 年間の保証**がついていた。	The computer came with **a one-year warranty**.	0595
☐	政府はあらゆる国民の**人権を保証する**べきである。	Governments should **guarantee the human rights** of all their citizens.	0596
☐	彼女はもう 1 週間、**ここにいるつもりだ。**	She **intends to stay here** for one more week.	0597
☐	私たちはついに**目標を達成した**が、遅すぎた。	We finally **attained the goal**, but it was too late.	0598
☐	そのアーティストはいつも作品において**完璧をめざした。**	The artist always **aimed for perfection** in his works.	0599
☐	彼は**その目的を達成する**ために何でもする準備ができていた。	He was ready to do anything to **meet the objective**.	0600

フォーカスワード 基本動詞 ⑩

know

[nóu ノゥ]

❶ 知っている
❷ 知り合いである
❸ 識別できる

共通イメージ

頭の中で知識として存在している状態

❶ 知っている
know the answer

知っている

❷ 知り合いである

❸ 識別できる
know right from wrong

▶▶▶ know で言ってみよう!

知識・情報

- [ ] 空港への**行き方**を**知っている**　　know the **way** to the airport
- [ ] その単語の**意味**を**知っている**　　know the **meaning** of the word
- [ ] 彼女の**住所**を**知っている**　　know her **address**
- [ ] 彼の**電話番号**を**知っている**　　know his **phone number**
- [ ] あの婦人の**名前**を**知っている**　　know the **name** of that lady
- [ ] 出生**地**を**知っている**　　know the **place** of birth

数量

- [ ] 車について**いくらか知っている**　　know **something** about cars
- [ ] 政治のことは**まったくわからない**　　know **nothing** about politics
- [ ] スポーツについて**すべて知っている**　　know **all** about sports
- [ ] 彼女のことは**すべて知っている**　　know **everything** about her
- [ ] 中国について**少し知っている**　　know **a little** about China
- [ ] 中東のことは**ほとんどわからない**　　know **little** about the Middle East

疑問詞 + to 不定詞

- [ ] 何をしたらよいのかわからない　　don't **know what to do**
- [ ] どの道を行くべきかわかる　　**know which way to go**

157

| Round 1 | 月 日 | Round 2 | 月 日 | Round 3 | 月 日 |

LEVEL 2

期間・期限

0601 現在の状況 — the **present** situation
▶空気中に存在して ▶ present in the air

0602 締め切り時間を守る — meet the **deadline**

0603 長期間 — for a long **term**
▶医学用語 ▶ medical terms

0604 永遠の命 — **eternal** life

0605 昭和時代 — the Showa **era**

メディア・出版

0606 百科事典を出版する — publish an **encyclopedia**

0607 有能な新聞記者 — an able **journalist**

0608 伝記を読む — read a **biography**

0609 彼の詩を翻訳する — **translate** his poems

0610 見出しになる — hit the **headlines**

0611 論評をする — make a **comment**

0612 第2版 — the second **edition**

ポイント present は、「存在して」の意味では補語として用い、「現在の」の意味では修飾する名詞の直前で用いる。
　　He is present at class.（彼は授業に出席している）
　　the present problem（今の問題）

☐☐☐	**present** [préznt]	形 ❶ 現在の、今の ❷ 存在して、出席して(⇔ ábsent) 名 (the present で)現在 ⇒ présence 名 存在、出席
☐☐☐	**deadline** [dédlàin]	名 締め切り(時間[日])
☐☐☐	**term** [tə́ːrm]	名 ❶ 期間、学期 ❷ (専門)用語 ★ in terms of A Aの観点から ★ in the long [short] terms 長[短]期的には
☐☐☐	**eternal** [itə́ːrnəl]	形 永遠の、永久の ⇒ etérnity 名 永遠、不滅
☐☐☐	**era** [íərə] 発	名 ❶ 時代、年代 ❷ 紀元
☐☐☐	**encyclopedia** [insàikləpíːdiə] ア	名 百科事典
☐☐☐	**journalist** [dʒə́ːrnəlist]	名 新聞[雑誌]記者、ジャーナリスト ⇒ jóurnalism 名 ジャーナリズム、(集合的に)新聞、雑誌
☐☐☐	**biography** [baiágrəfi] ア	名 伝記、(集合的に)伝記文学 ⇒ autobiógraphy 名 自伝
☐☐☐	**translate** [trǽnslèit]	動 (…に)翻訳する、訳す(into) ⇒ translátion 名 翻訳
☐☐☐	**headline** [hédlàin]	名 (新聞、雑誌の)見出し、(ニュースの)主な項目
☐☐☐	**comment** [káment] ア	名 論評、コメント 動 論評する
☐☐☐	**edition** [idíʃən]	名 版、総発行部数 ⇒ éditor 名 編集者

> ポイント
> era は個人が君臨した時代、period は単にある時代を指すのがふつう。したがって一般的には the Meiji era(明治時代)のように、明治天皇が治めた時代には era を用いるが、江戸時代は the Edo period とする。ただ、慣習的に the Edo era とする人もいる。

| Round 1 月 日 | Round 2 月 日 | Round 3 月 日 |

機器・設置

0613	施設を改良する	improve the **facilities**
0614	アパートに家具を備え付ける ▶家具一点	**furnish** an apartment ▶a piece of furniture
0615	装置を作動させる ▶方法を考案する	activate the **device** ▶devise a method
0616	君のカメラを据えつける	**mount** your camera
0617	君のシートベルトを締める	**fasten** your seatbelt
0618	警報を取り付ける	**install** an alarm

結合・分離

0619	共同事業	a **joint** venture
0620	切手を貼る ▶慣習を固く守る	**stick** a stamp ▶stick to the custom
0621	2つの都市をつなぐ	**link** the two cities
0622	孤立して生きる	live in **isolation**
0623	別れを告げる	say **farewell**
0624	一部の変更	a **partial** change

次の（ ）内に入れるのに最も適当なものを、下の(1)から(4)から選びなさい。
My grandmother's house is a nice place, but there (　) furniture in it.
(1) are a few　(2) is a lot　(3) is too much　(4) are too many　　（センター試験）

☐☐☐	**facility** [fəsíləti]	名 ❶ (複数形で)施設、設備 ❷ 器用さ
☐☐☐	**furnish** [fə́ːrniʃ]	動 (家、部屋に)家具を備え付ける ★ furnish A with B　A(部屋など)に B を備え付ける ⇒ fúrniture 名 家具
☐☐☐	**device** [diváis]	名 ❶ 装置、道具　❷ 工夫 ⇒ devíse [diváiz] 動 考案する、工夫する
☐☐☐	**mount** [máunt]	動 ❶ 据えつける、設置する ❷ (階段、山などを)上る、登る 名 山(※ふつう Mt. と略して山名に用いる)
☐☐☐	**fasten** [fǽsən] 発	動 締める、固定する ⇒ fástener 名 留めるもの、留め金、クリップ
☐☐☐	**install** [instɔ́ːl]	動 ❶ 取り付ける ❷ (ソフトウェアを)インストールする ⇒ instállment 名 分割払込
☐☐☐	**joint** [dʒɔ́int]	形 共同の、共有の　名 関節、継ぎ目
☐☐☐	**stick** [stík] 活用：stuck-stuck	動 ❶ (のりなどで)貼る、くっつく　❷ 突き刺す　❸ (のりで貼ったように)動かない 名 棒、つえ ★ be [get] stuck　動かない [動かなくなる] ★ stick to A　A を固く守る
☐☐☐	**link** [líŋk]	動 つなぐ、連結する(up、together) 名 結びつける人(もの)、きずな
☐☐☐	**isolation** [àisəléiʃən]	名 孤立(状態)、孤独(感)、分離 ⇒ ísolate 動 隔離する、孤立させる
☐☐☐	**farewell** [fὲərwél]	名 別れ、別れの言葉(※ farewells でも用いる)
☐☐☐	**partial** [pάːrʃəl]	形 ❶ 一部の、部分的な ❷ (…を)えこひいきする(to、toward)

正解　3 (furniture は不可算名詞なので、不可算名詞につく is too much が正解)
(私の祖母の家は素敵なところだが、家の中には家具が多すぎる)

エネルギー・資源		
0625	資源を無駄にする	waste **resources**
0626	鉱物を発見する	discover **minerals**
0627	石炭を掘る	mine **coal**
0628	原子力発電所	a **nuclear** plant
0629	放射線をさえぎる	block **radiation**
0630	電気を供給する	supply **electricity**
0631	燃料を燃やす ▶彼の怒りを**あおる**	burn **fuels** ▶<u>fuel</u> his anger
職業・雇用		
0632	報酬を与える	give a **reward**
0633	弁護士を**雇う**	**hire** a lawyer
0634	職業を選ぶ	choose my **profession**
0635	政治家としての**経歴**	a political **career**
0636	経済を専攻する ▶**特別な**機会	**specialize in** economics ▶a <u>special</u> occasion

ポイント reward は労働などの対価として与えられる報酬などを指す。似た単語に award があるが、これは賞や金銭などを一方的に受け取るといったニュアンスがある。

☐☐☐	**resource** [rí:sɔ:rs] ⑦	名 (ふつう複数形)資源、源
☐☐☐	**mineral** [mínərəl]	名 鉱物　形 鉱物の
☐☐☐	**coal** [kóul] 発	名 石炭 ⇒ chárcoal 名 木炭、炭
☐☐☐	**nuclear** [njú:kliər] ⑦	形 原子力の、核の ⇒ núcleus 名 中核、原子核
☐☐☐	**radiation** [rèidiéiʃən]	名 ❶ 放射(線)、放射能 ❷ 放射線、放射エネルギー
☐☐☐	**electricity** [ilèktrísəti]	名 電気 ⇒ eléctric 形 電気で動く、電気の ⇒ eléctrical 形 電気の、電気で動く(≒ eléctric)
☐☐☐	**fuel** [fjú:əl] 発	名 燃料 動 ❶ (感情などを)あおる、拍車をかける ❷ 燃料を供給する
☐☐☐	**reward** [riwɔ́:rd]	名 (…に対する)報酬、報い(for)　動 報いる
☐☐☐	**hire** [háiər] 発	動 雇う、(料金を払って一時的に)雇う 名 賃借り、賃貸し
☐☐☐	**profession** [prəféʃən]	名 職業、専門職 ⇒ proféssional 形 専門的な、プロの
☐☐☐	**career** [kəríər] ⑦発	名 ❶ 経歴、生涯　❷ 職業
☐☐☐	**specialize** [spéʃəlàiz]	動 ❶ (…を)専攻する、専門に(研究)する(in) ❷ 特殊化する、専門化する ⇒ specializátion 名 専門化、専門分野 ⇒ spécial 形 ❶ 特別の、大事な 　　　　　　　❷ 独特の、固有の

> **ポイント** hire は、イギリスでは車や DVD などを有料で借りる時にも用いるが、アメリカではもっぱら、人を一定期間雇うときに用いる。正社員として期間の定めなく雇うときは employ を使うのがふつう。

政治・行政

0637	対策を取る	take **measures**
0638	税を課す	charge a **tax**
0639	政策を導入する	introduce a **policy**
0640	政治について議論する	discuss **politics**
0641	市長を選ぶ	elect a **mayor**
0642	会議を開く	hold a **council**

任命・着任

0643	任務を遂行する	complete my **mission**
0644	仕事を割り当てる	**assign** tasks
0645	日付を指定する ▶部長に任命される	**appoint** the date ▶**be appointed as** a manager

マイナスの評価

0646	利己的な理由	a **selfish** reason
0647	気味の悪い生き物	a **weird** creature
0648	がんこな態度	**stubborn** attitude

☐☐☐	**measure** [méʒər] 発	名 ❶ (…に対する)対策、手段(against) ❷ 寸法 動 測定する ⇒ méasurement 名 ❶ 寸法、大きさ　❷ 測定
☐☐☐	**tax** [tǽks]	名 税、税金　動 課税する
☐☐☐	**policy** [pάləsi]	名 ❶ 政策、方針　❷ やり方、手段
☐☐☐	**politics** [pάlətiks]	名 政治、政治学 ⇒ political 形 政治的な
☐☐☐	**mayor** [méiər]	名 市長、町長
☐☐☐	**council** [káunsəl]	名 会議、協議会
☐☐☐	**mission** [míʃən]	名 ❶ 任務、使命　❷ 使節団 ⇒ míssionary 形 (おもに外国での)布教の、伝道の
☐☐☐	**assign** [əsáin]	動 ❶ 割り当てる、課す ❷ (仕事などに)就かせる、配置する(to) ★ assign A B　A(人)にB(仕事など)を割り当てる(= assign B to A) ⇒ assígnment 名 仕事、宿題
☐☐☐	**appoint** [əpóint]	動 ❶ (日時、場所などを)指定する ❷ 任命する、指名する ★ appoint A (as [to be]) B　AをBに任命する ⇒ appóintment 名 (人と会う)約束、(医者、美容院などとの)予約
☐☐☐	**selfish** [sélfiʃ]	形 利己的な、自己本位の ⇒ sélfishness 名 わがまま、自己本位 ⇒ sélfless 形 無私の、無欲の
☐☐☐	**weird** [wíərd] 発	形 気味の悪い、不気味な
☐☐☐	**stubborn** [stʌ́bərn] ア	形 ❶ がんこな、強情な　❷ 頑強な、しぶとい

かたまり・群れ	0649 一房のバナナ	a **bunch** of bananas
	0650 昆虫の**群れ**	a **swarm** of insects
	0651 **多数の雲** ▶岩のかたまり ▶巨大な地震	a **mass** of clouds ▶a mass of stone ▶a massive earthquake
豪華・ぜいたく	0652 **豪華な**ドレス	a **gorgeous** dress
	0653 **ぜいたく**を享受する ▶ぜいたく品	enjoy the **luxury** ▶luxurious goods
	0654 **宝石**を盗む	steal **jewels**
人②	0655 クラスの**仲間**	**fellow** classmates
	0656 **ふたご**を出産予定である	expect **twins**
	0657 **人類**を救う	save **mankind**
	0658 **知人**を招く	invite an **acquaintance**
	0659 **人種**の平等 ▶**人種**差別	the equality of the **races** ▶racial discrimination
	0660 私たちの**家庭**を切り盛りする	run our **household**

ポイント jewel は一つひとつの宝石として数えるが、jewelry は furniture などと同じく、不可算の集合名詞。
○ have a jewel
× have a jewelry

☐☐☐	**bunch** [bʌ́ntʃ]	名（果物などの）房、（花などの）束 ★ a bunch of A　Aの束[房]、多数[大量]のA
☐☐☐	**swarm** [swɔ́ːrm]	名（ミツバチなどの）群れ、群衆 動 ❶ 群がる ❷（場所が）(…で)いっぱいである（with）
☐☐☐	**mass** [mǽs]	名 ❶ 多数[量]、大半　❷（一定の形のない）かたまり　❸（the mass で）大衆 ⇒ mássive 形 巨大な、大規模な
☐☐☐	**gorgeous** [gɔ́ːrdʒəs]	形 豪華な、見事な
☐☐☐	**luxury** [lʌ́kʃəri]	名 ❶ ぜいたく、（形容詞的に）豪華な、ぜいたくな　❷ 快楽、満足 ⇒ luxúrious 形 ぜいたくな、豪華な
☐☐☐	**jewel** [dʒúːəl]	名（とくに高級な）宝石、（宝石入りの）装身具 ⇒ jéwelry 名（集合的に）宝石類
☐☐☐	**fellow** [félou]	名 仲間、やつ
☐☐☐	**twin** [twín]	名（twins で）ふたご、（a twin で）ふたごの片方 形 ふたごの、一対をなす
☐☐☐	**mankind** [mænkáind]	名 人類（※男女平等の観点から humankind とすることが多い）
☐☐☐	**acquaintance** [əkwéintəns]	名 ❶ 知人　❷（…を）知っていること、面識 ⇒ acquáint 動（…を）熟知させる（with）、(be acquainted で) 知り合いである
☐☐☐	**race** [réis]	名 ❶ 人種、民族　❷ 競争、レース ⇒ rácial 形 人種の
☐☐☐	**household** [háushòuld]	名 家庭、家族、世帯 形 一家の、家の

ポイント acquaintance は、友人ほど親しくない関係で、仕事などのつながりがある人や、顔見知り程度の人に対して使う。

例文でCHECK!!

☐	彼はインド経済の**現在の状況**について話した。	He talked about **the present situation** in India.	0601
☐	彼は**締め切り時間を守る**ために徹夜しなければならなかった。	He had to sit up all night to **meet the deadline**.	0602
☐	彼は宇宙に**長期間**滞在した最初の日本人宇宙飛行士だった。	He was the first Japanese astronaut who stayed in space **for a long term**.	0603
☐	古代の王と女王は**永遠の命**を追求した。	Ancient kings and queens sought **eternal life**.	0604
☐	**昭和時代**の前半は戦争に次ぐ戦争だった。	The first half of **the Showa era** was war after war.	0605
☐	最初の**百科事典は** 10 世紀に**出版された**。	**The** first **encyclopedia was published** in the 10th century.	0606
☐	**有能な新聞記者**は1つの記事に異なるものの見方をいくつか入れようとする。	**An able journalist** tries to include different points of view in an article.	0607
☐	彼は有名な旅行家の**伝記を読んだ**。	He **read a biography** of a famous traveler.	0608
☐	彼は友人に、**自分の詩を**英語に**翻訳する**よう頼んだ。	He asked his friend to **translate his poems** into English.	0609
☐	災害のニュースが翌日の**見出しになった**。	News of the disaster **hit the headlines** the following day.	0610
☐	彼は雑誌の記事について**論評をした**。	He **made a comment** about the magazine article.	0611
☐	その本の**第2版**は3年後に出版された。	**The second edition** of the book was published three years later.	0612
☐	私たちは今後2年間でホテルの**施設を改良する**予定だ。	We will **improve the facilities** of the hotel over the next two years.	0613
☐	彼女は**アパートに**うまく**家具を備え付けた**。	She **furnished the apartment** nicely.	0614
☐	**装置を作動させる**には緑のボタンを押してください。	Push the green button to **activate the device**.	0615
☐	カメラの揺れを防ぐために**君のカメラを**三脚に**据えつける**べきだ。	You should **mount your camera** to a tripod to avoid camera shake.	0616
☐	エンジンを作動させる前に**シートベルトを締めてください**。	**Fasten your seatbelt** before starting the engine.	0617
☐	彼は家の玄関のドアに**警報を取り付けた**。	He **installed an alarm** in the front door of the house.	0618
☐	その映画は、国内で最大の制作会社2社の**共同事業**である。	The film is **a joint venture** between the nation's two largest studios.	0619
☐	彼ははがきに**切手を貼って**投函した。	He **stuck a stamp** on the postcard and posted it.	0620

川の上にかかる長い橋が**2つの都市をつないでいる**。	A long bridge over the river **links the two cities**.	0621
この町の多くの移民は社会から**孤立して生きている**。	Many immigrants in this town **live in isolation** from society.	0622
彼は友人に**別れを告げる**ために鉄道の駅に行った。	He went to the train station to **say farewell** to his friend.	0623
彼らは元々の計画に**一部の変更**を加えただけだった。	They made only **a partial change** to the original plan.	0624
現況では、私たちは**資源を無駄にする**余裕はない。	In the current situation we cannot afford to **waste resources**.	0625
彼らは**鉱物を発見する**ことを期待して地面を深く掘った。	They dug deep into the earth in the hope that they would **discover minerals**.	0626
この機械は**石炭を掘る**のに特化して設計された。	This machine was specially designed to **mine coal**.	0627
その地方の住民は**原子力発電所**を建設する計画に反対した。	The local residents opposed the plan to build **a nuclear plant**.	0628
レントゲン検査の間は、**放射線をさえぎる**ために鉛の上着を着てください。	Wear a lead jacket to **block radiation** during an X-ray examination.	0629
その工場は西海岸の家庭に**電気を供給する**ために設計された。	The plant was designed to **supply electricity** to homes on the west coast.	0630
車は**燃料を燃やし**、それが空気を汚染する。	Cars **burn fuels**, which makes the air dirty.	0631
その会社はすべての労働者に**報酬を与える**つもりだと言った。	The company said it would **give a reward** to all the workers.	0632
契約に署名する前に**弁護士を雇う**べきである。	You should **hire a lawyer** before signing the contract.	0633
学校の先生は、**職業を選ぶ**際に助けになる有益な助言をしてくれた。	My school teachers gave me useful advice to help me in **choosing my profession**.	0634
彼は30歳で**政治家としての経歴**を開始した。	He started **a political career** at the age of 30.	0635
私は大学で**経済を専攻**したい。	I want to **specialize in economics** while at university.	0636
政府は大気汚染を防止するために**対策を取った**。	The government **has taken measures** to prevent air pollution.	0637
その郡では、ホテルの滞在に5.5%の**税を課している**。	The county **charges** a 5.5% **tax** on hotel stays.	0638
新しい会長は消費者を保護する**政策を導入した**。	The new chairperson **introduced a policy** for protecting the consumer.	0639
父は夕食の席で、私たちに**政治について議論**してほしくない。	My father prefers us not to **discuss politics** at the dinner table.	0640

STEP 11

その町は来週**市長を選ぶ**ことになっている。	The town will **elect** **a** **mayor** next week.	0641
私は来週前半に**会議を開く**よう提案する。	I propose that we **hold** **a** **council** early next week.	0642
私は、**任務を遂行する**ことができるかどうか疑いをもち始めた。	I started to doubt if I would be able to **complete** **my** **mission**.	0643
マネージャーはチームメンバーに**仕事を割り当てた**。	The manager **assigned** **tasks** to his team members.	0644
彼は次の会議の**日付を指定した**。	He **appointed** **the** **date** for our next meeting.	0645
人々は、私たちが**利己的な理由**でそれを行ったと思っている。	People think that we did it for **a** **selfish** **reason**.	0646
航海士は、**気味の悪い生き物**の姿が航海中に見えたと報告した。	The sailors reported seeing **a** **weird** **creature** out at sea.	0647
彼は良い労働者だが、**がんこな態度**なのでなかなか好かれない。	He's a good worker but his **stubborn** **attitude** makes it difficult to like him.	0648
彼は**一房のバナナ**を買いにスーパーマーケットへ行った。	He went to the supermarket to buy **a** **bunch** **of** **bananas**.	0649
昆虫の群れが突然彼女を襲った。	**A** **swarm** **of** **insects** suddenly attacked her.	0650
多数の雲が南の空に現れた。	**A** **mass** **of** **clouds** appeared in the southern sky.	0651
彼女は**豪華なドレス**を買う前にいろいろな服を試着した。	She tried on various clothes before buying **a** **gorgeous** **dress**.	0652
彼は5つ星のホテルという**ぜいたくを享受した**。	He **enjoyed** **the** **luxury** of the five-star hotel.	0653
彼らは真夜中に**宝石を盗む**計画を立てた。	They planned to **steal** **jewels** in the dead of night.	0654
その少年は、**クラスの仲間**のほとんどよりもはるかに背が高かった。	The boy was much taller than most of his **fellow** **classmates**.	0655
その男性は、妻が**ふたごを出産予定である**と知って驚いた。	The man was surprised to learn that his wife **was** **expecting** **twins**.	0656
彼は、宇宙空間に生活することが**人類を救う**唯一の方法だと信じている。	He believes living in outer space is the only way to **save** **mankind**.	0657
私は、そのパーティーに**知人を招く**ことに決めた。	I decided to **invite** **an** **acquaintance** to the party.	0658
マルコムXは、アメリカで**人種の平等**のために戦った。	Malcom X fought for **the** **equality** **of** **the** **races** in America.	0659
私たちは35年間**家庭を切り盛り**し、4人の子どもを育てた。	We **have** **run** **our** **household** for 35 years and raised four children.	0660

フォーカスワード 基本動詞 11
look

❶ 見る
❷ …に見える

[lúk ルク]

共通イメージ

自分から見ようと思って注意して見る

❷ …に見える
look good

❶ 見る
look at the picture

▶▶▶ look で言ってみよう!

もの

□ 古い絵を見る	**look** at the old **picture**
□ 黒板を見る	**look** at the **blackboard**
□ 彼女の顔を見る	**look** at her **face**
□ 2ページを見る	**look** at **page** 2
□ 5番を見る	**look** at **number** 5
□ 山の上の太陽を見る	**look** at the **sun** over the mountain

抽象・評価

□ すばらしく見える	**look great**
□ ひどく見える	**look terrible**
□ 悪く見える	**look bad**
□ すてきに見える	**look nice**
□ 幸せそうに見える	**look happy**
□ 親しげに見える	**look friendly**
□ 疑念をもって彼を見る	**look** at **him** with suspicion
□ (物事の) 明るい面を見る	**look** at the bright **side**

冠婚葬祭		
0661	彼の死を悲しむ	**mourn over** his death
0662	私たちの結婚の準備をする	arrange our **marriage**
0663	葬式に参列する	attend a **funeral**
0664	儀式を主催する	hold a **ceremony**
減少・損害		
0665	視力を損なう	**impair** my vision
0666	損害を最小限にする	minimize the **damage**
0667	大きさを小さくする ▶都市を廃墟にする	**reduce** the size ▶ **reduce** the city **to** ruins
0668	量を減らす	**decrease** the amount
感想・印象		
0669	すばらしくよい考え	a **terrific** idea
0670	ばかばかしい考え	a **ridiculous** idea
0671	信じられない速さ	the **incredible** speed
0672	印象を与える	give an **impression**

設問　次の（　）内に入れるのに最も適当なものを、下の(1)から(4)から選びなさい。
"What did he say?" "He asked me (　) him, and I accepted."
(1) marrying　(2) marrying with
(3) to marry　(4) to marry to　　（センター試験）

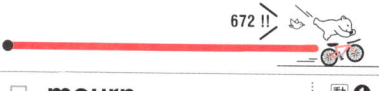

☐	**mourn** [mɔ́ːrn]	動 ❶ (…を)悲しむ、嘆く(for、over) ❷ 喪に服する ⇒ móurnful 形 悲しい、陰気な
☐	**marriage** [mǽridʒ]	名 結婚、結婚式 ⇒ márry 動 結婚する(= get married to) ⇒ márried 形 結婚した、既婚の
☐	**funeral** [fjúːnərəl]	名 葬式
☐	**ceremony** [sérəmòuni]	名 儀式
☐	**impair** [impéər]	動 損なう、害する
☐	**damage** [dǽmidʒ] ア発	名 損害、被害　動 損害を与える
☐	**reduce** [ridjúːs]	動 小さくする、減らす ★ reduce A to B　A を B に変える、A を(むりやり)B にする ⇒ redúction 名 減少
☐	**decrease** [dikríːs] ア	動 減らす、減る、下げる(⇔ incréase) 名 [díːkriːs] 減少、縮小 ★ on the decrease　次第に減少して
☐	**terrific** [tərífik]	形 ❶ (口語)すばらしくよい ❷ ものすごい、たいへんな
☐	**ridiculous** [ridíkjələs]	形 ばかばかしい、おかしい ⇒ rídicule 動 あざ笑う　　　　　　名 あざけり、嘲笑
☐	**incredible** [inkrédəbl]	形 信じられない、途方もない(⇔ crédible) ⇒ incrédibly 副 信じられない(ほどに)、非常に
☐	**impression** [impréʃən]	名 印象、感銘 ⇒ impréss 動 印象[感銘]を与える ⇒ impréssive 形 印象的な、強い印象を与える

正解　3 (marry は他動詞。ただし、be [get] married to A の形は可)
(「彼はなんて言ったの」「結婚してくれって。それで受け入れたの」)

#	日本語	英語
怒り		
0673	人々を**いらいらさせる**	**irritate** people
0674	**激怒**を表す	express **rage**
0675	社会への**怒り**	**anger** against society
開始・発進		
0676	町を**行進する**	**march** through the town
0677	**引き金**を引く	pull the **trigger**
0678	キャンペーンを**始める**	**launch** a campaign
症状		
0679	**青白い**顔	**pale** face
0680	**盲目**になる	go **blind**
0681	ひどい**せきをする**	**cough** badly
0682	**痛み**を和らげる	relieve my **pain**
0683	傷口から**出血する**	**bleed** from the cut
0684	筋肉を**麻痺させる**	**paralyze** the muscle

> ポイント　launch はもともと「槍を投げる」という意味に由来しており、「勢いよく始める」というイメージをもつ。プロジェクトやキャンペーンを華々しく始めるときによく用いる。

	irritate [írətèit]	動 いらいらさせる、怒らせる ⇒ irritated 形 いらいらした ⇒ irritating 形 いらだたせる ⇒ irritátion 名 いらいらさせること、炎症
	rage [réidʒ]	名 ❶ 激怒　❷ 激しさ、猛威 動 ❶ (嵐、伝染病などが)荒れ狂う 　　❷ 激怒する
	anger [ǽŋgər]	名 怒り　動 怒らせる ⇒ ángry 形 怒って
	march [máːrtʃ]	動 行進する
	trigger [trígər]	名 引き金、きっかけ 動 引き起こす、きっかけになる
	launch [lɔ́ːntʃ] 発	動 ❶ 始める、開始する　❷ 発射する 名 ❶ 開始、着手　❷ 新発売　❸ 発射
	pale [péil]	形 ❶ (顔色などが)青白い 　　❷ (色などが)淡い、薄い
	blind [bláind]	形 ❶ 盲目の、目の見えない　❷ 見る目がない、(現実などが)わかっていない ★ turn a blind eye to A　Aを見て見ぬふりをする 名 日除け、ブラインド
	cough [kɔ́ːf] 発	動 せきをする　名 せき
	pain [péin]	名 ❶ 痛み　❷ (pains)苦労、面倒 ★ take pains　苦労する
	bleed [blíːd] 活用 : bled-bled	動 出血する、血が出る ⇒ blóod 名 血
	paralyze [pǽrəlàiz]	動 麻痺させる、無力にする ⇒ parálysis 名 麻痺

blind は直接的な言い回しで差別的であるとして、visually impaired、visually handicapped「視覚を損なった、視覚にハンデのある」といった言い方がよいとする人もいる。

0685	自動車産業	the car **industry**
0686	パンフレットを配る	**distribute** pamphlets
0687	水を供給する	**supply** water
0688	彼の残りの人生	the **remainder** of his life
0689	資金を投資する	**invest** funds
0690	深刻な不景気	a serious **depression**
	▶うつ病に苦しむ	▶suffer from depression
0691	にわか景気を引き起こす	cause a **boom**
0692	経済を刺激する	stimulate the **economy**
0693	本を改訂する	**revise** the book
0694	画像を修正する	**modify** the image
0695	右に移る	**shift** to the right
0696	社会を変える	**transform** society

ポイント supply は語法に注意。目的語に人ともののどちらが先に来るかで前置詞が変わる。
supply them with water = supply water for them（彼らに水を供給する）

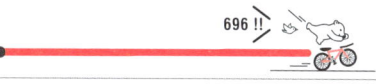

industry
[índəstri]
- 名 ❶ 産業、工業　❷ 勤勉
- ⇒ indústrial 形 産業の
- ⇒ indústrious 形 勤勉な

distribute
[distríbju:t]
- 動 (…に)配る、分配する(to)
- ⇒ distribútion 名 分配、配布

supply
[səplái]
- 動 供給する、提供する
- ★ supply A with B [B to[for] A]　A(人)にBを供給する
- 名 供給

remainder
[riméindər]
- 名 残り、残りの人々(もの)（※単数、複数扱い）
- ⇒ remáin 動 ❶ ままでいる　❷ 残る、とどまる

invest
[invést]
- 動 ❶ 投資する　❷ 授ける、与える
- ★ invest A with B　A(人)にBを授ける
- ⇒ invéstment 名 投資

depression
[dipréʃən]
- 名 ❶ 不景気　❷ うつ(病)
- ⇒ depréss 動 落胆させる、憂うつにさせる

boom
[bú:m]
- 名 ❶ にわか景気、にわか人気
  ❷ (雪、大砲、波などの)とどろき、うなり
- 動 ぶーんとうなる、急騰する

economy
[ikánəmi]
- 名 ❶ 経済　❷ 節約
- ⇒ económic 形 経済の
- ⇒ económical 形 経済的な、安価な

revise
[riváiz]
- 動 改訂する
- ⇒ revision 名 改訂、改正

modify
[mádəfài]
- 動 (改善のために軽く)修正する、変更する
- ⇒ modificátion 名 部分的な変更、修正

shift
[ʃíft]
- 動 ❶ (位置、方向など)移る[移す]、変わる[変える]　❷ 変更する
- 名 ❶ 変化、変更　❷ (仕事の)シフト、交代制

transform
[trænsfɔ́:rm]
- 動 変化させる、変形[変質]させる
- ★ transform A into B　A を B に変化させる
- ⇒ transformátion 名 変形、変容

ポイント　shift は「位置を動かす、ずらす」が基本的な意味。transform は「がらっと変える、一変させる」という強い意味になる。

0697	賢い**生徒**	a bright **pupil**
0698	**講義**をする	deliver a **lecture**
0699	**カリキュラム**を設計する	design the **curriculum**
0700	**研究所**を設立する	establish an **institute**
0701	電気を**消費する**	**consume** electricity
0702	家賃を払う**余裕がある** ▶車を購入する**余裕がない**	**afford** the rent ▶cannot afford to buy a car
0703	**割引**を提供する	offer a **discount**
0704	貴重**品**	valuable **goods**
0705	**絶望的な**状況	a **desperate** situation
0706	飲酒を**やめさせる** ▶彼に行く**のを思いとどまらせる**	**discourage** drinking ▶discourage him from going
0707	聴衆を**失望させる**	**disappoint** the audience
0708	**絶望**を感じる	feel **despair**

学校・教育

購買・消費

落胆・抑止

☐☐☐	**pupil** [pjú:pəl] 発	名 ❶ 生徒、児童　❷ 瞳、瞳孔
☐☐☐	**lecture** [léktʃər]	名 講義
☐☐☐	**curriculum** [kəríkjələm] ア	名 カリキュラム、履修科目
☐☐☐	**institute** [ínstətjù:t]	名 研究所、学校、協会　動 設ける ⇒ institútion 名 ❶（学校などの公共の）施設 　　　　　　　　　 ❷ 制度、監修
☐☐☐	**consume** [kənsú:m]	動 消費する ⇒ consúmption [kənsʌ́mpʃən] 名 消費
☐☐☐	**afford** [əfɔ́:rd]	動 （…する金銭的、時間的）余裕がある(to do) ★ can afford to do　…する余裕がある（※否定文、疑問文で主に用いる） ⇒ affórdable 形 （値段が）手頃な
☐☐☐	**discount** [dískaunt]	名 割引　★ give a discount on A　A を割引する 動 割引する（※動詞の時の発音は、[dískaunt] または [diskáunt]）
☐☐☐	**goods** [gúdz]	名 （複数扱いで集合的に）商品、製品
☐☐☐	**desperate** [déspərət] ア 発	形 ❶ 絶望的な　❷ 必死の ★ be desperate for A　A を必死に求める ⇒ desperátion 名 自暴自棄、やけ
☐☐☐	**discourage** [diskə́:ridʒ]	動 ❶ やめさせる 　　❷ がっかりさせる(⇔ encóurage) ★ discourage A from doing　A(人)に…するのを思いとどまらせる ⇒ discóuragement 名 落胆 ⇒ discóuraged 形 がっかりした ⇒ discóuraging 形 落胆させる
☐☐☐	**disappoint** [dìsəpɔ́int]	動 失望させる ⇒ disappóintment 名 失望 ⇒ disappóinting 形 失望させるような ⇒ disappóinted 形 （…に）がっかりした、 　　　　　　　　　　失望した(in, with, at)
☐☐☐	**despair** [dispéər]	名 絶望　動 絶望する ★ in despair　絶望して

分類	No.	日本語	英語
医療	0709	**薬局**を経営する	run a **pharmacy**
	0710	**包帯**を巻く	wrap a **bandage**
	0711	**改善策**を提案する	suggest a **remedy**
	0712	一流の**外科医**　▶**外科手術**を受ける	a leading **surgeon**　▶have surgery
	0713	**救急車**を呼ぶ	call an **ambulance**
	0714	彼の傷を**治す**	**heal** his injury
	0715	**診療所**を訪れる	visit a **clinic**
	0716	効果的な**治療法**	an effective **cure**
特徴・特質	0717	**区別**をつける　▶私のもの**とは別の**	make a **distinction**　▶distinct from mine
	0718	文化の**本質**	the **essence** of culture
	0719	その地域**に特有の**	**typical of** the region
	0720	共通の**特徴**	a common **characteristic**

ポイント

heal は、ふつうは外傷を治すときに使うが、心の傷をいやすときにも用いる。病気やけがを治すときには cure を用いる。
　　heal him of the wound「彼のけがを治す」

pharmacy
[fáːrməsi]

名 薬局、薬屋

bandage
[bǽndidʒ]

名 包帯 　動 包帯をする

remedy
[rémədi]

名 ❶ 改善策、救済策　❷ 治療法、治療薬
⇒ remédial 形 治療する、改善する

surgeon
[sə́ːrdʒən]

名 外科医
⇒ súrgery 名 外科手術、外科
⇒ physícian 名 内科医

ambulance
[ǽmbjələns] ア

名 救急車

heal
[híːl]

動 (病気、けがなどを)治す、いやす
★ heal A of B　A(人)の B を治す

clinic
[klínik]

名 診療所
⇒ clínical 形 ❶ 臨床の　❷ 客観的な、冷静な
⇒ clinícian 名 臨床医

cure
[kjúər]

名 治療法、治療薬　動 (病人、病気を)治す
★ cure A of B　A(人)の B を治す

distinction
[distíŋkʃən]

名 ❶ 区別(すること)　❷ 卓越性、優秀さ
⇒ distínct 形 ❶ (…とは)別の(from)
　　　　　　　　❷ はっきりした、明瞭な
⇒ distínctive 形 特徴のある、違いを明確に示す

essence
[ésəns]

名 本質
⇒ esséntial 形 本質的な

typical
[típikəl] 発

形 (…に)特有の(of)、典型的な

characteristic
[kæ̀rəktərístik] ア

名 特徴、特性
形 (…に)特有の、独特の(of)
⇒ cháracterize 動 特徴づける、性格づける

ポイント　clinic は、個人や数人で開業する小規模の診療所のこと。hospital はより大規模で、複数の診療科がある病院のこと。

例文でCHECK!!

☐	1,000人以上の人びとが**彼の死を悲しむ**ために訪れた。	More than 1,000 people came to **mourn over his death**.	0661
☐	**私たちの結婚の準備をする**のに数か月間かかった。	It took several months for us to **arrange our marriage**.	0662
☐	彼女は**葬式に参列する**ために1日仕事を休まねばならなかった。	She had to take the day off work to **attend a funeral**.	0663
☐	彼らは来月、このホテルで**儀式を主催する**予定である。	They are going to **hold a ceremony** in this hotel next month.	0664
☐	私は夜に小論文を書き続けて**視力を損なった**。	I **impaired my vision** because I kept on writing essays at night.	0665
☐	彼はなんとかスキャンダルの**損害を最小限にした**。	He managed to **minimize the damage** from the scandal.	0666
☐	彼は1ページに収まるように書類の**大きさを小さくした**。	He **reduced the size** of the document so it would fit on one page.	0667
☐	彼は健康のために喫煙の**量を減らす**ことを決心した。	He decided to **decrease the amount** he smoked for his health.	0668
☐	皆が、それは**すばらしくよい考え**だと即座に賛成した。	Everyone immediately agreed that it was **a terrific idea**.	0669
☐	誰がそのような**ばかばかしい考え**を思いついたのだろうか。	Who came up with such **a ridiculous idea**?	0670
☐	医師は、彼の回復の**信じられない早さ**に驚いた。	Doctors were amazed at **the incredible speed** of his recovery.	0671
☐	その彫刻は、動くような**印象を与え**ようとデザインされている。	The sculpture is designed to **give an impression** of movement.	0672
☐	公衆の面前で大きな音を出す音楽は、**人々をいらいらさせる**だけだ。	Loud music in public may only serve to **irritate people**.	0673
☐	彼は何も言わなかったが、目には**激怒**が表れていた。	He said nothing, but the look in his eyes **expressed rage**.	0674
☐	彼の新しい歌は、**社会への怒り**があふれていた。	His new song was full of **anger against society**.	0675
☐	その音楽隊は**町を行進した**。	The musical band **marched through the town**.	0676
☐	彼が**引き金を引く**と、守衛は地面に倒れた。	He **pulled the trigger** and the guard fell to the ground.	0677
☐	そのグループは、資金を集めるために**キャンペーンを始めた**。	The group **launched a campaign** to raise money.	0678
☐	彼の**青白い顔**が、心配を示していた。	His **pale face** showed his anxiety.	0679
☐	彼女は7歳の時に目の病気で**盲目になった**。	She **went blind** due to an eye disease when she was seven.	0680

火事の煙が肺に入り、彼は**ひどいせきをし**始めた。	The smoke from the fire hit his lungs and he began to **cough badly**.	0681
どんな治療も**痛みを和らげ**なかった。	No treatments **relieved my pain**.	0682
彼の左頬の**傷口から出血し**始めた。	He started to **bleed from the cut** on his left cheek.	0683
この毒は心臓の**筋肉を麻痺させ**、死に至らしめるだろう。	This poison will **paralyze the heart muscle** and bring about death.	0684
日本経済は**自動車産業**に大きく依存している。	The Japanese economy largely depends on **the car industry**.	0685
警察はインターネット犯罪の意識を高めようと**パンフレットを配った**。	The police **distributed pamphlets** to raise awareness of Internet crimes.	0686
新しいダムは、その地域の数百の世帯に**水を供給する**だろう。	The new dam would **supply water** to several hundred homes in the area.	0687
彼女は**彼の残りの人生**の親友であり続けた。	She remained his best friend for **the remainder of his life**.	0688
彼は不動産に**資金を投資した**。	He **invested funds** in real estate.	0689
中国経済は**深刻な不景気**に苦しんだ。	The Chinese economy suffered from **a serious depression**.	0690
ワールドカップは、主催国で**にわか景気を引き起こした**。	The World Cup **caused a boom** in the host country.	0691
政府は**経済を刺激する**ために税率を下げた。	The government reduced tax rates to **stimulate the economy**.	0692
彼女は初版から10年後に**本を改訂した**。	She **revised the book** 10 years after its original publication.	0693
デザイナーは生き生きとしたポスターを作るために**画像を修正した**。	The designer **modified the image** to create a vivid poster.	0694
彼が通れるよう、彼女は**右に移った**。	She **shifted to the right** so that he could pass.	0695
車や飛行機と同じくらい劇的に、コンピュータは**社会を変えた**。	Computers have **transformed society** as dramatically as cars and planes.	0696
彼女は**賢い生徒**だったが、ときどき集中力を欠いていた。	She was **a bright pupil**, but sometimes she lacked concentration.	0697
私はハワイ大学で**講義をする**ように頼まれている。	I have been asked to **deliver a lecture** at the University of Hawaii.	0698
教員たちは来年用の**カリキュラムを設計する**ための会議を開いた。	The teachers had a meeting to **design the curriculum** for the next year.	0699
大学は原子力研究のための**研究所を設立した**。	The university **established an institute** for nuclear studies.	0700

STEP 12

この冷蔵庫は他のものよりはるかに少ない**電気しか消費し**ない。	This refrigerator **consumes electricity** far less than the others.	0701
彼はそのアパートを気に入ったが、**家賃を払う余裕がある**か自信がなかった。	He liked the apartment but wasn't sure if he would be able to **afford the rent**.	0702
その店は新しい顧客を引き付けるために**割引を提供している**。	The shop **is offering a discount** to attract new customers.	0703
車内に**貴重品**を決して放置しないこと。	Never leave **valuable goods** in your car.	0704
彼の会社は資金不足のために**絶望的な状況**にあった。	His company was in **a desperate situation** due to lack of money.	0705
政府は高い税率によって**飲酒をやめさせ**ようとしている。	The government tries to **discourage drinking** through higher taxes.	0706
そのバンドの今夜の演奏は**聴衆を失望させた**だけだった。	The band's performance tonight only **disappointed the audience**.	0707
私は老齢になったときを考えると、ときどき**絶望を感じる**。	I sometimes **feel despair** when I think of my old age.	0708
彼の兄は街の反対側で**薬局を経営している**。	His brother **runs a pharmacy** on the other side of the town.	0709
看護師は注意深く彼の腕に**包帯を巻いた**。	The nurse carefully **wrapped a bandage** round his arm.	0710
その経済学者は失業の**改善策を提案**できなかった。	The economist failed to **suggest a remedy** for unemployment.	0711
一流の外科医があなたの手術を執り行います。	**A leading surgeon** is going to perform your operation.	0712
胸に痛みを感じたら、すぐに**救急車を呼ぶ**べきだ。	If you feel pains in your chest, you should immediately **call an ambulance**.	0713
その薬は彼の痛みを取り去ったけれど、**彼の傷を治し**はしなかった。	The pills killed his pain but did not **heal his injury**.	0714
彼は背中の痛みについて**診療所を訪れる**ことにした。	He decided to **visit a clinic** about his back pain.	0715
科学者らはエボラ熱の**効果的な治療法**を開発するために研究している。	Scientists are working to develop **an effective cure** for Ebola.	0716
私たちは、小説とエッセイの**区別をつけている**。	We **make a distinction** between a novel and an essay.	0717
茶道には、日本**文化の本質**を見ることができる。	You can see **the essence of** Japanese **culture** in the tea ceremony.	0718
その森には、**その地域に特有の**熱帯植物がある。	The forest contains tropical plants that are **typical of the region**.	0719
あいにく、ストレスは私たちの社会の**共通の特徴**となった。	Unfortunately, stress has become **a common characteristic** of our society.	0720

フォーカスワード 基本動詞 12

make

[méik メイク]

❶作る
❷整える、用意する
❸…する
❹…に(むりやり)…させる
❺…を…にする

共通イメージ

ものに手を加えて作り変える

❶作る
make a box

❷整える、用意する

❸…する
make a mistake

❹…に(むりやり)…させる

❺…を…にする

▶▶▶ make で言ってみよう！

身近なもの

□ ドレスを作る	make a dress
□ オリジナルのTシャツを作る	make my own T-shirt
□ 1杯のコーヒーをいれる	make a cup of coffee
□ ミルクティーの作り方	how to make milk tea
□ バースデーケーキを作る	make a birthday cake
□ プラモデルを作る	make a plastic model
□ 箱を作る	make a box
□ 折り紙でツルを折る	make a paper crane

動作

□ 火をおこす	make a fire
□ 大金を稼ぐ	make a lot of money
□ 計画を立てる	make a plan
□ 提案をする	make a suggestion
□ 訪問する	make a visit
□ スピーチをする	make a speech

Round 1 　月　日	Round 2 　月　日	Round 3 　月　日

LEVEL 1 / LEVEL 2 / LEVEL 3

対応・対処

0721 話題を**扱う** — **treat** a subject

0722 恐怖**に反応する** — **react to** fear

0723 その手段**に訴える** — **resort to** the means

0724 Eメール**に返信する** — **respond to** an e-mail

統合・まとめ

0725 国々を**団結させる** — **unite** nations

0726 国を**統一する** — **unify** the country

0727 議論を**要約する** — **summarize** the discussion
- ▶**要約**すると ▶ in **summary**
- ▶総**合計** ▶ the total **sum**

0728 **概要**を述べる — describe the **outline**

服装

0729 **衣服**を洗う — wash **garments**

0730 **毛皮**を取引する — trade **fur**

TPO

0731 **正式な**発表 — a **formal** announcement
- ▶**形**を取る ▶ take **form**

0732 **略式の**服装 — **casual** clothes

ポイント　resort to A（Aに訴える）は、暴力など、よくない手段に訴えるときに使うのがふつう。また、the last resort（最後の手段）も覚えておこう。

☐☐☐	**treat** [tríːt]	動 ❶ 扱う　❷ 治療する 名 楽しみ、うれしい出来事 ⇒ tréatment 名 ❶ 取扱い　❷ 治療
☐☐☐	**react** [riǽkt]	動 ❶ (…に)反応する(to) 　　❷ (…に)反発する、反抗する(against) ⇒ reáction 名 (…に対する)反応、反響(to)
☐☐☐	**resort** [rizɔ́ːrt]	動 (手段、方法に)訴える、使う(to) 名 ❶ 行楽地　❷ 頼みの綱、最後の手段
☐☐☐	**respond** [rispánd]	動 (…に)答える、反応する(to) ⇒ respónse 名 反応、返答
☐☐☐	**unite** [juːnáit]	動 団結させる、結合させる ⇒ únity 名 結合、統一
☐☐☐	**unify** [júːnəfài]	動 統一する、一体化する ⇒ unificátion 名 統一、一体化
☐☐☐	**summarize** [sʌ́məràiz]	動 要約する ⇒ súmmary 名 要約　形 概略の ⇒ súm 名 金額、合計 　　　　動 ❶ 合計する　❷ 要約する
☐☐☐	**outline** [áutlàin] ⑦	名 概要、輪郭 動 要点を述べる、輪郭を描く
☐☐☐	**garment** [gáːrmənt]	名 衣服(の一品)、(garments で)衣料 　　(※ clothes よりも改まった語)
☐☐☐	**fur** [fɚ́ːr]	名 ❶ 毛皮　❷ (ふつう furs で)毛皮製品
☐☐☐	**formal** [fɔ́ːrməl]	形 正式の、形式ばった(⇔ cásual) → fórm 名 形、形態　動 形作る
☐☐☐	**casual** [kǽʒuəl]	形 略式の、打ち解けた(⇔ fórmal)

ポイント unite と unify はほぼ同義語だが、unite は「複数のものがそれぞれの違いを保ったまま一つになる」、unify は「複数のものが個別性を失って一つになる」というように使い分ける場合もある。

代理・代表	0733	赤を青の代わりに使う	**substitute** red **for** blue
	0734	私たちの学校を代表して	**on behalf of** our school
	0735	グループの**代表者**	a **representative** of the group
区分・領域	0736	商業**地区**	a shopping **district**
	0737	事業の**範囲**	the **scope** of business
	0738	沿岸**地域**	the coastal **region**
発言・ことば	0739	**意見**を交換する ▶**著しい**増加	exchange **remarks** ▶**remarkable** increase
	0740	**ことわざ**を引用する	quote a **proverb**
	0741	「質」の**反意語**	the **antonym** of "quality"
	0742	**標語**を採用する	adopt a **motto**
	0743	独立を**宣言する**	**declare** independence
	0744	物語を**語る**	**narrate** a story

ポイント アメリカでは、下院議員を representative、上院議員を senator という。

☐☐☐	**substitute** [sʌ́bstətjùːt] ア	動 ❶ 代わりに使う ❷ 代理を務める ★ substitute A for B　A を B の代わりに使う 名 代わりのもの[人]
☐☐☐	**behalf** [bihǽf]	名 利益、(味方をする)側(※ふつう下の成句で使う) ★ on[in] behalf of A　A に代わって、A を代表して、A のために(= on[in] A's behalf)
☐☐☐	**representative** [rèprizéntətiv]	名 ❶ 代表者、代理人 ❷ 代議士、(米)下院議員 形 (…を)代表する、代表的な(of)
☐☐☐	**district** [dístrikt]	名 地区、地域 ⇒ área 名 (大小さまざまの)地域
☐☐☐	**scope** [skóup]	名 (理解、能力などの)範囲
☐☐☐	**region** [ríːdʒən]	名 地域、地方 ⇒ régional 形 地域の
☐☐☐	**remark** [rimáːrk]	名 意見、感想 動 (感想などを)言う、述べる ⇒ remárkable 形 著しい、注目すべき
☐☐☐	**proverb** [právəːrb]	名 ことわざ
☐☐☐	**antonym** [ǽntənim]	名 反意語(⇔ sýnonym)
☐☐☐	**motto** [mátou]	名 (教訓的な)標語、座右の銘
☐☐☐	**declare** [dikléər]	動 宣言する、(賛成、反対と)明言する(for、against)
☐☐☐	**narrate** [nǽreit]	動 語る、述べる ⇒ nárrative 名 物語、話　形 物語の、話の ⇒ narrátion 名 物語ること、語り

> ポイント
> proverb と motto は synonym だが、proverb は世間一般によく言われる言い回し、motto は個人的な、あるいはチームとしての標語を指す。

0745	集会の予定を決める	schedule a **session**
0746	二社の**合併** ▶**組合**を組織する	the **union** of two companies ▶organize a **union**
0747	**行列**を避ける	avoid a **queue**
0748	**組織**を設立する	found an **organization**
0749	夢に**出る**	**haunt** my dreams
0750	データから**明らかになる**	**emerge** from the data
0751	めったに**起こら**ない	seldom **occur**
0752	事務所で**起こる**	**arise** in the office
0753	武器を**所有する** ▶麻薬の**所持**	**possess** weapons ▶**possession** of drugs
0754	工場を中国**に移す**	**transfer** the factory **to** China
0755	**航海**を行う	take a **voyage**
0756	門**の出入り** ▶インターネットの**利用機会**	**access to** the gate ▶**access** to the Internet

session [séʃən]	名 ❶ 集会、会合 ❷ (米)(学校の)授業
union [júːnjən]	名 ❶ 合併、結合 ❷ (労働)組合、同盟
queue [kjúː] 発	名 (行)列 動 列を作る、並ぶ
organization [ɔ̀ːrɡənəzéiʃən]	名 ❶ 組織、団体 ❷ 体制、構造 ⇒ órganize 動 組織する、つくり上げる
haunt [hɔ́ːnt] 発	動 ❶ (幽霊などが…に)出る ❷ (嫌な考えなどが人に)つきまとう ❸ (場所などへ)よく行く ⇒ háunted 形 幽霊の出る
emerge [imə́ːrdʒ]	動 ❶ (事実などが)明らかになる ❷ (…から)現れる(※隠れていたものが表に出てくること) ⇒ emérgence 名 出現、発生
occur [əkə́ːr] ア	動 ❶ 起こる、生じる ❷ (考えなどが)(人の)頭に浮かぶ(to) ⇒ occúrrence 名 ❶ 出来事 ❷ 発生
arise [əráiz] 活用:arose-arisen	動 起こる、生じる
possess [pəzés]	動 ❶ 所有する ❷ (考えが心に)とりつく ★ be possessed by A Aにこだわる、Aにとりつかれる ⇒ posséssion 名 所有 ⇒ posséssive 形 独占欲の強い
transfer [trænsfə́ːr] ア	動 ❶ (AからBに)移す[移動する]、転校[転勤]させる(from A to B) ❷ (金を)振り込む、送金する 名 [trǽnsfəːr] ❶ 移転 ❷ 振込、送金 ❸ 譲渡
voyage [vɔ́iidʒ]	名 航海、宇宙旅行
access [ǽkses]	名 ❶ (…への)出入り、立ち入り、接近(to) ❷ 利用する機会[権利]、近づく方法[権利] ⇒ accéssible 形 (場所が)近づきやすい、(ものが)入手しやすい(to)

消去・消滅		
0757	彼の顔から消えていく	**fade** from his face
0758	絶滅種	an **extinct** species
0759	時間を浪費する	**waste** time
0760	脅威を排除する	**eliminate** a threat
0761	障害を取り除く	**remove** obstacles
0762	次第にしぼむ	gradually **wither**
0763	メッセージを削除する	**delete** a message
称賛・祝福・感謝		
0764	子宝に恵まれる	**be blessed with** a child
0765	感謝の気持ちを表す	express **gratitude**
0766	映画を称賛する	**praise** a film
0767	彼女の成功を称賛する	**applaud** her success
0768	ほめる	pay a **compliment**

fade
[féid]
- 動 (しだいに)消えていく、しぼむ、色あせる (away)
- ★ fade in （画像が）しだいにはっきりする、（音が）しだいに大きくなる
- ★ fade out （画像が）しだいに消えていく、（音が）しだいに小さくなる

extinct
[ikstíŋkt]
- 形 絶滅した
- ⇒ extinction 名 絶滅

waste
[wéist]
- 動 浪費する、むだに使う
- 名 ❶ 浪費、むだ使い ❷ 廃棄物

eliminate
[ilímənèit]
- 動 ❶ 排除する、削除する
- ❷ (be eliminated で)敗退する
- ⇒ eliminátion 名 ❶ 除去、排除
- ❷ （競技の）予選

remove
[rimúːv]
- 動 取り除く、かたづける
- ⇒ remóval 名 除去

wither
[wíðər]
- 動 しぼむ、しおれる、枯れる

delete
[dilíːt]
- 動 （文字、データなどを）削除する、消す

bless
[blés]
- 動 ❶ 恵みを与える、祝福する ❷ 感謝する
- ★ be blessed with A Aに恵まれる
- ⇒ bléssing 名 ❶ （神の）恵み、幸せ
- ❷ （食前・食後の）お祈り

gratitude
[grǽtətjùːd]
- 名 感謝（の気持ち）
- ⇒ gráteful 形 感謝して

praise
[préiz]
- 動 称賛する、ほめる
- 名 称賛、ほめること

applaud
[əplɔ́ːd] 発
- 動 称賛する、拍手（かっさい）する
- ⇒ appláuse 名 拍手（かっさい）、称賛

compliment
[kámpləmənt]
- 名 ❶ ほめ言葉、賛辞、（社交上の）お世辞
- ❷ （ていねいな）挨拶
- 動 [kámpləmènt] お世辞を言う、ほめる
- ⇒ compliméntary 形 ほめている、挨拶の

STEP 13

想い	0769	感情を喚起する	evoke **emotion**
	0770	よい気分	good **temper**
	0771	希望を胸に抱く	**cherish** a hope
	0772	空想を楽しむ	enjoy the **fantasy**
	0773	勇気を示す	show **courage**
	0774	私たちの欲望を満たす	satisfy our **desire**
	0775	気持ちを伝える	**convey** my feelings
記録・記憶	0776	子ども時代を思い出す	**recall** my childhood
	0777	文章を記憶する	**memorize** the text
関係・相関	0778	問題を関連づける	**relate** problems
	0779	相互の信頼	**mutual** trust
	0780	ネットワークを作る	create a **network**

ポイント
courage の派生語である動詞 encourage は、〈encourage ＋人＋ to *do*〉の形を取る。
He encouraged me to do my best.（彼は私にベストをつくすよう励ました）

☐☐☐	**emotion** [imóuʃən]	名 (強い)感情 ⇒ emótional 形 ❶ 感情的な ❷ 感傷的な
☐☐☐	**temper** [témpər]	名 ❶ 気分、気質 ❷ 短気、おこりっぽい性格 ★lose [keep] A's temper 平静さを失う[保つ]、かんしゃくを起こす[おさえる]
☐☐☐	**cherish** [tʃériʃ]	動 ❶ (希望、記憶などを)胸に抱く ❷ (人、動物などを)大切にする、大事に育てる
☐☐☐	**fantasy** [fǽntəsi]	名 空想、空想の産物 ⇒ fantástic 形 ❶ とてもすばらしい ❷ 空想的な、奇妙な、ばかげた
☐☐☐	**courage** [kə́:ridʒ] 発	名 勇気 ⇒ encóurage 動 励ます、勇気づける ⇒ courágeous 形 勇敢な、勇気のある
☐☐☐	**desire** [dizáiər]	名 (…したいという、…への)願望、欲望(to do) 動 (…することを)強く望む(to do) ⇒ desírable 形 望ましい
☐☐☐	**convey** [kənvéi] ア	動 ❶ (感情などを)伝える ❷ 運搬する ⇒ convéyance 名 運搬、輸送
☐☐☐	**recall** [rikɔ́:l]	動 思い出す(= remémber) 名 ❶ 記憶、回想 ❷ (欠陥品の)回収
☐☐☐	**memorize** [méməràiz]	動 記憶する、暗記する ⇒ mémory 名 ❶ 記憶、記憶力 ❷ (ふつう memories で)思い出
☐☐☐	**relate** [riléit]	動 (…と)関連づける(to、with) ⇒ relátion 名 関係 ⇒ rélative 名 親戚 形 ❶ 相対的な ❷ (…に)関係のある(to)
☐☐☐	**mutual** [mjú:tʃuəl]	形 ❶ 相互の、互いの ❷ 共同の、共通の
☐☐☐	**network** [nétwə̀:rk]	名 ❶ ネットワーク ❷ 網目状の組織、網状のもの ❸ 人脈

ポイント desire はやや形式張った語で、人の意図や強い欲求を感じさせる。類義語の wish は、desire よりも弱い願望を表す。

例文でCHECK!!

☐	彼らは相応の敬意をもって**その話題を扱った**。	They **treated the subject** with due respect.	0721
☐	**恐怖に反応する**のは人さまざまかもしれない。	People may **react to fear** in different ways.	0722
☐	政府は大衆に人気のない**手段に訴え**なければならなかった。	The government had to **resort to the means** that were unpopular with the public.	0723
☐	24 時間以内に E メールに**返信する**ようにするべきだ。	You should try to **respond to an e-mail** within 24 hours.	0724
☐	そのスポーツ大会は、以前は対立していた**国々を団結させる**だろう。	The sports event will **unite nations** that were previously in conflict.	0725
☐	新しいリーダーは一連の変化を通じて**国を統一する**ことを期待している。	The new leader hopes to **unify the country** through a series of changes.	0726
☐	私たちが行った**議論を要約する**E メールを送信しましょう。	I will send you an e-mail to **summarize the discussion** we had.	0727
☐	その作家は、新しい小説の**概要を述べた**。	The writer **described the outline** of his new novel.	0728
☐	温水でこれらの**衣服を洗う**べきである。	You should **wash** these **garments** with hot water.	0729
☐	彼らはロシアの商人と**毛皮を取引している**。	They **trade fur** with Russian merchants.	0730
☐	知事は明日、**正式な発表**を行うと私たちは思っている。	We expect the governor to make **a formal announcement** tomorrow.	0731
☐	彼はそのパーティーに**略式の服装**をしていくことにした。	He decided to wear **casual clothes** to the party.	0732
☐	私は**赤を青の代わりに**、青を赤の代わりに**使う**ことにする。	I will **substitute red for blue** and blue for red.	0733
☐	校長は**私たちの学校を代表して**スピーチをした。	The principal made a speech **on behalf of our school**.	0734
☐	**グループの代表者**がテレビのインタビューで話していた。	**A representative of the group** spoke in a TV interview.	0735
☐	市の西側は**商業地区**である。	The west part of the city is **a shopping district**.	0736
☐	彼らは**事業の範囲**を拡大した。	They expanded **the scope of business**.	0737
☐	**沿岸地域**は今年、異常に厳しい気候だった。	**The coastal region** has experienced unusually severe weather this year.	0738
☐	私たちはこの問題で**意見を交換し**続けた。	We continued to **exchange remarks** on the issue.	0739
☐	彼は**ことわざを引用する**ことで自分の立場を説明しようとした。	He tried to explain his position by **quoting a proverb**.	0740

☐	ある文脈では、「質」の反意語として「量」を使用できる。	In some contexts "quantity" can be used as **the antonym of "quality."**	0741
☐	彼らは「子どもを守るのはみんなの仕事」という**標語を採用した**。	They **adopted a motto**: "Protecting children is everyone's business."	0742
☐	その国は1960年に英国から**独立を宣言した**。	The country **declared independence** from the UK in 1960.	0743
☐	彼女は孫たちにすべての**物語を語った**。	She **narrated the entire story** to her grandchildren.	0744
☐	マネージャーはシステムの変更を討議する**集会の予定を決めた**。	The manager **scheduled a session** to discuss the system changes.	0745
☐	**二社の合併**は明日正式に発表されるだろう。	**The union of the two companies** will be formally announced tomorrow.	0746
☐	私は**行列を避ける**ために朝早く行くことを勧める。	I recommend going early in the morning to **avoid the queue**.	0747
☐	その会社は、親のない子どもたちを助ける**組織を設立した**。	The company **founded an organization** to aid children without parents.	0748
☐	私がその晩見たことが、**夢に出**続けている。	The things I saw that night continue to **haunt my dreams**.	0749
☐	**データから**驚くべき結果が**明らかになった**。	Surprising results have **emerged from the data**.	0750
☐	これらのことは**めったに起こらない**が、私たちは決して忘れるべきではない。	While these things **seldom occur**, we should not forget about them.	0751
☐	何か問題が**事務所で起こったら**、上司に報告しなければならない。	When any problems **arise in the office**, you must report them to your boss.	0752
☐	スイス法では、国民は自己防衛のために**武器を所有する**ことが許可されている。	The Swiss laws allow citizens to **possess weapons** for self-defense.	0753
☐	**工場を中国に移す**計画が進んでいた。	Plans were underway to **transfer the factory to China**.	0754
☐	彼女はクルーズ船で**航海を行う**ことを切望していた。	She yearned to **take a voyage** on a cruise ship.	0755
☐	乗客だけが**その門の出入り**ができる。	Only passengers have **access to the gate**.	0756
☐	ほほえみがゆっくりと**彼の顔から消えていった**。	The smile slowly **faded from his face**.	0757
☐	**絶滅種**は、進化の過程について私たちに多くのことを教えてくれるかもしれない。	**An extinct species** can teach us much about the process of evolution.	0758
☐	私たちには、テレビゲームで遊んで**時間を浪費する**余裕はない。	We cannot afford to **waste time** playing video games.	0759
☐	兵士たちは**脅威を排除する**ために素早く行動した。	The soldiers acted quickly to **eliminate the threat**.	0760

STEP 13

	私たちは、経済発展への**障害を取り除く**方法を討議した。	We discussed how to **remove obstacles** to economic growth.	0761
	数日後、その花は**次第にしぼんだ**。	Over several days the flower **gradually withered**.	0762
	彼は誤って重要な**メッセージを削除した**。	He **deleted an** important **message** by mistake.	0763
	その夫婦は5人の**子宝に恵まれた**。	The couple **was blessed with** five **children**.	0764
	他人が彼女のためにしてくれることに、彼女は決して**感謝の気持ちを表さ**ない。	She never **expresses gratitude** for what others do for her.	0765
	その批評家が**映画を称賛する**のはめずらしかった。	It was unusual for the critic to **praise a film**.	0766
	彼女の友人全員が作家としての**彼女の成功を称賛している**。	All her friends **applaud her success** as a writer.	0767
	彼らはその歌手を大いに**ほめた**。	They **paid** a great **compliment** to the singer.	0768
	その小説の最後の一節は、読者の**感情を喚起する**。	The last passage of the novel **evokes emotion** in the readers.	0769
	祖父は今朝**よい気分**だった。	My grandfather was in a **good temper** this morning.	0770
	私たちはいつか豊かになって成功するという**希望をまだ胸に抱いている**。	We still **cherish the hope** that we will one day be rich and successful.	0771
	私はいすに深く腰かけて、ベニスに暮らしているという**空想をしばらく楽しんだ**。	I sat back and **enjoyed the fantasy** of living in Venice for a while.	0772
	彼は危険に直面したときに**勇気を示した**ことで称賛された。	He was praised for **showing courage** in the face of danger.	0773
	このテレビ番組は、**私たちの冒険欲を満たす**。	This TV program **satisfies our desire** for adventure.	0774
	私は**気持ちを伝える**方法がわからなかった。	I did not know how to **convey my feelings**.	0775
	家族写真のアルバムは、**子ども時代を思い出す**助けとなった。	The album of family photographs helped me to **recall my childhood**.	0776
	彼はスピーチの**文章を記憶した**。	He **memorized the text** for his speech.	0777
	彼女は私が自分の**問題**をいくつかの解決策と**関連づける**のを助けてくれた。	She helped me to **relate** my **problems** to some solutions.	0778
	プロジェクトで連携するときには、**相互の信頼**を高めることが重要である。	When working together on a project, it is important to develop **mutual trust**.	0779
	犯罪を防止するには地域社会の**ネットワークを作る**のが有用だ。	It is useful to **create a** community **network** to prevent crimes.	0780

フォーカスワード 基本動詞 ⓭

put

[pút プト]

❶ 置く
❷ (ある状態に)する
❸ 言い表す

共通イメージ
置く

❶ 置く
put a cup on the table

❷ (ある状態に)する
put him in danger

❸ 言い表す

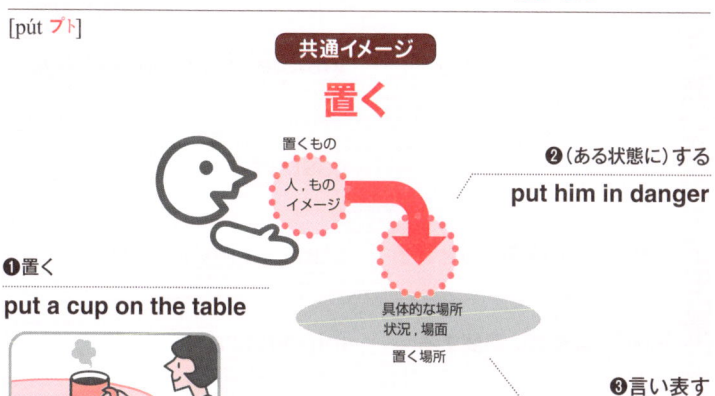

▶▶▶ put で言ってみよう!

身近なもの

□ 本をテーブルの上に置く	put a book on the table
□ 机の上にスマートフォンを置く	put my smartphone on the desk
□ 手を彼の肩の上に置く	put my hand on his shoulder
□ 指をボタンの上に置く	put my finger on the button
□ ビンの中に水を入れる	put water in the bottle
□ 銀行にお金を入れる	put money in the bank
□ コーヒーにミルクを入れる	put milk in the coffee
□ 財布をかばんに入れる	put the wallet in the bag
□ 皿に食べ物を入れる	put the food on the dish
□ コップをお盆の上に置く	put glasses on the tray
□ 壁に世界地図を貼る	put a world map on the wall
□ コートをハンガーにかける	put a coat on the hanger

視覚・視線	0781 彼の顔を**ちらりと見ること**	a **glimpse** of his face
	0782 人の**目に見える**	**visible** to the human eye
	0783 **ちらっと見る**	cast a **glance**
	0784 私の顔**をじっと見る**	**stare at** my face
	0785 **目撃者**に尋問する	interview a **witness**
芸術・スポーツ	0786 その**技術**を習得する	master the **craft**
	0787 **文学**を勉強する ▶**文学**雑誌 ▶**文字通り**の意味	study **literature** ▶a **literary** magazine ▶the **literal** meaning
	0788 **詩**を書く	write **poetry**
	0789 **運動競技**場	the **athletic** field
	0790 **彫刻**を彫る	carve a **sculpture**
	0791 **古典**ギリシャ語	**classical** Greek
	0792 **聖歌隊**に加わる	join a **choir**

glimpse
[glímps]

名 ちらりと見ること
★ have [get, catch] a glimpse of A　Aをちらっと見る
動 ちらっと見る、垣間見る

visible
[vízəbl]

形 ❶ 目に見える（⇔ invisible）
❷ 明白な、はっきりとした
⇒ vision 名 ❶ 視力　❷ 想像力、先見の明
　　　　　　 ❸ （未来の）理想像、夢

glance
[glǽns]

名 （…を）ちらっと見ること（at）
動 ちらっと見る

stare
[stéər]

動 （…を）じっと見る、じろじろ見つめる（at）

witness
[wítnəs]

名 目撃者、証人
動 目撃する

craft
[krǽft]

名 ❶ （特別な）技術　❷ 船、飛行機（※「乗り物」の場合は単複同形）　❸ 工芸、職業
⇒ cráftsman 名 職人
⇒ cráftsmanship 名 （職人などの）技能

literature
[lítərətʃər]

名 文学、文芸
⇒ líterary 形 文学の
⇒ líteral 形 文字通りの
⇒ líterate 形 読み書きのできる、教養[学問]のある

poetry
[póuətri]

名 （集合的に）詩
⇒ póem 名 （一編の）詩
⇒ póet 名 詩人

athletic
[æθlétik]

形 ❶ 運動競技の
❷ 鍛えられた、運動選手らしい
⇒ athlétics 名 （ふつう複数扱い）スポーツ
⇒ áthlete 名 運動選手（※アクセント注意）

sculpture
[skʌ́lptʃər]

名 彫刻、彫像
⇒ scúlptor 名 彫刻家

classical
[klǽsikəl]

形 古典的な、古典主義の
⇒ clássic 形 ❶ 典型的な、代表的な　❷ 一流の
　　　　　 名 古典、名作

choir
[kwáiər]

名 聖歌隊、合唱団

恥	0793	みじめな人生	**miserable** life
	0794	自分自身を恥じる	be **ashamed of** myself
	0795	友人にきまり悪い思いをさせる ▶恥ずかしい記憶	**embarrass** a friend ▶an embarrassing memory
文書・図表	0796	文書を見直す	review the **document**
	0797	グラフを描く	draw a **graph**
	0798	署名を提出する	submit **signatures**
防御・安全	0799	安定した成長	**steady** growth
	0800	安定したいす ▶経済を安定させる	a **stable** chair ▶stabilize the economy
	0801	安心感がある ▶安全上の理由	feel **secure** ▶a security reason
	0802	火事に対する安全予防手段	a **safeguard** against fire
	0803	権利を守る	**protect** the rights
	0804	私たちの領土を守る ▶国防	**defend** our territories ▶national defense

miserable
[mízərəbl]
- 形 みじめな、みすぼらしい
- ⇒ mísery 名 悲惨さ、みじめ
- ⇒ míser 名 けちな人

ashamed
[əʃéimd]
- 形 (…を)恥じて(of)
- ★ be ashamed to do 恥ずかしくて…できない
- ⇒ sháme 名 ❶ 恥 ❷ 残念な事

embarrass
[imbǽrəs]
- 動 きまり悪い[恥ずかしい]思いをさせる、当惑させる
- ★ be embarrassed 恥ずかしいと思う
- ⇒ embárrassed 形 恥ずかしい、気まずい
- ⇒ embárrassing 形 恥ずかしい
- ⇒ embárrassment 名 困惑、当惑

document
[dάkjəmənt]
- 名 文書 動 文書で記録する、証明する
- ⇒ documéntary 名 記録作品、ドキュメンタリー 形 事実を記録した

graph
[grǽf]
- 名 グラフ、図表
- ⇒ gráphic 形 ❶ 生き生きとした ❷ 図表で表した
- ⇒ gráphics 名 ❶ 画像処理 ❷ 画像

signature
[sígnətʃər]
- 名 署名、サイン
- ⇒ sígn 動 ❶ 署名する ❷ 身振りで示す 名 しるし、標識、記号

steady
[stédi] 発
- 形 ❶ 安定した、一定の
- ❷ 固定された、しっかりした

stable
[stéibl]
- 形 安定性のある、永続的な
- ⇒ stability 名 安定、安定性
- ⇒ stábilize 動 安定させる、固定する

secure
[sikjúər]
- 形 ❶ 安心な ❷ 確実な ❸ 安全な
- 動 ❶ 獲得する ❷ 安全にする
- ★ secure A B [B for A] A(人)にBを確保する
- → secúrity 名 ❶ 安全、警備 ❷ 安心

safeguard
[séifgὰːrd]
- 名 安全予防手段、安全装置
- 動 保護[防衛]する、守る

protect
[prətékt]
- 動 (…から)守る、保護する(from、against)
- ⇒ protéction 名 保護

defend
[difénd]
- 動 ❶ 守る、防ぐ ❷ 弁護する、擁護する
- ★ defend A against [from] B AをBから守る
- ⇒ defénse 名 ❶ 防御(⇔ offénse) ❷ 弁護

STEP 14

障がい・けが	0805 　耳が聞こえない子どもたち	**deaf** children
	0806 　けがをする　▶彼女の気持ちを傷つける	suffer an **injury**　▶injure her feeling
	0807 　痛む肩	**sore** shoulders
	0808 　障がいを乗り越える	overcome my **disability**
	0809 　傷を治す	cure the **wound**
時・頻度	0810 　年1回の会議	an **annual** conference
	0811 　永遠に続く　▶私にとって10年もつ　▶長く続く平和	**last** forever　▶last me 10 years　▶lasting peace
	0812 　頻繁な訪問	**frequent** visits
	0813 　即座の衝撃	an **immediate** impact
	0814 　すぐあとに	shortly **afterward**
	0815 　臨時の避難所	a **temporary** shelter
	0816 　簡潔な説明	a **brief** description

STEP 14

deaf [déf]
- 形 ❶ 耳が聞こえない
- ❷ (…に)耳を貸さない(to)
- ⇒ déafen 動 耳を聞こえなくする

injury [índʒəri]
- 名 ❶ (事故などによる)けが、負傷
- ❷ (感情などを)傷つけること
- ⇒ ínjure 動 傷つける、けがをさせる
- ⇒ ínjured 形 ❶ 負傷した
  - ❷ (the injuredで)負傷者(たち)

sore [sɔ́ːr]
- 形 (さわると)痛い、(けがなどで)ずきずきする
- 名 痛いところ、傷、心の傷

disability [dìsəbíləti]
- 名 (身体、精神の)障がい、無力
- ⇒ disábled 形 障がいのある、(the disabledで名詞的に)障がい者(※複数扱い)
- ⇒ disáble 動 障がいを負わせる、無力にする

wound [wúːnd]
- 名 (戦いなどの)傷、けが
- 動 (深い)傷を負わせる

annual [ǽnjuəl]
- 形 年1回の、毎年の

last [lǽst]
- 動 続く、もつ
- ★ last A B　B(期間)の間だけA(人)にとってもつ[足りる]
- ⇒ lásting 形 長く続く、永続する

frequent [fríːkwənt]
- 形 頻繁な、たびたびの
- 動 [frikwént] しばしば訪れる
- ⇒ fréquently 副 たびたび、頻繁に(= óften)
- ⇒ fréquency 名 頻度、周波数

immediate [ɪmíːdiət]
- 形 即座の
- ⇒ immédiately 副 即座に、ただちに

afterward [ǽftərwərd]
- 副 あとに[で]、のちに

temporary [témpərèri]
- 形 臨時の、一時的な
- ⇒ témporal 形 時の、現世の

brief [bríːf]
- 形 ❶ 簡潔な　❷ 短い、短時間の
- 名 簡潔な説明[文書]
- ★ in brief 要するに、手短に
- 動 (…について)指示を与える(on)

	進歩・発展		
0817	前へ進み出る	step **forth**	
0818	決勝へ**進む**	**advance** to the final	
0819	急速な**進歩**	rapid **progress**	
0820	3番ゲートへ**進む** ▶書き続ける	**proceed to** Gate 3 ▶proceed to write	
0821	**躍進**を成し遂げる	achieve a **breakthrough**	
0822	開発を**促進する** ▶部長に昇進する	**promote** development ▶be promoted to manager	

	入手・獲得		
0823	機会を**とらえる**	**seize** an opportunity	
0824	免許を**取得する**	**obtain** a license	
0825	自由に**利用できる**	freely **available**	
0826	名声を**獲得する** ▶技術を修得する	**acquire** fame ▶acquire a skill	
0827	評判を**得る**	**gain** a reputation	
0828	馬を**捕らえる**	**capture** a horse	

ポイント
seize A by the B の構文では、the の代わりに所有格は使わないのがふつう。
○ He seized me by the arm.　（彼は私の腕をつかんだ）
× He seized me by my arm.

828 !!

☐☐☐	**forth** [fɔ́ːrθ]	副 (文語)前へ、外へ ★ and so forth　など、その他(＝etc.) ★ back and forth　前後に、あちこちに
☐☐☐	**advance** [ədvǽns]	動 ❶ 進む、進める　❷ 発展する 名 発展、前進 ⇒ advánced 形 発展した、上級の
☐☐☐	**progress** [prágres] ア発	名 進歩、前進(※ 不可算名詞) 動 [prəgrés] 前進する、進歩する
☐☐☐	**proceed** [prəsíːd]	動 ❶ (…へ)進む、前進する(to) ❷ (…することを)続ける(to do) ⇒ prócess 名 過程、プロセス ⇒ procédure 名 手続き、手順
☐☐☐	**breakthrough** [bréikθrùː]	名 (画期的)躍進、大発見、解決(法)
☐☐☐	**promote** [prəmóut]	動 ❶ 促進する、助長する　❷ 昇進させる ⇒ promótion 名 ❶ 昇進　❷ 促進
☐☐☐	**seize** [síːz] 発	動 (機会を)とらえる、(急に強く)つかむ ★ seize A by the B　A(人)のB(体の部位)をつかむ ⇒ séizure 名 つかむこと
☐☐☐	**obtain** [əbtéin]	動 (努力した結果として)取得する、得る
☐☐☐	**available** [əvéiləbl]	形 (…にとって)利用できる、入手できる(to) ⇒ availability 名 利用できること、有効性、入手可能
☐☐☐	**acquire** [əkwáiər]	動 ❶ 獲得する、手に入れる ❷ (知識などを)習得する、身につける → acquisítion 名 習得、獲得
☐☐☐	**gain** [géin]	動 ❶ 得る　❷ (体重などが)増える 名 ❶ 増加　❷ もうけ高、利益
☐☐☐	**capture** [kǽptʃər]	動 ❶ 捕らえる、(関心などを)引きつける ❷ (場面・雰囲気などを)うまく表現する 名 捕獲、獲物

STEP 14

ポイント　gain は「時間が進む」という意味もある。
　　My watch gains three minutes a week.
　　(私の腕時計は1週間に3分進む)

0829	計画を**あきらめる**	**abandon** a plan
0830	濡れた床で**滑る**	**slip** on the wet floor
0831	**失敗**を避ける	avoid **collapse**
0832	**まったくの幸運**	**sheer** luck
0833	手順を**単純化する**	**simplify** the procedure
0834	**明らかな**事実 ▶**質素な**生活	a **plain** fact ▶<u>plain</u> living
0835	**純**金	**pure** gold
0836	子どもを**からかう**	**tease** a child
0837	私たちの会話を**邪魔する**	**interrupt** our conversation
0838	侵略に**抵抗する**	**resist** invasion
0839	**いたずら**をする	make **mischief**
0840	多くの**障害**に遭遇する	encounter many **obstacles**

カテゴリ: 失敗・中断 / 単純・純粋 / 迷惑・妨害

☐☐☐	**abandon** [əbǽndən]	動 ❶ (計画などを)あきらめる、やめる(=give up) ❷ 見捨てる、捨てる ⇒ abándonment 名 断念、放棄
☐☐☐	**slip** [slíp]	動 ❶ 滑る、滑り落ちる ❷ (記憶から)消える、(うっかり)間違う ★ slip A's mind (物事が)忘れられる、Aの記憶から抜け落ちる 名 ❶ 間違い、誤り ❷ すべること
☐☐☐	**collapse** [kəlǽps]	名 ❶ (事業などの)失敗 ❷ (建物などの)崩壊 ❸ 衰弱 動 ❶ (建物などが)崩壊する ❷ (人が)倒れる
☐☐☐	**sheer** [ʃíər]	形 ❶ まったくの、純粋な ❷ (崖など)切り立った
☐☐☐	**simplify** [símpləfài]	動 単純化する、平易にする ⇒ símple 形 ❶ 簡単な、わかりやすい 　　　　　❷ 質素な ⇒ símply 副 ❶ わかりやすく、単純に 　　　　　❷ ただ単に ⇒ simplícity 名 ❶ 単純、平易 ❷ 質素、素朴
☐☐☐	**plain** [pléin]	形 ❶ 明らかな、平易な、はっきりした ❷ 質素な、あっさりした 名 平原
☐☐☐	**pure** [pjúər]	形 ❶ 純粋な ❷ きれいな、汚れていない ⇒ púrity 名 純粋、純潔
☐☐☐	**tease** [tíːz]	動 からかう、いじめる
☐☐☐	**interrupt** [ìntərʌ́pt] ⑦	動 邪魔をする、妨げる ⇒ interrúption 名 邪魔、妨害
☐☐☐	**resist** [rizíst]	動 ❶ 抵抗する、反抗する ❷ がまんする ⇒ resístance 名 抵抗、妨害
☐☐☐	**mischief** [místʃif] ⑦	名 ❶ いたずら(心) ❷ いたずら者、わんぱく者 ⇒ míschievous 形 いたずらな、わんぱくな、有害な
☐☐☐	**obstacle** [ábstəkl]	名 障害(物)

STEP 14

例文でCHECK!!

☐	彼の顔をちらりと見るだけで彼が怒っていることがわかった。	**A glimpse of his face** was enough to see that he was angry.	0781
☐	ウィルスは小さすぎて**人の目には見え**ない。	Viruses are too small to be **visible to the human eye**.	0782
☐	友人が賛成しているかどうかを知るために、**ちらっと見た。**	I **cast a glance** at my friend to see if she agreed.	0783
☐	彼は近づいてきて、私が不愉快になるまで**私の顔をじっと見た。**	He came close and **stared at my face** until I felt uncomfortable.	0784
☐	警察はその事故の**目撃者に尋問する**つもりだ。	The police intend to **interview a witness** of the accident.	0785
☐	写真の**技術を習得する**には何年もかかるだろう。	It will take many years to **master the craft** of photography.	0786
☐	私はパリに滞在したとき、フランス**文学を勉強した。**	I **studied** French **literature** while I stayed in Paris.	0787
☐	彼女は趣味として**詩を書く**のが好きで、何冊かは出版もしている。	She likes to **write poetry** as a hobby and has even had some published.	0788
☐	彼は1日に2時間以上**運動競技場**で過ごす。	He spends more than two hours a day on **the athletic field**.	0789
☐	彼は友人のために鷲の**彫刻を彫った。**	He **carved a sculpture** of an eagle for his friend.	0790
☐	**古典ギリシャ語**は世界で最も難しい言語のひとつだ。	**Classical Greek** is one of the most difficult languages in the world.	0791
☐	彼女はいつも良い声をしていたので、**聖歌隊に加わる**ことに決めた。	She had always had a good voice, so decided to **join a choir**.	0792
☐	彼の**みじめな人生**はさらに悪化していた。	His **miserable life** was going from bad to worse.	0793
☐	彼女は怒り、私は**自分自身を恥じる**べきだと言った。	She got upset and told me I should **be ashamed of myself**.	0794
☐	私は、**友人にきまり悪い思いをさせる**つもりはなかったと説明した。	I explained that I didn't mean to **embarrass a friend**.	0795
☐	私は、決定する前に徹底的に**文書を見直した。**	I **reviewed the document** thoroughly before making a decision.	0796
☐	新しいソフトウェアのおかげで、素早く簡単に**グラフを描ける**ようになった。	The new software allowed me to **draw a graph** quickly and easily.	0797
☐	彼らは政府に約6万人の**署名を提出した。**	They **submitted** around 60,000 **signatures** to the government.	0798
☐	その報告書は、昨年に比べて**安定した成長**があったことを示している。	The report shows there was **steady growth** over the previous year.	0799
☐	私は書斎にもっと**安定したいす**が必要だ。	I need **a** more **stable chair** for my study.	0800

☐	私は他の人がありのままの自分を受け入れてくれると**安心感がある**。	I **feel secure** when other people accept what I am.	0801
☐	世帯主には、**火事に対する安全予防手段**を構築する責任がある。	Homeowners have a responsibility to build **a safeguard against fire**.	0802
☐	この組織は、消費者の**権利を守る**のを狙いとしている。	This organization aims to **protect the rights** of consumers.	0803
☐	私たちは外国から**私たちの領土を守**らねばならない。	We must **defend our territories** against foreign countries.	0804
☐	彼はアフリカで**耳が聞こえない子どもたち**のための学校を設立した。	He established a school for **deaf children** in Africa.	0805
☐	彼は試合の最初の数分で**けがをした**。	He **suffered an injury** in the first few minutes of the match.	0806
☐	彼は長時間働いたあと**痛む肩**に苦しむ。	He suffers from **sore shoulders** after working long hours.	0807
☐	彼は**自分の障がいを乗り越える**ために必死で努力し、世界チャンピオンになった。	He worked hard to **overcome his disability** and became a world champion.	0808
☐	医者は素早く**傷を治す**ために彼女に薬を与えた。	The doctor gave her some medicine to **cure the wound** more quickly.	0809
☐	その組織はロサンゼルスで**年1回の会議**を開いた。	The organization held **an annual conference** in Los Angeles.	0810
☐	彼女はあまりに幸せだったので、この瞬間が**永遠に続く**ように望んだ。	She was so happy that she wished this moment would **last forever**.	0811
☐	その家族はレストランを**頻繁に訪問**した。	The family paid **frequent visits** to the restaurant.	0812
☐	彼の怒りの言葉は、周囲の人々に**即座に衝撃**を与えた。	His angry words had **an immediate impact** on those around him.	0813
☐	その老婦人は病院に連れて行かれたが、**すぐあとに**死亡した。	The old woman was taken to the hospital, but died **shortly afterward**.	0814
☐	約1,000人の地震の被災者が**臨時の避難所**に逃れた。	About 1,000 earthquake victims fled to **a temporary shelter**.	0815
☐	私は、自分が見た男について**簡潔な説明**をするよう求められた。	I was asked to give **a brief description** of the man I had seen.	0816
☐	彼女はゆっくりと**前へ進み出て**、戸外へと出た。	She slowly **stepped forth** into the open air.	0817
☐	チームは**決勝へ進む**のに十分上手な演技をした。	The team performed well enough to **advance to the final**.	0818
☐	一生懸命努力したおかげで、彼は短期間に**急速な進歩**を遂げた。	Thanks to hard work, he made **rapid progress** in a short period.	0819
☐	アナウンスは、乗客に対し**3番ゲートへ進む**よう指示した。	The announcement instructed passengers to **proceed to Gate 3**.	0820

STEP 14

☐	彼は医学研究で**躍進を成し遂げた**。	He **achieved a breakthrough** in medical research.	0821
☐	地方政府は街の**開発を促進した**。	The local government **promoted development** of the town.	0822
☐	熱心なビジネスパーソンとして、彼はいつ**機会をとらえる**べきか知っていた。	As a keen businessperson, he knew when to **seize an opportunity**.	0823
☐	不動産事業を経営するには**免許を取得する**必要がある。	You need to **obtain a license** to run a real estate business.	0824
☐	市の図書館はだれでも**自由に利用できる**。	The city library is **freely available** to anyone.	0825
☐	彼は風景画の分野で**名声を獲得した**。	He has **acquired fame** in the field of landscape painting.	0826
☐	彼はバイオリニストとして世界中で**評判を得た**。	He has **gained a** worldwide **reputation** as a violinist.	0827
☐	カウボーイにとっては、**馬を捕らえる**のは簡単な仕事だった。	For a cowboy, it was an easy task to **capture a horse**.	0828
☐	時々、**計画をあきらめる**ほうが、前へ進めるよりもよい場合がある。	Sometimes it is better to **abandon a plan** than to push ahead.	0829
☐	看板は顧客に対し、**濡れた床で滑ら**ないように警告していた。	The sign warned customers not to **slip on the wet floor**.	0830
☐	エンジニアたちは**失敗を避ける**ため、非常に注意を払った。	The engineers took great care to **avoid collapse**.	0831
☐	彼がなんとかここまでやり遂げたのは**まったくの幸運**でしかない。	It is only by **sheer luck** that he has managed to make it this far.	0832
☐	私たちは、**手順を単純化する**ためにＥメールでの応募を受け付ける。	We accept applications via e-mail to **simplify the procedure**.	0833
☐	彼女が間違っているのは**明らかな事実**だった。	It was **a plain fact** that she was wrong.	0834
☐	彼女は、そのペンダントが**純金で**できていることに気づいた。	She noticed that the pendant was made of **pure gold**.	0835
☐	彼はお菓子をもっているふりをして**子どもをからかった**。	He **teased a child** by pretending that he had candy.	0836
☐	彼女は無礼にも**私たちの会話を邪魔した**。	It was rude of her to **interrupt our conversation**.	0837
☐	国の軍隊は外国の列強による**侵略に抵抗した**。	The national army **resisted invasion** by foreign powers.	0838
☐	君は彼が**いたずらをした**まま放っておくべきではない。	You shouldn't let him get away with **making mischief**.	0839
☐	彼らは最終的に目標を達成する前に**多くの障害に遭遇した**。	They **encountered many obstacles** before they finally met their goal.	0840

フォーカスワード 基本動詞 14

say

❶言う、話す
❷…と書いてある

[séi セイ]

共通イメージ

人の言ったことを伝える

❶言う、話す
say hello

❷…と書いてある

▶▶▶ say で言ってみよう!

挨拶

☐ 先生にさようならと言う	say goodbye to the teacher
☐ 父におはようと言う	say good morning to my father
☐ 息子におやすみと言う	say good night to my son
☐ 彼らによろしくと伝える	say hello to them

言葉

☐ 彼女に誕生日おめでとうと言う	say happy birthday to her
☐ ありがとうと言う	say thank you
☐ 彼女にあやまる	say sorry to her
☐ ばかなことを言う	say a foolish thing
☐ 一言も言わない	don't say a word
☐ 二言三言話す	say a few words

数量

☐ 彼らについて何も言わない	say nothing about them
☐ 少し話をする	say something

参考 tell　　talk　　speak　　言語

0841	多様な生態系 / ▶民族多様性	**diverse** ecosystems / ▶ethnic **diversity**
0842	私のと異なる	**differ from** mine
0843	彼の父に似ている	**resemble** his father
0844	さまざまな種類	**various** types
0845	とてもよく似ている	be very much **alike**
0846	伝統を保存する	**preserve** the tradition
0847	試練に耐える	**endure** the trial
0848	絶え間ない改良	**continuous** improvement
0849	バランスを保つ	**maintain** a balance
0850	自然の保護	**conservation** of nature
0851	永久の平和	**permanent** peace
0852	冷静な態度を保つ	**retain** a cool attitude

類似・相違 / 維持・持続

LEVEL 1 / LEVEL 2 / LEVEL 3

ポイント bio-diversity「生物多様性」は環境問題に関する文章で頻出する。生態系を支えるさまざまな生物を守ることで持続可能な生物環境の維持をめざす考え方のこと。

☐☐☐	**diverse** [dəvə́ːrs]	形 多様な、(…と)異なった(from) ⇒ divérsity 名 多様性、相違 ⇒ divérsion 名 方向転換、そらすこと
☐☐☐	**differ** [dífər] ア	動 (…と)異なる(from)、(…と)意見が異なる(with) ⇒ different 形 違った、異なる ⇒ dífference 名 相違、違い
☐☐☐	**resemble** [rizémbl] 発	動 似ている ⇒ resémblance 名 (…との)類似、似ていること(to)
☐☐☐	**various** [véəriəs] 発	形 さまざまな、多様な ⇒ váry [véəri] 動 変わる ⇒ variety 名 多様性
☐☐☐	**alike** [əláik]	形 (よく)似て 副 同じように
☐☐☐	**preserve** [prizə́ːrv]	動 保存する、維持する ⇒ preservátion 名 保持、保存
☐☐☐	**endure** [indjúər]	動 ❶耐える、がまんする ❷存続する、持ちこたえる ⇒ endúrance 名 忍耐、耐久 ⇒ endúring 形 長続きする、永続的な
☐☐☐	**continuous** [kəntínjuəs]	形 絶え間ない、連続的な ⇒ contínual 形 繰り返し起こる、たびたびの ⇒ contínue 動 続ける
☐☐☐	**maintain** [meintéin] ア	動 ❶持続する、維持する ❷主張する ⇒ máintenance 名 維持、保全
☐☐☐	**conservation** [kànsərvéiʃən]	名 ❶(自然の)保護、管理 ❷(文化財などの)保存 ⇒ consérvative 形 保守的な、保守党の 名 保守的な人、保守党員
☐☐☐	**permanent** [pə́ːrmənənt]	形 永久の、不変の(⇔ témporary)
☐☐☐	**retain** [ritéin]	動 保つ、持ち続ける、保持する

> ポイント
> resemble は look like と同義だが、他動詞なので後ろに前置詞を伴わない。また、進行形にもしない。

0853	前方に**とぶ**	**leap** forward
0854	ボールを**はずませる**	**bounce** the ball
0855	融資を**与える** ▶彼の要求を**認める**	**grant** a loan ▶ grant his request
0856	再調査を**行う**	**conduct** a review
0857	礼儀正しく**振る舞う**	**behave** politely
0858	**活発な**協力 ▶**行動**を起こす	**active** cooperation ▶ take action
0859	変化を**経験する** ▶手術を**受ける**	**undergo** a change ▶ undergo an operation
0860	**地中海**を横断して	across the **Mediterranean**
0861	**首脳会談**を開く ▶山の**頂上**	hold a **summit** ▶ the mountain summit
0862	アメリカへの**移住**	**immigration** to the U.S.
0863	**グローバル**経済	the **global** economy
0864	**国境**沿いに	along the **border**

ポイント：undergo は、不愉快なこと、辛いことを体験するときに用いることが多い。類義語に go through がある。

STEP 15

leap
[líːp]
- 動 ❶ とぶ、跳ねる ❷ (ある状態に)急になる(in、into)、(物価などが)急上昇する
- 名 ❶ 跳躍 ❷ 飛躍的な増加、急騰

bounce
[báuns]
- 動 ❶ はずませる、はずむ
  ❷ (人が)飛びはねる、はずむように歩く

grant
[grǽnt]
- 動 ❶ 与える、授ける ❷ 認める
- ★ grant A B [B to A] A(人)にBを与える
- ★ take A for granted Aを当然のことと思う
- 名 助成金、奨学金

conduct
[kəndʌ́kt]
- 動 ❶ 行う、管理する ❷ 導く、案内する
- 名 [kɑ́ndəkt] 行い、行為

behave
[bihéiv]
- 動 振る舞う
- ★ behave oneself 行儀よくする
- ⇒ behávior 名 行動

active
[ǽktiv]
- 形 活発な
- ⇒ áction 名 ❶ (一連の)行動 ❷ 振る舞い
- ⇒ actívity 名 (楽しみやある目的のための)活動 (※ふつう複数形)

undergo
[ʌ̀ndərgóu]
活用: underwent-undergone
- 動 ❶ (変化、試練などを)経験する
  ❷ (検査、治療などを)受ける

Mediterranean
[mèdətəréiniən]
- 名 (the Mediterranean で)地中海
- 形 地中海の

summit
[sʌ́mət]
- 名 ❶ 首脳会談、首脳
  ❷ (山の)頂上(= tóp)

immigration
[ìməgréiʃən]
- 名 (他国からの)移住、入国
- ⇒ ímmigrate 動 移住する
- ⇒ ímmigrant 名 (他国からの)移住者、移民

global
[glóubəl]
- 形 グローバルな、地球(規模)の、世界的な
- ⇒ globalizátion 名 国際化、グローバル化
- ⇒ glóbe 名 地球、球

border
[bɔ́ːrdər]
- 名 ❶ 国境、境 ❷ ふち

ポイント immigrant「他国からの移民」の対義語は、emigrant (他国への移民)。

地勢・地理	0865	広い**大通り**	a wide **avenue**
	0866	活**火山**	an active **volcano**
	0867	**地平線**の上に	over the **horizon**
	0868	広大な**大洋**	a vast **ocean**
	0869	**熱帯**雨林	**tropical** rainforests
	0870	**地理学**の授業	a **geography** class
	0871	**がけ**から落ちる	fall over a **cliff**
荷物・運搬	0872	手**荷物**	my hand **baggage**
	0873	大きい**荷物**	large **luggage**
	0874	小荷物を**配達する** ▶**配達**の遅れ	**deliver** a package ▶late delivery
手段・媒介	0875	コミュニケーションの**媒体** ▶**中ぐらいの大きさ**	the **medium** of communication ▶medium size
	0876	岸に**近づく**	**approach** the shore

ポイント ocean は、地球を覆う海水全体を意味し、さらに、海水を大きく分類した「大洋」をも意味する。ocean の名がつく海は、太平洋、大西洋、インド洋、北極海、南極海の5つ。

☐☐☐	**avenue** [ǽvənjùː]	名 大通り、並木道
☐☐☐	**volcano** [vɑlkéinou]	名 火山 ⇒ volcánic 形 火山性の、火山の
☐☐☐	**horizon** [həráizən] 発	名 地平線、水平線 ⇒ horizóntal [hɔ̀ːrəzántl] 形 水平線の、水平な （※発音注意）
☐☐☐	**ocean** [óuʃən]	名 大洋、大海 ⇒ oceánic 形 大洋の、海洋性の
☐☐☐	**tropical** [trɑ́pikəl]	形 熱帯の、猛暑の
☐☐☐	**geography** [dʒiágrəfi] ア	名 ❶ 地理学　❷ 地理、地形 ⇒ geográphical 形 地理的な、地理学上の
☐☐☐	**cliff** [klíf]	名 がけ、絶壁
☐☐☐	**baggage** [bǽgidʒ]	名 (集合的に)(手)荷物類 (≒ lúggage)
☐☐☐	**luggage** [lʌ́gidʒ]	名 (集合的に)(手)荷物 （※旅行時のかばん、スーツケースなど）
☐☐☐	**deliver** [dilívər] ア	動 ❶ 配達する　❷ (演説などを)する ⇒ delívery 名 配達
☐☐☐	**medium** [míːdiəm] 複数形：media	名 ❶ 媒体、方法　❷ 中間 形 中ぐらいの、ふつうの
☐☐☐	**approach** [əpróutʃ] 発	動 近づく (※他動詞。approach to the shore とは言わない) 名 (問題への)接近法

> ポイント
> baggage は主にアメリカ、luggage は主にイギリスで用いる。いずれも旅行者の荷物のかたまりを表すが、× a baggage、× two luggages とは数えず、a piece of baggage、two pieces of baggage などという。

攻撃・強調	0877	**テロ行為**の脅威	the threat of **terrorism**
	0878	**軍隊**に入隊する	join the **army**
	0879	ドラムを**たたく** ▶そのチームを**打ち破る**	**beat** the drum ▶<u>beat</u> the team
	0880	するどい**剣**	a sharp **sword**
	0881	敵を**負かす** ▶私たちの**敗北**を認める	**defeat** the enemies ▶admit our <u>defeat</u>
	0882	**攻撃的な**態度	**aggressive** behavior
	0883	重要性を**強調する** ▶**ストレスの多い**生き方	**stress** the importance ▶<u>stressful</u> lifestyle
精神	0884	**心**の中で ▶よい**気分**で	in **spirit** ▶in good <u>spirits</u>
	0885	**緊張**を高める	increase **tension**
	0886	**負担**を減らす	reduce the **burden**
	0887	**精神の**健康	**mental** health
	0888	過度の**緊張**	excessive **strain**

> ポイント: beat around the bush は「遠回しに言う」の意味のイディオム。
> Don't beat around the bush and tell me what you want.
> (遠回しに言わず、ほしいものを言いなさい)

☐☐☐	**terrorism** [térərizm]	名 テロ(行為)、恐怖政治 ⇒ térrorist 名 テロリスト
☐☐☐	**army** [ɑ́ːrmi]	名 ❶ 軍隊 ❷ 陸軍(⇔ návy 海軍、áir fòrce 空軍)
☐☐☐	**beat** [bíːt] 活用：beat-beaten [beat]	動 ❶ たたく、打つ ❷ (人などを)打ち破る、負かす 名 たたく[打つ]こと、打つ音
☐☐☐	**sword** [sɔ́ːrd] 発	名 剣、刀
☐☐☐	**defeat** [difíːt]	動 (戦いなどで相手を)負かす、破る 名 負けること、敗北
☐☐☐	**aggressive** [əgrésiv]	形 攻撃的な、積極的な ⇒ aggréssion 名 攻撃、侵略
☐☐☐	**stress** [strés]	動 強調する 名 ❶ (精神的)ストレス ❷ 強調 ⇒ stréssful 形 ストレスの多い
☐☐☐	**spirit** [spírət]	名 ❶ 心、精神 ❷ 魂 ❸ (spirits で)気分、気力 ⇒ spíritual 形 精神的な、霊的な、宗教上の
☐☐☐	**tension** [ténʃən]	名 緊張 ⇒ ténse 形 緊張した
☐☐☐	**burden** [bɔ́ːrdn]	名 ❶ 負担、(心の)重荷 ❷ (重い)荷物 動 重荷を負わせる
☐☐☐	**mental** [méntl]	形 精神の、心の(⇔ phýsical)
☐☐☐	**strain** [stréin]	名 (精神的)緊張、負担 動 ❶ (綱などを)ぴんと張る ❷ (筋肉などを)酷使する、痛める

> ポイント
> defeat は動詞としては「相手を負かす」、つまり勝利するという意味になるが、名詞として用いると「敗北」を意味することに注意したい。

| Round 1 月 日 | Round 2 月 日 | Round 3 月 日 |

ビジネス・商品

0889 書籍**見本市** — a book **fair**
▶**公正な**判断 — ▶<u>fair</u> judgment

0890 運動の**利点** — the **benefit** of exercise
▶敵の**利益になる** — ▶<u>benefit</u> the enemy

0891 費用を**見積もる** — <u>**estimate**</u> the cost

0892 **小売**店 — a <u>**retail**</u> store

0893 製品を**広告する** — <u>**advertise**</u> a product

0894 絶好の**機会** — a perfect <u>**occasion**</u>

0895 **会社**を設立する — start a <u>**firm**</u>
▶**固い**友情 — ▶<u>firm</u> friendship

0896 国家**財政** — public **finance**
▶**金融**危機 — ▶<u>financial</u> crisis

0897 **丸太**を転がす — roll a <u>**log**</u>

中庸

0898 **中間**試験 — an <u>**intermediate**</u> exam

0899 **適度の**運動 — <u>**moderate**</u> exercise

0900 **中立の**立場 — the <u>**neutral**</u> stance

次の( )内に入れるのに最も適当なものを、下の(1)から(4)から選びなさい。
A ( ) is the money that you pay for a journey made, for example, by bus, train, or taxi.
(1) charge (2) cost (3) fare (4) fee   (センター試験)

☐☐☐	**fair** [féər]	名 ❶ 見本市、博覧会　❷ 品評会 形 ❶ 公正な、公平な　❷（数量が）かなりの、相当の　❸ 適正な、まあまあの
☐☐☐	**benefit** [bénəfit] ⓐ	名 利益、恩恵 動 利益になる ★ benefit from A　A から利益を得る ⇒ beneficial 形 有益な
☐☐☐	**estimate** [éstəmèit] 発	動 見積もる、推定する 名 [éstəmət] 見積もり、概算 ⇒ estimátion 名 判断、見積もり
☐☐☐	**retail** [rí:tèil]	名 小売り　動 小売りする、小売りされる
☐☐☐	**advertise** [ǽdvərtàiz]	動 広告する ⇒ advértisement 名 広告（= ád）
☐☐☐	**occasion** [əkéiʒən]	名 ❶ 機会、場合　❷ 出来事、行事 ⇒ occásional 形 時折の、ときどきの
☐☐☐	**firm** [fə́:rm]	名 会社、商会　形 固い、確実な
☐☐☐	**finance** [fáinæns] ⓐ発	名 ❶ 財政　❷（複数形で）収入、歳入 動 [fənǽns] 資金を調達する、融資する ⇒ finánciɑl 形 財政上の、金融の
☐☐☐	**log** [lɔ́:g]	名 ❶ 丸太、たきぎ ❷（公式な）操作記録、航海[航空]日誌 動 ❶ 記録する　❷ 伐採する
☐☐☐	**intermediate** [ìntərmí:diət]	形 中間の、中級の　名 中間物、仲介者
☐☐☐	**moderate** [mɑ́dərət] 発	形 適度の、おだやかな 名 穏健な人 ⇒ moderátion 名 穏健、中庸
☐☐☐	**neutral** [njú:trəl]	形 ❶ 中立の、公平な ❷ 中間的な、あいまいな ⇒ néutralize 動 中立化する、中和する

正解　3（いずれも既出の単語。「運賃」は fare。charge は「料金、手数料」だが、運賃の意味はない）
（運賃は、たとえばバスや電車、タクシーによる移動に対して支払うお金である）

例文でCHECK!!

環境汚染は、**多様な生態系**を脅かし続ける。	Environmental pollution continues to threaten **diverse ecosystems**.	0841
彼の音楽の趣味は**私のと**大きく**異なる**。	His taste in music greatly **differs from mine**.	0842
私は、彼がどれほど**彼の父に似ている**かに驚いた。	I was surprised by how much he **resembled his father**.	0843
彼は**さまざまな種類**のコンピュータゲームの愛好家だった。	He was a fan of **various types** of computer game.	0844
その兄と妹は、見た目が**とてもよく似ていた**。	The brother and sister **were very much alike** in appearance.	0845
彼らは地域の**伝統を保存する**のが重要であると思っていた。	They thought it important to **preserve the traditions** of the region.	0846
彼は自分の前にある**試練に耐える**覚悟ができていた。	He was ready to **endure the trial** ahead of him.	0847
絶え間ない改良は日本の製造業者の重要な要素である。	**Continuous improvement** is a key factor in Japanese manufacturers.	0848
私たちは、収入と支出の**バランスを保た**なければならない。	We must **maintain a balance** between income and spending.	0849
自然の保護とは、自然が私たちに与えてくれた資源を賢明に用いるという意味である。	**Conservation of nature** means to use wisely the resources nature has given us.	0850
私たちは、新しい条約が中東の**永久の平和**につながることを望んでいる。	We hope the new treaty will lead to **permanent peace** in the Middle East.	0851
彼が君に何と言おうと、**冷静な態度を保つ**ようにしなさい。	Try to **retain a cool attitude** no matter what he says to you.	0852
彼は**前方にとんで**、うつぶせに倒れた。	He **leaped forward** and fell flat on his face.	0853
彼は何度か**ボールをはずませ**、それからシュートを放った。	He **bounced the ball** several times and then shot it.	0854
銀行は彼が大学に行く助けになるよう**融資を与えた**。	The bank **granted a loan** to help him go to college.	0855
警察は、事故の**再調査を行う**と言った。	The police said they would **conduct a review** of the accident.	0856
初めてだれかに会うときは、**礼儀正しく振る舞い**なさい。	**Behave politely** when you first meet someone.	0857
私たちはアフリカと**活発な協力**をしていく新しい時代に入りつつある。	We are entering a new period of **active cooperation** with Africa.	0858
彼は仕事を失ってから、多くの**変化を経験した**。	He has **undergone** a lot of **changes** since he lost his job.	0859
彼らは**地中海を横断する**船旅を楽しんだ。	They enjoyed boat travel **across the Mediterranean**.	0860

☐	先進国の首脳らは、環境問題を討議する**首脳会談を開く**ことに合意した。	The leaders of developed countries agreed to **hold a summit** to discuss the environment.	0861
☐	**アメリカへの移住**は1965年以来増え続けている。	**Immigration to the U.S.** has been increasing since 1965.	0862
☐	**グローバル経済**は金融危機からゆっくりと回復しつつある。	**The global economy** is slowly recovering from the financial crisis.	0863
☐	東西ベルリンの間には、**国境沿いに**高い壁があった。	There were high walls **along the border** between East and West Berlin.	0864
☐	その家は高い木が並んでいる**広い大通り**にあった。	The house was located on **a wide avenue** lined with tall trees.	0865
☐	私の故郷は**活火山**の近くに位置していた。	My hometown was situated near **an active volcano**.	0866
☐	私は早起きして**地平線の上**に太陽が昇るのを見ていた。	I got up early to watch the sun rise **over the horizon**.	0867
☐	**広大な大洋**がこれらの大陸を取り囲んでいる。	**A vast ocean** surrounds these continents.	0868
☐	**熱帯雨林**は急激に地表から姿を消しつつある。	**Tropical rainforests** are rapidly disappearing from the face of the earth.	0869
☐	彼は地元の大学で**地理学の授業**を取ることに決めた。	He decided to take **a geography class** at his local college.	0870
☐	彼は**がけから落ちて**脚を折った。	He **fell over a cliff** and broke his leg.	0871
☐	空港のセキュリティチームは私の**手荷物**を検査した。	The airport security team searched **my hand baggage**.	0872
☐	**大きい荷物**に対して超過料金を払わねばなりませんか。	Do I have to pay extra for **large luggage**?	0873
☐	郵便局は12時より前に**小荷物を配達する**ことになっている。	The post office is supposed to **deliver a package** before 12 o'clock.	0874
☐	スマートフォンはもっとも好まれる**コミュニケーションの媒体**である。	A smartphone is **the** most preferred **medium of communication**.	0875
☐	その船はゆっくりと、しかし着実に**岸に近づいた**。	The boat **approached the shore** slowly but steadily.	0876
☐	この地域の人々は、**テロ行為の脅威**のもとに生活しなければならない。	People in these areas have to live under **the threat of terrorism**.	0877
☐	17歳で、彼は**軍隊に入隊する**ことを決めた。	At the age of 17 he decided to **join the army**.	0878
☐	その少年は毎晩**ドラムをたたき**、ひどい騒音を立てた。	The boy **beat the drum** every night and made a great noise.	0879
☐	その戦士は**するどい剣**を抜いて敵を攻撃した。	The warrior drew **a sharp sword** and attacked the enemy.	0880

STEP 15

☐	今こそ私たちの国の**敵を負かす**ときだ。	This is the time to **defeat the enemies** of our nation.	0881
☐	彼女は彼がそんなに**攻撃的な態度**を取るのを見たことがなかった。	She has never seen such **aggressive behavior** from him.	0882
☐	市長はあらゆる水準での協力の**重要性を強調した**。	The mayor **stressed the importance** of cooperation at all levels.	0883
☐	その双子は見た目はよく似ているが**心の中は**正反対である。	The twins look alike but are opposite **in spirit**.	0884
☐	大統領の演説は両国の**緊張を高めた**だけだった。	The president's speech only **increased tension** between the two nations.	0885
☐	国際援助は、地域のNPOの**負担を減らした**。	International aid **reduced the burden** on local NPOs.	0886
☐	休憩をきちんと取り、ストレスを緩和するのは**精神の健康**にとって不可欠である。	Good rest and stress reduction are essential to **mental health**.	0887
☐	彼女は**過度の**精神的**緊張**のため気を失った。	She fainted due to **excessive** mental **strain**.	0888
☐	彼は**書籍見本市**に行って3冊の本を買った。	He went to **a book fair** and bought three books.	0889
☐	さまざまな研究で、老年期における**運動の利点**が示されている。	Various studies have shown **the benefit of exercise** in old age.	0890
☐	私たちは来週の金曜日までに建設の**費用を見積もる**つもりです。	We will **estimate the cost** of construction by next Friday.	0891
☐	多くの人が**小売店**でよりもオンラインで買い物をすることを選んでいる。	Many people choose to shop online rather than at **a retail store**.	0892
☐	ハリウッドスターが**製品を広告する**のは新しいことではない。	It is nothing new for Hollywood stars to **advertise a product**.	0893
☐	彼女は、そのパーティーは新しいドレスを着る**絶好の機会**だと考えた。	She thought the party was **a perfect occasion** to wear her new dress.	0894
☐	彼は故国に**会社を設立する**ことを決心した。	He decided to **start a firm** in his home country.	0895
☐	**国家財政**はその国の経済発展において中心的な役割を果たす。	**Public finance** plays a central role in the economic development of the country.	0896
☐	彼は火のところまで**丸太を転がした**。	He **rolled a log** toward the fire.	0897
☐	私たちは6月に**中間試験**がある。	We will have **an intermediate exam** in June.	0898
☐	週に数回**適度の運動**をすることは健康に良い。	Taking **moderate exercise** several times a week is good for your health.	0899
☐	彼女は**中立の立場**を取り、議論に巻き込まれようとしなかった。	She took **the neutral stance** and would not be drawn into the argument.	0900

フォーカスワード　基本動詞 15

see

[síː スィー]

❶見る、…が見える
❷会う
❸わかる

共通イメージ

自然と目に入ってくる

❶見る、…が見える
see a movie

❷会う
see you again

❸わかる
see what you say

▶▶▶ see で言ってみよう!

具体的なもの

□ 美しい花を見る	see a beautiful flower
□ かわいい子犬を見る	see cute puppies
□ 演劇を見る	see a play
□ サッカーの試合を見る	see a soccer game
□ 医者に診てもらう	see a doctor
□ 歯医者に診てもらう	see a dentist
□ 旧友に会う	see an old friend
□ 近いうちにまた彼女に会う	see her again soon

抽象的なもの

□ 理由がわかる	see the reason
□ 事故の原因がわかる	see the cause of the accident
□ 違いがわかる	see the difference
□ いくつかの類似点がわかる	see some similarities
□ 君の主張がわかる	see your point
□ 君の言いたいことがわかる	see what you mean

0901	電気を**発生させる**	**generate** electricity
0902	他の人**と影響し合う**	**interact with** other people
0903	彼の神経を**なだめる**	**soothe** his nerves
0904	子どもたちに**影響を与える**	**affect** children
	▶**愛情**を示す	▶show **affection**
0905	戦争の**悲劇**	the **tragedy** of war
	▶**悲劇的な**事件	▶a **tragic** accident
0906	**自殺**する	commit **suicide**
0907	風船を**破裂させる**	**burst** the balloon
	▶**突然**泣き**出す**	▶**burst into** tears
0908	自動車**衝突**事故	a car **crash**
0909	ガス**爆発**	gas **explosion**
0910	海で**おぼれて死ぬ**	**drown** in the sea
0911	小さな**事件**	a minor **incident**
0912	**犠牲者**を助ける	help the **victims**
	▶犯罪**の犠牲となる**	▶**fall victim to** the crime

次の( )内に入れるのに最も適当なものを、下の(1)から(4)から選びなさい。
She's alive! She ( ) but her father saved her.
(1) drowned (2) was drowning (3) has drowned (4) drowns (センター試験)

☐	**generate** [dʒénərèit]	動 ❶ 発生させる、引き起こす ❷ 金をもうける、(仕事、産業を)生み出す
☐	**interact** [intərǽkt]	動 (…と)影響し合う、相互に作用する(with) ⇒ interáction 名 相互作用 ⇒ interáctive 形 相互に作用し合う
☐	**soothe** [súːð]	動 (人を)なだめる、(感情などを)静める
☐	**affect** [əfékt]	動 ❶ (特に悪い)影響を与える ❷ 感動させる ⇒ afféction 名 (静かで長期的な)愛情、好意 ⇒ efféct 名 影響、結果
☐	**tragedy** [trǽdʒədi]	名 悲劇(⇔ cómedy) ⇒ trágic 形 悲劇的な
☐	**suicide** [súːəsàid]	名 自殺(的行為)、自殺者 ⇒ suicídal 形 自殺の
☐	**burst** [bə́ːrst] 活用:burst-burst	動 破裂させる、破裂する ★ burst into A 突然 A する、A になる 名 破裂、爆発
☐	**crash** [krǽʃ]	名 衝突(事故)、墜落 動 衝突する、墜落する
☐	**explosion** [iksplóuʒən]	名 ❶ 爆発 ❷ 爆発的な増加 ⇒ explóde 動 爆発する ⇒ explósive 形 爆発性の、爆発的な
☐	**drown** [dráun]	動 おぼれて死ぬ、溺死させる ★ be drowned おぼれる、おぼれて死ぬ ⇒ dró wning 名 溺死
☐	**incident** [ínsədənt]	名 (偶発的な)事件、衝突(※比較的小さな事柄について用いる) ⇒ incidéntal 形 偶発的な、当然付随する 名 付随的なもの
☐	**victim** [víktəm]	名 犠牲者 ★ fall victim to A A の犠牲となる

正解 (2)(drowned は「おぼれて死んだ」の意味。was drowning で「おぼれて死にかけていた」となる)
(彼女は生きている! おぼれかけていたが、父親が彼女を助けたんだ)

限度・限界	0913 最大数	the **maximum** number
	0914 最少年齢	the **minimum** age
	0915 体重制限 ▶数を制限する	weight **limits** ▶ limit the number
	0916 彼らのアクセスを制限する	**restrict** their access
全体・総合	0917 一般大衆	the **general** public
	0918 全体の費用	the **total** cost
	0919 都市全体	the **entire** city
強調	0920 絶対に間違っている	**absolutely** wrong
	0921 徹底的な調査	a **thorough** investigation
	0922 はっきりした返事	a **definite** answer
	0923 一年中ずっと	**throughout** the year
	0924 まったくすばらしい	**altogether** wonderful

☐☐☐	**maximum** [mǽksəməm]	形 最大の、極限の(⇔ mínimum) 名 最大限、極限
☐☐☐	**minimum** [mínəməm]	形 最小[少]の、最低限の(⇔ máximum) 名 最小限
☐☐☐	**limit** [límət]	名 制限、限界　動 制限する ⇒ limitátion 名 ❶ 限定(するもの)、限定すること　❷ 限界 ⇒ límited 形 ❶ 限られた、有限の　❷ 急行の
☐☐☐	**restrict** [ristríkt]	動 制限する、限定する ⇒ restríction 動 制限
☐☐☐	**general** [dʒénərəl]	形 ❶ 一般の、全体の　❷ だいたいの、概略の ★ in general　一般に、たいてい
☐☐☐	**total** [tóutl]	形 ❶ 全体の、合計の　❷ 完全な 名 合計、総計 動 合計する、合計で…となる
☐☐☐	**entire** [intáiər]	形 全体の ⇒ entírely 副 完全に ⇒ entírety 名 完全さ、全体
☐☐☐	**absolutely** [ǽbsəlù:tli]	副 ❶ 絶対に、(否定文で)全然　❷ すっかり、まったく ★ Absolutely!　(口語で)まったくその通り、もちろん(※この場合は Absolútely! と発音する) ⇒ ábsolute 形 ❶ 完全な　❷ 絶対的な
☐☐☐	**thorough** [θə́:rou] 発	形 徹底的な、抜本的な
☐☐☐	**definite** [défənət] ア	形 はっきりした、明確な ★ be definite about A　A について確信している ⇒ définitely 副 確かに、はっきりと
☐☐☐	**throughout** [θru:áut]	前 ❶ …の間ずっと　❷ …の至る所に 副 ❶ ずっと、終始　❷ 至る所に
☐☐☐	**altogether** [ɔ̀:ltəgéðər]	副 ❶ まったく、全然 ❷ 全体で、全部で(= in all) ❸ 全体として、概して

0925	事実上の勝利	a **virtual** victory
0926	単なる好奇心	**mere** curiosity
0927	かろうじて死を免れる	**barely** escape death
0928	牛を飼う	raise **cattle**
0929	熟した桃	a **ripe** peach
0930	肥えた土壌	rich **soil**
0931	土地を耕す ▶心をみがく	**cultivate** the land ▶ cultivate my mind
0932	農作物を収穫する	harvest the **crops**
0933	農業を奨励する	encourage **agriculture**
0934	宝石を好む	**be fond of** jewels
0935	彼の積極的な態度	his **positive** attitude
0936	弱者への同情	**sympathy for** the weak

ポイント
virtual は、「ネットワーク上の、仮想の」という意味で用いられることも多い。
virtual reality「仮想現実」
virtual aquarium「仮想水族館」

☐	**virtual** [vɚ́ːrtʃuəl]	形 ❶ 事実上の ❷ 仮想の ⇒ vírtually 副 事実上、ほとんど
☐	**mere** [míər]	形 単なる、ただの ⇒ mérely 副 ただ単に
☐	**barely** [béərli]	副 かろうじて、やっと ⇒ báre 形 ❶ むき出しの ❷ 最小限の
☐	**cattle** [kǽtl]	名 （家畜としての）牛（※集合名詞で複数扱い）
☐	**ripe** [ráip]	形 ❶ 熟した ❷ 成熟した ⇒ rípen 動 熟す、実る
☐	**soil** [sɔ́il]	名 土壌、土 動 （泥などで）汚す、傷つける
☐	**cultivate** [kʌ́ltəvèit]	動 ❶ 耕す、栽培する ❷ 養う ❸ みがく、洗練する ⇒ cultivátion 名 耕作、栽培 ⇒ cúlture 名 ❶ 文化 ❷ 教養 ❸ 栽培
☐	**crop** [krάp]	名 ❶ 農作物 ❷ 収穫（高）
☐	**agriculture** [ǽgrikʌ̀ltʃər]	名 農業 ⇒ agricúltural 形 農業の
☐	**fond** [fάnd]	形 ❶ (be fond of A) Aを好む、Aが好きである ❷ なつかしい ⇒ fóndness 名 （…を）好むこと(for)、愛情
☐	**positive** [pάzətiv]	形 ❶ 積極的な、肯定的な(⇔ négative) ❷ 陽性の
☐	**sympathy** [símpəθi]	名 ❶ （…への）同情、思いやり(with、for) ❷ 共感、共鳴 ⇒ sýmpathize 動 同情する

> ポイント
> barely は、「かろうじて成功する」という意味で、肯定の意味になる。
>   barely able to walk （かろうじて歩ける）
>   ⇔ hardly able to walk （ほとんど歩けない）

0937	悪名高い犯罪者	a **notorious** criminal
0938	人種偏見	racial **prejudice**
0939	少数派への差別	**discrimination against** minorities
0940	動物に対して残酷な	**cruel to** animals
0941	意地の悪い質問 ▶いやな臭い	a **nasty** question ▶nasty smell
0942	唯一の悪い癖	the only **vice**
0943	インフルエンザウイルス	an influenza **virus**
0944	かぜで苦しむ	**suffer from** a cold
0945	症候群を引き起こす	cause a **syndrome**
0946	重い病気	a serious **disease**
0947	初期症状	an early **symptom**
0948	がんにかかっている	have **cancer**

ポイント: prejudice（偏見）はある特定の人や集団に対する偏ったものの見方のこと。偏見を実際に行動に移すと、discrimination（差別）になる。

☐☐☐	**notorious** [noutɔ́:riəs]	形 悪名高い、(悪いことで)有名な(for)
☐☐☐	**prejudice** [prédʒədəs]	名 偏見、先入観 動 (…に対して)偏見をいだかせる(against)
☐☐☐	**discrimination** [diskrìmənéiʃən]	名 (…に対する)差別(against) ⇒ discriminate 動 ❶ 差別する ❷ 区別する、見分ける
☐☐☐	**cruel** [krú:əl]	形 ❶ (…に対して)残酷な(to) ❷ つらい、悲惨な ⇒ crúelty 名 残酷さ
☐☐☐	**nasty** [nǽsti]	形 ❶ 意地の悪い ❷ いやな、不快な、(天気が)荒れ模様の
☐☐☐	**vice** [váis]	名 ❶ 悪い癖、欠点 ❷ 悪徳、不道徳な行い(⇔ virtue)
☐☐☐	**virus** [váiərəs]	名 ❶ ウイルス　❷ コンピュータウイルス ⇒ viral 形 ウイルス性の、ウイルスによって起こる
☐☐☐	**suffer** [sʌ́fər]	動 ❶ (…で)苦しむ、悩む(from) ❷ (苦痛、損害などを)受ける、経験する ★ suffer from A　A で苦しむ、悩む ⇒ súffering 名 苦しみ、苦悩
☐☐☐	**syndrome** [síndroum]	名 症候群、シンドローム
☐☐☐	**disease** [dizí:z]	名 病気 (※ 病名がはっきりしている病気) ★ catch a disease　病気になる ⇒ illness 名 (特定の)病気 ⇒ sickness 名 ❶ 病気(= illness) ❷ 吐き気、むかつき
☐☐☐	**symptom** [símptəm]	名 (病気の)症状、徴候
☐☐☐	**cancer** [kǽnsər]	名 がん

> ポイント
> vice の反対語は virtue(徳)。by virtue of A (A のおかげで) というイディオムも覚えておこう。

	家計	0949 収入を得る	earn an **income**
		0950 財布を置き忘れる	leave my **purse**
		0951 私たちの費用で	**at** our **expense**
		0952 料金を上げる ▶事故の責任を負う	raise the **charge** ▶be **charged with** the accident
	小さい・ない	0953 空きがない	have no **vacancies**
		0954 とても小さい穴	**tiny** holes
		0955 小さな違い	**minor** differences
		0956 繊細な感情 ▶微妙で難しい問題	**delicate** feelings ▶an **delicate** issue
		0957 かすかなほほえみ	a **faint** smile
		0958 むだな望み	a **vain** hope
	均衡・公平	0959 9に等しい	**equal to** nine
		0960 バランスを保つ	keep a **balance**

☐☐☐	**income**　[ínkʌm] ⑦	名 収入、所得
☐☐☐	**purse**　[pə́ːrs]	名 ❶ 財布　❷ (米)ハンドバッグ
☐☐☐	**expense**　[ikspéns]	名 ❶ 費用、経費　❷ 損失 ★ at A's expense　Aの費用[負担]で ★ at the expense of A　Aを犠牲にして ⇒ expénsive 形 高価な
☐☐☐	**charge**　[tʃɑ́ːrdʒ]	名 ❶ 料金　❷ 責任、監督　❸ 非難 動 ❶ 請求する ❷ (責任などを)負わせる、告訴する(with)
☐☐☐	**vacancy**　[véikənsi]	名 ❶ 空き、あいた所　❷ 放心状態 ⇒ vácant 形 ❶ (場所、時間などが)空いている ❷ (心が)うつろな、ぼんやりした ❸ 暇な、時間が空いている
☐☐☐	**tiny**　[táini] 発	形 とても小さい
☐☐☐	**minor**　[máinər]	形 小さな、さほど重要でない(⇔ májor) 名 未成年者 ⇒ minórity 名 少数派
☐☐☐	**delicate**　[délikət] ⑦	形 ❶ 繊細な　❷ 壊れやすい、弱い ❸ (問題などが)微妙で難しい ⇒ délicacy 名 繊細さ、精巧さ
☐☐☐	**faint**　[féint]	形 ❶ かすかな、薄い ❷ 弱々しい、気が遠くなって 動 気が遠くなる 名 卒倒
☐☐☐	**vain**　[véin]	形 むだな ★ in vain　むだに
☐☐☐	**equal**　[íːkwəl] ⑦発	形 ❶ (…に)等しい(to)　❷ (と)平等な(with) ❸ (…に)匹敵する(to) 動 ❶ 等しい　❷ 匹敵する 名 同等の人[もの] ⇒ equálity 名 平等、均等
☐☐☐	**balance**　[bǽləns] ⑦	名 バランス、つり合い 動 つり合う、つり合わせる

STEP 16

例文でCHECK!!

☐	太陽電池パネルを用いて日光から**電気を発生させる**ことができる。	You can **generate electricity** from sunlight by using solar panels.	0901
☐	私たちは**他の人と影響し合うこと**でゆっくりと学んでいく。	We learn slowly by **interacting with other people**.	0902
☐	彼は音楽を聴いたが、それが**彼の神経をなだめる**ことはなかった。	He listened to music, but it didn't **soothe his nerves**.	0903
☐	テレビの見すぎは、**子どもたちに悪影響を与え**うる。	Watching too much television can **affect children** adversely.	0904
☐	私たちは**戦争の悲劇**を繰り返すべきではない。	We shouldn't repeat **the tragedy of war**.	0905
☐	毎年、3万人を超える日本人が**自殺している**。	More than 30,000 Japanese people **commit suicide** every year.	0906
☐	幼いいとこが手すりの上で**風船を破裂させた**。	My little cousin **burst the balloon** on the handrail.	0907
☐	数日前、わたしは初めて**自動車衝突事故**を経験した。	A few days ago I had **a car crash** for the first time.	0908
☐	大規模な**ガス爆発**がその建物を破壊した。	A huge **gas explosion** destroyed the building.	0909
☐	大波で船が転覆し、船員は**海でおぼれて死んだ**。	A huge wave overturned the boat and the crew **drowned in the sea**.	0910
☐	それは**小さな事件**だったが、メディアによって誇張された。	It was **a minor incident**, but it was exaggerated by the media.	0911
☐	自然災害の後、素早く**犠牲者を助ける**ことが必要だ。	It is necessary to **help the victims** quickly following a natural disaster.	0912
☐	乗客の**最大数**は120名だ。	**The maximum number** of passengers is 120.	0913
☐	投票の**最少年齢**は20歳から18歳に引き下げられた。	**The minimum age** for voting was lowered from 20 to 18.	0914
☐	安全上の理由で、遊園地での乗り物には**体重制限**がある。	There are **weight limits** on the fairground ride for safety reasons.	0915
☐	私たちは彼らのインターネット**アクセスを制限している**。	We **restrict their access** to the Internet.	0916
☐	私たちは**一般大衆**の理解を深める必要がある。	We need to deepen the understanding of **the general public**.	0917
☐	建設の**全体の費用**は予算をはるかに上回った。	**The total cost** of construction was way over budget.	0918
☐	**都市全体**が厚い壁で囲まれていた。	**The entire city** was surrounded by a thick wall.	0919
☐	彼女は、彼の意見は**絶対に間違っている**と信じていた。	She believed his opinion to be **absolutely wrong**.	0920

☐	彼はその問題について**徹底的な調査**を実施した。	He conducted **a thorough investigation** of the problem.	0921
☐	彼は私に**はっきりした返事**をくれなかった。	He didn't give me **a definite answer**.	0922
☐	ここは**一年中ずっと**温暖で日照に恵まれた気候である。	It is warm and sunny here **throughout the year**.	0923
☐	彼女は、彼の絵は**まったくすばらしい**と考えていた。	She thought his paintings were **altogether wonderful**.	0924
☐	その和平協定はロシアにとって**事実上の勝利**だった。	The peace agreement was **a virtual victory** for Russia.	0925
☐	彼は**単なる好奇心**からその建物に入ったと主張している。	He insists that he entered the building out of **mere curiosity**.	0926
☐	トラックが自分の車にぶつかったとき、彼女は**かろうじて死を免れた**。	She **barely escaped death** when the truck crashed into her car.	0927
☐	彼は退職したら**牛を飼う**つもりで農場を購入した。	He bought a farm, intending to **raise cattle** when he retired.	0928
☐	**熟した桃**が木の枝にぶら下がっているのを私は見つけた。	I found **a ripe peach** hanging from a tree branch.	0929
☐	その**肥えた土壌**によって、大量の穀物の成長が容易になった。	The **rich soil** made it easy to grow crops in abundance.	0930
☐	初期の入植者が**土地を耕し**、トウモロコシを育てた。	The early settlers **cultivated the land** and grew corn.	0931
☐	農民は冬が来る前に**農作物を収穫する**。	Farmers **harvest the crops** before winter sets in.	0932
☐	地方政府は**農業を大いに奨励している**。	The local government greatly **encourages agriculture**.	0933
☐	彼女は**宝石**、特にダイヤモンド**を好む**。	She **is fond of jewels**, especially diamonds.	0934
☐	先生は、学習に対する**彼の積極的な態度**を評価した。	The teacher valued **his positive attitude** toward study.	0935
☐	彼の詩は**弱者への同情**に満ちている。	His poems are full of **sympathy for the weak**.	0936
☐	彼は私たちの世代でもっとも**悪名高い犯罪者**だった。	He was **the** most **notorious criminal** of our generation.	0937
☐	アメリカ社会は**人種偏見**を撲滅しようと多大な努力をした。	The American society made a big effort to eliminate **racial prejudice**.	0938
☐	**少数派への差別**はいまだに私たちの社会で大きな問題である。	**Discrimination against minorities** is still a great problem in our society.	0939
☐	子どもが**動物に対して残酷**であるならば、暴力をふるう大人になるだろう。	If children are **cruel to animals**, they will become violent adults.	0940

STEP 16

それは**意地の悪い質問**だったが、その女優は巧みに冗談で答えた。	It was **a nasty question**, but the actress skillfully replied with a joke.	0941
喫煙は彼を死に至らしめる恐れのある**唯一の悪癖**だった。	Smoking was **the only vice** that threatened to kill him.	0942
この冬、新型の**インフルエンザウイルス**が広がっている。	A new type of **influenza virus** is spreading this winter.	0943
初秋には彼女はほとんどいつも**かぜで苦しんでいた**。	She almost always **suffered from a cold** in early autumn.	0944
その症候群は、妊娠中の過度の飲酒によって**引き起こさ**れる可能性がある。	**The syndrome** can **be caused** by heavy drinking during pregnancy.	0945
彼は治療法が存在しない**重い病気**にかかっていた。	He had **a serious disease** for which there was no cure.	0946
せきは病気の**初期症状**である。	Coughing is **an early symptom** of illness.	0947
がんにかかっていても、利用できる多くの治療法が存在する。	If you **have cancer**, there are many available treatments.	0948
彼は物品をオンラインで販売することでなんとか**収入を得て**いた。	He managed to **earn an income** by selling things online.	0949
私は家に**財布を置き忘れた**ので、今日は何も買えなかった。	I **left my purse** at home, so I couldn't buy anything today.	0950
私たちは**自分たちの費用で**彼らを夕食に連れていった。	We took them to dinner **at our expense**.	0951
市では、水道**料金を** 30%**上げる**よう計画している。	The city plans to **raise the charge** for its water by 30%.	0952
その街のすべてのホテルに**空きがなかった**。	All the hotels in the town **had no vacancies**.	0953
ネズミは壁の中の**とても小さい穴**を通り抜けることができる。	Mice can get through **tiny holes** in a wall.	0954
彼らの絵には**小さな違い**しかなかった。	There were only **minor differences** between their paintings.	0955
私は、男性は女性よりも**繊細な感情**を有していると思っている。	I think men have more **delicate feelings** than women.	0956
彼が入院中の彼女を見舞いに行ったとき、彼女は彼に**かすかなほほえみ**を向けた。	She gave him **a faint smile** when he visited her in hospital.	0957
彼が気を変えるというのはおそらく**むだな望み**だった。	It was probably **a vain hope** that he would change his mind.	0958
3の3倍は**9に等しい**。	Three times three is **equal to nine**.	0959
私にとって、生活と仕事の**バランスを保つ**のは重要だ。	It's important for me to **keep a balance** between life and work.	0960

フォーカスワード 基本動詞 ⑯

take

[téik テイク]

❶ 持って行く、連れて行く
❷ 乗る
❸ (ある行動を)する、とる
❹ (時間などを)とる
❺ (授業などを)受ける
❻ (写真などを)とる

共通イメージ

持って行く

❶ 持って行く、連れて行く
take me to the park

❷ 乗る
take a bus

話題の中心

❸ (ある行動を)する、とる

❹ (時間などを)とる
take five months

❺ (授業などを)受ける

❻ (写真などを)とる
take a picture

▶▶▶ take で言ってみよう!

身近なもの

☐ 手紙を郵便局へ持って行く　**take** a **letter** to the post office

☐ 傘を持って行く　**take** an **umbrella** with me

動作

☐ 風呂に入る　**take** a **bath**

☐ シャワーを浴びる　**take** a **shower**

場所

☐ 息子を病院へ連れて行く　**take** my son to the **hospital**

☐ 犬を獣医のところに連れて行く　**take** my dog to the **vet**

☐ 娘を学校に送って行く　**take** my daughter to **school**

☐ 彼女をコンサートに連れて行く　**take** her to the **concert**

様態	0961 急速な経済成長	**rapid** economic growth
	0962 浅い川	a **shallow** river
	0963 大きさの点で異なる ▶さまざまな色	**vary in** size ▶**various** colors
	0964 沈黙を保つ	keep **silent**
過去	0965 原始芸術	**primitive** art
	0966 前年	the **previous** year
	0967 前市長	the **former** mayor
時間・空間	0968 深さを測る	measure the **depth**
	0969 時間の長さ	the **length** of time
移動	0970 遠い国	**faraway** countries
	0971 あらゆる側面を調べる	examine every **aspect**
	0972 長い距離	a long **distance**

☐☐☐	**rapid** [rǽpəd]	形 急速な、速い
☐☐☐	**shallow** [ʃǽlou]	形 浅い(⇔ déep)、浅はかな
☐☐☐	**vary** [véəri]	動 ❶ (…の点で)異なる(in)　❷ 変わる ⇒ várious 形 さまざまな
☐☐☐	**silent** [sáilənt]	形 ❶ 沈黙の、無言の　❷ 静かな ⇒ sílence 名 沈黙、静けさ
☐☐☐	**primitive** [prímətiv]	形 ❶ 原始(時代)の　❷ 原始的な
☐☐☐	**previous** [príːviəs]	形 (時間、順序が)前の、先の ⇒ préviously 副 前もって、以前に
☐☐☐	**former** [fɔ́ːrmər]	形 ❶ 以前の　❷ (the former)前者の(⇔ látter) (※the former は代名詞的に「前者」の意味でも用いられる)
☐☐☐	**depth** [dépθ] 発	名 ❶ 深さ、奥行き　❷ 深遠さ、深み ★ in depth　徹底的に、詳細に ⇒ déep 形 深い　副 深く ⇒ déeply 副 非常に、深く 　　　(※主に比喩的に使う)
☐☐☐	**length** [léŋθ] 発	名 ❶ (物の)長さ、丈　❷ (時間の)長さ、期間 ★ at length　❶ 詳細に、長々と　❷ ついに、ようやく ⇒ léngthen 動 伸ばす、伸びる
☐☐☐	**faraway** [fɑ́ːrəwèi]	形 ❶ 遠い　❷ 夢見るような(※名詞の前に用いる)
☐☐☐	**aspect** [ǽspekt]	名 ❶ 側面、様相　❷ 外観、(建物などの)向き
☐☐☐	**distance** [dístəns]	名 距離 ★ at a distance　少し離れて ★ in the distance　遠くに ⇒ dístant 形 遠い

拒否・否定	0973	その申し出を**断る**	**decline** the offer
	0974	彼の助言を**無視する** ▶その分野**を知らない**	**ignore** his advice ▶**ignorant of** the field
	0975	存在を**否定する**	**deny** the existence
	0976	招待を**断る** ▶謝罪する**ことを断る** ▶にべもない**拒絶**	**refuse** the invitation ▶**refuse to** apologize ▶a flat **refusal**
	0977	その提案を**断る**	**reject** the proposal
つなぎことば	0978	**さらに**彼は続ける	**furthermore**, he continues
	0979	**それにも関わらず**同じままである	**nevertheless** remain the same
	0980	**さもなければ**、失敗するだろう。 ▶**違ったふうに**考える ▶**その他の点では**完璧な	**Otherwise**, I will fail. ▶think **otherwise** ▶**otherwise** perfect
	0981	**もし必要でなければ**	**unless** necessary
	0982	**だから**彼は裕福になった	**thus** he became rich
	0983	**その間に**、雨が降り始めた。	**Meanwhile**, it began to rain.
	0984	大きく、**その上に**重い	big, and **moreover**, heavy

☐ ☐ ☐	**decline** [dikláin]	動 ❶ (ていねいに)断る、辞退する ❷ 衰える 名 減少、衰退 ★ decline to do …するのを断る
☐ ☐ ☐	**ignore** [ignɔ́ːr]	動 無視する、知らないふりをする(of) ⇒ ígnorance 名 無知、知らないこと ⇒ ígnorant 形 無知な、(…を)知らない、気づかない(of)
☐ ☐ ☐	**deny** [dinái] ア発	動 ❶ (…した[する]ことを)否定する(doing) ❷ 拒む ⇒ deníal 名 否定
☐ ☐ ☐	**refuse** [rifjúːz]	動 断る ★ refuse to do …することを断る ⇒ refúsal 名 拒絶、拒否
☐ ☐ ☐	**reject** [ridʒékt]	動 (きっぱりと)断る、拒絶する ⇒ rejéction 名 拒否、拒絶
☐ ☐ ☐	**furthermore** [fə́ːrðərmɔ̀ːr]	副 さらに、しかも
☐ ☐	**nevertheless** [nèvərðəlés]	副 それにも関わらず(=nonethelés)
☐ ☐ ☐	**otherwise** [ʌ́ðərwàiz]	副 ❶ さもなければ ❷ 違ったふうに、他の方法で ❸ その他の点では
☐ ☐ ☐	**unless** [ənlés]	接 もし…でなければ、…でない限り
☐ ☐	**thus** [ðʌ́s]	副 ❶ だから、したがって ❷ このようにして ❸ この程度まで ★ thus far これまで
☐ ☐	**meanwhile** [míːnhwàil]	副 ❶ その間に ❷ 一方では
☐ ☐	**moreover** [mɔːróuvər]	副 その上に、さらに

STEP 17

確認・証明		
0985	彼の能力を**実証する**	**demonstrate** his ability
0986	安全を**保証する**	**ensure** safety
0987	約束を**確認する** ▶日程の**確認**	**confirm** the appointment ▶**confirmation** of the date
権力・管理		
0988	**権限**をもつ ▶医学の**専門家**	have **authority** ▶an **authority on** medicine
0989	建物の**管理**	**administration** of the building
0990	自分の犬に待て**と命令する**	**command** my dog **to** wait
援助・補助		
0991	赤**で**危険**を連想する** ▶**協会**に加盟する	**associate** red **with** danger ▶join the **association**
0992	患者を**支援する**	**assist** the patients
0993	生存者を**救出する**	**rescue** the survivors
0994	経済**援助**	economic **aid**
0995	**補助的な**手段	an **auxiliary** means
0996	彼の考えの**補足**	a **complement** to his idea

	demonstrate [démənstrèit]	動 ❶ 実証する、証明する ❷ 実演する ★ demonstrate that ... …ということを証明する ⇒ demonstrátion 名 ❶ デモ(行進) ❷ 実地宣伝[説明]
	ensure [inʃúər]	動 保証する、確実にする ★ ensure that ... …を確実にする
	confirm [kənfə́ːrm]	動 確認する ⇒ confirmátion 名 確認
	authority [əθɔ́ːrəti]	名 ❶ 権限、権威 ❷ (…に関する)権威者、専門家(on) ⇒ áuthorize 動 (…する)権限を与える(to do)、正式に許可をする
	administration [ədmìnəstréiʃən]	名 ❶ (組織などの)管理、運営、管理スタッフ ❷ (国などの)行政 ❸ 政府 ⇒ admínistrative 形 管理の、運営の
	command [kəmǽnd]	動 ❶ (…するように)命令する(to do) ❷ 支配する 名 ❶ 命令 ❷ 自由に使いこなす能力 ❸ 支配力
	associate [əsóuʃièit]	動 連想する、結びつける ★ associate A with B AでBを連想する、AとBを結びつける 名 [əsóuʃiət] (仕事上の)仲間、同僚 ⇒ associátion 名 ❶ 協会 ❷ 連合 ❸ 連想
	assist [əsíst]	動 支援する、助ける ★ assist A in doing [to do] A(人)が…するのを助ける ⇒ assístance 名 助け ⇒ assístant 形 補助の 名 助手
	rescue [réskjuː]	動 救出する、救う 名 救助
	aid [éid]	名 援助、助け 動 援助する、手伝う(※ help のほうがふつう)
	auxiliary [ɔːɡzíljəri]	形 補助の、予備の 名 ❶ 補助する人(もの) ❷ 助動詞(= auxiliary vérb)
	complement [kámpləmənt]	名 補足 動 [kámpləmènt] 完全にする、補完する

0997	選択権がある / ▶選択科目	have an **option** / ▶an optional course
0998	彼の提案を採用する	**adopt** his suggestion
0999	代わりの解決策 / ▶外観を変える	an **alternative** solution / ▶alter the appearance
1000	勝者を選ぶ	**pick** a winner
1001	傑出した特徴	an **outstanding** characteristic
1002	他の何よりも優れた	**superior to** any other
1003	すばらしい眺め	a **fine** view
1004	老人を尊敬する	**respect** the elderly
1005	卓越した指導者	a **prominent** leader
1006	効率的な方法	an **efficient** method
1007	すばらしい体験	the **awesome** experience
1008	罰に値する	**deserve** the punishment

ポイント respect の派生語には、他に respectful「敬意を表する」、respective「それぞれの」がある。
　　their respective houses（彼らのそれぞれの家）

option
[ápʃən]

名 選択権、選択(肢)
⇒ óptional 形 選択の、任意の

adopt
[ədápt]

動 ❶ 採用する　❷ 養子にする
⇒ adóption 名 ❶ 採用　❷ 養子縁組

alternative
[ɔːltə́ːrnətiv] 発

形 代わりの、どちらか一つを選ぶべき
名 代わりの手段、二者択一
⇒ álter 動 (部分的に)変える、変わる
⇒ álternate 動 交替する　形 交互に

pick
[pík]

動 ❶ 選ぶ　❷ (花、果実などを)摘む
★ pick up　拾い上げる、(人を車などに)乗せる
★ pick out　選び出す

outstanding
[àutstǽndiŋ]

形 目立つ、傑出した

superior
[səpíəriər]

形 優れた、上位の(⇔ inférior)
★ superior to A　A より優れた
⇒ superiórity 名 優越

fine
[fáin]

形 ❶ すばらしい　❷ 健康な、元気な
❸ 晴れの

respect
[rispékt]

動 尊敬する、尊重する
名 ❶ 尊敬、尊重　❷ 点
⇒ respéctable 形 立派な

prominent
[prámənənt]

形 卓越した、突き出た、目立つ
⇒ próminence 名 卓越、傑出

efficient
[ifíʃənt]

形 効率的な、有能な
⇒ efficiency 名 効率

awesome
[ɔ́ːsəm]

形 ❶ (口語)すばらしい、すごい
❷ 恐ろしい、畏敬の念を起こさせる
⇒ áwe 名 畏れ、畏敬
　　　動 畏敬の念を起こさせる

deserve
[dizə́ːrv]

動 値する、価値がある
★ deserve to do　…する価値がある、当たり前だ

ポイント　awesome「すばらしい」は数十年前から使われ始めたスラングで「最高によい」という意味を表す。本来の意味は②の「恐ろしい、畏敬の念を起こさせる」。

Round 1 月 日	Round 2 月 日	Round 3 月 日	

競争・争い

1009	互いに競争する	**compete with** one another
1010	完全な勝利	a complete **victory**
1011	その土地を征服する	**conquer** the land

言語

1012	私の母国語	my mother **tongue**
1013	2か国語を話す人	a **bilingual** speaker
1014	中国語が流ちょうである	**be fluent in** Chinese
1015	独特の言葉づかい	a unique **phrase**
1016	よく知られた慣用句	a popular **idiom**

マイナスの感情

1017	退屈なスピーチ ▶切れ味の鈍いナイフ	a **dull** speech ▶a dull knife
1018	気まずい沈黙	**awkward** silence
1019	彼の才能に嫉妬した	**jealous** of his talent
1020	観客をびっくりさせる	**stun** the audience

ポイント 3か国語を話す人のことをtrilingualと言う。また、多言語を話す人のことをmultilingual、あるいはpolyglotとも言う。

☐	**compete** [kəmpíːt]	動 (…と)競争する(with、against) ⇒ competition 名 競争
☐	**victory** [víktəri]	名 勝利(⇔ defeat)、征服
☐	**conquer** [káŋkər] 発	動 ❶ 征服する ❷ 克服する ⇒ cónquest 名 征服
☐	**tongue** [tʌ́ŋ] 発	名 ❶ (言)語、言葉づかい ❷ 舌
☐	**bilingual** [bailíŋgwəl]	形 2か国語を話す、バイリンガルの 名 2か国語を話す人、バイリンガル
☐	**fluent** [flúːənt]	形 (言葉などが)流ちょうな、流れるような ★ be fluent in A A(言葉)が流ちょうである ⇒ flúency 名 流ちょう、滑らかさ
☐	**phrase** [fréiz]	名 ❶ 言葉づかい、言い回し ❷ 句、フレーズ
☐	**idiom** [ídiəm]	名 ❶ 慣用句、熟語 ❷ (特有の)語法、作風 ⇒ idiomátic 形 慣用的な、その言語らしい
☐	**dull** [dʌ́l]	形 ❶ 退屈な(= bóring) ❷ 切れ味の鈍い、(痛みなどが)鈍い
☐	**awkward** [ɔ́ːkwərd]	形 ❶ 気まずい、落ち着かない ❷ 不器用な
☐	**jealous** [dʒéləs] 発	形 嫉妬した、ねたんだ ⇒ jéalousy 名 ねたみ、嫉妬
☐	**stun** [stʌ́n]	動 ❶ びっくりさせる ❷ 気絶させる ★ be stunned びっくり仰天する ⇒ stúnning 形 ❶ すばらしい ❷ 気絶させるほどの

> **ポイント** She is fluent in English.(彼女は英語が流ちょうである)というと、ネイティブレベルに言いたいことがすらすら言える、というニュアンスになる。

例文でCHECK!!

急速な経済成長が全員の利益になるとは限らない。	**Rapid economic growth** does not necessarily benefit everyone.	0961
彼らは浅い川を跳び越えてその小屋に到着した。	They jumped across **a shallow river** to get to the cottage.	0962
製品は大きさの点で異なるが、すべてすばらしい品質である。	The products **vary in size**, but they all have excellent quality.	0963
彼は会議の間、沈黙を保っていた。	He **kept silent** during the meeting.	0964
その壁画は原始芸術のもっともすばらしい事例だ。	The wall painting is the finest example of **primitive art**.	0965
自動車事故の件数は前年に比べて増加した。	The number of car accidents increased compared with **the previous year**.	0966
前市長は町のお祭りでスピーチをした。	**The former mayor** made a speech at the town festival.	0967
彼は棒を使ってその池の深さを測った。	He **measured the depth** of the pond with a stick.	0968
旅程の時間の長さは交通量による。	**The length of time** of the journey depends on the traffic.	0969
彼女はいつか訪れてみたい遠い国の夢を見た。	She dreamed of **faraway countries** that she hoped to visit one day.	0970
彼は問題のあらゆる側面を調べるために時間をかけた。	He took time to **examine every aspect** of the problem.	0971
彼はまったくお金を持ち合わせていなかったので、長い距離を歩いた。	He walked **a long distance** because he had no money with him.	0972
それは自分のほしいものではなかったので、彼はその申し出を断った。	He **declined the offer** because it was not what he wanted.	0973
彼らが彼の助言を無視したので、彼は怒っていた。	He was angry because they had **ignored his advice**.	0974
彼女はあらゆるトラブルの存在を否定した。	She **denied the existence** of any trouble.	0975
あなたは招待を断る権利がある。	You have the right to **refuse the invitation**.	0976
委員会は、その提案を断るべきであると結論づけた。	The committee concluded that they should **reject the proposal**.	0977
さらに彼は同じ道を歩き続けた。	**Furthermore, he continued** walking along the same path.	0978
計画が変わった一方で、それにも関わらず目標は同じままである。	While the plan has changed, the objective **nevertheless remains the same**.	0979
私はあなたの助けが必要である。さもなければ、失敗するだろう。	I need your help; **otherwise, I will fail**.	0980

□	**もし必要でなければ**、このことを彼に言わないこと。	Don't tell him about this **unless necessary**.	0981
□	彼は宝くじに当たり、**だから彼は裕福になった**。	He won the lottery and **thus he became rich**.	0982
□	彼女は家へ急いだ。**その間に、雨が降り始めた**。	She hurried home; **meanwhile, it began to rain.**	0983
□	その箱は**大きく、その上に重**かった。	The box was **big, and moreover, heavy**.	0984
□	彼は友人に対し、ギターで**彼の能力を実証した**。	He **demonstrated his ability** with a guitar to his friends.	0985
□	私たちは**安全を保証する**ために、水の供給網を定期的に検査している。	We test water supplies regularly to **ensure safety**.	0986
□	彼は**約束を確認する**ために、彼女の電話を待っていた。	He was waiting for her to call to **confirm the appointment**.	0987
□	警備員は人々の立ち入りを拒否する**権限をもっている**。	The guards **have authority** to refuse entry to people.	0988
□	その会社は**建物の管理**に責任がある。	The company is responsible for the **administration of the building**.	0989
□	私は**自分の犬に待てと命令した**。	I **commanded my dog to wait**.	0990
□	多くの国において、人々は**赤で危険を連想する**。	In most countries people **associate red with danger**.	0991
□	彼の仕事は毎日の状況の中で**患者を支援する**ことだった。	His job was to **assist the patients** in everyday matters.	0992
□	**生存者を救出する**ために救命ボートが送られた。	A lifeboat was sent to **rescue the survivors**.	0993
□	その国は早急な**経済援助**を必要としている。	The country needs immediate **economic aid**.	0994
□	ローマ字は日本語を書くための**補助的な手段**である。	The Roman alphabet is **an auxiliary means** to write Japanese.	0995
□	彼の先生の提案は**彼の考え**をうまく**補足するもの**だった。	His teacher's suggestion was a good **complement to his idea**.	0996
□	あなたには購入を取り消す**選択権がある**。	You **have an option** to cancel the purchase.	0997
□	彼らが**彼の提案を採用する**なら、事態は格段によくなるだろう。	If they **adopt his suggestion**, things will improve a lot.	0998
□	私たちはできる限り早く**代わりの解決策**を作りだす必要がある。	We need to create **an alternative solution** as soon as possible.	0999
□	審判は**勝者を選ぶ**のに苦労した。	The judge had difficulty **picking a winner**.	1000

STEP 17

☐	彼は、彼女の申し分のない正直さが**傑出した特徴**だと考えた。	He thought her perfect honesty was **an outstanding characteristic**.	1001
☐	彼はこのワインが**他の何よりも優れて**いると考えた。	He considered this wine to be **superior to any other**.	1002
☐	彼のホテルの部屋からは、湖の**すばらしい眺め**が見えた。	His hotel room had **a fine view** of the lake.	1003
☐	子どもたちは**老人を尊敬する**ように育てられるべきだ。	Children should be brought up to **respect the elderly**.	1004
☐	彼は貧困から身を起こし、その国の**卓越した指導者**となった。	He rose from poverty to become **a prominent leader** of the country.	1005
☐	彼はその問題を扱う**効率的な方法**を見出した。	He found **an efficient method** of dealing with the problem.	1006
☐	彼女は**すばらしい体験**について友人に話したくてうずうずしていた。	She couldn't wait to tell her friends about **the awesome experience**.	1007
☐	この子は自分が受ける**罰に値する**。	This kid **deserves the punishment** he receives.	1008
☐	妹と私はよく**互いに競争した**。	My sister and I often used to **compete with one another**.	1009
☐	彼の戦略により敵への**完全な勝利**がもたらされた。	His strategy brought about **a complete victory** over the enemy.	1010
☐	ヨーロッパ人は**その土地を征服し**、定住を始めた。	The Europeans **conquered the land** and started to settle.	1011
☐	**私の母国語**で彼と話すことができるのは安心だった。	It was a relief to be able to talk to him in **my mother tongue**.	1012
☐	彼女は英語と日本語の**2か国語を話す人**だった。	She was **a bilingual speaker** of English and Japanese.	1013
☐	彼は北京に10年間住んでいたので、**中国語が流ちょうである**。	He **is fluent in Chinese** because he lived in Beijing for 10 years.	1014
☐	そのフランスの詩人は彼の空想を表現するために**独特の言葉づかい**を生み出した。	The French poet created **the unique phrase** to express his fantasy.	1015
☐	これはこの地域における**よく知られた慣用句**だ。	This is **a popular idiom** in this area.	1016
☐	**退屈なスピーチ**に眠った人もいた。	Some people fell asleep at **the dull speech**.	1017
☐	彼らは座り、**気まずい沈黙**の中で5分待った。	They sat down and waited five minutes in **awkward silence**.	1018
☐	彼の妹はいつも**彼の才能**と成功に**嫉妬した**。	His sister was always **jealous of his talent** and success.	1019
☐	その映画の衝撃的な終わり方は**観客をびっくりさせた**。	The film's shocking ending **stunned the audience**.	1020

フォーカスワード 基本動詞 17

tell

[tél テル]

❶ 言う
❷ 知らせる、教える
❸ わかる
❹ …するように言う（命令する）

共通イメージ

人と人の間を情報が行き来する

❶ 言う
tell a story

❷ 知らせる、教える

❸ わかる
tell the difference

❹ …するように言う（命令する）
tell her to come here

▶▶▶ tell で言ってみよう！

伝達内容

☐ 嘘をつく	tell a lie
☐ 本当のことを言う	tell the truth
☐ 悪い冗談を言う	tell a bad joke
☐ おもしろい話をする	tell an interesting story
☐ その店への道を教える	tell the way to the store
☐ 競技場への道順を教える	tell the direction to the museum
☐ あなたに悲しい知らせを伝える	tell you sad news
☐ 彼らに自分の状況を伝える	tell them my situation
☐ 彼らに私たちの問題点を伝える	tell them our problem

情報

☐ 彼に私の住所を伝える	tell him my address
☐ 彼女に誕生日を教える	tell her my birthday
☐ 彼女に私の息子の名前を教える	tell her my son's name
☐ あなたに私の秘密を教える	tell you my secret
☐ アヒルとガチョウの見分けがつく	tell a duck from a goose

#	日本語	英語
1021	**気候**変動	**climate** change
1022	友好的な**雰囲気**	the friendly **atmosphere**
1023	**湿気の多い**空気	**humid** air
1024	**湿気**を吸収する	absorb **moisture**
1025	10％**上昇する**	**rise** by 10%
1026	腕を**伸ばす**	**extend** my arm
1027	**はれ上がる**	**swell** up
1028	彼の事業を**拡大する**	**expand** his business
1029	その女性に**うなずく**	**nod** to the woman
1030	**しぐさ**をする	make a **gesture**
1031	**元気のよい**声	a **cheerful** voice
1032	私の顔を**赤らめる**	make me **blush**

気象・雰囲気 / 増大 / 表情・身ぶり

LEVEL 1 / LEVEL 2 / LEVEL 3

次の（　）内に入れるのに最も適当なものを、下の(1)から(4)から選びなさい。
The government's decision was to (　) taxes.
(1) rise (2) have been rising (3) raise (4) be raising　　（センター試験）

単語	発音	意味
climate	[kláimət]	名 ❶ 気候　❷ (社会、経済的な)雰囲気、状況
atmosphere	[ǽtməsfìər]	名 ❶ 雰囲気 ❷ (地球の)大気、(ある場所の)空気 ⇒ atmosphéric 形 大気の
humid	[hjúːməd]	形 湿気の多い ⇒ humídity 名 湿度
moisture	[mɔ́istʃər]	名 湿気、水分 ⇒ móist 形 湿り気のある、うるおいのある
rise 活用：rose-risen	[ráiz]	動 ❶ 上昇する、上がる　❷ 起きる ❸ (程度・分量などが)上昇する 名 上昇、増加
extend	[iksténd]	動 ❶ 伸ばす　❷ 広げる[広がる] ⇒ exténtr 名 程度、範囲 ⇒ exténsive 形 広大な、大規模な、大量の
swell 活用：swelled-swelled[swollen]	[swél]	動 ❶ はれる、ふくれる　❷ 増える、増やす 名 (土地や体の)増大、ふくらみ
expand	[ikspǽnd]	動 ❶ 拡大する、広げる ❷ ふくらむ、ふくらます ⇒ expánsion 名 膨張、拡大、拡張 ⇒ expánsive 形 発展的な、広範囲の
nod	[nád]	動 うなずく、会釈する 名 ❶ うなずき、会釈　❷ 居眠り
gesture	[dʒéstʃər]	名 しぐさ、身ぶり　動 しぐさ[身ぶり]をする
cheerful	[tʃíərfəl]	形 元気のよい、楽しい ⇒ chéer 動 ❶ 声援する　❷ 元気づける 　　　　名 ❶ かっさい、励まし 　　　　　❷ (cheers で)乾杯
blush	[blʌ́ʃ]	動 顔を赤くする　名 赤面

正解　3 (rise は自動詞。「上げる」の意味になるのは raise)
(政府の決定は税を上げることだった)

1033	化学を専攻する	major in **chemistry**
1034	基本的な算数	basic **arithmetic**
1035	抽象絵画	**abstract** painting
1036	現代哲学	contemporary **philosophy**
1037	一流の学者	a leading **scholar**
1038	学術調査	an **academic** research
1039	生物学の教科書	a textbook on **biology**
1040	基本原理	a fundamental **principle**
1041	計算の基礎	the **basis** of calculation
1042	品質基準	quality **standards**
1043	直角	a right **angle**
1044	1バレルの石油	a **barrel** of oil

ポイント
abstract の反対語は concrete「具体的な」。
an abstract objective（抽象的な目的）
a concrete action（具体的な行動）

☐☐☐	**chemistry** [kémǝstri] 発	名 化学 ⇒ chémical 形 化学的な ⇒ chémist 名 ❶ 科学者　❷ (英)薬剤師
☐☐☐	**arithmetic** [ǝríθmǝtik] ア 発	名 算数、計算 形 [æ̀riθmétik] 算数の
☐☐☐	**abstract** [æbstrækt] ア	形 抽象的な、観念的な 名 抽象、抽象美術の作品 動 [æbstrǽkt] 抜粋する、抽出する ⇒ abstráction 名 抽象(化)、抽象概念
☐☐☐	**philosophy** [fǝlásǝfi]	名 哲学 ⇒ philosóphic 形 哲学の、哲学者らしい
☐☐☐	**scholar** [skálǝr]	名 学者 ⇒ schólarship 名 奨学金
☐☐☐	**academic** [æ̀kǝdémik] ア	形 学問の、(特に)大学の 名 大学教員、研究者 ⇒ acádemy 名 学院、学園
☐☐☐	**biology** [baiálǝdʒi] ア	名 生物学 ⇒ biológical 形 生物学的な
☐☐☐	**principle** [prínsǝpl]	名 ❶ 原理、原則　❷ 主義 ★ in principle　原則的には
☐☐☐	**basis** [béisǝs] 複数形: bases[béisiːz]	名 基礎、基準 ★ on the basis of A　Aに基づいて
☐☐☐	**standard** [stǽndǝrd]	名 基準、標準
☐☐☐	**angle** [ǽŋgl]	名 角(度)
☐☐☐	**barrel** [bǽrǝl]	名 ❶ バレル(※容量の単位。アメリカでは石油の場合約159リットル) ❷ たる

STEP 18

ポイント　principle と発音が同じ語に principal「校長、主な」がある。

1045	原子爆弾	an **atomic** bomb
1046	水素と酸素の化合物	a **compound** of hydrogen and oxygen
1047	損失を計算する	**calculate** the cost
1048	天気予報	the weather **forecast**
1049	クローン化の技術	the **technique** of cloning
1050	でこぼこの表面	a **rough** surface
1051	険しい崖	a **steep** cliff
1052	曲がった形	a **bent** shape
1053	巨大な球	a huge **sphere**
1054	らせん階段	**spiral** stairs
1055	円形の窓	a **circular** window
1056	針金をねじ曲げる	**twist** a wire

科学・技術 / 形状

ポイント technique はフランス語に由来する言葉。スポーツや芸術、科学の技術や方法に関する語。

atomic
[ətámik]
- 形 原子力の、原子の
- ⇒ átom 名 原子

compound
[kámpaund] ア 発
- 名 化合物、合成物
- 形 合成の
- 動 [kəmpáund] 合成する、混ぜ合わせる

calculate
[kǽlkjəlèit]
- 動 計算する
- ⇒ calculátion 名 計算

forecast
[fɔ́ːrkæst]
- 名 (天気の)予報、予測
- 動 (天気などを)予報する (※過去形、過去分詞形は forecast または forecasted)

technique
[tekníːk] ア
- 名 (専門)技術、テクニック

rough
[rʌ́f] 発
- 形 ❶ (表面が)でこぼこの、あらい
- ❷ 荒々しい、乱暴な

steep
[stíːp]
- 形 ❶ (坂が)険しい、急な (⇔ géntle)
- ❷ 急激な

bent
[bént]
- 形 曲がった
- ★ be bent on A　Aを決心している、Aに熱中している
- ⇒ bénd 動 曲げる (※活用は bent-bent)

sphere
[sfíər] 発
- 名 ❶ 球、天体　❷ 領域、分野
- ⇒ sphérical 形 球状の、天体の
- ⇒ hémisphere 名 半球

spiral
[spáiərəl]
- 形 らせん状の
- 名 ❶ らせん(状のもの)
- ❷ 連続的な変化、急な上昇[悪化]
- 動 らせん形になる、急上昇[降下]する

circular
[sə́ːrkjələr]
- 形 円形の、ぐるぐるまわる
- 名 広告ビラ、回覧状
- ⇒ círculate 動 ❶ 循環する
- ❷ (うわさなどが)広がる

twist
[twíst]
- 動 ❶ (力を入れて)ねじ曲げる
- ❷ (糸などを)よる、巻く

ポイント bend のチャンクを見てみよう。
bend the rules（規則を曲げる）　bend the knees（ひざを曲げる）
be bent on soccer（サッカーに夢中である）

1057	誤解を招く	cause a **misunderstanding**
1058	文化間の対話	a **dialogue** between cultures
1059	情報経路 ▶イギリス海峡	an information **channel** ▶the English channel
1060	極度の不安	**extreme** anxiety
1061	激しい寒さ	the **intense** cold
1062	深刻な不況	the **severe** depression
1063	かなりの程度	a considerable **extent**
1064	温和な人	a **mild** person
1065	十分な量	a **sufficient** quantity
1066	その手紙を引き裂く	**tear** the letter **up**
1067	その土地を荒廃させる	**devastate** the land
1068	木の破片	**fragments** of wood

ポイント: dialogue はイギリス英語、dialog はアメリカ英語であるが、アメリカでも dialogue を好んで使う人は多い。

☐☐☐	**misunderstanding** [mìsʌndərstǽndiŋ]	名 誤解 ⇒ misunderstánd 動 誤解する
☐☐☐	**dialogue** [dáiəlɔ̀ːg]	名 (…の間の)対話(between)、会話の部分 (※ dialog ともつづる) ⇒ mónologue(mónolog) 名 独白
☐☐☐	**channel** [tʃǽnl] 発	名 ❶ (情報伝達の)経路　❷ 海峡、水路 ❸ チャンネル 動 ❶ (…に)(力、関心などを)注ぐ、向ける(into) ❷ (…に資源などを)提供する(into)
☐☐☐	**extreme** [ikstríːm] ア	形 極度の、極端な 名 極端 ★ go to extremes　極端なことを言う ⇒ extrémely 副 極端に
☐☐☐	**intense** [inténs]	形 激しい、強烈な ⇒ inténsive 形 集中的な、激しい(⇔ exténsive)
☐☐☐	**severe** [səvíər]	形 ❶ 深刻な、(痛みが)ひどい ❷ きびしい、厳格な
☐☐☐	**extent** [ikstént]	名 程度、範囲 ★ to a great [large] extent　大部分は、大いに ★ to some [a certain] extent　ある程度(まで)
☐☐☐	**mild** [máild]	形 ❶ 温和な、穏やかな　❷ (気候が)穏やかな
☐☐☐	**sufficient** [səfíʃənt] ア	形 (…に、…するのに)十分な、必要なだけの (for、to do)(⇔ insufficíent)
☐☐☐	**tear** [téər] 発 活用；tore-torn	動 引き裂く、裂ける ★ tear up　(ズタズタに)引き裂く、破り捨てる 名 [tíər] 涙
☐☐☐	**devastate** [dévəstèit] ア	動 荒廃させる、荒らす ⇒ dévastating 形 破壊的な、衝撃的な ⇒ devastátion 名 (物的、心的な)荒廃
☐☐☐	**fragment** [frǽgmənt]	名 破片、かけら

ポイント　mild の他のチャンクを見てみよう。
　　mild climate（温和な気候）
　　mild cough（軽いせき）

#	日本語	英語
1069	天然の**生息地**	a natural **habitat**
1070	**海洋**生物	**marine** life
1071	**酸素**の供給	**oxygen** supply
1072	**二酸化**炭素	carbon **dioxide**
1073	海洋の**生態系**	the ocean **ecology**
1074	グローバルな**傾向**	a global **trend**
1075	**現在の**状況	the **current** situation
1076	考え**がちである**	**tend to** think
1077	**才能のある**ピアニスト	a **gifted** pianist
1078	**潜在能力**を示す	show **potential**
1079	**有能な**政治家 ▶学ぶ**能力がある**	a **capable** politician ▶capable of learning
1080	勝つ**ことができる**	**be able to** win

環境・自然 / 傾向・時勢 / 能力・可能性

次の（ ）内に入れるのに最も適当なものを、下の(1)から(4)から選びなさい。
According to the newspaper, even a teenager is (　) of sailing a yacht around the world alone.
(1) accessible　(2) capable　(3) controllable　(4) manageable　（センター試験）

☐	**habitat** [hǽbətæt]	名 生息地
☐	**marine** [mərí:n]	形 ❶ 海洋の、海の ❷ 海運の
☐	**oxygen** [ɑ́ksidʒən] 発	名 酸素
☐	**dioxide** [daiɑ́ksaid]	名 二酸化物 ⇒ óxide 名 酸化物
☐	**ecology** [ikɑ́lədʒi]	名 ❶ 生態(系)、環境 ❷ 生態学 ⇒ ecológical 形 生態学の、環境保護の 　　　　　　　　　(※名詞の前で用いる)
☐	**trend** [trénd]	名 傾向、流行 ⇒ tréndy 形 流行の
☐	**current** [kə́:rənt]	形 現在の、一般に行われている 名 ❶ 流れ ❷ 電流
☐	**tend** [ténd]	動 (…)しがちである、(…する)傾向がある 　(to do) ⇒ téndency 名 傾向
☐	**gifted** [gíftəd]	形 才能のある、恵まれた
☐	**potential** [pəténʃəl]	名 潜在(能)力、(…する)可能性(to do) 形 潜在的な、可能性のある
☐	**capable** [kéipəbl]	形 有能な ★ be capable of doing …する能力がある ⇒ capability 名 能力
☐	**able** [éibl]	形 ❶ できる ❷ 有能な ★ be able to do …することができる ⇒ ability 名 (…できる)能力(to do)

正解　2 (be capable of doing で「…する能力がある」)
(新聞によると、10代の若者でさえもヨットに乗って単独世界一周ができるとのことだ)

例文でCHECK!!

☐	あなたの日々の生活が**気候変動**に影響を与える。	Your daily lives make a difference to **climate change**.	1021
☐	**友好的な雰囲気**によって彼女の不安な気持ちはすぐに取り除かれた。	**The friendly atmosphere** quickly removed her feelings of anxiety.	1022
☐	温かく**湿気の多い空気**が部屋に流れ込んだ。	The warm, **humid air** flowed into the room.	1023
☐	この物質は部屋の**湿気を吸収する**。	This material **absorbs moisture** from the room.	1024
☐	彼は次の四半期で売上が **10% 上昇する**と期待した。	He expected sales to **rise by 10%** over the next quarter.	1025
☐	私は**腕を伸ばし**、彼は私の手をつかんだ。	I **extended my arm** and he grabbed my hand.	1026
☐	彼は鏡の中で、顔が**はれ上がり**始めたのを見た。	He saw in the mirror that his face had started to **swell up**.	1027
☐	彼は新しい分野に**自分の事業を拡大する**ことを決めた。	He decided to **expand his business** into new fields.	1028
☐	彼は**その女性に軽くうなずいた**。	He briefly **nodded to the woman**.	1029
☐	彼女は彼に、黙っているように**しぐさをした**。	She **made a gesture** to tell him to remain silent.	1030
☐	私は、もう一つの部屋から**元気のよい声**がしているのが聞こえた。	I could hear **a cheerful voice** coming from the other room.	1031
☐	私の先生からの手紙は**私の顔を赤らめた**。	The letter from my teacher **made me blush**.	1032
☐	彼はこの大学で**化学を専攻する**つもりだ。	He is going to **major in chemistry** at this college.	1033
☐	彼女の息子は**基本的な算数**をとてもすばやく理解した。	Her son grasped **basic arithmetic** very quickly.	1034
☐	私はその**抽象絵画**の意味がまったくわからなかった。	I couldn't find any meaning in the **abstract painting**.	1035
☐	**現代哲学**の夜間講座に興味はありますか。	Are you interested in an evening course on **contemporary philosophy**?	1036
☐	彼女は生態学分野の**一流の学者**だった。	She was **a leading scholar** in the field of ecology.	1037
☐	彼は大学で**学術調査**プロジェクトを率いていた。	He was heading up **an academic research** project at the university.	1038
☐	彼は**生物学の教科書**を手に取り、目を通し始めた。	He picked up **a textbook on biology** and started reading through it.	1039
☐	言論の自由は民主主義の**基本原理**である。	Freedom of speech is **a fundamental principle** of democracy.	1040

彼は**計算の基礎**として現在のデータを用いた。	He used the current data as **the basis of calculation**.	1041
彼は工場の低い**品質基準**に対処するために派遣された。	He was sent to address the poor **quality standards** in the factory.	1042
正方形には**直角**が4つある。	A square has four **right angles**.	1043
1バレルの石油の価格はこの期間急上昇した。	The price of **a barrel of oil** rose sharply during this period.	1044
その国は**原子爆弾**を作っていると疑われている。	The country is suspected of making **an atomic bomb**.	1045
水は**水素と酸素の化合物**だ。	Water is **a compound of hydrogen and oxygen**.	1046
その災害の**損失を計算する**のは不可能だった。	It was impossible to **calculate the cost** of the disaster.	1047
天気予報は大雨を警告した。	**The weather forecast** warned of heavy rain.	1048
彼はヒト細胞の**クローン化の技術**を説明した。	He explained **the technique of cloning** human cells.	1049
月には、山と谷で覆われた**でこぼこの表面**がある。	The moon has **a rough surface** covered with mountains and valleys.	1050
彼女は彼女の上にそびえている**険しい崖**を見上げた。	She looked up at **a steep cliff** that towered above her.	1051
その金属片は**曲がった形**に作られていた。	The piece of metal was made into **a bent shape**.	1052
プラトンは弟子たちに地球は**巨大な球**であると教えた。	Plato taught his disciples that the earth is **a huge sphere**.	1053
彼は彼女を追ってその**らせん階段**を急いで上がった。	He hurried up the **spiral stairs** after her.	1054
日光が**円形の窓**を通って入ってきた。	The sunlight came through **a circular window**.	1055
彼は回路を作るため**針金をねじ曲げた**。	He **twisted a wire** to make a circuit.	1056
彼の微妙な言い回しが**誤解を招いた**。	His subtle wording **caused a misunderstanding**.	1057
この地域で平和を達成するため、私たちは**文化間の対話**を必要としている。	We need **a dialogue between cultures** to achieve peace in this region.	1058
彼らはいつも全員に情報が伝わるよう、**情報経路**を確立した。	They established **an information channel** to keep everyone informed.	1059
彼は国を離れるとき、**極度の不安**を経験した。	He experienced **extreme anxiety** when he left his country.	1060

STEP 18

彼が**激しい寒さ**を生き延びることができたのは奇跡だ。	It's a miracle he was able to survive **the intense cold**.	1061
多くの人々が、**深刻な不況**の間に職を失った。	Many people lost their jobs during **the severe depression**.	1062
新技術が穀物の生産を**かなりの程度**高めた。	The new technology improved crop production to **a considerable extent**.	1063
彼女は彼を**温和な人**と考えていたが、それは間違いだった。	She thought of him as **a mild person**, but it was a mistake.	1064
彼は**十分な量**の暖かい衣服を持っていた。	He had **a sufficient quantity** of warm clothing.	1065
彼女は**その手紙を引き裂いて**火の中に投げ入れた。	She **tore the letter up** and threw it in the fire.	1066
その戦争は極度に**その土地を荒廃させた。**	The war severely **devastated the land**.	1067
彼は浜辺で**木の破片**をいくつか見た。	He saw some **fragments of wood** on the beach.	1068
動物は動物園よりも**天然の生息地**にいるほうが幸福だろう。	Animals would be happier in **a natural habitat** than in a zoo.	1069
数え切れないほど多様な**海洋生物**が存在する。	There is an endless variety of **marine life**.	1070
彼は助けられる前に**酸素の供給**が尽きてしまうのではないかと心配した。	He worried that the **oxygen supply** would run out before he was rescued.	1071
植物は、**二酸化炭素**を吸収して酸素を大気中に排出する。	Plants absorb **carbon dioxide** and release oxygen into the atmosphere.	1072
海洋の生態系は繊細なバランスを取っており、汚染の悪影響を受けている。	**The ocean ecology** is delicately balanced and can be harmed by pollution.	1073
動画をオンラインで見るのは、急速に**グローバルな傾向**になりつつある。	Watching videos online is fast becoming **a global trend**.	1074
彼は**現在の状況**から脱する方法がまったくわからなかった。	He couldn't see any way out of **the current situation**.	1075
彼は他の人よりも自分が優れていると**考えがちだった。**	He **tended to think** that he was better than other people.	1076
彼は、彼女がそんなに**才能のあるピアニスト**になろうとは思ってもいなかった。	He had no idea that she would be such **a gifted pianist**.	1077
彼女は**潜在能力を示していた**が、成功するためには必死で働く必要があるだろう。	She **showed potential** but would need to work hard to be successful.	1078
彼は多くの機会において自身が**有能な政治家**であることを証明した。	He proved himself to be **a capable politician** on many occasions.	1079
彼女は**勝つことができる**かどうか自信がなかった。	She wasn't sure if she would **be able to win**.	1080

フォーカスワード 基本動詞 18
think

❶ 考える、思う
❷ 考える、わかる

[θíŋk スィンク]

共通イメージ

頭の中で考えがいろいろ進行している

❶ 考える、思う
think about you

❷ 考える、わかる
think that he is nice

▶▶▶ think で言ってみよう!

思考の内容

☐	答えを考える	think about an answer
☐	世界平和を考える	think about world peace
☐	あなたの将来について考える	think about your future
☐	名案を思いつく	think of a good plan

副詞

☐	そうは思わない	don't think so
☐	よく考える	think twice
☐	その計画について考え直す	think again about the plan
☐	その事柄を見直す	think better of the matter
☐	旅行のことをふり返る	think back on the trip
☐	自分の将来を前もって考える	think ahead to my future
☐	その問題について一生懸命考える	think hard about the problem
☐	この問題を考え抜く	think through this issue

1081	平凡な音楽家	an **ordinary** musician
1082	壮観な日の入り	a **spectacular** sunset
1083	主要な目標	a **chief** goal
1084	明らかな誤り	an **obvious** mistake
1085	とがったナイフ	a **sharp** knife
1086	主な登場人物	the **main** characters
1087	明らかな矛盾 ▶彼女の外見上の年齢	the **apparent** contradiction ▶her apparent age
1088	妊娠している女性	a **pregnant** woman
1089	羊の群れ	a **flock** of sheep
1090	牛を飼育する	**breed** cattle
1091	生きているサメ	a **live** shark
1092	遺伝子治療	**gene** therapy

ポイント: sharp には「(時間) ちょうどに」という意味もある。
Please be here at 6 pm sharp. (午後6時ちょうどにここに来てください)

☐☐☐	**ordinary** [ɔ́ːrdənèri]	形 平凡な、ふつうの（⇔ extraórdinary）
☐☐☐	**spectacular** [spektǽkjələr]	形 壮観な、見ものの　名 見世物
☐☐☐	**chief** [tʃíːf]	形 ❶ 主要な、第一の ❷（地位や権限などが）最高の 名 ❶（ある団体の）長、かしら　❷（部族の）長
☐☐☐	**obvious** [ábviəs] ア	形 明らかな、明白な ⇒ óbviousy 副 明らかに、当然ながら
☐☐☐	**sharp** [ʃɑ́ːrp]	形 ❶（刃が）とがった、よく切れる ❷（変化などが）急激な
☐☐☐	**main** [méin]	形 主な、主要な
☐☐☐	**apparent** [əpǽrənt] 発	形 ❶ 明らかな　❷ 外見上の、見せかけの ⇒ appárently 副 一見、見たところでは
☐☐☐	**pregnant** [prégnənt]	形 妊娠している ⇒ prégnancy 名 妊娠
☐☐☐	**flock** [flɑ́k]	名 ❶（羊、鳥などの）群れ　❷ 人の群れ、大勢 動 群がる、（大勢で）集まる
☐☐☐	**breed** [bríːd] 活用：bred-bred	動 ❶（家畜を）飼育する、（植物を）栽培する ❷（動物が子を）産む、繁殖する
☐☐☐	**live** [láiv] 発	形 ❶ 生きている（⇔ déad）、本物の ❷ 生放送の、ライブの 副（番組などが）生で、実況で
☐☐☐	**gene** [dʒíːn]	名 遺伝子 ⇒ genétic 形 遺伝子の ⇒ genétics 名 遺伝子学

STEP 19

ポイント flock を使ったことわざに Birds of a feather flock together.（同じ羽の鳥は群をなす→類は友を呼ぶ）がある。

1093	100ドル**賭ける**	**bet** $100
1094	名誉にかけて**誓う**	**swear** on my honor
1095	見知らぬ人**を意識して**	**conscious of** a stranger
1096	**あえて**質問**する**	**dare to** ask
1097	活動を**監視する**	**monitor** the activities
1098	紛争を**解決する**	**settle** the dispute
1099	競争で**生き残ること**	**survival** in the competition
1100	記憶を**取り戻す**	**recover** memories
1101	困難を**克服する**	**overcome** difficulties
1102	目的を**成し遂げる**	**accomplish** the goal
1103	**一風変わった**特徴	**peculiar** characteristics
1104	**異常な**状態	an **abnormal** condition

ポイント He dared not come. = He didn't dare to come.（彼はあえて来なかった）
前者が助動詞、後者が動詞の用法。

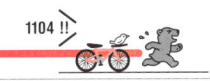

bet	[bét] 活用:bet-bet	動 (…に)賭ける ★ I('ll) bet... きっと…だ ★ You bet(...)! (口語)もちろん(…だ)。
swear	[swéər]	動 ❶ 誓う、宣誓する ❷ (…に対して)ののしる、毒づく(at)
conscious	[kánʃəs]	形 (…を)意識して(of)、意識的な
dare	[déər]	動 あえて…する(to do) ★ dare A to do A(人)にできるなら…してみろと言う 助 あえて…する(主に否定文、疑問文で用いる)
monitor	[mánətər]	動 (モニターで)監視する、調査する 名 ❶ (コンピュータの)モニター、ディスプレイ ❷ クラス委員
settle	[sétl]	動 解決する、和解する ⇒ séttlement 名 ❶ 合意、決着 ❷ 集落 ⇒ séttler 名 入植者、開拓者
survival	[sərváivəl]	名 生き残ること、生存 ⇒ survíve 動 ❶ (災害、事故などを)生き残る ❷ (survive A) Aより長生きする ⇒ survívor 名 生存者、遺族
recover	[rikʌ́vər]	動 ❶ (失った物を)取り戻す、回収する ❷ (損失などを)埋め合わせる ❸ (健康などを)回復する ⇒ recóvery 名 (…からの)回復(from)
overcome	[òuvərkʌ́m]	動 克服する、打ち勝つ
accomplish	[əkámpliʃ]	動 成し遂げる、達成する ⇒ accómplishment 名 達成、業績
peculiar	[pikjúːljər] 発	形 ❶ 一風変わった、変な ❷ (…に)特有の、独特の(to)
abnormal	[æbnɔ́ːrməl] 発	形 (悪い意味で)異常な、ふつうでない (⇔ nórmal) ⇒ abnormálity 名 異常、異常なもの[こと]

ポイント accomplish の類義語に achieve (達成する) がある。achieve のほうがふつう意味が強く、「偉業を達成した」というニュアンスが出る。

議論・説得・論理	1105 結論に到達する	reach a **conclusion**
	1106 大衆を説得する	**persuade** the public
	1107 重要性を強調する	**emphasize** the importance
	1108 大衆に納得させる	**convince** the public
	1109 批判的な見方 ▶政府を批判する	**critical** views ▶ criticize the government
	1110 その論理を理解する	understand the **logic**
	1111 流行を分析する	**analyze** the trend
距離・間隔	1112 1マイル歩く	walk a **mile**
	1113 密接に関連した	**closely** connected
	1114 一定の間隔で	at regular **intervals**
	1115 この近隣で	in this **neighborhood**
	1116 近くの町	a **nearby** town

ポイント
critical の他のチャンクを確認しよう。
critical condition（危機的な状態）
a critical essay（批評）

☐☐☐	**conclusion** [kənklúːʒən]	名 結論 ⇒ conclúde 動 結論づける
☐☐☐	**persuade** [pərswéid]	動 ❶(人を)説得する　❷(人に)納得させる ★ persuade A to do [into doing]　A(人)を説得して…させる ⇒ persuásion 名 説得、信念
☐☐☐	**emphasize** [émfəsàiz] ア	動 強調する、力説する ⇒ émphasis 名 強調
☐☐☐	**convince** [kənvíns] ア	動 (…を、…ということを)納得させる、確信させる(of, that 節) ⇒ convíction 名 確信
☐☐☐	**critical** [krítikəl]	形 ❶批判的な　❷危機の、重大な　❸批評の ⇒ críticize 動 批判する、非難する ⇒ crític 名 批評家
☐☐☐	**logic** [ládʒik]	名 論理 ⇒ lógical 形 論理的な
☐☐☐	**analyze** [ǽnəlàiz]	動 分析する ⇒ análysis 名 分析、検査 　　(※複数形：analyses) ⇒ analýtical 形 分析的な(= analýtic)
☐☐☐	**mile** [máil]	名 マイル(※約1.6km) ⇒ mílestone 名 ❶(道端に立てられた)マイル標石　❷(歴史、人生などでの)画期的な出来事
☐☐☐	**closely** [klóusli] 発	副 ❶密接に、綿密に　❷接近して ⇒ clóse 形 ❶親しい　❷接近した、類似した
☐☐☐	**interval** [íntərvəl] ア	名 ❶(時間的、空間的)間隔　❷休憩時間 ★ at intervals　ときどき、あちこちに
☐☐☐	**neighborhood** [néibərhùd]	名 近隣、近所 ⇒ néighbor 名 近所の人
☐☐☐	**nearby** [nìərbái]	形 副 近くの[に] (※副詞の場合、near by とつづることもある)

ポイント 1マイルは、正確には 1609.344 メートル。なお、海の長さを測る海里 (nautical mile) は 1852 メートルと定められている。

1117	授業に**出席する**	**attend** a class
	▶細部に**注意を払う**	▶<u>attend to</u> details
1118	その計画**に携わる**	**engage in** the program
	▶観客の**関心をひく**	▶<u>engage</u> the audience
1119	そのイベント**に参加する**	**participate in** the event
1120	学校**を欠席している**	be **absent from** school
1121	そのデータを**登録する**	**register** the data
1122	数多くの**事例**	numerous **instances**
1123	星を**観察する**	**observe** the stars
	▶慣習を**守る**	▶<u>observe</u> the custom
1124	新聞を**ざっと見る**	**scan** the newspaper
1125	動物**実験**	**experiments on** animals
1126	効果を**調べる**	**examine** the effect
1127	その様式を**まねる**	**imitate** the style
1128	その絵を**複製する**	**reproduce** the painting

参加・不在 / 調査・研究

LEVEL 2

☐☐☐	**attend** [əténd]	動 出席する、(学校などに)通う ★ attend to A　Aに注意を払う、世話する ⇒ atténdance 名 出席
☐☐☐	**engage** [ingéidʒ]	動 ❶ (…に)携わる、(…を)行う(in) ❷ (人の)関心をひく ★ be engaged in A　Aに携わる ⇒ engáged 形 ❶ (…と)婚約して(to) 　　　　　　❷ 忙しい
☐☐☐	**participate** [pɑːrtísəpèit]	動 (…に)参加する(in) ⇒ participátion 名 参加 ⇒ participant 名 参加者
☐☐☐	**absent** [ǽbsənt]	形 (…を)欠席[欠勤]して(from) ⇒ ábsence 名 欠席、不在
☐☐☐	**register** [rédʒəstər] ア	動 登録する、記録する 名 記録簿 ⇒ registrátion 名 登録
☐☐☐	**instance** [ínstəns]	名 ❶ 事例　❷ 場合、ケース ★ for instance　たとえば
☐☐☐	**observe** [əbzə́ːrv]	動 ❶ 観察する　❷ 気づく　❸ (法律などを)守る　❹ (観察などのあとに)意見を述べる ⇒ observátion 名 ❶ 観察　❷ 意見、考え ⇒ obsérvance 名 (規則、しきたりなどを)守ること、順守
☐☐☐	**scan** [skǽn]	動 ❶ (…を探して)ざっと見る、細かく調べる(for) ❷ スキャンする、(画像などを)取り込む
☐☐☐	**experiment** [ikspérəmənt] ア 発	名 (…への)実験(on) 動 [ikspérəmènt] 実験する ⇒ experiméntal 形 実験の、実験的な
☐☐☐	**examine** [igzǽmən]	動 調べる、検査する ⇒ examinátion 名 試験、検査 → exáminer 名 試験官
☐☐☐	**imitate** [ímətèit] ア	動 まねる、見習う ⇒ imitátion 名 まね、模倣、にせもの
☐☐☐	**reproduce** [rìːprədjúːs]	動 ❶ 複製する、複写する ❷ (動植物などが)繁殖する、子を産む ⇒ reprodúction 名 ❶ 生殖、繁殖 　　　　　　　❷ 複製、複写

STEP 19

1129	スエズ**運河**	the Suez **Canal**
1130	**港**に入る	enter the **harbor**
1131	美しい**噴水**	a beautiful **fountain**
1132	漁**港**	a fishing **port**
1133	**墓**参りをする	visit a **grave**
1134	アルファベット**順**に	in an alphabetical **sequence**
1135	**最初の**段階	the **initial** stage
1136	社会**階級**	a social **rank**
1137	水**分子**	the water **molecule**
1138	**綿**シャツ	a **cotton** shirt
1139	主な**材料**	the main **ingredient**
1140	目立った**要素** ▶初歩のコース	a distinct **element** ▶an elementary course

建造物・人工物 / 序列 / 材料・原料

ポイント harborは、広く一般に「港」、portは「港」の中でも特に、船をつけて荷物の揚げ降ろしをするような、輸送や商業を目的とした場所という意味をもつ。自然にできた入江のようなものもharborに当たる。

☐	**canal** [kənǽl]	名 運河、水路
☐	**harbor** [hɑ́ːrbər]	名 ❶ 港 ❷ 避難所
☐	**fountain** [fáuntən]	名 ❶ 噴水 ❷(水・血液の)噴出 ❸ 源泉
☐	**port** [pɔ́ːrt]	名 港、港町
☐	**grave** [gréiv]	名 墓 形 ❶ 重大な、深刻な ❷ まじめな、厳粛な
☐	**sequence** [síːkwəns]	名 ❶ 順序、連続 ❷ 順番 ⇒ sequéntial 形 連続して起こる
☐	**initial** [iníʃəl]	形 ❶ 最初の、第一の ❷ 語頭の 名 頭文字
☐	**rank** [rǽŋk]	名 ❶ 階級、身分 ❷(人、物の)列(= rów) 動 ランク付けをする
☐	**molecule** [mɑ́likjùːl]	名 分子 ⇒ molécular 形 分子の、分子からなる
☐	**cotton** [kɑ́tn]	名 綿、綿布
☐	**ingredient** [ingríːdiənt]	名 (料理の)材料、(混合物の)成分
☐	**element** [éləmənt]	名 ❶ 要素 ❷ 元素 ⇒ eleméntary 形 初歩の ⇒ eleméntal 形 ❶ 根本的な、根源的な 　　　　　　　　❷ 元素の

ポイント grave の形容詞のチャンクを見てみよう。
　　a grave condition（深刻な容体）
　　a grave error（重大な間違い）
　　a grave expression（まじめな顔つき）

STEP 19

例文でCHECK!!

彼女が平凡な音楽家であることは明白だった。	It was clear that she was **an ordinary musician**.	1081
彼らにとって、天候の状態は壮観な日の入りを楽しむのにちょうどよかった。	The weather conditions were just right for them to enjoy **a spectacular sunset**.	1082
売り上げの増大が、翌年の主要な目標になるだろう。	Sales growth would be **a chief goal** for the coming year.	1083
私たちは、彼がそうした明らかな誤りをしたとは信じられなかった。	We couldn't believe that he had made such **an obvious mistake**.	1084
その少年はロープをとがったナイフで切った。	The boy cut the rope with **a sharp knife**.	1085
その小説の主な登場人物のひとりは手品師だ。	One of **the main characters** in the novel is a magician.	1086
彼女は明らかな矛盾に気づかないようだった。	She didn't seem to notice **the apparent contradiction**.	1087
妊娠している女性に彼の席に座ってもらおうと、彼は立ち上がった。	He stood up to let **a pregnant woman** take his seat.	1088
彼が電車の窓から外を見ていると、野原に羊の群れが目に入った。	Looking out the train window, he saw **a flock of sheep** in a field.	1089
彼は牛を飼育することで事業を拡大しようと決断した。	He decided to expand his business by **breeding cattle**.	1090
彼は、生きているサメを捕獲したときに自分の目が信じられなかった。	He couldn't believe his eyes when he caught **a live shark**.	1091
まもなく、遺伝子治療によって多くの病気が治療できるかもしれない。	It may soon be possible to treat many illnesses with **gene therapy**.	1092
彼は非常に自信があったので、そのチームに100ドル賭けた。	He was so confident that he **bet $100** on the team.	1093
私は真実を話すと自分の名誉にかけて誓います。	I **swear on my honor** that I am telling you the truth.	1094
彼は近くに立っている見知らぬ人を意識して、声を落とした。	He was **conscious of a stranger** standing nearby, and lowered his voice.	1095
彼が一晩中どこにいたのか、彼女はあえて質問しなかった。	She didn't **dare to ask** where he had been all night.	1096
警察は被疑者の活動を監視し続けた。	Police continued to **monitor the activities** of the suspects.	1097
彼らは紛争を解決するために第三者を入れた。	They brought in a third party to **settle the dispute**.	1098
彼が競争で生き残る見込みは高くない。	His chances of **survival in the competition** are not high.	1099
彼はその夜の記憶を取り戻そうとした。	He tried to **recover memories** of that night.	1100

☐	彼は家族と友人の支援を得て**困難を克服した**。	He **overcame difficulties** with the support of his family and friends.	1101
☐	彼女は**目的を成し遂げる**ために何でもしようと決心した。	She decided she would do everything to **accomplish the goal**.	1102
☐	ペンギンは多くの**一風変わった特徴**を見せる。	Penguins exhibit a number of **peculiar characteristics**.	1103
☐	その機械が**異常な状態**にあるのは明白だった。	It was obvious that the machine was in **an abnormal condition**.	1104
☐	限られた情報では、**結論に到達する**のは不可能だった。	With the limited information it was impossible to **reach a conclusion**.	1105
☐	その政治家は、彼に投票するように**大衆を説得し**ようとした。	The politician tried to **persuade the public** to vote for him.	1106
☐	その講演者は最後の点の**重要性を強調する**よう気をつけた。	The speaker took care to **emphasize the importance** of his final point.	1107
☐	彼らはその計画の有効性を**大衆に納得させる**ことができなかった。	They failed to **convince the public** of the plan's effectiveness.	1108
☐	彼はいかなる**批判的な見方**に対しても耳を傾ける覚悟が十分にできていた。	He was fully prepared to listen to any **critical views**.	1109
☐	彼女は彼の議論の**論理を理解し**ようと必死にがんばった。	She struggled to **understand the logic** of his argument.	1110
☐	彼の仕事は、ニューヨークにおけるファッションの**流行を分析する**ことである。	His job is to **analyze the** fashion **trend** in New York.	1111
☐	彼は毎日、健康を維持するために**1マイル歩いている**。	He **walks a mile** every day to keep healthy.	1112
☐	産業活動は気候変動と**密接に関連し**ている。	Industrial activities are **closely connected** with climate change.	1113
☐	時計台の鐘は**一定の間隔**で鳴る。	The bell in the clock tower rings **at regular intervals**.	1114
☐	**この近隣で**暴力的な犯罪が増加している。	There has been an increase in violent crime **in this neighborhood**.	1115
☐	いくつかの理髪店が**近くの町**に開業した。	Several barber shops were established in **a nearby town**.	1116
☐	彼は美術に関心があり、大学で**授業に出席する**ことを決めた。	He was interested in art and decided to **attend a class** at the college.	1117
☐	50人を超える専門家が**その計画に携わった**。	More than 50 specialists **engaged in the program**.	1118
☐	私は幸運にも**そのイベントに参加する**ように求められた。	I was lucky to be asked to **participate in the event**.	1119
☐	家族の緊急事態により、彼は**学校を欠席していた**。	Due to a family emergency he **was absent from school**.	1120

STEP 19

☐	彼女は注意して**そのデータを**コンピューターに**登録した**。	She **registered the data** carefully on the computer.	1121
☐	彼らの間には、争いの**数多くの事例**が存在した。	There were **numerous instances** of conflict between them.	1122
☐	彼は毎晩、**星を観察する**のに望遠鏡を使った。	Every night he used his telescope to **observe the stars**.	1123
☐	彼女は前夜の出来事の記事を探して**新聞をざっと見た**。	She **scanned the newspaper** for a report of the previous night's events.	1124
☐	活動家らは**動物実験**に抗議し、街頭デモ行進をした。	Activists took to the streets to protest against **experiments on animals**.	1125
☐	彼は、その発言の聴衆への**効果を調べる**ために小休止した。	He paused to **examine the effect** of the statement on his audience.	1126
☐	その建物はルネサンス**様式をまねている**。	The building **imitates the** Renaissance **style**.	1127
☐	彼は**その絵を複製する**ために多額の費用をかけた。	He paid a lot of money to **reproduce the painting**.	1128
☐	**スエズ運河**は地中海を紅海へと結んでいる。	**The Suez Canal** connects the Mediterranean to the Red Sea.	1129
☐	彼は腰かけて、巨大な外洋船が**港に入る**のを見ていた。	He sat and watched the massive ocean liner **enter the harbor**.	1130
☐	少年は**美しい噴水**を見上げた。	The boy looked up at **the beautiful fountain**.	1131
☐	それはかつては**漁港**だったが、大型の工業地域に発展した。	It had once been **a fishing port** but grew into a large industrial area.	1132
☐	彼女は彼の命日に決まって**墓参りをした**。	She regularly **visited the grave** on the anniversary of his death.	1133
☐	彼は**アルファベット順**に本のコレクションを並べるのを好んでいた。	He liked to arrange his book collection **in an alphabetical sequence**.	1134
☐	そのプロジェクトの**最初の段階**は成功したと思っている。	I think **the initial stage** of the project was a success.	1135
☐	彼の服と会話が、**社会階級**が高いことを示していた。	His clothes and speech showed that he was of **a higher social rank**.	1136
☐	**水分子**は非常に安定した構造をしている。	**The water molecule** has a very stable structure.	1137
☐	暖かい日だったので、彼は着る**綿シャツ**を選び出した。	It was a warm day, so he picked out **a cotton shirt** to wear.	1138
☐	新鮮なトマトがこのソースの**主な材料**だ。	Fresh tomatoes are **the main ingredient** of this sauce.	1139
☐	彼らのメニューの**目立った要素**は豊富なワインメニューだ。	The extensive wine list is **a distinct element** of their menu.	1140

フォーカスワード 基本動詞 19

want

[wánt ワント]

❶ …することを望む、…したい
❷ …に…してもらいたい
❸ ほしい、ほしがる、望む

共通イメージ 何かをほしいと思う心の状態

❶ …することを望む、…したい

❷ …に…してもらいたい
want him to see you

❸ ほしい、ほしがる、望む
want money

▶▶▶ want で言ってみよう!

身近なもの

□ 飲み物がもう一杯ほしい	want another drink
□ 食べるものがほしい	want something to eat
□ コーヒーがほしい	want some coffee
□ スープがほしい	want some soup
□ あなたの助けがほしい	want your help
□ たくさんのお金がほしい	want a lot of money
□ パンがほしい	want bread
□ ケーキがほしい	want some cake

動詞

□ 本当のことが知りたい	want to know the truth
□ 弁護士になりたい	want to be a lawyer
□ コンサートに行きたい	want to go to the concert
□ 彼に来てもらいたい	want him to come

レッツ！スピーク ❷ スピーチの型

1 チャンクを確認しよう

自分の意見を述べる短いスピーチを練習しましょう。
まず、結論を最初に言い、そのあとで、理由を添えるようにしましょう。
理由が複数あるときは、それぞれFirst, Second...と始めるとよいでしょう。
以下は短い例ですが、長くなってもスピーチの型は同じです。

例：テレビは私たちによい影響を与えるか。
I think TV has a good influence on us. I have two reasons for it.
First, it gives us a lot of visual information.
Second, it encourages family conversations.
（テレビは私たちによい影響を与えると思います。その根拠は2つあります。
第1に、テレビは多くの視覚的情報を与えてくれます。
第2に、テレビは家族の会話を促します。）

2 言ってみよう

問題 これまでに学んだチャンクを応用して、スピーチを作ってみよう。

I think a trip to Europe is (　) the (　).
I have two reasons to support my view.
First, it is a (　) (　) to see buildings of (　) (　).
Second, it gives us a deeper understanding of European cultures like the (　) (　).
（私は、ヨーロッパ旅行は費用をかける価値があると思う。
私の意見を指示する根拠は2つある。
第1に、それは歴史的重要性のある建物を見るまれな機会である。
第2に、それはギリシャ神話のようなヨーロッパ文化をより深く理解させてくれる。）

解答
worth, cost, rare, opportuniy, historical, significance,
Greek, myths

CROWN Chunk Builder
Advanced

LEVEL
3

入試上級

同意・好意	1141	show **goodwill**	**好意**を示す
	1142	reach a **consensus**	**合意**に達する
	1143	give **consent**	**同意**をする
受諾・承認	1144	**undertake** a duty	義務を**引き受ける**
	1145	obtain a **certificate**	**証明書**を得る
	1146	**embrace** faith	信仰を**抱く**
要求・主張	1147	**aspire** to freedom	自由を**切望する**
	1148	**assert** his innocence	彼の無実を**主張する**
	1149	**persist** in his belief	彼の信念に**固執する**
	1150	**yearn** for fame	名声を**切望する**
超越・卓越	1151	**exquisite** tunes	**非常に美しい**調べ
	1152	**exceed** the capacity	能力を**超える**
	1153	**superb** scenery	**すばらしい**風景
	1154	the **ultimate** ideal	**究極の**理想
	1155	**excessive** heat	**過度の**暑さ
人工物・施設	1156	cut the **lawn**	**芝生**を刈る
	1157	arrange **accommodation**	**宿泊施設**を手配する
	1158	**pave** the road	道路を**舗装する**

☐	**goodwill** [gúdwíl]	名 好意、親切心
☐	**consensus** [kənsénsəs]	名 合意、(意見の)一致、コンセンサス
☐	**consent** [kənsént]	名 同意、承諾 動 (…に)同意する、承諾する
☐	**undertake** [ʌ̀ndərtéik] 活用：undertook-undertaken	動 ❶ (義務などを)引き受ける ❷ 着手する、企てる
☐	**certificate** [sərtífikət]	名 証明書、免許状 ⇒ cértify 動 ❶ 証明する ❷ 証明書を与える
☐	**embrace** [imbréis]	動 抱く、抱きしめる 名 抱擁
☐	**aspire** [əspáiər]	動 切望する、熱望する ⇒ aspirátion 名 熱望、野心
☐	**assert** [əsə́ːrt]	動 (権利などを)主張する、断言する ⇒ assértion 名 主張、言明
☐	**persist** [pərsíst]	動 ❶ 固執する、主張する ❷ 続く、生き残る ⇒ persístent 形 しつこい、粘り強い
☐	**yearn** [jə́ːrn]	動 ❶ 切望する、熱望する ❷ 同情する
☐	**exquisite** [ékskwizət]	形 非常に美しい、絶妙な
☐	**exceed** [iksíːd]	動 超える、超過する
☐	**superb** [supə́ːrb]	形 すばらしい、見事な
☐	**ultimate** [ʌ́ltəmət]	形 究極の、最高の 名 ❶ 最高のもの ❷ 根本原理
☐	**excessive** [iksésiv]	形 過度の、極端な ⇒ excéss 名 超過、過剰
☐	**lawn** [lɔ́ːn]	名 芝生、芝地
☐	**accommodation** [əkàmədéiʃən]	名 宿泊施設、収容能力 ⇒ accómmodate 動 収容する
☐	**pave** [péiv]	動 舗装する ⇒ pávement 名 ❶ 舗装 ❷ 車道

STEP 20

構成・組み立て	1159	an essential **component**	必須の**構成要素**
	1160	**assemble** a machine ▶attend an _assembly_	機械を**組み立てる** ▶**集会**に出席する
	1161	a **portion** of the profit	利益の一**部分**
振動・動揺	1162	absorb **vibration**	**振動**を吸収する
	1163	**swing** legs	脚を**揺らす**
	1164	feel a **tremor**	**揺れ**を感じる
悪事・卑劣	1165	**exploit** laborers	労働者を**搾取する**
	1166	severe **abuse**	ひどい**虐待**
	1167	**bully** kids	子どもを**いじめる**
職業・雇用	1168	persuade my **colleague**	**同僚**を説得する
	1169	an average **wage**	平均**賃金**
	1170	**employ** staff	スタッフを**雇う**
	1171	the **crew** on the ship	船の**乗組員**
	1172	support **entrepreneurs**	**起業家**を支援する
	1173	**recruit** members	会員を**募集する**
	1174	hire an **employee**	**従業員**を雇う
誘因・補完	1175	a **supplement to** the information	その情報**への補足**
	1176	**incentive** to work hard	熱心に働く**誘因**

☐☐☐ **component** [kəmpóunənt]	名 (構成)要素、成分
☐☐☐ **assemble** [əsémbl]	動 ❶ 組み立てる ❷ 集まる、集める ⇒ assémbly 名 ❶ 集会、会合 ❷ 組み立て
☐☐☐ **portion** [pɔ́ːrʃən]	名 部分、分け前
☐☐☐ **vibration** [vaibréiʃən]	名 ❶ 振動 ❷ 心の動揺
☐☐☐ **swing** [swíŋ] 活用：swung-swung	動 ❶ 揺り動かす、揺れる ❷ 素早く動かす 名 ❶ 揺れ、変動 ❷ ぶらんこ
☐☐☐ **tremor** [trémər]	名 揺れ、震え
☐☐☐ **exploit** [iksplɔ́it]	動 ❶ (人を)搾取する ❷ 開発する ⇒ exploitátion 名 ❶ 開発 ❷ 搾取
☐☐☐ **abuse** [əbjúːs] 発	名 虐待、乱用 動 [əbjúːz] 乱用する、虐待する
☐☐☐ **bully** [búli]	動 (弱い者を)いじめる、おどす
☐☐☐ **colleague** [kɑ́liːg]	名 同僚、同業者
☐☐☐ **wage** [wéidʒ]	名 賃金 動 (戦争などを)行う
☐☐☐ **employ** [implɔ́i]	動 ❶ 雇う ❷ 使用する ⇒ emplóyment 名 雇用
☐☐☐ **crew** [krúː]	名 ❶ (乗り物の)乗組員(※一人でなく集合的に全員のことをいう) ❷ (一緒に仕事をする)チーム、グループ
☐☐☐ **entrepreneur** [ɑ̀ːntrəprənə́ːr] 発	名 起業家、事業主
☐☐☐ **recruit** [rikrúːt]	動 (新人を)募集[採用]する 名 新人、新入社員
☐☐☐ **employee** [implɔiíː] ア	名 従業員 ⇒ emplóyer 名 雇用主
☐☐☐ **supplement** [sʌ́pləmənt]	名 ❶ (…への)補足、追加(to) ❷ 栄養補助剤[食品] 動 補う
☐☐☐ **incentive** [inséntiv]	名 ❶ 誘因、(…する)刺激[励み]となるもの(to *do*) ❷ 奨学金

1177	easy to **manipulate**	**操作**しやすい
1178	an electrical **circuit**	電気**回路**
1179	**manual** labor	**手**作業
1180	a **fluid** state	**流動的な**状態
1181	a **rusty** key	**さびた**鍵
1182	a **flexible** approach	**柔軟な**アプローチ
1183	the **serene** sky	**澄んだ**空
1184	**stiff** shoulders	**凝った**肩
1185	a **neat** appearance	**きちんとした**外見
1186	**blink** at the light	光を見て**まばたきする**
1187	a circular **motion**	円を描く**動き**
1188	**stroke** a cat	猫を**なでる**
1189	win the **sprint**	**短距離競走**に勝つ
1190	**stride** along the corridor	廊下を**大またで歩く**
1191	**spin** plates	皿を**回す**
1192	**wipe** tears	涙を**ぬぐう**
1193	**stagger** backward	後ろに**よろめく**
1194	**rub** my nose	鼻を**こする**

☐☐	**manipulate** [mənípjəlèit] ア	動 操作する、(器具などを)巧みに扱う ⇒ manipulátion 名 操作、小細工
☐☐	**circuit** [sə́ːrkət] 発	名 ❶ 回路、回線 ❷ 一周、巡回
☐☐	**manual** [mǽnjuəl]	形 手の、手動の 名 説明書、マニュアル
☐☐	**fluid** [flúːəd]	形 流動的な、変わりやすい 名 液体、流体
☐☐	**rusty** [rʌ́sti]	形 ❶ さびた ❷ (能力等が)さびついた ⇒ rúst 動 さびる
☐☐	**flexible** [fléksəbl]	形 柔軟な、融通のきく ⇒ flexibílity 名 柔軟性
☐☐	**serene** [səríːn]	形 ❶ (空などが)澄んだ、晴れた ❷ (生活などが)穏やかな、落ち着いた
☐☐	**stiff** [stíf]	形 凝った、堅い
☐☐	**neat** [níːt]	形 きちんとした
☐☐	**blink** [blíŋk]	動 ❶ まばたきする ❷ きらきら光る 名 まばたき
☐☐	**motion** [móuʃən]	名 ❶ 動き、運動 ❷ 動作、身振り
☐☐	**stroke** [stróuk]	動 なでる、さする 名 ❶ 卒中 ❷ 打つこと
☐☐	**sprint** [sprínt]	名 短距離競走 動 全力疾走する
☐☐	**stride** [stráid]	動 大またで歩く 名 大また(の一歩)
☐☐	**spin** [spín]	動 ❶ 回転する[させる] ❷ (頭が)くらくらする
☐☐	**wipe** [wáip]	動 ぬぐう、拭く 名 拭くこと
☐☐	**stagger** [stǽgər]	動 よろめく[よろめかせる]、ぐらぐらする
☐☐	**rub** [rʌ́b]	動 こする、こすれる 名 こすること

STEP 20

1195	a slight **flaw**	わずかな**欠点**
1196	a **troublesome** question	**面倒な**問題
1197	face **setbacks**	**挫折**に直面する
1198	find a **stain**	**汚れ**を見つける
1199	**clumsy** fingers	**不器用な**指
1200	extend the **lease**	**賃貸借契約**を延長する
1201	offer **loans**	**貸付**を行う
1202	her **gross** income	彼女の**総**収入
1203	**donate** her old clothes	彼女の古着を**寄付する**
1204	**bid** for a project	事業に**入札する**
1205	**colonial** rule	**植民地**支配
1206	invade the **territory**	**領土**を侵略する
1207	**immigrants** from Mexico	メキシコからの**移民**
1208	the U.S. **embassy**	アメリカ**大使館**
1209	be appointed **ambassador**	**大使**に任命される
1210	become **allies**	**同盟国になる**
1211	send a **diplomat**	**外交官**を派遣する
1212	the **frontier** zone	**国境**地帯

欠陥・欠点・妨害 / 会計・価格 / 国際関係・外交

☐☐☐	**flaw** [fló:]	名 ❶ 欠点、弱点　❷(宝石などの)ひび、傷
☐☐☐	**troublesome** [trʌ́blsəm]	形 面倒な、迷惑な
☐☐☐	**setback** [sétbæk]	名 ❶ 挫折、失敗 ❷(進歩や発展の)妨げ、後退
☐☐☐	**stain** [stéin]	名 ❶ 汚れ、しみ　❷ 汚点 動 ❶ 汚す　❷(名声などを)傷つける
☐☐☐	**clumsy** [klʌ́mzi] 発	形 不器用な、ぎこちない
☐☐☐	**lease** [líːs]	名 賃貸借契約、リース 動 リースする、貸す、借りる
☐☐☐	**loan** [lóun] 発	名 ❶ 貸付、ローン　❷ 貸付金 動 貸す、貸し出す
☐☐☐	**gross** [gróus] 発	形 ❶ 総体の、総計の ❷ ひどい、はなはだしい
☐☐☐	**donate** [dóuneit]	動 ❶ 寄付する、寄贈する ❷(臓器を)提供する ⇒ donátion 名 寄贈、寄付
☐☐☐	**bid** [bíd] 活用：bade[bid]-bidden[bíd]	動 入札する　名(せりの)付け値、入札 ⇒ bídding 名 入札、せり
☐☐☐	**colonial** [kəlóuniəl]	形 植民地の　名 植民地人 ⇒ cólony 名 植民地
☐☐☐	**territory** [térətɔːri]	名 領土、領域 ⇒ territórial 形 領土の
☐☐☐	**immigrant** [íməgrənt] ア	名(他国からの)移民、移住者 ⇒ immigrate 動(他国から)移住する
☐☐☐	**embassy** [émbəsi]	名 大使館
☐☐☐	**ambassador** [æmbǽsədər]	名 大使、使節
☐☐☐	**ally** [ǽlai] ア 発	名 同盟国、協力者　動 [əlái] 同盟する ⇒ allíance 名 同盟
☐☐☐	**diplomat** [dípləmæt] ア	名 外交官 ⇒ diplómacy 名 外交
☐☐☐	**frontier** [frʌntíər]	名 ❶ 国境 ❷(学問などの)最先端、未開の分野

STEP 20

1213	unusual **circumstances**	異常な**状況**
1214	**redundant** words	**余分な語**
1215	a **tough** task	**つらい**仕事
1216	a **gloomy** mood	**陰気な**気分
1217	succeed with **ease**	**容易**に成功する
1218	measure **altitude**	**高度**を測定する
1219	a **surge** in crimes	犯罪の**急増**
1220	**soar** by 50%	50%**急増する**
1221	**subtract** two **from** five	5から2を**引く**
1222	**shed** blood	血を**流す**
1223	**shrink** the deficit	赤字を**縮小する**
1224	**descend** the hill	丘を**降りる**
1225	**submit** a request	要求を**提出する**
1226	**usher** a guest	客を**案内する**
1227	**instruct** the tourists	その観光客たちに**指示する**
1228	**violate** the law	法に**違反する**
1229	**explode** a bomb	爆弾を**爆発させる**
1230	witness a **massacre**	**大虐殺**を目撃する

☐☐	**circumstance** [sə́ːrkəmstæns]	名 ❶ (ふつう circumstances で)(周囲の)状況、事情 ❷ 経済状況、暮らし向き
☐☐	**redundant** [ridʌ́ndənt]	形 余分な、余剰の、無駄な ⇒ redúndancy 名 余剰、不要
☐☐	**tough** [tʌ́f]	形 ❶ (仕事などが)つらい、厄介な ❷ 粘り強い、タフな
☐☐	**gloomy** [glúːmi]	形 ❶ 陰気な、ゆううつな　❷ 薄暗い
☐☐	**ease** [íːz]	名 容易さ、たやすさ(⇔ difficulty) ⇒ éasy 形 やさしい
☐☐	**altitude** [ǽltətjùːd]	名 高度、高さ、標高
☐☐	**surge** [sə́ːrdʒ]	名 ❶ (需要などの)急増　❷ 襲来　❸ 大波 動 ❶ (波が)打ち寄せる　❷ 殺到する
☐☐	**soar** [sɔ́ːr]	動 ❶ (物価などが)急増する、急騰する ❷ 急上昇する、高く飛ぶ
☐☐	**subtract** [səbtrǽkt]	動 (…から)引く、減ずる(from) ⇒ subtráction 名 引き算
☐☐	**shed** [ʃéd] 活用：shed-shed	動 ❶ (涙などを)流す　❷ (光を)当てる、注ぐ ❸ (不要なものを)取り除く
☐☐	**shrink** [ʃríŋk] 活用：shrank[shrunk]-shrunk[shrunken]	動 ❶ (量、価値などが)縮小する、低下する ❷ (布などが)縮む
☐☐	**descend** [disénd]	動 ❶ 降りる　❷ (財産、慣習などが)伝わる ⇒ descéndant 名 子孫
☐☐	**submit** [səbmít]	動 ❶ 提出する　❷ (…に)服従させる ⇒ submíssion 名 ❶ 提出　❷ 服従
☐☐	**usher** [ʌ́ʃər]	動 案内する、先導する　名 案内係、門番
☐☐	**instruct** [instrʌ́kt]	動 指示する、命令する ⇒ instrúction 名 ❶ 命令　❷ 教えること
☐☐	**violate** [váiəlèit]	動 (法律に)違反する、(規則などを)破る ⇒ violátion 名 違反
☐☐	**explode** [iksplóud]	動 爆発させる、爆発する ⇒ explósion 名 爆発
☐☐	**massacre** [mǽsəkər] 発	名 大虐殺　動 虐殺する

STEP 20

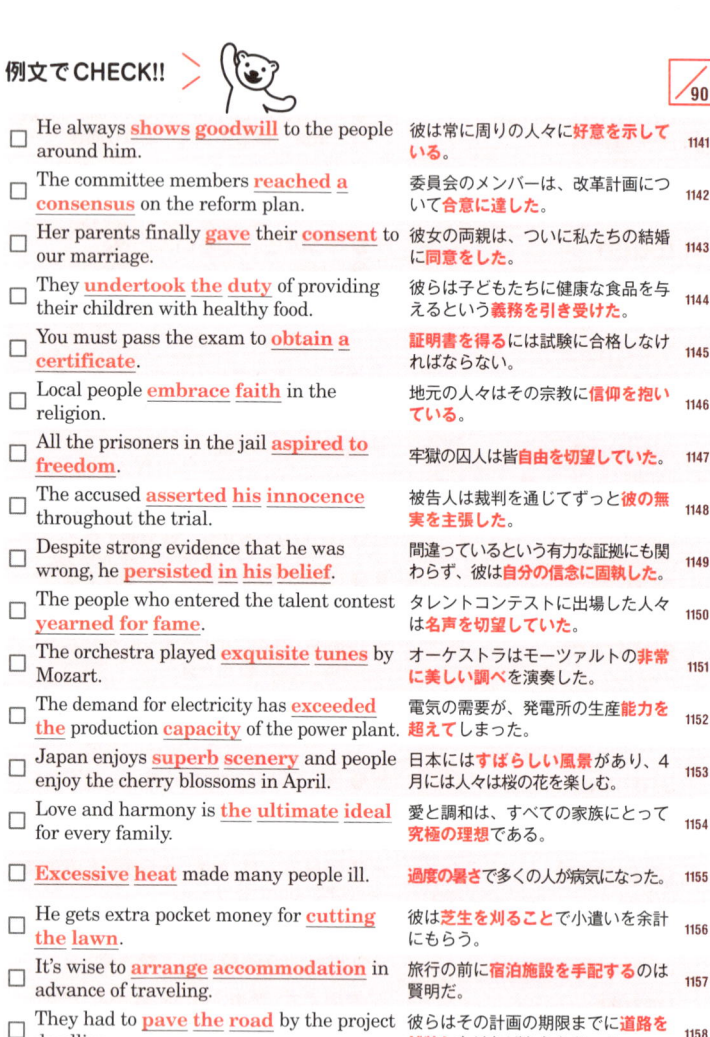

例文でCHECK!!

☐	He always **shows goodwill** to the people around him.	彼は常に周りの人々に**好意を示して**いる。	1141
☐	The committee members **reached a consensus** on the reform plan.	委員会のメンバーは、改革計画について**合意に達した**。	1142
☐	Her parents finally **gave** their **consent** to our marriage.	彼女の両親は、ついに私たちの結婚に**同意をした**。	1143
☐	They **undertook the duty** of providing their children with healthy food.	彼らは子どもたちに健康な食品を与えるという**義務を引き受けた**。	1144
☐	You must pass the exam to **obtain a certificate**.	**証明書を得る**には試験に合格しなければならない。	1145
☐	Local people **embrace faith** in the religion.	地元の人々はその宗教に**信仰を抱いて**いる。	1146
☐	All the prisoners in the jail **aspired to freedom**.	牢獄の囚人は皆**自由を切望していた**。	1147
☐	The accused **asserted his innocence** throughout the trial.	被告人は裁判を通じてずっと**彼の無実を主張した**。	1148
☐	Despite strong evidence that he was wrong, he **persisted in his belief**.	間違っているという有力な証拠にも関わらず、彼は**自分の信念に固執した**。	1149
☐	The people who entered the talent contest **yearned for fame**.	タレントコンテストに出場した人々は**名声を切望していた**。	1150
☐	The orchestra played **exquisite tunes** by Mozart.	オーケストラはモーツァルトの**非常に美しい調べ**を演奏した。	1151
☐	The demand for electricity has **exceeded the** production **capacity** of the power plant.	電気の需要が、発電所の生産**能力を超えて**しまった。	1152
☐	Japan enjoys **superb scenery** and people enjoy the cherry blossoms in April.	日本には**すばらしい風景**があり、4月には人々は桜の花を楽しむ。	1153
☐	Love and harmony is **the ultimate ideal** for every family.	愛と調和は、すべての家族にとって**究極の理想**である。	1154
☐	**Excessive heat** made many people ill.	**過度の暑さ**で多くの人が病気になった。	1155
☐	He gets extra pocket money for **cutting the lawn**.	彼は**芝生を刈ること**で小遣いを余計にもらう。	1156
☐	It's wise to **arrange accommodation** in advance of traveling.	旅行の前に**宿泊施設を手配するのは**賢明だ。	1157
☐	They had to **pave the road** by the project deadline.	彼らはその計画の期限までに**道路を舗装し**なければならなかった。	1158
☐	An engine is **an essential component** of a car.	エンジンは車の**必須の構成要素**である。	1159
☐	It took engineers three days to **assemble the machine**.	**機械を組み立てる**のに、技師たちは3日間かかった。	1160
☐	Each partner took **an** equal **portion of the profit**.	各パートナーは等分に**利益の一部**を得た。	1161
☐	We installed rubber flooring to help to **absorb vibration**.	私たちは**振動を吸収する**助けとなるようゴムの床材を設置した。	1162
☐	The boy **swings** his **legs** when he is bored.	その少年は退屈すると**脚を揺らす**。	1163

☐ He asked if anyone else **felt a tremor**.	彼は、だれかほかに**揺れを感じた**かどうかたずねた。	1164
☐ The company **exploits laborers** to make huge profits.	その会社は**労働者を搾取して**莫大な利益を生み出している。	1165
☐ Many children in this country were subject to **severe abuse**.	この国の多くの子どもたちは**ひどい虐待**を受けていた。	1166
☐ He would often **bully** little **kids**.	彼はしばしば小さい**子どもをいじめ**たものだった。	1167
☐ I **persuaded my colleague** to try my method of working.	私は自分の仕事のやり方を試してみるよう**同僚を説得した。**	1168
☐ The company pays more than **an average wage** for workers in that industry.	その会社は、その業界の労働者の**平均賃金**より多く支払っている。	1169
☐ As the business grew big enough, she started to **employ staff**.	事業が十分に大きく成長したので、彼女は**スタッフを雇い**始めた。	1170
☐ If you need anything else, just ask one of **the crew on the ship**.	何かほかに必要なものがあったら、**船の乗組員**の一人に聞いてください。	1171
☐ The organization provides advice and information to **support entrepreneurs**.	その組織は、**起業家を支援する**ためにアドバイスと情報を提供している。	1172
☐ She insisted advertising (should) be the best way to **recruit members**.	彼女は、広告は**会員を募集する**最善の方法だと主張した。	1173
☐ When she **hired an employee**, she always conducted an interview.	**従業員を雇う**とき、彼女は常に面接を行った。	1174
☐ The blog acts as **a supplement to the information** in the book.	そのブログは本の中の**その情報への補足**として機能している。	1175
☐ The generous bonus system was an **incentive to work hard**.	気前のよいボーナス制度は**熱心に働く誘因**であった。	1176
☐ My new camera is **easy to manipulate**.	私の新しいカメラは**操作しやすい**。	1177
☐ You can make **an electrical circuit** with a battery, wires and a lamp.	電池、電線、電球があれば**電気回路**を作れる。	1178
☐ He thinks **manual labor** is his type of job.	彼は、**手作業**が自分にあった仕事だと考えている。	1179
☐ The world economy is currently in **a fluid state**.	世界経済は現在、**流動的な状態**にある。	1180
☐ The lock on the trunk was opened with **a rusty key**.	トランクの錠は**さびた鍵**で開いた。	1181
☐ **A flexible approach** is necessary to persuade him.	彼を説得するには**柔軟なアプローチ**が必要だ。	1182
☐ I can see white clouds sailing across **the serene sky**.	白い雲が**澄んだ空**を横切っているのが見える。	1183
☐ I suffer from **stiff shoulders** these days.	私はこのところ、**肩凝り**に悩まされている。	1184
☐ Her school uniform gave her **a neat appearance**.	学校の制服によって、彼女は**きちんとした外見**に見えた。	1185
☐ He **blinked** several times **at the light** of the dawn.	彼は夜明け前の**光を見て**数回**まばたきした**。	1186

STEP 20

☐	The Moon revolves around the Earth in **a circular motion**.	月は地球の周りを**円を描くような動き**で回っている。	1187
☐	My grandmother **is stroking a cat** in the garden.	祖母は庭で**猫をなでている**。	1188
☐	She tried her hardest to **win the sprint** at the school sports day.	彼女は学校の運動会で**短距離競走に勝つ**ように全力を尽くした。	1189
☐	The headmaster was often seen **striding along the corridor**.	校長先生が**廊下を大またで歩いている**姿がしばしば見られた。	1190
☐	His job was to **spin plates** on a ladder at the circus.	彼の仕事は、サーカスではしごに乗って**皿を回す**ことだった。	1191
☐	I saw her **wipe tears** at her daughter's wedding.	私は彼女が娘の結婚式で**涙をぬぐう**のを見た。	1192
☐	The shock was so great he **staggered backward** and almost fell.	衝撃があまりに強く、彼は**後ろによろめいて**倒れかけた。	1193
☐	My baby smiles when I **rub my nose** against hers.	私の赤ん坊は、私が彼女の鼻に自分の**鼻をこすりつける**と笑う。	1194
☐	I found **a slight flaw** in your proposal.	私は君の提案の中に**わずかな欠点**を見つけた。	1195
☐	When we should tell her about this was **a troublesome question**.	私たちが彼女にこのことについて、いつ話すかは**面倒な問題**だった。	1196
☐	Africa has huge potential but has **faced** numerous **setbacks**.	アフリカにはばく大な可能性があるが、多くの**挫折に直面してきた**。	1197
☐	She was horrified to **find a stain** on her wedding dress.	彼女はウェディングドレスに**汚れを見つけて**ぞっとした。	1198
☐	His **clumsy fingers** indicated that he had never done housework.	彼の**不器用な指**は、彼が家事を全くしたことがないことを示していた。	1199
☐	The landlord and we agreed to **extend the lease**.	大家と私たちは**賃貸借契約を延長する**ことで合意した。	1200
☐	The bank now **offers loans** to students.	その銀行は学生に**貸付を行っている**。	1201
☐	**Her gross income** was greatly reduced by the tax she paid.	**彼女の総収入**は、支払った税金で大きく減少した。	1202
☐	She **donated her old clothes** to charity.	彼女は慈善事業に**自分の古着を寄付した**。	1203
☐	Three companies **bid for the** construction **project**.	企業3社が建設**事業に入札した**。	1204
☐	The country gained freedom after years of **colonial rule**.	その国は長年の**植民地支配**の後に自由を得た。	1205
☐	It is an act of war to **invade the territory** of another country.	別の国の**領土を侵略する**のが戦争行為だ。	1206
☐	**Immigrants from Mexico** live in this neighborhood.	この近隣には**メキシコからの移民**が住んでいる。	1207
☐	**The U. S. embassy** in Japan is located in central Tokyo.	日本の**アメリカ大使館**は東京の中心部に位置している。	1208
☐	His father **was appointed ambassador** to France.	彼の父親はフランス**大使に任命された**。	1209

☐	Pakistan and China **became allies** after World War II.	パキスタンと中国は第二次世界大戦の後に**同盟国になった**。	1210
☐	The government **sent a diplomat** to resolve the dispute.	政府は論争を解決するために**外交官を派遣した**。	1211
☐	**The frontier zone** is becoming more and more dangerous.	**国境地帯**は、ますます危険になってきている。	1212
☐	Your license will be delivered next week except under **unusual circumstances**.	**異常な状況**がなければ、来週あなたの免許が交付される予定だ。	1213
☐	Your sentences include a lot of **redundant words**.	君の文は多くの**余分な語**を含んでいる。	1214
☐	Persuading him to change his mind was **a tough task**.	彼に考えを変えるように説得するのは**つらい仕事**だった。	1215
☐	She was in **a gloomy mood** because she didn't get the desired result.	望み通りの結果を得られなかったため、彼女は**陰気な気分**だった。	1216
☐	He would **succeed with ease** in the competition.	彼は競争で**容易に成功する**だろう。	1217
☐	One way to **measure altitude** is to measure air pressure.	**高度を測定する**ひとつの方法は、気圧を測定することだ。	1218
☐	The reduction in the police force led to **a surge in crimes**.	警察隊の削減は**犯罪の急増**を引き起こした。	1219
☐	Thanks to the economic boom, our profits **soared by 50%**.	好景気のおかげで、私たちの利益は**50% 急増した**。	1220
☐	If you **subtract two from five**, you will get three.	5 から 2 を引くと、3 になる。	1221
☐	There was no need to **shed blood** as the leaders reached an agreement.	リーダーが合意に達したので**血を流す**必要はなかった。	1222
☐	The President gave the highest priority to **shrinking the deficit**.	大統領は、**赤字を縮小する**ことを最優先した。	1223
☐	After a short rest at the top, the group began to **descend the hill**.	山頂で短い休憩を取ったのち、そのグループは**丘を降り始めた**。	1224
☐	The workers **submitted a request** for a pay increase.	労働者は、賃金を上げるように**要求を提出した**。	1225
☐	Her job was to **usher guests** to their tables.	彼女の仕事は、テーブルに**客を案内する**ことだった。	1226
☐	The officer **instructed the tourists** to show their passports.	担当官は、パスポートを示すように**その観光客たちに指示した**。	1227
☐	If you stole something, you **have violated the law**.	何かを盗んだのなら、**法に違反した**ことになる。	1228
☐	A robot was used to **explode the bomb** safely.	安全に**爆弾を爆発させる**ためにロボットが用いられた。	1229
☐	She was the only survivor who **witnessed the massacre**.	彼女は**大虐殺を目撃した**唯一の生存者だった。	1230

STEP 20

飲食	1231	**lick** my fingers	指を**なめる**
	1232	a delicious **recipe**	おいしい**調理法**
不安・恐怖	1233	a **formidable** competitor	**手ごわい**競争相手
	1234	**obsession** with dieting	ダイエットへの**強迫観念**
	1235	social **unrest**	社会**不安**
	1236	**dread** the dark	暗闇を**恐れる**
序列・順序・手順	1237	**secondary** education	**中等**教育
	1238	the **prime** benefit	**最も重要な**利点
	1239	a **mediocre** artist	**並みの**芸術家
	1240	the **primary** reason	**最も重要な**理由
	1241	reach the **peak**	**頂点**に到達する
	1242	**preliminary** consultation	**予備**協議
	1243	**precede** the fire	火災より**先に生じる**
	1244	the **mean** temperature	**平均的な**気温
	1245	**prior** experience	**先立つ**経験
省略・見逃し	1246	repeat the **procedure**	その**手順**をくり返す
	1247	**skip** breakfast	朝食を**抜かす**
	1248	**overlook** a fact	事実を**見落とす**

	lick [lík]	動 (舌で)なめる 名 なめること
	recipe [résəpi]	名 調理法、(成功などの)秘訣(for)
	formidable [fɔ́ːrmədəbl]	形 ❶ (敵、問題などが)手ごわい ❷ 恐ろしい、こわい
	obsession [əbséʃən]	名 ❶ 強迫観念 ❷ 執念、妄想
	unrest [ʌnrést]	名 ❶ 不安、騒動 ❷ (政治的な)混乱、騒動
	dread [dréd]	動 恐れる、こわがる 名 恐怖、不安 ⇒ dréadful 形 ❶ 恐ろしい ❷ ひどい
	secondary [sékənderi]	形 ❶ (学校、教育が)中等の ❷ 二次的な、第二位の
	prime [práim]	形 最も重要な
	mediocre [mìːdióukər] ⦿ ⦿	形 並みの、平凡な
	primary [práimèri]	形 ❶ 最も重要な ❷ (時間、順序など)初期の ❸ 初頭の、初歩の
	peak [píːk]	名 頂点、頂上 動 ピークに達する
	preliminary [prilímineri]	形 予備の、準備の 名 予備[準備]段階
	precede [prisíːd]	動 ❶ 先に生じる、先立つ ❷ 優先する ⇒ precédence 名 優先、先行
	mean [míːn]	形 平均的な、中間の
	prior [práiər]	形 ❶ 先立つ、先の ❷ より重要な ★ prior to A Aに先立って ⇒ príority 名 優先、優先すべきこと
	procedure [prəsíːdʒər]	名 手順、手続き
	skip [skíp]	動 ❶ (途中を)抜かす、省く ❷ 飛びはねる 名 ❶ 省略 ❷ スキップ
	overlook [òuvərlúk]	動 見落とす、見逃す、大目に見る

STEP 21

Round 1 月 日	Round 2 月 日	Round 3 月 日	

LEVEL 3

運命・死

1249	determine her **destiny**	彼女の**運命**を決定する
1250	decide his **fate**	彼の**運命**を決める
1251	guard the **tomb**	**墓**を守る
1252	attend a **burial**	**葬式**に出席する
1253	**mortal** danger	**生死に関わる**危険
1254	**starve** animals	動物を**餓死させる**

移動・通信

1255	**commute** long distances	長い距離を**通学する**
1256	**transmit** a message	メッセージを**伝える**
1257	restrict **migration**	**移住**を制限する
1258	facilitate a **transition**	**移行**を容易にする
1259	**roam** the desert	砂漠を**歩き回る**
1260	injure a **pedestrian**	**歩行者**にけがをさせる
1261	accompany the **expedition**	**遠征**に同行する

抵抗・攻撃・軍隊

1262	defeat the **navy**	**海軍**を破る
1263	resist **assault**	**襲撃**に抵抗する
1264	overcome the **barriers**	**障壁**を克服する
1265	**rebel** against authority	権力に**抵抗する**
1266	want **revenge**	**復讐**を望む

☐☐	**destiny** [déstəni]	名 運命 ⇒ déstine 動 運命づける
☐☐	**fate** [féit]	名 ❶運命 ❷死
☐☐	**tomb** [túːm] 発	名 墓
☐☐	**burial** [bériəl] 発	名 葬式 ⇒ búry 動 埋葬する、埋める
☐☐	**mortal** [mɔ́ːrtl]	形 ❶生命に関わる ❷死ぬべき運命の 名 人、いつか死ぬべきもの
☐☐	**starve** [stάːrv]	動 餓死させる[する]、餓える ★ starve for A　A(知識、愛情など)に餓える
☐☐	**commute** [kəmjúːt]	動 通学する、通勤する
☐☐	**transmit** [trænsmít]	動 ❶伝える、送る ❷(病気を)伝染させる ⇒ transmíssion 名 伝送
☐☐	**migration** [maigréiʃən] 発	名 ❶移住、移動 ❷移住者、(移住する動物の)群れ
☐☐	**transition** [trænzíʃən]	名 移行、変遷、移り変わり
☐☐	**roam** [róum]	動 (…をぶらぶら)歩き回る
☐☐	**pedestrian** [pədéstriən] ア	名 歩行者　形 歩行(のため)の
☐☐	**expedition** [èkspədíʃən]	名 遠征(隊)、探検(隊)
☐☐	**navy** [néivi]	名 海軍
☐☐	**assault** [əsɔ́ːlt]	名 襲撃、暴行　動 襲撃する、暴行する
☐☐	**barrier** [bǽriər]	名 障壁、さく
☐☐	**rebel** [ribél] ア	動 抵抗[反抗]する、謀反を起こす 名 [rébəl] 反逆者
☐☐	**revenge** [rivéndʒ]	名 復讐、仕返し

STEP 21

分類	#	英語	日本語
原因・結果	1267	**attribute** the blame **to** her	責任を彼女のせいにする
	1268	a basic **factor**	基本的な要因
	1269	the final **outcome**	最終結果
従属・崇拝	1270	**adore** the actor	その俳優にあこがれる
	1271	a **tame** bird	飼いならされた鳥
	1272	**devote** my life **to** education	人生を教育に捧げる
	1273	**obey** the rule	規則に従う
企て・冒険	1274	lay a **plot**	陰謀をたくらむ
	1275	implement a **scheme**	計画を実行する
	1276	propose a **project**	計画を提案する
	1277	invest in a **venture**	ベンチャー事業に投資する
施設・設備	1278	the room's **interior**	室内
	1279	choose the **venue**	開催地を選ぶ
	1280	build a **booth**	売店を設置する
	1281	cross the **corridor**	廊下を横切る
	1282	**be equipped with** an instrument	機器を備えている
損害・引出	1283	**incur** a loss	損失を被る
	1284	**withdraw** cash	現金を引き出す

attribute [ətríbjuːt]	動 (attribute A to B) AをBのせいにする、AをBに帰する
factor [fǽktər]	名 要因、要素
outcome [áutkʌm]	名 結果
adore [ədɔ́ːr]	動 ❶ あこがれる、熱愛する ❷ 崇拝する ❸ (家族などを)心から愛する
tame [téim]	形 (動物が)飼いならされた、おとなしい 動 (動物を)飼いならす、従わせる
devote [divóut]	動 ❶ (devote A to B) AをB(仕事など)に捧げる ❷ (devote oneself to A) Aに専念する ⇒ devótion 名 ❶ 献身 ❷ 専念
obey [oubéi]	動 従う、服従する ⇒ obédience 名 服従
plot [plát]	名 ❶ 陰謀、たくらみ ❷ (小説などの)筋
scheme [skíːm] 発	名 ❶ (主に公的な)計画 ❷ たくらみ、陰謀
project [prάdʒekt]	名 (一定の目的をもつ)計画、企画 動 [prədʒékt] 計画する、企画する
venture [véntʃər]	名 ❶ ベンチャー事業、投機的事業 ❷ 冒険 動 危険にさらす、あえて…する
interior [intíəriər]	名 内部、内側 形 内の、内側の
venue [vénjuː]	名 (競技、会議などの)開催地
booth [búːθ]	名 ❶ (市場などの)売店、屋台 ❷ 小さく仕切られた部屋、電話ボックス
corridor [kɔ́ːrədər]	名 (学校、病院などの)廊下
equip [ikwíp]	動 (be equipped with A) Aを備えている、備える ⇒ equípment 名 装備
incur [inkə́ːr]	動 (危険、損害などを)被る
withdraw [wiðdrɔ́ː] 活用:withdrew-withdrawn	動 ❶ (預金を)引き出す ❷ 撤退する ⇒ withdráwal 名 ❶ 引き出し ❷ 撤退、中止

対立・衝突	1285	an interesting **paradox**	興味深い**逆説**
	1286	**confront** terrorism	テロに**立ち向かう**
	1287	**contradict** his words	彼の言葉を**否定する**
維持・持続	1288	**everlasting** happiness	**永遠の**幸福
	1289	**sustain** growth	成長を**維持する**
	1290	**linger** for hours	何時間も**ぐずぐずする**
	1291	a **constant** speed	**一定の**速度
	1292	the **permanence** of marriage	結婚の**永続性**
人間・性格	1293	an ancient **sage**	古代の**賢人**
	1294	an **idle** boy	**怠惰な**少年
	1295	a **naughty** boy	**いたずらな**少年
	1296	a born **pessimist**	生まれつきの**悲観論者**
	1297	satisfy my **vanity**	**虚栄心**を満たす
	1298	a soul **mate**	大切な**仲間**
	1299	**modest** ambition	**控えめな**野望
	1300	marry a **widow**	**未亡人**と結婚する
	1301	my **humble** opinion	**控え目な**意見
	1302	play the **coward**	**おくびょう者**を演じる

☐☐	**paradox** [pǽrədàks] ⑦	名 逆説、パラドックス
☐☐	**confront** [kənfrʌ́nt]	動 (問題などに)立ち向かう、直面する ★ be confronted with[by] A　Aに直面する
☐☐	**contradict** [kὰntrədíkt]	動 ❶否定する、反論する　❷矛盾する ⇒ contradíction 名 ❶否定　❷矛盾
☐☐	**everlasting** [èvərlǽstiŋ]	形 永遠の、不滅の
☐☐	**sustain** [səstéin]	動 維持する、持続させる ⇒ sustáinable 形 持続可能な
☐☐	**linger** [líŋgər]	動 ぐずぐずする、長引く
☐☐	**constant** [kάnstənt]	形 ❶一定の、変わらない　❷絶え間ない ⇒ cónstantly 副 絶えず、いつも
☐☐	**permanence** [pə́ːrmənəns]	名 永続(性)、永久、不変 ⇒ pérmanent 形 永久の
☐☐	**sage** [séidʒ]	名 賢人、鉄人　形 賢明な、思慮深い
☐☐	**idle** [áidl]	形 ❶怠惰な　❷ひまな 動 怠けて過ごす、ぶらぶら過ごす
☐☐	**naughty** [nɔ́ːti] 発	形 いたずらな、わんぱくな
☐☐	**pessimist** [pésəmist]	名 悲観論者(⇔ óptimist) ⇒ péssimism 名 悲観論
☐☐	**vanity** [vǽnəti]	名 ❶虚栄心、うぬぼれ　❷空虚、むなしさ
☐☐	**mate** [méit]	名 ❶仲間、友達　❷夫婦の一方
☐☐	**modest** [mάdəst]	形 控えめな、謙虚な ⇒ módesty 名 謙虚、控えめ
☐☐	**widow** [wídou]	名 未亡人、寡婦
☐☐	**humble** [hʌ́mbl]	形 ❶控えめな、謙虚な(⇔ próud) ❷みすぼらしい、粗末な
☐☐	**coward** [káuərd] 発	名 おくびょう者、意気地なし ⇒ cówardice 名 おく病、卑怯

STEP 21

隠匿・非公開	1303	an **anonymous** review	**匿名の**評論
	1304	**disguise** myself	**変装する**
	1305	**conceal** the identity	身元を**隠す**
驚嘆・仰天	1306	**amaze** the audience ▶ amazing discovery	聴衆を**驚かせる** ▶ **驚くべき**発見
	1307	**astonish** everybody	皆を**ひどく驚かせる**
	1308	**startle** the world	世間を**びっくりさせる**
解放・除外	1309	permit **exceptions** ▶ exceptional achievement	**例外**を許す ▶ **並はずれた**功績
	1310	**dismiss** his suggestion	彼の提案を**却下する**
	1311	**exclude** the possibility	その可能性を**除外する**
	1312	**relieve** stress	ストレスを**和らげる**
規律・正当	1313	impose **discipline**	**規律**を課す
	1314	**justify** her argument	彼女の主張を**正当化する**
	1315	**legitimate** drugs	**合法的な**薬
	1316	**regulate** the prices	価格を**規制する**
明確・確実	1317	a **coherent** argument	**首尾一貫した**主張
	1318	**clarify** our goal	私たちの目標を**明らかにする**
	1319	**assure** you of success	君に成功を**保証する**
	1320	a **concrete** reply	**具体的な**返答

☐☐☐	**anonymous** [ənάnəməs]	形 匿名の、作者不明の ⇒ anonýmity 名 匿名
☐☐☐	**disguise** [disgáiz]	動 変装させる　名 変装 ★ disguise oneself　変装する
☐☐☐	**conceal** [kənsíːl]	動 隠す、秘密にする
☐☐☐	**amaze** [əméiz]	動 驚かせる ⇒ amázed 形 びっくりして ⇒ amázing 形 驚くべき
☐☐☐	**astonish** [əstάniʃ]	動 ひどく驚かせる、びっくりさせる ⇒ astónishment 名 大きな驚き
☐☐☐	**startle** [stάːrtl]	動 びっくりさせる
☐☐☐	**exception** [iksépʃən]	名 例外 ⇒ excéptional 形 並はずれた、例外的な
☐☐☐	**dismiss** [dismís]	動 ❶ (考えなどを)却下する　❷ 解雇する ★ dismiss A as B　A を B だとして退ける
☐☐☐	**exclude** [iksklúːd]	動 除外する、締め出す ⇒ exclúsion 名 排除、除外
☐☐☐	**relieve** [rilíːv]	動 (苦痛、心配などを)和らげる、安心させる ⇒ relíef 名 ❶ 安心　❷ 緩和、軽減
☐☐☐	**discipline** [dísəplən]	名 ❶ 規律、統制　❷ 訓練、しつけ ⇒ discíple 名 [disáipl] 弟子、門人(※発音注意)
☐☐☐	**justify** [dʒʌ́stəfài]	動 正当化する、弁護する ⇒ justificátion 名 正当化、立証
☐☐☐	**legitimate** [lidʒítəmət]	形 合法的な(= légal) 動 [lidʒítəmèit] 合法化する
☐☐☐	**regulate** [régjəlèit]	動 ❶ 規制する　❷ 調整する ⇒ regulátion 名 ❶ 規則　❷ 規制、調整
☐☐☐	**coherent** [kouhíərənt]	形 首尾一貫した、密着する ⇒ cohérence 名 首尾一貫性
☐☐☐	**clarify** [klǽrəfài]	動 明らかにする、解明する ⇒ clarificátion 名 解明、明らかにすること
☐☐☐	**assure** [əʃúər]	動 (〜に…を)保証する、断言する(of、that 節) ⇒ assúrance 名 保証、確信
☐☐☐	**concrete** [kɑnkríːt]	形 ❶ 具体的な　❷ コンクリートの 名 コンクリート

STEP 21

例文でCHECK!!

☐	The baby **licks her finger** when she gets hungry.	その赤ん坊は空腹になると**指をなめる**。	1231
☐	She has **a delicious recipe** for carrot cake.	彼女はニンジンケーキの**おいしい調理法**をもっている。	1232
☐	The company will become **our formidable competitor** in the future.	その会社は将来、私たちの**手ごわい競争相手**になるだろう。	1233
☐	She is slim but has an **obsession with dieting**.	彼女は痩せているのに、**ダイエットへの強迫観念**がある。	1234
☐	The government's actions were unpopular and led to **social unrest**.	政府の活動は評判が悪く、**社会不安**につながった。	1235
☐	He **dreaded the dark**, so didn't go out after sunset.	彼は**暗闇を恐れていた**ので、日没後は外出しなかった。	1236
☐	All the children are required to complete their **secondary education**.	すべての子どもたちは**中等教育**を修了しなければならない。	1237
☐	**The prime benefit** of being a member is free access to the database.	会員であることの**最も重要な利点**はデータベースへの無料アクセスだ。	1238
☐	The exhibition was disappointing because it featured **mediocre artists**.	その展覧会は、**並みの芸術家**を取り上げていたので期待はずれだった。	1239
☐	The price was **the primary reason** for my choice.	私の選択の**最も重要な理由**は価格だった。	1240
☐	The musicians **reached the peak** of their popularity in 2015.	そのミュージシャンたちは、2015年に人気の**頂点に到達した**。	1241
☐	The countries had a **preliminary consultation** before the summit.	各国は、首脳会議の前に**予備協議**を開いた。	1242
☐	A loud explosion **preceded the fire**.	大きな爆発音が**火災より先に生じた**。	1243
☐	**The mean temperature** of Tokyo is around 16 °C.	東京の**平均的な気温**は約16℃である。	1244
☐	His **prior experience** in this field will help us a lot.	この分野における彼の**先立つ経験**が私たちを大いに助けてくれるだろう。	1245
☐	If you **repeat the procedure**, you should get the same results again.	**その手順をくり返す**と、同じ結果がもう一度得られるはずだ。	1246
☐	You should not **skip breakfast** even if you are in a hurry.	急いでいても**朝食を抜かす**べきではない。	1247
☐	Her argument **overlooked an** important **fact**.	彼女の論拠は、重要な**事実を見落としていた**。	1248
☐	His words **determined her destiny**.	彼の言葉が**彼女の運命を決定した**。	1249
☐	He was held in jail until the court **decided his fate**.	彼は、裁判所が**彼の運命を決める**まで刑務所に拘束されていた。	1250
☐	They **guarded the tomb** at all times and in all weather conditions.	彼らはいつも、どんな気象条件であっても**墓を守っていた**。	1251
☐	More than 100 people **attended his burial**.	100人を超える人が**彼の葬式に出席した**。	1252
☐	The start of the war put everyone in **mortal danger**.	開戦により、全員に**生死に関わる危険**がもたらされた。	1253

☐	The flood washed grasses and trees away and this **starved animals**.	洪水は草木を押し流し、**動物を餓死させた。**	1254
☐	The boy had to **commute long distances** every day.	その少年は毎日、**長い距離を通学し**なければならなかった。	1255
☐	People in the Middle Ages used pigeons to **transmit a message**.	中世の人々は、**メッセージを伝える**ために鳩を使った。	1256
☐	The government plans to **restrict the migration** of unskilled workers.	政府は、非熟練の労働者の**移住を制限する**ことを計画している。	1257
☐	A specialist was hired to **facilitate the transition** between the systems.	システムの**移行を容易にする**ために専門家が雇われた。	1258
☐	The adventurers **roamed the** Sahara **Desert**.	冒険者らはサハラ**砂漠を歩き回った。**	1259
☐	He rode his bicycle on the sidewalk and **injured a pedestrian**.	彼は歩道で自転車に乗っていて、**歩行者にけがをさせた。**	1260
☐	The scientists **accompanied the expedition** to the Antarctic.	その科学者たちは南極への**遠征に同行した。**	1261
☐	British forces **defeated the** Spanish **navy** in 1588.	英国軍は、1588年にスペイン**海軍を破った。**	1262
☐	The building was not designed to **resist assault**.	その建物は**襲撃に抵抗する**ようには設計されていなかった。	1263
☐	She **overcame the barriers** to become the first female president.	彼女は**障壁を克服して**最初の女性大統領となった。	1264
☐	The artists encouraged young people to **rebel against authority**.	そのアーティストたちは**権力に抵抗する**よう若者を鼓舞した。	1265
☐	Years have passed since the fight, but the losers still **want revenge**.	戦いから何年も経ったが、敗者はいまだに**復讐を望んでいる。**	1266
☐	Her boss **attributed the blame to her**.	彼女の上司は、**責任を彼女のせいにした。**	1267
☐	Good communication is **a basic factor** in becoming a good salesperson.	よいコミュニケーションは、よいセールスパーソンになるための**基本的な要因**だ。	1268
☐	**The final outcome** depends on how well you do in the exam.	**最終結果**は、あなたが試験でどれだけよくできるかによる。	1269
☐	Everyone **adored the** young **actor**.	皆が**その若い俳優にあこがれた。**	1270
☐	They are **tame birds** but sometimes they can bite.	それらは**飼い慣らされた鳥**だが、時々噛むことがある。	1271
☐	I became a teacher because I wanted to **devote my life to education**.	私は**人生を教育に捧げ**たいので教師になった。	1272
☐	You won't get into trouble as long as you **obey the rules**.	あなたは**規則に従う**限りトラブルに巻き込まれないだろう。	1273
☐	They **laid a plot** to kill the king but failed.	彼らは王を暗殺する**陰謀をたくらんだ**が失敗した。	1274
☐	The school **implemented a scheme** to help slow learners.	学校は、習得が遅い生徒たちを手助けする**計画を実行した。**	1275
☐	She **proposed a project** to renovate the community center.	彼女はコミュニティセンターを改修する**計画を提案した。**	1276

STEP 21

☐	It is highly risky to **invest in a venture**.	ベンチャー事業に投資するのはリスクが高い。	1277
☐	She added mirrors to lighten **the room's interior**.	彼女は室内を照らすために鏡を加えた。	1278
☐	They visited four candidate places before they **chose the venue** for the party.	彼らはパーティーの開催地を選ぶ前に４つの候補地を訪れた。	1279
☐	He **built a booth** to sell ice cream at the fair.	彼はその見本市でアイスクリームを販売するために売店を設置した。	1280
☐	You will have to **cross the corridor** to get to the rest room.	トイレに行くためには廊下を横切る必要がある。	1281
☐	The car **is equipped with an instrument** to reduce noise.	その車は、騒音を減少させるための機器を備えている。	1282
☐	If oil prices rise, most Japanese companies will **incur a loss**.	石油価格が上昇すれば、日本の多くの企業が損失を被るだろう。	1283
☐	He went to the bank to **withdraw cash** from his savings account.	彼は預金口座から現金を引き出すためにその銀行へ行った。	1284
☐	Zeno's fable about Achilles and the tortoise is **an interesting paradox**.	アキレスと亀についてのゼノンの寓話は、興味深い逆説だ。	1285
☐	The government says they will **confront terrorism** at any cost.	政府は、何としてもテロに立ち向かうつもりだ。	1286
☐	The manager was angry that the sales clerk **contradicted his words**.	マネージャーは、販売店員が彼の言葉を否定したので怒っていた。	1287
☐	Many people dream of achieving **everlasting happiness**.	多くの人々が、永遠の幸福を得ようと夢見ている。	1288
☐	Economic success relies on finding a way to **sustain growth**.	経済的な成功は、成長を維持する方法を見つけることにかかっている。	1289
☐	She **lingered for hours** in the department store.	彼女はデパートで何時間もぐずぐずしていた。	1290
☐	The car traveled at **a constant speed**.	その車は一定の速度で走行した。	1291
☐	The notion of **the permanence of marriage** has been challenged recently.	結婚の永続性という考えは、近年危うくなっている。	1292
☐	This book is full of the wisdom of **an ancient sage**.	この本には、古代の賢人の知恵が満載だ。	1293
☐	He is not **an idle boy** any longer.	彼はもはや怠惰な少年ではない。	1294
☐	He was **a naughty boy** and always looked for ways to make mischief.	彼はいたずらな少年で、いつもいたずらをする方法を探していた。	1295
☐	As **a born pessimist**, she always expects the worst.	生まれつきの悲観論者として、彼女はいつも最悪の場合を予測している。	1296
☐	Even the most expensive designer clothes did not **satisfy my vanity**.	どんなに高価なデザイナーの服でも、私の虚栄心を満たさなかった。	1297
☐	Many people yearn for **a soul mate**, but it's hard to find one.	多くの人々が大切な仲間を切望しているが、見つけるのは難しい。	1298
☐	He had no **modest ambition**; he wanted to become a star.	彼は控えめな野望をもっていたどころか、スターになりたがっていた。	1299

☐	If you **marry a widow**, you may also gain a ready-made family.	**未亡人と結婚する**と、すでにいる家族を得ることもある。	1300
☐	In **my humble opinion**, he is far from humble.	**私の控えめな意見**ですが、彼は控えめとはほど遠い。	1301
☐	He was reluctant to **play the coward** in front of his classmates.	彼はクラスメートの前でしぶしぶ**おくびょう者を演じた**。	1302
☐	He posted **an anonymous review** in the Internet forum.	彼はインターネットフォーラムに**匿名の評論**を投稿した。	1303
☐	She dyed her hair because she wanted to **disguise herself**.	彼女は**変装した**かったので、髪を染めた。	1304
☐	He used a false name to **conceal his identity**.	彼は**身元を隠す**ために偽名を用いた。	1305
☐	His tricks never failed to **amaze the audience**.	彼のトリックは必ず**聴衆を驚かせた**。	1306
☐	His sudden death **astonished everybody**.	彼の突然の死は**皆をひどく驚かせた**。	1307
☐	The Wright brothers **startled the world** by inventing airplanes.	ライト兄弟は飛行機を発明して**世間をびっくりさせた**。	1308
☐	The manager won't **permit** any **exceptions** to this rule.	マネージャーはこの規制に対する一切の**例外を許さ**ないだろう。	1309
☐	After careful consideration, we **dismissed his suggestion**.	慎重に検討した後、私たちは**彼の提案を却下した**。	1310
☐	The decision doesn't **exclude the possibility** of a change in the future.	その決定は将来の変更の**可能性を除外する**ものではない。	1311
☐	Yoga can greatly help you to **relieve stress**.	ヨガは**ストレスを和らげる**のに非常に役立つ可能性がある。	1312
☐	The school **imposes** strict **discipline** on students.	その学校は生徒に厳しい**規律を課している**。	1313
☐	She brought forward facts and figures to **justify her argument**.	**自分の主張を正当化する**ため、彼女は事実と数値を提出した。	1314
☐	New techniques have been developed to distinguish between fake and **legitimate drugs**.	偽物と**合法的な薬**を区別するために、新しい技法が開発された。	1315
☐	The government intends to **regulate the** oil **prices** to stop inflation.	政府はインフレを止めるために石油**価格を規制する**ことを意図している。	1316
☐	He won the debate by presenting **a coherent argument**.	彼は**首尾一貫した主張**を提示して論争に勝った。	1317
☐	We held a strategy meeting to **clarify our goal**.	私たちは**自分たちの目標を明らかにする**ために戦略会議を開いた。	1318
☐	We cannot **assure you of success** but we will make maximum efforts.	私たちは**君に成功を保証**できないが最大限の努力をする。	1319
☐	The minister gave **a concrete reply** to each question.	大臣は各質問に対して**具体的な返答**をした。	1320

STEP 21

対応・方策	1321	**cope with** stress	ストレス**に対処する**
	1322	an effective **means**	効果的な**方法**
	1323	**tackle** the problem	その問題に**取り組む**
	1324	**cooperate with** fellow workers	同僚**と協力する**
道義・倫理	1325	**sincere** apology	**誠実な**謝罪
	1326	the **ethics** of cloning	クローン作成の**倫理**
	1327	awaken the **conscience**	**良心**を呼び起こす
関係・相関	1328	an **intimate** conversation	**親密な**会話
	1329	**concerning** education	教育**に関する**
	1330	**relevant** questions	**適切な**質問
権威・権力	1331	**resign** the presidency	大統領職を**辞職する**
	1332	restore **dignity**	**尊厳**を回復する
	1333	be **entitled to** use	使用する**資格が与えられる**
	1334	**dominate** the economy	経済を**支配する**
	1335	**supervise** the project	プロジェクトを**監督する**
	1336	lose **prestige**	**名声**を失う
	1337	kill the **tyrant**	**暴君**を殺す
	1338	abuse the **privilege**	**特権**を乱用する

☐☐	**cope** [kóup]	動 (…を)処理する、切り抜ける(with)
☐☐	**means** [míːnz]	名 ❶ 方法、手段　❷ 資力、財産、富
☐☐	**tackle** [tǽkl]	動 ❶ (問題に)取り組む　❷ タックルする、組み伏せる
☐☐	**cooperate** [kouápərèit]	動 (…と、…で)協力する、協同する(with, in) ⇒ cooperátion 名 協力、協同
☐☐	**sincere** [sinsíər]	形 誠実な、まじめな
☐☐	**ethics** [éθiks]	名 (単数扱い)倫理(学)、(複数扱い)倫理体系 ⇒ éthic 名 価値体系、倫理
☐☐	**conscience** [kánʃəns]	名 良心、道義心 ⇒ consciéntious 形 良心的な、誠実な
☐☐	**intimate** [íntəmət]	形 親密な、親しい
☐☐	**concerning** [kənsə́ːrniŋ]	前 …に関する、…についての
☐☐	**relevant** [réləvənt]	形 適切な、妥当な、(主題と)関係のある ⇒ rélevance 名 関連性、妥当性
☐☐	**resign** [rizáin]	動 辞職する、辞任する
☐☐	**dignity** [dígnəti]	名 ❶ 尊厳、威厳　❷ 品位、気高さ
☐☐	**entitle** [intáitl]	動 ❶ (entitle A to do) Aに…する資格[権利]を与える　❷ (entitle A to B) A(人)に(…する)資格[権利]を与える
☐☐	**dominate** [dámənèit]	動 支配する、優位を占める → dóminant 形 支配的な、優勢な
☐☐	**supervise** [súːpərvàiz]	動 監督する ⇒ supervísion 名 監督、指揮
☐☐	**prestige** [prestíːʒ]	名 名声、威信
☐☐	**tyrant** [táiərənt]	名 暴君、専制君主 ⇒ týranny 名 専制政治、虐待
☐☐	**privilege** [prívəlidʒ]	名 特権、特典

STEP 22

多重・複合	1339	**multiple** functions	**多様な**機能
	1340	**multiply** their fears	彼らの不安を**増やす**
	1341	**duplicate** the data	データを**複製する**
特質・特徴	1342	**specify** the requirements	要件を**指定する**
	1343	a **particular** topic	**特定の**話題
	1344	an **elegant** dress	**優雅な**ドレス
	1345	American **traits**	アメリカ人の**特性**
	1346	**coarse** cloth ▶ coarse food	**きめの粗い**布 ▶ 粗食
	1347	**petty** criticism	**とるにたらない**批判
	1348	a **vital** ingredient	**とても重要な**材料
行政・司法	1349	**domestic** consumption	**国内**消費
	1350	a public **pension**	公的**年金**
	1351	the **welfare** of the elderly	高齢者の**福祉**
	1352	**Province** of Quebec	ケベック**州**
	1353	**legislate** against drugs	麻薬を規制する**法律を制定する**
	1354	issue **guidelines**	**指針**を発表する
自制・抑制	1355	**refrain** from helping	助けるのを**控える**
	1356	**spare** time ▶ spare efforts	時間を**割く** ▶ 努力を控える

☐☐	**multiple** [mʌ́ltəpəl]	形 多様な、複合の
☐☐	**multiply** [mʌ́ltəplài]	動 ❶ 増やす　❷ 掛け算をする ⇒ múltiple 形 多様な、複合の
☐☐	**duplicate** [d*j*úːpləkèit] 発	動 複製する 名 [d*j*úːpləkət] 写し、複製　形 複製の
☐☐	**specify** [spésəfài]	動 指定[指名]する、詳細に述べる ⇒ specificátion 名 明細、詳細
☐☐	**particular** [pərtíkjələr]	形 ❶ 特定の　❷ 特別の　名 細部、詳細 ★ in particular　特に、とりわけ
☐☐	**elegant** [éligənt]	形 優雅な、上品な ⇒ élegance 名 上品さ、優雅さ
☐☐	**trait** [tréit]	名 (人の)特性、特質
☐☐	**coarse** [kɔ́ːrs] 発	形 ❶ きめの粗い、ざらざらの(⇔ fine) ❷ 粗末な　❸ 粗野な、下品な
☐☐	**petty** [péti]	形 とるにたらない、つまらない
☐☐	**vital** [váitl]	形 ❶ とても重要な ❷ 生命の、生命に欠かせない
☐☐	**domestic** [dəméstik]	形 ❶ 国内の　❷ 家庭(内)の
☐☐	**pension** [pénʃən]	名 年金　動 年金を与える
☐☐	**welfare** [wélfèər]	名 福祉、幸福
☐☐	**province** [prάvəns]	名 ❶ (カナダなどの)州、県 ❷ (the provinces)田舎、地方
☐☐	**legislate** [lédʒəslèit] ア	動 法律を制定する ⇒ legislátion 名 法律、立法
☐☐	**guideline** [gáidlàin] ア	名 (政府などの)指針、ガイドライン
☐☐	**refrain** [rifréin]	動 (…を)控える、慎む、やめる(from) 名 (歌の)繰り返しの部分
☐☐	**spare** [spéər]	動 ❶ (時間などを)割く　❷ 使わない、控える 形 名 予備(の)

STEP 22

1357	**prescribe** medicine	薬を**処方する**
1358	double the **dose**	**服用量**を2倍にする
1359	a native **tribe**	先住**部族**
1360	**urban** dwellers	**都会の**住人
1361	join the **community**	**地域社会**に参加する
1362	**ethnic** identity	**民族の**アイデンティティ
1363	**sob** with fright	恐怖で**すすり泣く**
1364	**thrill** the audience	聴衆を**わくわくさせる**
1365	**arouse** sympathy	同情を**呼び起こす**
1366	**impulse** to travel	旅への**衝動**
1367	the **furious** public	**激怒した**大衆
1368	**sensitive to** sound	音に**敏感な**
1369	**indifferent** attitude	**無関心な**態度
1370	experience **grief**	**深い悲しみ**を体験する
1371	a **tiresome** journey	**退屈な**旅
1372	**alter** my lifestyle ▶on alternate days	生活様式を**変える** ▶一日おきに
1373	**reform** the system	制度を**改革する**
1374	**convert** energy **into** light	エネルギーを光**に変える**

prescribe [priskráib]	動 ❶ 処方する ❷ 規定する ⇒ prescríption 名 処方、規定
dose [dóus]	名 (一回の)服用量 動 薬を飲ませる、投薬する
tribe [tráib]	名 部族、種族
urban [ɔ́ːrbən]	形 都会の、都市の
community [kəmjúːnəti]	名 ❶ (地域)社会 ❷ 共同体、集団
ethnic [éθnik]	形 ❶ 民族の ❷ 民族特有の
sob [sáb]	動 すすり泣く、泣きじゃくる 名 すすり泣き
thrill [θríl]	動 わくわくさせる[する] 名 わくわくすること、身震い
arouse [əráuz] 発	動 ❶ (興味などを)呼び起こす ❷ 起こす、目を覚まさせる
impulse [ímpʌls] ア	名 ❶ 衝動 ❷ 衝撃、刺激 ⇒ impúlsive 形 衝動的な
furious [fjúəriəs]	形 激怒した ⇒ fúry 名 激怒
sensitive [sénsətiv]	形 ❶ (…に)敏感な(to) ❷ 機密の、極秘の ⇒ sénsible 形 分別のある、賢明な
indifferent [indífərənt]	形 (…に)無関心な、冷淡な(to)
grief [gríːf]	名 深い悲しみ ⇒ gríeve 動 (深く)悲しむ、悲しませる
tiresome [táiərsəm]	形 退屈な、厄介な
alter [ɔ́ːltər] 発	動 変える、変わる ⇒ álternate 形 交互の、一つおきの 動 交替する、交互にする
reform [rifɔ́ːrm]	動 ❶ 改革する ❷ (行いなどを)改める 名 改良、改善
convert [kənvɔ́ːrt] ア	動 (…に)変える、転換する(to、into) ⇒ convérsion 名 転換、変換

STEP 22

1375	**blur** the image	映像を**ぼんやりさせる**
1376	a **dim** room	**薄暗い**部屋
1377	an **ambiguous** question	**あいまいな**質問
1378	**cozy** relationships	**気持ちのよい**関係
1379	**amuse** the crowd	群衆を**楽しませる**
1380	**prosper** in business	事業に**成功する**
1381	**fulfill** our mission	私たちの使命を**果たす**
1382	**content with** my life	人生に**満足している**
1383	raise **revenue**	**歳入**を上げる
1384	**beneficial** programs	**有益な**プログラム
1385	gain **profits**	**利益**を得る
1386	reduce **deficits**	**赤字**を削減する
1387	**lucrative** business	**利益があがる**商売
1388	**yield** wheat	小麦を**産出する**
1389	**indulge in** luxury	ぜいたく**にふける**
1390	**adequate** nutrition	**十分な**栄養
1391	**eligible for** membership	会員の**資格がある**
1392	a **decent** meal	**きちんとした**食事

カテゴリ: 不明確・あいまい / 幸福・満足 / 利益・収益 / 適切・妥当

blur [blə́:r]	動 (記憶、光景などを)ぼんやりさせる、かすませる
dim [dím]	形 ❶ 薄暗い ❷ かすかな 動 薄暗くする
ambiguous [æmbíɡjuəs]	形 あいまいな、二つ以上の意味に取れる ⇒ ambigúity 名 あいまいさ、不明瞭さ
cozy [kóuzi]	形 気持ちのよい、いごこちのよい
amuse [əmjú:z]	動 楽しませる、(be amused で)楽しむ ⇒ amúsement 名 娯楽、楽しみ
prosper [práspər]	動 成功する、繁栄する ⇒ prospérity 名 成功、繁栄
fulfill [fulfíl]	動 ❶ (約束などを)果たす、成し遂げる ❷ (要求を)実現させる
content [kəntént]	形 (…に)満足して(to, with) 名 [kántent] (contents で)中身
revenue [révənju:]	名 (国の)歳入、税収
beneficial [bènəfíʃəl]	形 (…に)有益な、ためになる(to)
profit [práfət]	名 利益、もうけ 動 利益を得る ⇒ prófitable 形 利益のある、もうかる
deficit [défəsət]	名 赤字、不足(⇔ súrplus)
lucrative [lú:krətiv]	形 利益があがる、大もうけの
yield [jí:ld]	動 ❶ (農産物などを)産出する ❷ 収益を上げる ❸ 降伏する、譲歩する
indulge [indʌ́ldʒ]	動 ❶ (…に)ふける、おぼれる(in) ❷ 気ままにさせる、満足させる
adequate [ǽdikwət]	形 ❶ 十分な、適当な ❷ まあまあの
eligible [élədʒəbl]	形 (…する)資格がある(to do)、(…に)適格な(for) ⇒ eligibílity 名 適任、適格性
decent [dí:sənt]	形 ❶ きちんとした、上品な ❷ 相当な、満足できる

#	英語	日本語
1393	cause a **scandal**	**スキャンダル**を引き起こす
1394	an **absurd** question	**ばかげた**質問
1395	call him an **idiot**	彼を**間抜け**と呼ぶ
1396	**accumulate** a fortune	財産を**蓄積する**
1397	**compile** a biography	伝記を**編集する**
1398	a **stack** of paper	紙の**山**
1399	**integrate** the two nations	両国を**統合する**
1400	an **adverse** effect	**逆**効果
1401	**reverse** the decision	決定を**ひっくり返す**
1402	**external** pressure	**外部からの**圧力
1403	the final **phase**	最終**段階**
1404	the **rear** window	**後ろの**窓
1405	work **alongside**	**並んで**働く
1406	**gasp** for breath	息が苦しくて**あえぐ**
1407	**slam** the door	扉を**ばたんと閉める**
1408	**grip** the sword	剣を**しっかりつかむ**
1409	**bind** my wrists	両手首を**しばる**
1410	**polish** the mirror	鏡を**みがく**

☐☐	**scandal** [skǽndl]	名 スキャンダル、醜聞
☐☐	**absurd** [əbsə́ːrd]	形 ばかげた、不合理な
☐☐	**idiot** [ídiət]	名 間抜け、大馬鹿
☐☐	**accumulate** [əkjúːmjəlèit]	動 蓄積する、たまる ⇒ accumulátion 名 蓄積
☐☐	**compile** [kəmpáil]	動 編集する、まとめる ⇒ compilátion 名 編集、編集したもの
☐☐	**stack** [stǽk]	名 (物を積み上げた)山、干し草の山、たくさん 動 積み上げる、積み重ねる
☐☐	**integrate** [íntəgrèit] ⑦	動 統合する、一体化する ⇒ integrátion 名 統合
☐☐	**adverse** [ædvə́ːrs]	形 ❶ 逆の ❷ 不利な、有害な
☐☐	**reverse** [rivə́ːrs]	動 ひっくり返す、逆にする 名 形 逆(の)
☐☐	**external** [ekstə́ːrnəl]	形 外部からの、外の(⇔ intérnal)
☐☐	**phase** [féiz]	名 ❶ (変化、発達の)段階、局面 ❷ (問題などの)面、側面
☐☐	**rear** [ríər] 発	形 後ろの、後部の 名 (the rear)後ろ、後部
☐☐	**alongside** [əlɔ̀ːŋsáid] ⑦	前 …と並んで、…のそばに 副 そばに、並んで
☐☐	**gasp** [gǽsp]	動 あえぐ、あえぎながら言う 名 息切れ
☐☐	**slam** [slǽm]	動 ❶ ばたんと閉める ❷ 強く打つ 名 バタン、ピシャリ(という音)
☐☐	**grip** [gríp]	動 ❶ しっかりつかむ ❷ (心などを)つかむ 名 しっかりつかむこと
☐☐	**bind** [báind]	動 ❶ しばる、くくる ❷ 義務づける、束縛する ★ be bound to do …する義務がある
☐☐	**polish** [pάliʃ]	動 ❶ みがく ❷ 洗練する

STEP 22

例文でCHECK!!

☐	He turned to medicine to **cope with stress**.	彼は**ストレスに対処する**ために薬に頼った。	1321
☐	Learning online is **an effective means** of learning foreign languages.	オンライン学習は、外国語を習得する**効果的な方法**である。	1322
☐	Volunteers **tackled the problem** efficiently.	ボランティアたちは**その問題に**効率的に**取り組んだ**。	1323
☐	They had to **cooperate with** their **fellow workers** to finish the project.	そのプロジェクトを完了させるために**同僚と協力し**なければならなかった。	1324
☐	She made a mistake and immediately offered a **sincere apology**.	彼女はミスをして、すぐに**誠実な謝罪**をした。	1325
☐	We discussed **the ethics of cloning** at the panel discussion.	私たちはパネルディスカッションで**クローン作成の倫理**を議論した。	1326
☐	I hope this film will **awaken the conscience** of everyone.	私は、この映画がみんなの**良心を呼び起こす**ことを願う。	1327
☐	They had their heads close together and were in **an intimate conversation**.	彼らは顔を寄せ合って**親密な会話**をしていた。	1328
☐	Plato founded an academy and wrote his views **concerning education**.	プラトンは学校を設立し、**教育に関する**自身の見解を記した。	1329
☐	He is good at asking **relevant questions**.	彼は**適切な質問**をする技術に長けている。	1330
☐	She had to **resign the presidency** due to illness.	彼女は病気で**大統領職を辞職し**なければならなかった。	1331
☐	Person-centered care will help **restore dignity** to many patients.	人間中心の介護は多くの患者の**尊厳を回復する**のに役立つだろう。	1332
☐	All the students **are entitled to use** the library facility.	すべての学生は図書館施設を**使用する資格が与えられている**。	1333
☐	Older companies seem to **dominate the** Japanese **economy**.	昔からある企業が日本**経済を支配している**ように見える。	1334
☐	A new manager was appointed to **supervise the project**.	**プロジェクトを監督する**ために新しいマネージャーが任命された。	1335
☐	Such behavior would risk **losing** your **prestige**.	そうした行為は、君の**名声を失う**恐れがあるだろう。	1336
☐	The angry citizens finally **killed the tyrant**.	怒った大衆はついに**暴君を殺した**。	1337
☐	You **abused the privilege** you had been given.	あなたは、与えられていた**特権を乱用した**。	1338
☐	Students prefer smartphones because they have **multiple functions**.	**多様な機能**があるため、学生はスマートフォンの方を好む。	1339
☐	The media reports only **multiplied their fears**.	メディアの報道は**彼らの不安を増やした**に過ぎなかった。	1340
☐	Please **duplicate the data** for backup.	バックアップ用に**データを複製して**ください。	1341
☐	If you **specify the requirements**, the craftsman can make anything to order.	**要件を指定すれば**、職人は注文された物を何でも作れる。	1342
☐	Each chapter of the book focuses on **a particular topic**.	その本の各章は**特定の話題**に焦点を合わせている。	1343

☐	I remember seeing the actress wearing **an elegant dress**.	私にはその女優が**優雅なドレス**を着ていたのを見た記憶がある。	1344
☐	**American traits** include independence and self-help.	**アメリカ人の特性**には、独立や自立が含まれる。	1345
☐	Men's kimonos were generally made of **coarse clothes** and not colorful.	男物の着物は一般に**きめの粗い布**で作られ、華やかな色ではなかった。	1346
☐	He was never bothered by **petty criticism**.	彼は**とるにたらない批判**に悩まされることは決してなかった。	1347
☐	Garlic is **a vital ingredient** in many Mediterranean dishes.	ニンニクは多くの地中海料理において**とても重要な材料**である。	1348
☐	Most food for **domestic consumption** is imported.	**国内消費**用の大部分の食品は輸入されている。	1349
☐	**A public pension** does not provide enough money for a comfortable retirement.	**公的年金**は快適なリタイア生活を送れるだけの資金を提供しない。	1350
☐	The government has failed to improve **the welfare of the elderly**.	政府は**高齢者の福祉**を改善できていない。	1351
☐	Most residents in the **Province of Quebec** speak both French and English.	**ケベック州**住民の大半は、フランス語と英語の両方を話す。	1352
☐	The Japanese government **has legislated against drugs**.	日本政府は**麻薬を規制する法律**を制定している。	1353
☐	The health center **has issued guidelines** for food safety.	保健所は食品の安全に関する**指針を発表した**。	1354
☐	You should sometimes **refrain from helping** children.	あなたは時々、子どもたちを**助けるのを控える**べきだ。	1355
☐	If I could **spare** any **time**, I would volunteer to do some charity work.	少しでも**時間を割ける**ならば、多少の慈善活動を自発的にするのに。	1356
☐	The doctor **prescribed medicine** for me to ease the pain.	医師は痛みを和らげるため私に**薬を処方した**。	1357
☐	It is not recommended to **double the dose** of any medication.	薬の**服用量を2倍にする**のは推奨されていない。	1358
☐	The aerial photographs revealed a previously unknown **native tribe**.	その航空写真によって、未知の**先住部族**が明らかになった。	1359
☐	**Urban dwellers** often yearn for the peace and quiet of rural life.	**都会の住人**はしばしば、田舎の生活の静穏に憧れる。	1360
☐	When he moved into the area, he was invited to **join the community** activities.	その地域に転居したとき、彼は**地域社会**活動**に参加する**よう誘われた。	1361
☐	Discrimination based on **ethnic identity** is still prevalent.	**民族のアイデンティティ**に基づく差別はいまだにまん延している。	1362
☐	Left alone in the dark, the child **sobbed with fright**.	暗闇にひとりで残されて、その子は**恐怖ですすり泣いた**。	1363
☐	The show was designed to **thrill the audience** with its acrobatics.	そのショーは、アクロバットで**聴衆をわくわくさせる**ように設計されていた。	1364
☐	The television program was intended to **arouse sympathy** in the viewers.	そのテレビ番組は、視聴者の**同情を呼び起こす**ことを意図していた。	1365
☐	Reading about faraway places awakened her **impulse to travel**.	遠く離れた土地について読んだことは、彼女の**旅への衝動**を喚起した。	1366

STEP 22

☐	**The furious public** marched to the parliament building.	**激怒した大衆**が、国会議事堂までデモ行進した。	1367
☐	His ears were **sensitive to sound**, so he always wore earplugs.	彼の耳は**音に敏感**だったので、いつも耳栓を装着していた。	1368
☐	His **indifferent attitude** made her angry.	彼の**無関心な態度**が彼女を怒らせた。	1369
☐	We all **experience grief** at some point in our lives.	私たちはみな、人生のどこかで**深い悲しみを体験する**。	1370
☐	It was **a tiresome journey**, and they were exhausted.	それは**退屈な旅**で彼らは疲れきっていた。	1371
☐	I **altered my lifestyle** to be healthier.	私はもっと健康になるように**生活様式を変えた**。	1372
☐	The government has promised to **reform the** health insurance **system**.	政府は健康保険**制度を改革する**ことを約束した。	1373
☐	A solar cell can **convert energy into light**.	太陽電池は**エネルギーを光に変える**ことができる。	1374
☐	The film made her cry, and her tears **blurred the image** on the screen.	その映画で彼女は泣き、涙が画面の**映像をぼんやりさせた**。	1375
☐	I saw him working in **a dim room**.	私は彼が**薄暗い部屋**で働いているのを見た。	1376
☐	He intentionally asked **an ambiguous question**.	彼は意図的に**あいまいな質問**をした。	1377
☐	We enjoyed **cozy relationships** with all our neighbors.	私たちはすべての隣人との**気持ちのよい関係**を楽しんだ。	1378
☐	His performance never failed to **amuse the crowd**.	彼のパフォーマンスは、必ず**群衆を楽しませ**た。	1379
☐	Good planning will help you to **prosper in business**.	適切な計画は**事業に成功する**のを助けてくれるだろう。	1380
☐	Teamwork was the main reason we could **fulfill our mission**.	チームワークは、私たちが**自分たちの使命を果たせた**主な理由であった。	1381
☐	I have worked hard to be successful and I am **content with my life**.	私は成功するために必死で働いてきて、**人生に満足している**。	1382
☐	Governments often raise taxes to **raise revenue**.	政府は**歳入を上げる**ためにしばしば税金を上げる。	1383
☐	The government introduced **beneficial programs** to help people into work.	政府は人々の雇用に役立つ**有益なプログラム**を導入した。	1384
☐	One way to **gain profits** is to increase prices.	**利益を得る**ためのひとつの方法は、価格を上げることだ。	1385
☐	The government made tough decisions to **reduce deficits**.	政府は**赤字を削減する**ために厳しい決断を下した。	1386
☐	He had a **lucrative business** selling luxury cars to wealthy people.	彼は、富裕層に高級車を販売する**利益があがる商売**をした。	1387
☐	This field **has yielded wheat** for centuries.	この畑は何世紀もの間**小麦を産出してきた**。	1388
☐	She worked hard during the week and **indulged in luxury** at the weekend.	彼女は平日は勤勉に働き、週末は**ぜいたくにふけった**。	1389

□ People recovering from illness need **adequate nutrition**.	病気から回復しつつある人は**十分な栄養**が必要である。	1390
□ To be **eligible for membership**, you have to be aged between 16 and 25.	**会員の資格がある**ためには、16歳から25歳の間である必要がある。	1391
□ I was grateful for **a decent meal**, having traveled for many hours.	私は何時間も移動したので、**きちんとした食事**が非常にありがたかった。	1392
□ If the news got out, it would **cause a scandal**.	そのニュースが知れ渡ったら、**スキャンダルを引き起こす**だろう。	1393
□ The actor refused to answer such **an absurd question**.	その俳優は、そうした**ばかげた質問**に答えるのを拒否した。	1394
□ He was offended when his brother **called him an idiot**.	兄が**彼を間抜けと呼んだ**とき、彼は気分を害した。	1395
□ One way to **accumulate a fortune** is to invest in stock.	**財産を蓄積する**ひとつの方法は、株に投資することだ。	1396
□ He **compiled a biography** about his former teacher.	彼は恩師の**伝記を編集した**。	1397
□ He kept **a stack of paper** next to the printer.	彼はプリンターの隣に**紙の山**を保管しておいた。	1398
□ It took hard work and goodwill to **integrate the two nations**.	**両国を統合する**ためには大変な努力と善意が必要だった。	1399
□ The pills can have **an adverse effect** if you take too many.	服用しすぎると、その薬は**逆効果**をもたらしかねない。	1400
□ The referee **reversed his decision** and the home team won the match.	審判は**決定をひっくり返し**、ホームチームが試合に勝った。	1401
□ The politician bowed to **external pressure** and resigned.	その政治家は**外部からの圧力**に屈して辞職した。	1402
□ Negotiations entered **the final phase** and a deal was struck.	交渉が**最終段階**に入り、取引が締結された。	1403
□ Looking through **the rear window**, I could see a beautiful garden.	**後ろの窓**から眺めると、美しい庭が見えた。	1404
□ It was fun to **work alongside** her and I was sad when she left.	彼女と**並んで働く**のは楽しかったので、彼女が去ったとき悲しかった。	1405
□ The high altitude and thin air made him **gasp for breath**.	高度が高く、空気が薄いため、彼は**息が苦しくてあえい**だ。	1406
□ He was angry and **slammed the door** as he left.	彼は怒って、出ていきながら**扉をばたんと閉めた**。	1407
□ The fighter **gripped the sword** tightly and attacked the bear.	戦士は**剣をしっかりつかん**でクマを攻撃した。	1408
□ When he was arrested, rope was used to **bind his wrists**.	彼が逮捕されると、**両手首をしばる**のにロープが使われた。	1409
□ My mother **polished the mirror** in the bathroom.	母は風呂場の**鏡をみがいた**。	1410

STEP 22

衛生・保健	1411	maintain **hygiene**	**衛生**を保つ
	1412	**sanitary** conditions	**衛生**状態
	1413	diet **therapy**	食事**治療**
傲慢・尊大	1414	his **arrogant** attitude	彼の**横柄な**態度
	1415	be full of **conceit**	**うぬぼれ**に満ちている
広範・大規模	1416	**extensive** research	**広範な**調査
	1417	**universal** principles	**普遍的な**原則
	1418	gain **publicity**	**評判**を獲得する
	1419	the **overall** length	**全**長
	1420	**ample** space	**広大な**空間
表情・態度	1421	a **tender** heart	**やさしい**心
	1422	**grin** at the camera	カメラに向かって**にやにや笑う**
	1423	be **reluctant to** leave	出発**したがらない**
	1424	**shrug** my shoulders	肩を**すくめる**
迷惑・混乱	1425	**distract** the driver	運転手の注意を**そらす**
	1426	**interfere with** my sleep	私の眠り**を妨害する**
	1427	**bewilder** my mind	私の心を**当惑させる**
	1428	fall into **disorder**	**混乱**に陥る

☐	**hygiene** [háidʒiːn]	名 衛生、清潔 ⇒ hygiénic 形 衛生的な、清潔な
☐	**sanitary** [sǽnətèri]	形 (公衆)衛生の、衛生的な
☐	**therapy** [θérəpi]	名 (病気、障がいなどの)治療
☐	**arrogant** [ǽrəgənt]	形 横柄な、傲慢で ⇒ árrogance 名 傲慢さ、横柄さ
☐	**conceit** [kənsíːt]	名 うぬぼれ、慢心
☐	**extensive** [iksténsiv]	形 広範な、大規模な(⇔ inténsive)
☐	**universal** [jùːnəvə́ːrsəl]	形 ❶ 普遍的な、一般的な ❷ 全世界の、万人に通じる
☐	**publicity** [pʌblísəti]	名 ❶ 評判、知名度　❷ 広告、宣伝 ⇒ públicize 動 広告する、宣伝する
☐	**overall** [òuvərɔ́ːl]	形 全体にわたる　副 全部で、概して
☐	**ample** [ǽmpəl]	形 ❶ 広大な、広い ❷ 十分な、あり余るほどの
☐	**tender** [téndər]	形 ❶ やさしい、思いやりのある ❷ (肉などが)やわらかい
☐	**grin** [grín]	動 にやにや笑う　名 にやにや笑うこと
☐	**reluctant** [rilʌ́ktənt]	形 気乗りしない、しぶしぶの ★ be reluctant to *do* …したがらない、いやいや…する
☐	**shrug** [ʃrʌ́g]	動 (肩を)すくめる
☐	**distract** [distrǽkt]	動 (注意を)そらす、まぎらす ⇒ distráction 名 気晴らし
☐	**interfere** [ìntərfíər]	動 (…を)妨害する、じゃまをする(in, with)
☐	**bewilder** [biwíldər]	動 当惑させる、まごつかせる ⇒ bewilderment 名 当惑
☐	**disorder** [disɔ́ːrdər]	名 ❶ 混乱、無秩序　❷ 疾患、病気

1429	**ponder** the situation	状況を**熟考する**
1430	**deliberate** murder	**故意の**殺人
1431	a **dispute** on foreign policies	外交政策上の**論争**
1432	the **controversy** over whaling	捕鯨に関する**論争**
1433	host a **conference**	**会議**を主催する
1434	a false **analogy** ▶an analogous phenomenon	誤った**類推** ▶**類似した**現象
1435	the latest **version**	最新**版**
1436	do **likewise**	**同様に**する
1437	an **identical** structure	**同一の**構造
1438	**mimic** the style	スタイルを**まねる**
1439	**exotic** flavors	**異国風の**味
1440	**navigate** a vessel	船を**操縦する**
1441	**steer** a car	車を**操縦する**
1442	lower the **sails**	**帆**を降ろす
1443	trace the **route**	**道筋**をたどる
1444	cast **anchor**	**いかり**を下ろす
1445	a private **aircraft**	自家用**機**
1446	**row** a boat	ボートを**こぐ**

LEVEL 3 / 議論・検討 / 差異・類似 / 交通・乗り物

☐	**ponder** [pάndər]	動 熟考する、じっくり考える
☐	**deliberate** [dilíbərət] 発	形 故意の、熟考した 動 [dilíbərèit] 熟考する、審議する
☐	**dispute** [dispjúːt]	名 (…に関する)論争、議論(on、over) 動 異議を唱える、反対する
☐	**controversy** [kάntrəvə̀ːrsi]	名 (…に関する)論争、議論(on、over) ⇒ controvérsial 形 論争上の、異論のある
☐	**conference** [kάnfərəns]	名 会議、協議
☐	**analogy** [ənǽlədʒi]	名 ❶ 類推、類似 ❷ たとえ(話)、比喩 ⇒ análogous 形 (…に)類似した、相似の(to)
☐	**version** [və́ːrʒən]	名 ❶ …版、バージョン ❷ (個人的な)見解、意見
☐	**likewise** [láikwàiz]	副 同様に、同じように
☐	**identical** [aidéntikəl]	形 同一の、(…と)同様の(with、to)
☐	**mimic** [mímik]	動 (人を笑わせるために)まねをする 形 模擬の、ものまねの
☐	**exotic** [igzάtik]	形 異国風の、風変わりな
☐	**navigate** [nǽvəgèit]	動 ❶ (船、飛行機などを)操縦する ❷ 航行[航海]する ⇒ navigátion 名 航行[航海]
☐	**steer** [stíər]	動 (飛行機などを)操縦する、(進路を)取る
☐	**sail** [séil]	名 帆、帆船 動 帆走する、走る
☐	**route** [rúːt]	名 ❶ (旅の)道筋、コース ❷ 手段
☐	**anchor** [ǽŋkər] 発	名 ❶ (船の)いかり ❷ 頼りになる人 動 (船を)停泊させる
☐	**aircraft** [éərkræft] 複数形:aircraft	名 航空機
☐	**row** [róu]	動 (船を)こぐ 名 ❶ (船を)こぐこと ❷ 列、並び

STEP 23

1447	criticize the **regime**	**政権**を批判する
1448	become a **statesman**	**政治家**になる
1449	a **federal** budget	**連邦**予算
1450	dissolve **Parliament**	**議会**を解散する
1451	reform the **bureaucracy**	**官僚**制度を改革する
1452	form a **cabinet**	**内閣**を組織する
1453	attack the **opponent**	**敵**を攻撃する
1454	begin a **quarrel**	**口論**を始める
1455	**condemn** slavery	奴隷制度を**非難する**
1456	end the **nightmare**	**悪夢**を終わらせる
1457	a **stingy** person	**けちな**人
1458	commit an **offense**	**罪**を犯す
1459	a **rival** team	**競争相手の**チーム
1460	a **mixture** of the two cultures	2つの文化の**混合**
1461	**coincide with** his story	彼の話**と一致する**
1462	**correspond to** 100 dollars	100ドルに**相当する**
1463	**compatible** with each other	互いに**両立できる**
1464	**merge** the two companies	その二社を**合併する**

☐☐	**regime** [reiʒíːm] 発	名 政権、体制
☐☐	**statesman** [stéitsmən] 複数形：statesmen	名 政治家 ⇒ státeswoman 名 女性政治家
☐☐	**federal** [fédərəl]	形 連邦の、連邦政府の
☐☐	**parliament** [páːrləmənt] 発	名 (ふつう Parliament でイギリス、カナダなどの)議会、国会
☐☐	**bureaucracy** [bjuərákrəsi] ア	名 官僚制度[主義]、(the bureaucracy で集合的に)官僚
☐☐	**cabinet** [kǽbənət]	名 ❶ (ふつう Cabinet)内閣 ❷ 飾り棚、食器戸棚
☐☐	**opponent** [əpóunənt] ア	名 (勝負、議論などの)敵、相手
☐☐	**quarrel** [kwɔ́ːrəl]	名 口論、口げんか 動 口げんかをする、口論する
☐☐	**condemn** [kəndém] 発	動 ❶ 非難する、責める ❷ 有罪を宣告する ⇒ condemnátion 名 ❶ 非難 ❷ 有罪判決
☐☐	**nightmare** [náitmèər]	名 悪夢、不吉な夢
☐☐	**stingy** [stíndʒi]	形 けちな、しみったれの
☐☐	**offense** [əféns]	名 ❶ 罪 ❷ 気にさわるもの[こと] ❸ 攻撃 ⇒ offénd 動 ❶ 感情を害する ❷ 罪を犯す
☐☐	**rival** [ráivəl]	名 形 競争相手(の) 動 競争する
☐☐	**mixture** [míkstʃər]	名 混合、混合物 ⇒ mix 動 混ぜる、混合する
☐☐	**coincide** [kòuinsáid]	動 ❶ (…と)一致する(with) ❷ 同時に起こる ⇒ coincidence 名 偶然の一致
☐☐	**correspond** [kɔ̀ːrəspánd]	動 ❶ (…に)相当する(to) ❷ (…と)連絡する(with) ⇒ correspóndence 名 ❶ 通信 ❷ 対応
☐☐	**compatible** [kəmpǽtəbl]	形 ❶ (…と)両立できる、一致する(with) ❷ 仲がよい、気の合う
☐☐	**merge** [mɔ́ːrdʒ]	動 ❶ 合併する ❷ 溶けこませる ⇒ mérger 名 合併

STEP 23

LEVEL 3

腐敗・堕落

1465	**decay** quickly	すぐに**腐る**
1466	**stink** badly	ひどく**悪臭を放つ**
1467	**corrupt** politicians	**堕落した**政治家たち
1468	a drug **addict**	薬物**中毒者**

消耗・消滅・排出

1469	**sweep** the decks	甲板を**掃除する**
1470	**vanish** from history	歴史から**消える**
1471	repair the **crack**	**ひび**を修理する
1472	a **shabby** dress	**みすぼらしい**ドレス
1473	**exhaust** resources ▶be exhausted from crying	資源を**使い果たす** ▶泣いて**疲れ果てる**
1474	**drain** water	水を**排出する**

評価・効果

1475	**indispensable for** peace	平和**に必要不可欠な**
1476	**evaluate** his performance	彼の業績を**評価する**
1477	a **valid** passport	**有効な**パスポート
1478	become a **legend**	**伝説**になる
1479	**assess** the feasibility	実現可能性を**評価する**
1480	a **sophisticated** gentleman	**洗練された**紳士
1481	break a **stereotype**	**固定観念**を破る
1482	a **potent** drug	**有効な**薬

decay [dikéi]	動 ❶ 腐る、腐敗させる ❷ 荒廃する、衰える 名 腐敗、衰え
stink [stíŋk]	動 悪臭を放つ 名 悪臭
corrupt [kərʌ́pt]	形 堕落した、腐敗した 動 堕落させる、腐敗させる
addict [ǽdikt]	名 中毒者 動 [ədíkt] 中毒にさせる、病みつきにさせる
sweep [swíːp] 活用:swept-swept	動 ❶ 掃除する、掃く ❷ 一掃する 名 掃除、一掃
vanish [vǽniʃ]	動 (急に)消える、消滅する、突然見えなくなる
crack [krǽk]	名 ひび、割れ目
shabby [ʃǽbi]	形 みすぼらしい、ぼろぼろの
exhaust [igzɔ́ːst]	動 ❶ (物を)使い果たす ❷ (人を)疲れさせる、消耗させる ⇒ exháusted 形 疲れ果てた
drain [dréin]	動 ❶ 排出する 流れ出す ❷ 消耗させる 名 ❶ 排水 ❷ 流出、消耗
indispensable [ìndispénsbl]	形 (…に)不可欠な、絶対必要な(to、for)
evaluate [ivǽljuèit]	動 評価する ⇒ evaluátion 名 評価
valid [vǽləd]	形 有効な ⇒ valídity 名 有効性
legend [lédʒənd]	名 ❶ 伝説 ❷ 伝説的人物 ⇒ légendary 形 伝説的な
assess [əsés]	動 評価する、査定する ⇒ asséssment 名 評価、査定
sophisticated [səfístəkèitəd]	形 洗練された、教養のある ⇒ sophisticátion 名 洗練された考え方、教養
stereotype [stériətàip]	名 固定観念、定型
potent [póutənt]	形 有効な、影響力のある

STEP 23

#	英語	日本語
1483	**intellectual** curiosity	**知的**好奇心
1484	mutual **comprehension**	相互**理解**
1485	be **deemed** a threat	脅威と**考えられる**
1486	**grasp** the meaning	意味を**把握する**
1487	a **comprehensive** list	**包括的な**リスト
1488	**yawn** loudly	大声で**あくびをする**
1489	an artificial **limb**	義**肢**
1490	my sore **throat**	**のど**の痛み
1491	animal **flesh**	動物の**肉**
1492	**digest** protein	タンパク質を**消化する**
1493	soothe the **nerves**	**神経**を静める
1494	smell the **scent**	その**香り**をかぐ
1495	**perceive** a change	変化に**気づく**
1496	**detect** cancers	がんを**見つける**
1497	**conceive of** a plan	計画**を思いつく**
1498	**gaze at** the stars	星**を見つめる**
1499	**peep into** the hole	穴**をのぞく**
1500	**browse** websites	ウェブサイトを**見て回る**

☐	**intellectual** [ìntəléktʃuəl]	形 知性の、知性的な　名 知識人 ⇒ íntellect 名 知性
☐	**comprehension** [kàmprihénʃən]	名 理解 ⇒ comprehénd 理解する
☐	**deem** [díːm]	動 (…であると)考える
☐	**grasp** [grǽsp]	動 ❶ 把握する　❷ しっかりつかむ 名 ❶ 理解、理解力　❷ つかむこと
☐	**comprehensive** [kàmprihénsiv]	形 包括的な、広範囲な
☐	**yawn** [jɔ́ːn]	動 あくびをする　名 あくび
☐	**limb** [lím] 発	名 (人間、動物の)手足、四肢
☐	**throat** [θróut]	名 のど
☐	**flesh** [fléʃ]	名 ❶ (動物や果実などの)肉 ❷ (the flesh で)肉体
☐	**digest** [daidʒést] ア	動 ❶ 消化する　❷ 十分に理解する 名 [dáidʒest] 要約、摘要
☐	**nerve** [nə́ːrv]	名 ❶ 神経　❷ 神経質、ヒステリー ⇒ nérvous 形 ❶ 心配して、不安で　❷ 神経の
☐	**scent** [sént]	名 香り、におい　動 かぎつける
☐	**perceive** [pərsíːv]	動 気づく、知覚する ⇒ percéption 名 知覚、理解
☐	**detect** [dɪtékt]	動 見つける、探知する、見抜く
☐	**conceive** [kənsíːv]	動 ❶ (考えなどを)思いつく、想像する(of) ❷ 受胎する、妊娠する ⇒ cóncept 名 概念、観念
☐	**gaze** [géiz]	動 (…を)(じっと)見つめる(at)　名 凝視
☐	**peep** [píːp]	動 (…を)のぞく(in, into)　名 のぞき見
☐	**browse** [bráuz]	動 (インターネットで)情報を見て回る、(本、雑誌などを)見て回る

STEP 23

例文でCHECK!!

☐	Cooks wear hats and masks to **maintain hygiene** during cooking.	料理人たちは調理中、**衛生を保つ**ため帽子を着用している。	1411
☐	The factory workers complained about the poor **sanitary conditions**.	工場の労働者らはひどい**衛生状態**について苦情を言った。	1412
☐	**Diet therapy** can be used effectively to treat certain diseases.	ある種の病気を治療するために**食事治療**を効果的に用いることができる。	1413
☐	**His arrogant attitude** upset his classmates.	**彼の横柄な態度**はクラスメートたちを怒らせた。	1414
☐	After winning the contest, she **was full of conceit**.	コンテストに勝利を収めたのち、彼女は**うぬぼれに満ちていた**。	1415
☐	**Extensive research** was undertaken before he was chosen.	彼が選ばれる前に、**広範な調査**が実施された。	1416
☐	Rhythm is one of the **universal principles** in nature and music.	リズムは自然と音楽における**普遍的な原則**の1つである。	1417
☐	Winning a competition is a fantastic way to **gain publicity**.	コンテストで勝利するのは、**評判を獲得する**すばらしい方法である。	1418
☐	**The overall length** of the tunnel is 3,860 m.	トンネルの**全長**は3,860mである。	1419
☐	The apartment had **ample space** for all her belongings.	そのアパートには彼女の持ち物全てを収められる**広大な空間**があった。	1420
☐	Having a **tender heart**, she gave a home to a dozen stray cats.	**やさしい心**をもっていたため、彼女は十数匹の野良猫に家を与えた。	1421
☐	He was a happy child who would always **grin at the camera**.	彼はいつも**カメラに向かってにやにや笑う**楽しそうな子だった。	1422
☐	The weather was stormy, so he **was reluctant to leave**.	暴風雨の天気だったので、彼は**出発したがらなかった**。	1423
☐	I asked her to explain, but all she did was **shrug her shoulders**.	私は彼女に説明するよう頼んだが、彼女はただ**肩をすくめた**だけだった。	1424
☐	She was warned not to **distract the driver**.	彼女は**運転手の注意をそらさない**よう注意された。	1425
☐	I wear an eye mask so that the light doesn't **interfere with my sleep**.	照明が**私の眠りを妨害し**ないように、私はアイマスクを着用している。	1426
☐	The list of homework was enough to **bewilder my mind**.	宿題のリストは**私の心を当惑させる**のに十分だった。	1427
☐	When the manager fell ill, the team quickly **fell into disorder**.	リーダーが病気に倒れて、チームはあっという間に**混乱に陥った**。	1428
☐	Before giving his opinion, he took a moment to **ponder the situation**.	彼は意見を言う前に、**状況を熟考する**ために少し時間を取った。	1429
☐	His death was no accident; it was **deliberate murder**.	彼の死は決して事故ではなかった。それは**故意の殺人**だった。	1430
☐	There was a **dispute on foreign policies** that the government worked hard to resolve.	政府が解決しようと必死に努めている**外交政策上の論争**があった。	1431
☐	**The controversy over whaling** was widely discussed in the media.	**捕鯨に関する論争**が、広くメディアで論じられた。	1432
☐	The country planned to **host an** international **conference** to settle the dispute.	その国は紛争を解決するために国際**会議を主催する**ことを計画した。	1433

☐	It is **a false analogy** to compare a school to a company.	学校を会社にたとえるのは**誤った類推**である。	1434
☐	You need to install **the latest version** of the software to edit the file.	そのファイルを編集するには、ソフトウェアの**最新版**をインストールする必要がある。	1435
☐	He intended to sign the contract and urged others to **do likewise**.	彼は契約書に署名するつもりであり、他の人も**同様にする**よう促した。	1436
☐	The two houses had **an identical structure**.	その2つの家は**同一の構造**をしていた。	1437
☐	Some fans liked to **mimic the style** of the musicians.	ファンの中には、そのミュージシャンの**スタイルをまねる**のが好きな人もいた。	1438
☐	The new range of luxury ice cream had many **exotic flavors**.	高級アイスクリームの新しい品ぞろえには、多くの**異国風の味**があった。	1439
☐	In ancient times, sailors would often **navigate a vessel** by the stars.	古代には、船乗りはよく星によって**船を操縦して**いた。	1440
☐	A mother let her three-year-old son **steer a car**, and he crashed into the wall.	母親が3歳の息子に**車を操縦させ**ると、彼は車を壁にぶつけた。	1441
☐	The ship arrived at the harbor and **lowered the sails**.	その船は港に着いて**帆を降ろした**。	1442
☐	Let's **trace the route** the ancient spice traders took.	古代の香辛料商人が取った**道筋をたどろう**。	1443
☐	The ship drifted because the crew forgot to **cast anchor**.	船員が**いかりを下ろす**のを忘れたため、その船は流された。	1444
☐	The rock band used **a private aircraft** when they went on a world tour.	そのロックバンドは、世界ツアーに出かけるとき、**自家用機**を使った。	1445
☐	It is not as easy as it looks to **row a boat**.	**ボートをこぐ**のは、見かけほど簡単ではない。	1446
☐	He spent 10 years in prison because he **criticized the regime**.	彼は**政権を批判した**ので10年間を刑務所で過ごした。	1447
☐	His ambition from an early age was to **become a statesman**.	彼の若いときからの野望は**政治家になる**ことだった。	1448
☐	There was widespread support for **a balanced federal budget**.	均衡の取れた**連邦予算**は広く支持された。	1449
☐	The prime minister decided to **dissolve Parliament**.	首相は、**議会を解散する**ことを決定した。	1450
☐	The President is having difficulty **reforming the bureaucracy**.	大統領は、**官僚制度を改革する**のに苦労している。	1451
☐	The first task of the prime minister was to **form a** new **cabinet**.	首相の最初の仕事は新**内閣を組織する**ことだった。	1452
☐	He hesitated to **attack his opponent**, but it was a fatal mistake.	彼は**敵を攻撃する**のをためらったが、それが致命的なミスとなった。	1453
☐	He **began a quarrel** instead of answering the question.	彼は質問に答える代わりに**口論を始めた**。	1454
☐	The writer used her novel as a way to **condemn slavery**.	その作家は**奴隷制度を非難する**方法として自身の小説を用いた。	1455
☐	People demanded the government **end the nightmare** of human trafficking.	人々は政府に対し、人身売買という**悪夢を終わらせる**よう要求した。	1456

STEP 23

☐	Her father was **a stingy person** who gave her only a tiny allowance.	彼女の父親は**けちな人**で、少額の小遣いしか彼女にあげなかった。	1457
☐	If you **commit an offense** and are caught, you will be punished.	**罪を犯して**捕らえられたら、罰せられるだろう。	1458
☐	The coach gave his athletes a pep talk before they faced **a rival team**.	コーチは自分の選手たちが**競争相手のチーム**と顔を合わせる前に叱咤激励した。	1459
☐	You can see **a mixture of the two cultures** in Spanish architecture.	スペイン建築では**2つの文化の混合**を見ることができる。	1460
☐	It turned out that the facts did not **coincide with his story**.	事実が**彼の話と一致して**いないことが結局わかった。	1461
☐	When the currency is converted, his savings **correspond to 100 dollars**.	通貨を両替したら、彼の貯金は**100ドルに相当する**。	1462
☐	I don't think these two goals are **compatible with each other**.	私はこれらの2つの目標が、**互いに両立できる**とは思わない。	1463
☐	They **merged the two companies** to form the largest oil company.	彼らは世界最大の石油会社を設立するため**その二社を合併した**。	1464
☐	Food **decays** more **quickly** in summer than in winter.	食べ物は冬よりも夏のほうが**すぐに腐る**。	1465
☐	He fixed the sink because it began to **stink badly**.	**ひどく悪臭を放ち**始めていたので、彼は流しを修理した。	1466
☐	**Corrupt politicians** abused their privileges and provided advantage to their friends.	**堕落した政治家たち**が特権を乱用し、知人に利益をもたらした。	1467
☐	**A drug addict** can only be helped when he is ready to change.	**薬物中毒者**は自分が変わる覚悟ができてはじめて助けられる。	1468
☐	The boy's job was to **sweep the decks** and maintain the sails every morning.	少年の仕事は、毎朝**甲板を掃除して**帆の手入れをすることだった。	1469
☐	Most politicians **vanish from history** within a few years.	たいていの政治家は数年以内に**歴史から消える**。	1470
☐	She took the vase to a specialist and asked him to **repair the crack**.	彼女はその花瓶を専門家の所に持っていき、**ひびを修理する**よう頼んだ。	1471
☐	She wore **a shabby dress** and good shoes, which made him curious about her.	彼女は**みすぼらしいドレス**とすてきな靴を身に着けていたので、彼は彼女に興味を持った。	1472
☐	We must take care not to **exhaust resources**.	私たちは**資源を使い果たさ**ないように気をつけなければならない。	1473
☐	Please open the taps to **drain water** into the pipes.	管に**水を排出する**には、栓を開けてください。	1474
☐	A friendly attitude on both sides is **indispensable for peace**.	両者の友好的な態度が**平和に必要不可欠**である。	1475
☐	His supervisor called him in twice a year to **evaluate his performance**.	上司は**彼の業績を評価する**ために年に2回彼を呼びよせた。	1476
☐	You need **a valid passport** to visit a foreign country.	外国を訪れるには**有効なパスポート**が必要だ。	1477
☐	The folk hero **became a legend** after his tragic death.	その民族の英雄は、悲劇的な死を遂げた後に**伝説になった**。	1478
☐	Once devised, you must **assess the feasibility** of the plan.	いったん策定したら、計画の**実現可能性を評価し**なければならない。	1479

☐	He attended a boarding school and grew up to be **a sophisticated gentleman**.	彼は全寮制の学校に通い、成長して**洗練された紳士**になった。	1480
☐	The girl **broke a stereotype** of the role of women in society.	その少女は、社会における女性の役割にまつわる**固定観念を破った**。	1481
☐	The researcher succeeded in finding **a potent drug** for cancer.	その研究者は、がんの**有効な薬**を見つけることに成功した。	1482
☐	**Intellectual curiosity** is the motive for all scientific exploration.	**知的好奇心**は、あらゆる科学的探求の動機である。	1483
☐	You should spend more time with your son to promote **mutual comprehension**.	**相互理解**を促進するために、君は息子さんともっと時間を共有するべきだ。	1484
☐	Shoot at anything that **is deemed a threat**.	**脅威と考えられる**ものは全て撃て。	1485
☐	He failed to **grasp the** true **meaning** of what she said.	彼は、彼女が言ったことの真の**意味を把握**できなかった。	1486
☐	The museum annually publishes **a comprehensive list** of its collections.	その博物館は、年に1度収蔵物の**包括的なリスト**を発行している。	1487
☐	He continued to **yawn loudly** all through the class.	彼は授業中ずっと**大声であくびをし**続けていた。	1488
☐	Thanks to **his artificial limb**, he can do almost everything without help.	**義肢**のおかげで、彼はほとんどすべてのことを助けなしで行うことができる。	1489
☐	She took lemon and honey to ease **her sore throat**.	彼女は**のどの痛み**を和らげるために、レモンとはちみつを摂った。	1490
☐	Vegetarians do not eat **animal flesh**, and some of them even avoid milk.	ベジタリアンは**動物の肉**を食べず、中には牛乳すら避ける人もいる。	1491
☐	It is easier for the body to **digest protein** from plant-based sources.	植物由来成分の**タンパク質を消化する**ほうが身体にとってやすい。	1492
☐	A long bath helps to **soothe the nerves** after a stressful day.	長風呂は、ストレスに満ちた1日の後で**神経を静めるの**に役立つ。	1493
☐	He could **smell the scent** of cherry blossom in the air.	彼は大気中の桜の花の**香りをかぐ**ことができた。	1494
☐	She could easily **perceive a change** in his attitude toward her.	彼女は、自分に対する彼の態度の**変化**に容易に**気づく**ことができた。	1495
☐	This new blood test can **detect cancers** at an early stage.	この新しい血液検査は、早期の**がんを見つける**ことができる。	1496
☐	One of them **conceived of a plan** to make him leave.	彼らのうっち一人が、彼を追い出す**計画を思いついた**。	1497
☐	The boy **gazed at the stars** whenever he fell on hard times.	その少年は、つらい状況に陥ったときはいつも**星を見つめていた**。	1498
☐	She **peeped into the hole** but couldn't see anything except darkness.	彼女は**穴をのぞいた**が、暗闇以外何も見えなかった。	1499
☐	She spends hours **browsing websites** on her smartphone every day.	彼女は毎日、スマートフォンで**ウェブサイトを見て回る**ことに何時間も費やしている。	1500

STEP 23

| Round 1 月 日 | Round 2 月 日 | Round 3 月 日 |

LEVEL 3

形状・外見

1501	create a **mold**	**型**をつくる
1502	a **winding** street	**曲がりくねった**通り
1503	a **rectangular** box	**長方形の**箱
1504	10 meters in **width**	**幅**10メートル
1505	a deep **hollow**	深い**くぼみ**
1506	**transparent** plastic	**透明な**プラスチック

言論・言語①

1507	take an **oath**	**誓い**を立てる
1508	make **reference to** the book	その本**を参照**する
1509	**literal** translation	**文字通りの**翻訳
1510	translate a **verse**	**詩**を翻訳する
1511	a **synonym** for "important"	「重要な」の**同義語**
1512	make a **vow**	**誓い**を立てる
1513	hear a **murmur**	**つぶやき**を聞く
1514	**metaphor** for death	死の**隠喩**
1515	**quote** a paragraph	段落を**引用する**

資産・遺産

1516	own an **estate**	**土地**を所有する
1517	**inherit** his property	彼の財産を**相続する**
1518	a cultural **heritage**	文化**遺産**

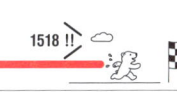

☐☐☐	**mold** [móuld]	名 ❶ 型　❷ 性格、特徴 動 ❶ 形作る　❷ (性格などを)形成する
☐☐☐	**winding** [wáindiŋ] 発	形 曲がりくねった　名 巻いたもの ⇒ wínd 動 ❶ 曲がる　❷ 巻く
☐☐☐	**rectangular** [rektǽŋgjələr]	形 長方形の、直角の ⇒ réctangle 名 長方形
☐☐☐	**width** [wídθ] 発	名 幅、広さ
☐☐☐	**hollow** [hálou]	名 ❶ くぼみ、穴　❷ 谷間、盆地 形 ❶ うつろな　❷ くぼんだ
☐☐☐	**transparent** [trænspéərənt]	形 ❶ 透明な　❷ 明白な
☐☐☐	**oath** [óuθ] 発	名 誓い、宣誓
☐☐☐	**reference** [réfərəns]	名 ❶ 参照　❷ (…への)言及(to)　❸ 参考文献 ★ with reference to A　Aに関して(の)
☐☐☐	**literal** [lítərəl]	形 文字通りの、逐語的な
☐☐☐	**verse** [vɔ́ːrs]	名 詩、韻文
☐☐☐	**synonym** [sínənìm]	名 同義語(⇔ ántonym)
☐☐☐	**vow** [váu] 発	名 誓い　動 誓う
☐☐☐	**murmur** [mɔ́ːrmər]	名 つぶやき、ささやき 動 ささやく、小声で言う
☐☐☐	**metaphor** [métəfɔ̀ːr]	名 隠喩、暗喩
☐☐☐	**quote** [kwóut]	動 引用する ⇒ quotátion 名 引用
☐☐☐	**estate** [istéit]	名 ❶ 地所、私有地　❷ 財産、不動産
☐☐☐	**inherit** [inhérət]	動 ❶ (…から)(財産などを)相続する(from) ❷ (性質などを)受け継ぐ
☐☐☐	**heritage** [hérətidʒ]	名 (文化的、歴史的な)遺産、相続財産

STEP 24

回復・再開

1519	retrieve my briefcase	書類かばんを取り戻す
1520	revive the economy	経済を復活させる
1521	recollect his name	彼の名前を思い出す
1522	resume our voyage	私たちの船旅を再開する
1523	compensate for the failure	失敗を埋め合わせる

文化・芸術

1524	write a masterpiece	傑作を執筆する
1525	enjoy a spectacle	見せものを楽しむ
1526	cast him as Romeo	彼をロミオの役にする
1527	the mainstream media	主流メディア

時間・早晩

1528	medieval architecture	中世の建築
1529	simultaneous interpretation	同時通訳
1530	last a decade	10年間続く
1531	a memory span	記憶が続く期間
1532	make haste	急ぐ
1533	a swift runner	速いランナー
1534	postpone retirement	退職を延期する
1535	contemporary music	現代音楽
1536	punctual flight	時間通りの飛行

☐	**retrieve** [ritríːv]	動 ❶ 取り戻す ❷ 回復する、(損失などを)償う ⇒ retríeval 名 回収、回復
☐	**revive** [riváiv]	動 復活する[させる]、生き返る ⇒ revival 名 ❶ 復活、再生 ❷ 再上演[映]
☐	**recollect** [rèkəlékt]	動 思い出す、回想する
☐	**resume** [rizjúːm]	動 再開する、続ける ⇒ resúmption 名 再開
☐	**compensate** [kάmpənsèit]	動 ❶ (欠点などを)埋め合わせる、補う(for) ❷ (損害などを)賠償する(for) ⇒ compensátion 名 埋め合わせ、補償
☐	**masterpiece** [mǽstərpìːs]	名 傑作、名作
☐	**spectacle** [spéktəkl]	名 見せもの、(目を見張るような)光景 ⇒ spectácular 形 壮観な、見せものの
☐	**cast** [kǽst]	動 ❶ (劇などの)配役を決める ❷ 投げる
☐	**media** [míːdiə]	名 マスメディア、マスコミ (※ medium の複数形)
☐	**medieval** [mìːdiíːvəl]	形 中世の、中世風の
☐	**simultaneous** [sàiməltéiniəs]	形 同時の、同時に起こる
☐	**decade** [dékeid]	名 10年間
☐	**span** [spǽn]	名 (限られた)期間、長さ 動 (ある期間、距離に)渡る、及ぶ
☐	**haste** [héist]	名 急ぎ、慌てること ⇒ hásty 形 ❶ 急ぎの ❷ 早まった、軽率な
☐	**swift** [swíft]	形 速い、素早い
☐	**postpone** [poustpóun]	動 (…まで)延期する(to、until)
☐	**contemporary** [kəntémpərèri]	形 ❶ 現代の ❷ (人や作品が)同時代の 名 同時代人、同年代の人
☐	**punctual** [pʌ́ŋktʃuəl]	形 時間に正確な、約束の時間を守る ⇒ punctuálity 名 時間厳守、几帳面さ

#	英語	日本語
1537	**rural** areas	**いなかの**地域
1538	a **barren** land	**不毛の**土地
1539	harvest **grain**	**穀物**を収穫する
1540	her **prompt** response	彼女の**即座の**応答
1541	**boost** productivity	生産性を**押し上げる**
1542	**nourish** a baby	赤ちゃんに**栄養を与える**
1543	**facilitate** access	アクセスを**容易にする**
1544	**enhance** the quality	質を**高める**
1545	a **catalyst** for change	変化の**きっかけ**
1546	**reinforce** the functions	機能を**補強する**
1547	hire **personnel**	**職員**を雇う
1548	the **noble** class	**貴族**階級
1549	choose the **delegate**	**代表**を選ぶ
1550	appoint a **deputy**	**代理人**を任命する
1551	interview an **executive**	**重役**にインタビューする
1552	obey their **master**	彼らの**主人**に服従する
1553	update my **profile**	**自己紹介**を更新する
1554	employ a **servant**	**使用人**を雇う

rural [rúərəl]	形 いなかの、田園の
barren [bǽrən]	形 (土地が)不毛の、無益な
grain [gréin]	名 ❶ (集合的に)穀物 ❷ (穀物などの)粒、わずかの量
prompt [prámpt]	形 即座の、敏速な 動 促す
boost [búːst]	動 押し上げる、増進させる 名 押し上げること、増進
nourish [nə́ːriʃ]	動 ❶ 栄養を与える、養う ❷ 心にいだく ⇒ nóurishment 名 栄養
facilitate [fəsílətèit]	動 容易にする、促進する
enhance [inhǽns]	動 (価値などを)高める、向上させる ⇒ enháncement 名 向上
catalyst [kǽtəlist]	名 ❶ (…の)きっかけ、(変化などの)要因となる人(もの)(for) ❷ 触媒
reinforce [rìːənfɔ́ːrs]	動 補強する、強化する ⇒ reinfórcement 名 強化、補強
personnel [pə̀ːrsənél]	名 (複数扱い、集合的)職員
noble [nóubl]	形 ❶ 貴族の ❷ 上品な、気高い
delegate [déləgət]	名 代表、使節 動 [déləgèit] 代表として派遣する ⇒ delegátion 名 代表団、使節団
deputy [dépjəti]	名 代理人 形 代理の、副…
executive [igzékjətiv]	名 重役、経営者(陣) 形 管理の、実行上の
master [mǽstər]	名 ❶ (…を支配する)主人、長 ❷ 大家、達人 動 習得する
profile [próufail]	名 ❶ (新聞などの)簡単な人物紹介 ❷ 横顔 ❸ 輪郭
servant [sə́ːrvənt]	名 使用人、召使

STEP 24

1555	**manufacture** vehicles	自動車を**製造する**
1556	**technical** innovation	**技術**革新
1557	**utilize** the Internet	インターネットを**利用する**
1558	**impose** limitations	制限を**課す**
1559	**compulsory** attendance	**強制的な**出席
1560	a keen **patriot**	熱狂的な**愛国者**
1561	promote my **ideology**	**イデオロギー**を推進する
1562	be in **exile**	**亡命**している
1563	accomplish a **revolution**	**革命**を成し遂げる
1564	suffer **drought**	**ひでり**に苦しむ
1565	use a **thermometer**	**温度計**を使う
1566	**erupt** violently	激しく**噴火する**
1567	survive the **catastrophe**	その**大災害**を生き延びる
1568	**roar** at us	私たちに**吠える**
1569	cultivate the **wilderness**	**荒野**を開拓する
1570	**arctic** exploration	**北極の**探検
1571	the **margin** of the river	川の**ふち**
1572	reduce **litter**	**ごみくず**を減らす

manufacture [mænjəfǽktʃər]	動 製造する 名 (機械による大規模な)製造、製品
technical [téknikəl]	形 科学技術の、工業の ⇒ technique 名 技術、技法
utilize [júːtəlàiz]	動 利用する、活用する ⇒ utility 名 公共施設、公益事業
impose [impóuz]	動 (義務などを)課す、押しつける ★ impose A on B B(人)にAを押しつける
compulsory [kəmpʌ́lsəri]	形 強制的な、義務づけられた
patriot [péitriət]	名 愛国者 ⇒ pátriotism 名 愛国心
ideology [àidiálədʒi] 発	名 イデオロギー、観念形態
exile [égzail] ア	名 亡命(者)、追放(者)
revolution [rèvəlúːʃən]	名 ❶ 革命、大変革 ❷ (天体などの)回転、公転
drought [dráut] 発	名 ひでり、かんばつ
thermometer [θərmámətər]	名 温度計、体温計
erupt [irʌ́pt]	動 噴火する、爆発する ⇒ erúption 名 噴火
catastrophe [kətǽstrəfi]	名 大災害、大惨事 ⇒ catastróphic 形 破滅的な、大惨事の
roar [rɔ́ːr]	動 ❶ (ライオンなどが)吠える ❷ わめく 名 唸り声、歓声
wilderness [wíldərnəs] 発	名 荒野
arctic [áːrktik]	形 ❶ 北極の(⇔ antárctic) ❷ 極寒の
margin [máːrdʒən]	名 ❶ ふち、へり ❷ (本などの)余白 ❸ 利ざや、利益
litter [lítər]	名 ごみくず、がらくた 動 (ごみで)(場所を)散らかす(with)

1573	hold an **infant**	**乳児**を抱く
1574	dry my **laundry**	**洗濯物**を乾かす
1575	a new **dimension**	新たな**局面**
1576	**approximate** figures ▶approximately a million	**おおよその**数字 ▶約100万
1577	two **billion** yen	二**十億**円
1578	**enforce** regulations	規制を**実施する**
1579	**execute** a transaction	取引を**実行する**
1580	continue my **endeavor**	**努力**を継続する
1581	**implement** a program	プログラムを**実施する**
1582	**strive for** advancements	進歩**のために努力する**
1583	my **passionate** desire	**情熱的な**願望
1584	**be willing to** take risks	リスクを負う**のをいとわない**
1585	lose **faith**	**信頼**を失う
1586	**keen** parents	**熱心な**両親
1587	an **odd** coincidence	**奇妙な**一致
1588	**consistent** efforts	**首尾一貫した**努力
1589	the **converse** opinion	**正反対の**意見
1590	a **radical** change	**根本的な**変化

☐	**infant** [ínfənt]	名 乳児、幼児　形 幼児の
☐	**laundry** [lɔ́:ndri] 発	名 ❶ (集合的)洗濯物　❷ クリーニング店、洗濯場
☐	**dimension** [dəménʃən]	名 ❶ 局面、面　❷ 次元、寸法
☐	**approximate** [əpráksəmət]	形 近似の　動 近似する、近づく ⇒ appróximately 副 約、おおよそ(= abóut)
☐	**billion** [bíljən]	名 十億 ★ billions of A 数十億の A
☐	**enforce** [infɔ́:rs]	動 ❶ (法律などを)実施する　❷ 強制する ⇒ enfórcement 名 施行、強制
☐	**execute** [éksəkjù:t] 発	動 ❶ (義務・計画などを)実行する　❷ 処刑する ⇒ execútion 名 処刑、実行
☐	**endeavor** [indévər] ア 発	名 努力 動 努める、(…しようと)努力する(to do)
☐	**implement** [ímpləmènt]	動 (計画などを)実施する　名 道具、手段 ⇒ implementátion 名 実施
☐	**strive** [stráiv]	動 (…を求めて、…しようと)努力する(for, to do) ⇒ strífe 名 争い、けんか
☐	**passionate** [pǽʃənət]	形 情熱的な ⇒ pássion 名 情熱、激しい感情
☐	**willing** [wíliŋ]	形 (be willing to do)…するのをいとわない、…する気がある
☐	**faith** [féiθ]	名 ❶ 信頼、信用　❷ 信仰 ⇒ fáithful 形 (…に)忠実な、誠実な(to)
☐	**keen** [kí:n]	形 ❶ 熱心な　❷ 鋭い ★ be keen on A A に熱中している
☐	**odd** [ád]	形 ❶ 奇妙な、変な　❷ 奇数の(⇔ even)
☐	**consistent** [kənsístənt]	形 ❶ (首尾)一貫した　❷ 一致する ⇒ consístency 名 一貫性
☐	**converse** [kánvə:rs]	形 (意見などが)正反対の、逆の 名 正反対、逆
☐	**radical** [rǽdikəl]	形 ❶ 根本的な　❷ 急進的な 名 急進論者

STEP 24

例文でCHECK!!

The dentist **created a mold** of my teeth.	歯医者は私の**歯型をつくった**。	1501
It was **a winding street** and he couldn't see what was at the end.	それは**曲がりくねった通り**で、突き当りに何があるのか彼には見えなかった。	1502
She kept her treasures in **a rectangular box** under her bed.	彼女はベッドの下の**長方形の箱**に宝物をしまっておいた。	1503
The pool is 25 meters in length and **10 meters in width**.	そのプールは長さ25メートル、**幅10メートル**である。	1504
There was **a deep hollow** in the center of the tree.	木の中心には**深いくぼみ**があった。	1505
The mechanism is housed in **transparent plastic** for ease of viewing.	その装置は見やすいように**透明なプラスチック**に収納されている。	1506
To join the secret society, you have to **take an oath**.	秘密結社に入るには、**誓いを立て**なければならない。	1507
You should **make reference to the book** first.	君はまず**その本を参照する**べきだ。	1508
The **literal translation** is misleading, as the text is a metaphor.	その**文字通りの翻訳**は誤解を招く、なぜならその文は隠喩だからだ。	1509
She didn't understand French, so asked her teacher to **translate the verse**.	彼女はフランス語を理解できないので、先生に**その詩を翻訳する**よう頼んだ。	1510
The word "significant" is **a synonym for "important."**	「重大な」という単語は、**「重要な」の同義語**である。	1511
When two people marry, they **make a vow** to be true to one another.	2人の人が結婚するとき、互いに忠実でいるという**誓いを立てる**。	1512
He **heard a murmur** of criticism from the crowd.	彼は群衆から非難の**つぶやきを聞いた**。	1513
An empty room is a commonly used **metaphor for death**.	空の部屋は、一般に**死の隠喩**として使われる。	1514
If you **quote a paragraph** in an essay, you should credit the source.	レポートで**段落を引用する**場合、出典を明記しなければならない。	1515
The old man **owns an estate**, but he visits it only once a year.	その老人は**土地を所有している**が、年に一度しかそこを訪れない。	1516
The old man wanted his granddaughter to **inherit** all **his property**.	その老人は孫娘に**彼の全財産を相続**してもらいたいと思った。	1517
Historic buildings are an important part of **our cultural heritage**.	歴史的建造物は、**私たちの文化遺産**における重要な部分である。	1518
I went to the police station to **retrieve my briefcase** that I had left on the train.	列車に置き忘れた**書類かばんを取り戻す**ために、私は警察署へ行った。	1519
The new government promised to **revive the economy** within two years.	新しい政府は、2年以内に**経済を復活させる**ことを約束した。	1520
She came across an old friend on the street, but she could not **recollect his name**.	彼女は通りで古い友人に遭遇したが、**彼の名前を思い出せ**なかった。	1521
We **resumed our voyage** when the storm ended.	嵐が去り、私たちは**船旅を再開した**。	1522
His previous successes didn't **compensate for the failure** this time.	彼の以前の成功も今回の**失敗を埋め合わせ**なかった。	1523

☐	He always believed he would **write a masterpiece** someday.	彼はいつか**傑作を執筆する**といつも信じていた。	1524
☐	If you **enjoy a spectacle**, you will love this circus.	もし君が**見せものを楽しむ**なら、このサーカスを好きになるだろう。	1525
☐	The director decided to **cast him as Romeo** in the movie.	その監督は、その映画で**彼をロミオの役にする**ことを決めた。	1526
☐	**The mainstream media** are in the pockets of politicians.	**主流メディア**は、政治家のいいなりである。	1527
☐	A surprising amount of **medieval architecture** has survived now.	驚くほど多くの**中世の建築**が、今でも残っている。	1528
☐	She was trained in **simultaneous interpretation** at college.	彼女は大学で**同時通訳**の訓練を受けた。	1529
☐	The war **lasted a decade** and cost more than one million lives.	その戦争は**10年間続き**、100万人を超える犠牲者が出た。	1530
☐	They wrongly believe that **the memory span** of a fish is three seconds.	彼らは魚の**記憶が続く期間**は3秒だと間違って信じている。	1531
☐	People often say one should **make haste** while the sun shines.	日が照っているうちに**急ぐ**ように、人々はよく言う。	1532
☐	She was **a swift runner** and won the race easily.	彼女は**速いランナー**だったので、そのレースに容易に勝った。	1533
☐	He was asked to **postpone retirement** as no one else could do his job.	ほかにだれも彼の仕事をできなかったため、彼は**退職を延期する**よう頼まれた。	1534
☐	He found **contemporary music** to be beyond his comprehension.	彼は**現代音楽**を自分には理解できないことがわかった。	1535
☐	The airline is known for **punctual flight**.	その航空会社は**時間通りの飛行**で知られている。	1536
☐	The size of the working population is rapidly decreasing in **rural areas**.	労働人口の規模は、**いなかの地域**で急速に減少している。	1537
☐	The tree flourished in the middle of **the barren land**.	**その不毛の土地**の真ん中で、その木は繁った。	1538
☐	The farmers in the Middle Ages **harvested grain** with horses.	中世の農家は馬で**穀物を収穫した**。	1539
☐	He was impressed by **her prompt response** to his question.	彼は質問に対する**彼女の即座の応答**に感心した。	1540
☐	They replaced devices in an effort to **boost productivity**.	彼らは**生産性を押し上げる**取り組みとして装置を交換した。	1541
☐	Mother's milk is said to be the best way to **nourish a baby**.	母乳は**赤ちゃんに栄養を与える**最良の方法と言われている。	1542
☐	A slope was installed to **facilitate access** for wheelchair users.	車椅子の利用者の**アクセスを容易にする**ために、スロープが設置された。	1543
☐	He uses software to **enhance the quality** of the image.	その画像の**質を高める**ために、彼はソフトウェアを使っている。	1544
☐	To be a father was **a catalyst for change** in my life.	父親になることは、私の人生における**変化のきっかけ**であった。	1545
☐	Extra staff members were employed to **reinforce the** operational **functions**.	運営**機能を補強する**ために、追加スタッフが雇われた。	1546

STEP 24

☐	The firm **is hiring** more **personnel** to increase production.	その企業は生産を増強するためにさらに**職員を雇っている**。	1547
☐	His remote ancestors were the members of **the noble class**.	彼の遠い祖先たちは**貴族階級**の一員だった。	1548
☐	We **chose the delegate** from our school.	私たちは自分たちの学校から**代表を選んだ**。	1549
☐	He **appointed a deputy** to carry out these duties.	彼はこれらの職務を遂行するための**代理人を任命した**。	1550
☐	It was a rare opportunity to **interview executives** in person.	それは対面で**重役たちにインタビューする**貴重な機会だった。	1551
☐	Slaves had little choice but to **obey their master**.	奴隷たちには**彼らの主人に服従する**以外ほぼ選択肢はなかった。	1552
☐	She **updated her profile** on social media.	彼女はソーシャルメディア上の**自己紹介を更新した**。	1553
☐	It is common to **employ a servant** in South Asian countries.	南アジア諸国では**使用人を雇うこと**は普通である。	1554
☐	Robots complete many of the tasks required to **manufacture vehicles**.	ロボットは**自動車を製造する**上で必要な多くの作業を仕上げる。	1555
☐	**Technical innovation** sometimes occurs faster than we can keep up with it.	**技術革新**はときには私たちが追いつけないほどの速さで起こる。	1556
☐	Children know how to **utilize the Internet** better than adults.	子供は大人よりも**インターネットを利用する**方法を知っている。	1557
☐	The school **imposes limitations** on the number of students.	その学校は生徒の数に**制限を課している**。	1558
☐	This course requires the **compulsory attendance** of all pupils.	このコースは全ての生徒に**強制的な出席**を要求する。	1559
☐	He was **a keen patriot** and joined the navy upon graduation.	彼は**熱狂的な愛国者**で、卒業と同時に海軍に入隊した。	1560
☐	You are free to **promote your ideology** and I am free to ignore it.	あなたが**イデオロギーを推進する**のは自由だし、私がそれを無視するのも自由だ。	1561
☐	I had to **be in exile**, and I was unable to see my family.	私は**亡命**していなければならなかったため、家族に会えなかった。	1562
☐	He **accomplished a revolution** in the field of information technology.	彼はITの分野で**革命を成し遂げた**。	1563
☐	The area **suffered drought** almost every year.	その地域はほぼ毎年**ひでりに苦しんだ**。	1564
☐	The doctor **used a thermometer** that could read low body temperatures.	その医者は低体温を計ることができる**温度計を使った**。	1565
☐	The volcano **erupted violently** for the first time in 200 years.	その火山は200年ぶりに**激しく噴火した**。	1566
☐	Those who **survived the catastrophe** were taken to hospital.	**その大災害を生き延びた**人たちは病院に搬送された。	1567
☐	A dog came up from behind the wall and **roared at us**.	犬が壁の後ろから出てきて**私たちに吠えた**。	1568
☐	They spent years **cultivating the wilderness** to create a farm.	彼らは農場を作るために何年もかけて**荒野を開拓した**。	1569

☐	Despite the many advances in recent years, **arctic exploration** is still dangerous.	近年の多くの進歩にもかかわらず、**北極の探検**はいまだに危険である。	1570
☐	We put up a tent on **the margin of the river**.	私たちは**川のふち**にテントを張った。	1571
☐	In an attempt to **reduce litter**, Singapore introduced a system of fines.	**ごみくずを減らそう**と、シンガポールは罰金制度を導入した。	1572
☐	She showed him the correct way to **hold an infant**.	彼女は**乳児を抱く**正しい方法を彼に見せた。	1573
☐	We have to use a machine to **dry our laundry** in the rainy season.	雨期に**洗濯物を乾かす**には機械を使わなければならない。	1574
☐	Adding a keyboard player took the band to **a new dimension**.	キーボード奏者を加えて、そのバンドは**新たな局面**へと向かった。	1575
☐	We have only **approximate figures** about the sales last month.	先月の売上については**おおよその数字**しか私たちにはわからない。	1576
☐	The old man bought the island for **two billion yen**.	その老人はその島を**二十億円**で買った。	1577
☐	Airlines are responsible for **enforcing regulations** set by the government.	航空会社には政府が定めた**規制を実施する**責任がある。	1578
☐	He went to the bank as he needed to **execute a transaction**.	彼は**取引を実行する**必要があったため、その銀行に行った。	1579
☐	Despite suffering setbacks, I was determined to **continue my endeavor**.	挫折を味わったにも関わらず、私は**努力を継続する**決意をしていた。	1580
☐	The school **implemented a program** to help students who were lagging behind.	その学校は授業についていけない学生を支援する**プログラムを実施した**。	1581
☐	The baseball player constantly **strived for advancements**.	その野球選手は、常に**進歩のために努力した**。	1582
☐	It was **her passionate desire** to be a fashion designer.	ファッションデザイナーになることは、**彼女の情熱的な願望**だった。	1583
☐	He was an adventurous type of person that **was** always **willing to take risks**.	彼は常に**リスクを負うのをいとわない**冒険家タイプの人だった。	1584
☐	People in this country **are losing faith** in the legal system.	この国の人々は司法制度への**信頼を失いつつある**。	1585
☐	The **keen parents** were excited about their child's first day at school.	その**熱心な両親**は子どもの最初の登校日に興奮していた。	1586
☐	She knew such **an odd coincidence** was very rare.	彼女は、そのような**奇妙な一致**が非常に珍しいことを知っていた。	1587
☐	She made **consistent efforts** to polish her English.	彼女は英語に磨きをかけようと**首尾一貫した努力**をした。	1588
☐	He loved to argue and always put forward **the converse opinion**.	彼は議論好きで、いつも**正反対の意見**を述べた。	1589
☐	Information Technology has brought **a radical change** to our lifestyle.	情報技術は私たちの暮らしに**根本的な変化**をもたらした。	1590

STEP 24

企業・経営	1591	**corporate** profits	**企業の**利益
	1592	launch an **enterprise**	**企業**を立ち上げる
	1593	go **bankrupt**	**破産**する
	1594	work at **headquarters**	**本部**で働く
軽視・侮辱	1595	conceal my **contempt**	**軽蔑**を隠す
	1596	**sneer at** the police	警察**をあざ笑う**
	1597	**neglect** a child	子どもを**無視する**
	1598	**humiliate** a woman	女性に**恥をかかせる**
	1599	**despise** his words	彼の言葉を**軽蔑する**
	1600	**insult** the national flag	国旗を**侮辱する**
虚偽・不正	1601	commit **piracy**	**略奪**を働く
	1602	**leak** the information	その情報を**漏らす**
	1603	**exaggerate** his abilities	彼の能力を**誇張する**
	1604	an **evil** wizard	**邪悪な**魔法使い
	1605	**cheat** customers	顧客を**だます**
	1606	suspect **fraud**	**詐欺**を疑う
	1607	**betray** a friend	友人を**裏切る**
	1608	**deceive** the enemy	敵を**欺く**

☐☐	**corporate** [kɔ́ːrpərət] ⑦	形 企業の、法人の ⇒ corporátion 名 企業、法人
☐☐	**enterprise** [éntərpràiz] ⑦	名 ❶ 企業、(大胆な)企て、事業 ❷ 冒険心、進取の精神
☐☐	**bankrupt** [bǽŋkrʌpt]	形 破産した ⇒ bankrúptcy 名 破産、倒産
☐☐	**headquarters** [hédkwɔ̀ːrtərz]	名 (単複両扱い)本部、本社(※ HQ、hq と略す)
☐☐	**contempt** [kəntémpt]	名 軽蔑、侮辱
☐☐	**sneer** [sníər]	動 (…を)あざ笑う、冷笑する(at)
☐☐	**neglect** [niglékt]	動 ❶ 無視する ❷ ★ neglect to *do* [*doing*] …しないでおく、…するのを怠る 名 放置、怠慢
☐☐	**humiliate** [hjuːmílièit]	動 恥をかかせる ⇒ humiliátion 名 恥、屈辱
☐☐	**despise** [dispáiz]	動 軽蔑する、ひどく嫌う
☐☐	**insult** [insʌ́lt] ⑦	動 侮辱する 名 [ínsʌlt] 侮辱
☐☐	**piracy** [páiərəsi] 発	名 ❶ 略奪[海賊](行為) ❷ 著作権侵害 ⇒ pírate 名 海賊
☐☐	**leak** [líːk]	動 (液体、秘密などを)漏らす、漏れる 名 漏れ、(秘密の)漏えい
☐☐	**exaggerate** [igzǽdʒərèit] ⑦	動 誇張する、大げさに言う[考える] ⇒ exaggerátion 名 誇張
☐☐	**evil** [íːvəl] 発	形 邪悪な、(道徳的に)悪い 名 悪
☐☐	**cheat** [tʃíːt]	動 ❶ だます ❷ ごまかす、いかさまをする 名 不正行為
☐☐	**fraud** [frɔ́ːd] 発	名 詐欺(行為)
☐☐	**betray** [bitréi]	動 ❶ 裏切る、だます ❷ (秘密などを)漏らす ⇒ betráyal 名 裏切り、密告
☐☐	**deceive** [disíːv]	動 欺く、だます ⇒ decéit 名 欺き、詐欺

STEP 25

	Round 1　月　日	Round 2　月　日	Round 3　月　日

LEVEL 3

挨拶・マナー

1609 **kneel** before customers — 客に**ひざまずく**

1610 show **courtesy** — **礼儀正しさ**を示す

1611 make a **bow** — **おじぎ**をする

苦痛・苦悩

1612 endure **agony** — **非常な苦しみ**に耐える

1613 prohibit **torture** — **拷問**を禁止する

1614 full of **anguish** — **苦悩**に満ちて

重視・重大

1615 **signify** my intention — 意向を**示す**

1616 the **core** of the issue — その問題の**核心**

1617 **crucial** information — **とても重大な**情報

成分・物質

1618 **particles** of gold — 金の**粒子**

1619 **acid** rain — **酸**性雨

1620 contain a **solvent** — **溶媒**を含む

1621 a **genuine** diamond — **本物の**ダイアモンド

1622 **hybrid** animals — **雑種の**動物

1623 **extract** a tooth — 歯を**抜く**

1624 an unknown **substance** — 未知の**物質**

1625 absorb **carbon** dioxide — 二酸化**炭素**を吸収する

1626 **toxic** blooms — **有毒な**花

kneel [ní:l]	動 ひざまずく（※過去形、過去分詞形は knelt となることもある） ⇒ knée 名 ひざ
courtesy [kə́:rtəsi]	名 礼儀正しさ、ていねいさ、親切 ⇒ cóurteous 形 ていねいな
bow [báu]	名 おじぎ 動 おじぎをする
agony [ǽgəni]	名 非常な苦しみ、苦悩 ⇒ ágonize 動 (…のことで)苦しむ
torture [tɔ́:rtʃər]	名 拷問 動 ❶ 拷問にかける ❷ ひどく苦しめる
anguish [ǽŋgwiʃ]	名 苦悩
signify [sígnəfài]	動 ❶ (言葉、身振りなどで)示す、知らせる ❷ (記号などが)意味する、示す
core [kɔ́:r]	名 ❶ (物事の)核心、中心部 ❷ (りんごなどの)芯
crucial [krú:ʃəl]	形 (…にとって)とても重大な、決定的な(for)
particle [pá:rtikl]	名 粒子、微小な粒
acid [ǽsəd]	形 酸(性)の、すっぱい 名 酸
solvent [sálvənt]	名 溶媒、溶剤 形 支払い能力のある
genuine [dʒénjuən]	形 ❶ 本物の、正真正銘の ❷ 心からの
hybrid [háibrəd]	形 雑種の 名 ❶ 雑種 ❷ 混成物
extract [ikstrǽkt]	動 ❶ 抽出する ❷ 抜き出す、取り出す 名 [ékstrækt] 抽出物、抜粋
substance [sʌ́bstəns]	名 ❶ 物質、物 ❷ 内容、実質 ⇒ substántial 形 かなりの、本質的な
carbon [ká:rbən]	名 炭素
toxic [táksik]	形 有毒な、毒の

STEP 25

浸透・普及	1627 **immerse in** hot water	お湯**に浸す**
	1628 **penetrate** skin	皮膚に**浸透する**
	1629 **prevail** everywhere	どこでも**普及している**
	1630 **soak** my feet	両足**を浸す**
服装・ファッション	1631 **dye** cloth	布を**染める**
	1632 **weave** carpet	じゅうたんを**織る**
	1633 dye **fabric**	**生地**を染める
	1634 tie a **thread**	**糸**を結ぶ
言論・言語②	1635 **confess** his lie	彼の嘘を**白状する**
	1636 his **eloquent** speech	彼の**雄弁な**演説
	1637 **exclaim** at the beauty	美しさに(驚いて)**叫ぶ**
	1638 **edit** a magazine ▶release special **editions**	雑誌を**編集する** ▶特別**版**を出す
	1639 **articulate** my argument	主張を**はっきりと述べる**
	1640 **imply** the loss	損失を**暗示する**
	1641 review the **draft**	**下書き**を見直す
	1642 **interpret** the dream	その夢を**解釈する**
	1643 **illustrate** the concept	その概念を**説明する**
	1644 find **rhymes**	**韻**を見つける

immerse	[imə́ːrs]	動 ❶ (液体に)浸す(in) ❷ 没頭させる、(be immersed で)没頭する(in)
penetrate	[pénətrèit]	動 浸透する、貫通する ⇒ penetrátion 名 貫通、浸透
prevail	[privéil]	動 ❶ 普及している、流行している ❷ 勝る
soak	[sóuk]	動 ❶ (液体に)浸す、浸る(in) ❷ びしょ濡れにする
dye	[dái]	動 染める、染まる 名 染料
weave	[wíːv]	動 ❶ (糸などを)織る、(布を)作る ❷ (話を)つくり上げる
fabric	[fǽbrik]	名 ❶ 生地、織物 ❷ 構造、基盤
thread	[θréd] 発	名 ❶ 糸 ❷ (話の)道筋
confess	[kənfés]	動 白状する、告白する、(罪などを)認める ⇒ conféssion 名 告白、自白
eloquent	[éləkwənt] ア	形 雄弁な、表情豊かな ⇒ éloquence 名 雄弁
exclaim	[ikskléim]	動 (驚きなどの感情を込めて)叫ぶ、(強く)言う ⇒ exclamátion 名 叫び(声)、感嘆
edit	[édət]	動 編集する ⇒ edition 名 版、総発行部数
articulate	[ɑːrtíkjəlèit]	動 はっきり表現[発音]する 形 はっきりした ⇒ articulátion 名 (考えの)表明、(明瞭な)発音
imply	[implái] 発	動 暗示する、ほのめかす → implioátion 名 含意、含蓄
draft	[drǽft]	名 ❶ 下書き ❷ 図案、下絵
interpret	[intə́ːrprət] ア	動 ❶ 解釈する、説明する ❷ 通訳する ⇒ interpretátion 名 通訳、解釈
illustrate	[íləstrèit] ア	動 ❶ (実例などで)説明する、例示する ❷ 挿絵を入れる ⇒ illustrátion 名 ❶ イラスト ❷ 説明、実例
rhyme	[ráim] 発	名 韻、脚韻 動 (…と)韻を踏ませる(with)

1645	**inhabit** the cave	その洞窟に**住む**
1646	catch a **worm**	**虫**を捕まえる
1647	open the **buds**	**つぼみ**を開く
1648	remove **weeds**	**雑草**を取り除く
1649	produce **blossoms** ▶a tree in blossom	**花**をつける ▶**花盛りの**木
1650	an endangered **species**	絶滅危惧**種**
1651	**cease** broadcasting her songs	彼女の曲を放送するのを**中止する**
1652	**surrender to** the enemy	敵**に降伏する**
1653	**suspend** payments	支払いを**中止する**
1654	**abolish** the death penalty	死刑を**廃止する**
1655	prevent a **breakdown**	**崩壊**を防ぐ
1656	**sue** the landlord	地主を**訴える**
1657	**prosecute** the murderer	殺人者を**起訴する**
1658	file a **lawsuit**	**訴訟**を起こす
1659	**testify** to his innocence	彼の無実を**証明する**
1660	postpone the **trial**	**裁判**を延期する
1661	persuade the **jury**	**陪審**を説得する
1662	give **testimony**	**証言**をする

生物・自然 / 停止・破棄 / 訴訟・裁判

☐☐	**inhabit** [inhǽbət]	動 (場所に)住む、生息する ⇒ inhábitant 名 住人
☐☐	**worm** [wə́ːrm] 発	名 虫
☐☐	**bud** [bʌ́d]	名 つぼみ、芽 ★ nip A in the bud A(事件など)を早いうちに防ぐ
☐☐	**weed** [wíːd]	名 ❶ 雑草 ❷ 海藻
☐☐	**blossom** [blásəm]	名 (特に果樹の)花 ★ in blossom 満開で、花が咲いて 動 ❶ 開花する ❷ 成功する
☐☐	**species** [spíːʃiːz] 発	名 (生物学上の)種
☐☐	**cease** [síːs] 発	動 中止する、やめる ★ cease doing [to do] …するのをやめる
☐☐	**surrender** [səréndər]	動 ❶ (…に)降伏する(to) ❷ 引き渡す、放棄する
☐☐	**suspend** [səspénd]	動 ❶ (一時的に)中止する、保留する ❷ つるす、ぶら下げる
☐☐	**abolish** [əbáliʃ]	動 (制度、法律などを)廃止する
☐☐	**breakdown** [bréikdàun]	名 ❶ (交渉やコミュニケーションなどの)崩壊、失敗 ❷ (機械の)故障
☐☐	**sue** [sjúː]	動 (…を求めて)訴える、告訴する(for)
☐☐	**prosecute** [prásəkjuːt]	動 起訴[告訴]する ⇒ prosecútion 名 起訴、告訴
☐☐	**lawsuit** [lɔ́ːsùːt]	名 訴訟 (※ suit も「訴訟」の意味がある)
☐☐	**testify** [téstəfài]	動 (…を)証明する、(…の)証拠となる(to)
☐☐	**trial** [tráiəl]	名 ❶ 裁判、公判 ❷ 試験、試練
☐☐	**jury** [dʒúəri]	名 陪審、陪審員団 ⇒ júror 名 陪審
☐☐	**testimony** [téstəmòuni]	名 証言、証拠

STEP 25

#	英語	日本語
禁止・制限		
1663	**prohibit** smoking	喫煙を**禁止する**
1664	enforce the **ban**	**禁止**を実施する
1665	**confine** their activities	彼らの活動を**限定する**
宗教・信仰		
1666	undergo a **ritual**	**儀式**を経験する
1667	thank **god**	**神**に感謝する
1668	perform **worship**	**礼拝**を行う
ビジネス・経済		
1669	a young **millionaire**	若き**百万長者**
1670	cancel the **contract**	**契約**を取り消す
1671	a large **stock**	大量の**在庫**
1672	**import** grain	穀物を**輸入する**
1673	satisfy our **client**	私たちの**依頼人**を満足させる
1674	mild **recession**	緩やかな**不況**
1675	**export** products	製品を**輸出する**
1676	**fiscal** crisis	**財政**危機
1677	promote **commerce**	**商業**を促進する
1678	increase the **output**	**生産**を増加させる
刺激・促進		
1679	**stimulate** the imagination	想像力を**刺激する**
1680	**spur** development	開発に**拍車をかける**

☐☐	**prohibit** [prouhíbət]	動 禁止する、妨げる ⇒ prohibition 名 禁止
☐☐	**ban** [bǽn]	名 (特に法律による)禁止 動 ★ ban A from doing A(人)が…するのを禁じる
☐☐	**confine** [kənfáin]	動 ❶ 限定する、制限する ❷ 監禁する
☐☐	**ritual** [rítʃuəl]	名 ❶ (宗教上の)儀式 ❷ (日常の)習慣 形 儀式の
☐☐	**god** [gάd]	名 神
☐☐	**worship** [wə́ːrʃip]	名 礼拝、崇拝 動 礼拝する、崇拝する
☐☐	**millionaire** [mìljənéər]	名 百万長者、大富豪
☐☐	**contract** [kάntrækt]	名 契約 動 [kəntrǽkt] ❶ 契約する ❷ 収縮する ⇒ contráction 名 収縮
☐☐	**stock** [stάk]	名 ❶ 在庫、備蓄 ❷ 株式 動 蓄える
☐☐	**import** [impɔ́ːrt]	動 輸入する 名 [ímpɔːrt] 輸入
☐☐	**client** [kláiənt]	名 依頼人、顧客
☐☐	**recession** [riséʃən]	名 (一時的)不況、景気後退
☐☐	**export** [ekspɔ́ːrt]	動 輸出する 名 [ékspɔːrt] 輸出
☐☐	**fiscal** [fískəl]	形 財政の、会計の
☐☐	**commerce** [kάməːrs]	名 商業、通商、貿易 ⇒ commércial 形 商業の 名 コマーシャル
☐☐	**output** [áutpùt]	名 生産、生産高
☐☐	**stimulate** [stímjəlèit]	動 ❶ 刺激する ❷ 促す、励ます ⇒ stimulátion 名 刺激、激励
☐☐	**spur** [spə́ːr]	動 拍車をかける、刺激する 名 拍車、刺激

STEP 25

例文でCHECK!!

☐	**Corporate profits** appear to be growing at a slow pace.	**企業の利益**は、遅い速度で増大しているようだ。	1591
☐	She planned to **launch an enterprise** straight after university.	彼女は大学卒業後すぐに**企業を立ち上げる**計画を立てていた。	1592
☐	He was addicted to gambling and finally **went bankrupt**.	彼はギャンブル中毒で、ついに**破産した**。	1593
☐	Around a quarter of the employees **work at headquarters**.	約4分の1の従業員が**本部で働いている**。	1594
☐	She made no attempt to **conceal her contempt** for him.	彼女は彼に対する**軽蔑を隠そう**ともしなかった。	1595
☐	The criminal **sneered at the police** from a distance.	その犯人は遠くから**警察をあざ笑った**。	1596
☐	Those who **neglect a child** were often neglected themselves.	**子どもを無視する**人は、自分自身も無視されていたことが多い。	1597
☐	A gentleman would not **humiliate a woman** under any circumstances.	紳士はいかなる場合でも**女性に恥をかかせ**ないだろう。	1598
☐	His wife **despised his words** because they sounded too unrealistic.	彼の妻はあまりにも非現実的に聞こえたので**彼の言葉を軽蔑した**。	1599
☐	He was arrested for **insulting the national flag** in public.	彼は公の場で**国旗を侮辱して**逮捕された。	1600
☐	Blackbeard was known to **commit piracy** in the 18th century.	黒ひげは18世紀に**略奪を働いた**ことで知られていた。	1601
☐	The government **leaked the information** to the media.	政府はメディアに**その情報を漏らした**。	1602
☐	He **exaggerated his abilities** on his resume in the hope of getting a better job.	彼はよりよい仕事を得ようとして履歴で**自分の能力を誇張した**。	1603
☐	My favorite character in the book is the **evil wizard**.	その本の中で私の好きなキャラクターは**邪悪な魔法使い**だ。	1604
☐	Some believe that the company grew bigger by **cheating customers**.	**顧客をだます**ことでその会社は大きくなったと信じている人もいる。	1605
☐	She alerted her superior when she **suspected fraud**.	**詐欺を疑い**、彼女は上司に注意を促した。	1606
☐	He lost his job because he refused to **betray a friend**.	**友人を裏切る**ことを拒んだため、彼は仕事を失った。	1607
☐	The noise **deceived the enemy**, who believed reinforcements had arrived.	その音は**敵を欺き**、敵は援軍が来たと信じた。	1608
☐	In some Japanese restaurants, waiters literally **kneel before customers**.	日本のレストランには、ウェイターが文字通り**客にひざまずく**ところがある。	1609
☐	It is sometimes difficult to **show courtesy** to everyone we meet.	会う人全員に**礼儀正しさを示す**のは時に難しい。	1610
☐	Japanese people **make a bow** when greeting guests.	日本人は客に挨拶をする際に**おじぎをする**。	1611
☐	She had to **endure agony** when she broke her leg.	彼女は足を折った時に**非常な苦しみに耐え**なければならなかった。	1612
☐	Most countries have passed laws to **prohibit torture**.	たいていの国では、**拷問を禁止する**法律を可決している。	1613

☐	The tragic deaths of her parents left her **full of anguish**.	彼女の両親が非業の死を遂げて、彼女は**苦悩に満ちて**いた。	1614
☐	I **signified my intention** to leave as soon as her mother returned.	彼女の母親が戻るやいなや、私は帰る**意向を示した**。	1615
☐	She asked many questions intended to get to **the core of the issue**.	彼女は**その問題の核心**をつく意図の質問を数多くした。	1616
☐	The witness had **crucial information**, so she was under police protection.	その目撃者は**とても重大な情報**をもっていたため、警察の保護下にあった。	1617
☐	Red glass gets its color from the addition of **particles of gold**.	赤いガラスは**金の粒子**を加えることで赤くなる。	1618
☐	**Acid rain** does not affect human health but causes damage to forests.	**酸性雨**は人体に影響を及ぼさないが、森林に被害を及ぼす。	1619
☐	This fluid **contains a solvent** to keep windows clean.	この液体は窓をきれいに保つ**溶媒を含んでいる**。	1620
☐	He was astonished when tests proved it was **a genuine diamond**.	それが**本物のダイアモンド**だと検査で証明されて、彼は驚いた。	1621
☐	Some **hybrid animals** exhibit greater strength than either parent.	**雑種の動物**には、いずれの親よりも強い力を示すものがいる。	1622
☐	The dentist was skilled, so she felt no pain when he **extracted her tooth**.	その歯科医は腕がよく、医師が**歯を抜いた**とき、彼女は痛みを感じなかった。	1623
☐	He noticed **an unknown substance** on the heel of the victim's shoe.	彼はその被害者の靴のかかとについている**未知の物質**に気づいた。	1624
☐	Plants **absorb carbon dioxide** from the air and produce oxygen.	植物は空気中の**二酸化炭素を吸収して**、酸素を生成する。	1625
☐	**Toxic blooms** in the sea are putting marine animals at risk.	海中の**有毒の花**が海洋動物を危険にさらしている。	1626
☐	He felt better when he **immersed** his body **in hot water**.	彼は体を**お湯に浸す**と気分がよくなった。	1627
☐	Ultraviolet light can **penetrate skin** and cause damage and wrinkles.	紫外線は**皮膚に浸透して**損傷を与え、しわの原因になることがある。	1628
☐	Nowadays digital images **prevail everywhere**.	今日、デジタル画像は**どこでも普及している**。	1629
☐	I **soaked my feet** in the warm water.	私は温かい水に**両足を浸した**。	1630
☐	The villagers **dye cloth** with natural ingredients.	村人は天然成分で**布を染める**。	1631
☐	Iranian women still **weave carpet** in the traditional way.	イランの女性たちはいまだに伝統的な手法で**じゅうたんを織る**。	1632
☐	You can easily **dye fabric** to give old clothes a new life.	古い洋服を蘇らせるのに、簡単に**生地を染める**ことができる。	1633
☐	He **tied a thread** at the maze entrance to help him find his way back.	彼は帰り道を見つける助けとなるように、迷路の入り口に**糸を結んだ**。	1634
☐	He **confessed his lie** at last.	彼はついに**自分の嘘を白状した**。	1635
☐	**His eloquent speech** persuaded them to support his plan.	**彼の雄弁な演説**は、彼の計画を支援するよう彼らを説得した。	1636

STEP 25

☐	She **exclaimed at the beauty** of the magnificent mountain.	彼女はその壮大な山の**美しさに驚いて叫んだ。**	1637
☐	He was hired to **edit a magazine** for wealthy people.	彼は富裕層向けの**雑誌を編集する**ために雇われた。	1638
☐	I took time to **articulate my argument** so as not to be misunderstood.	私は誤解されないように**主張をはっきりと述べる**時間を取った。	1639
☐	The sales results **imply the loss** of several hundred customers per month.	販売成績は月間で数百単位の顧客の**損失を暗示している。**	1640
☐	You should **review the draft** carefully before publishing it.	公表する前に、君は入念に**下書きを見直す**べきだ。	1641
☐	The book allowed me to **interpret the dream** I had had the night before.	その本によって私が前夜に見た**その夢を解釈する**ことができた。	1642
☐	The example he gave **illustrated the concept** very clearly.	彼が出した実例はとても明快に**その概念を説明した。**	1643
☐	This is a dictionary dedicated to **finding rhymes**.	これは、**韻を見つける**ための辞書である。	1644
☐	Bats and other wild animals are known to **inhabit the cave**.	コウモリなどの野生動物が**その洞窟に住んでいる**ことが知られている。	1645
☐	The boy observed the bird **catch a worm** and take flight.	その男の子は、その鳥が**虫を捕まえ**飛び立つ様子を観察した。	1646
☐	The rising sun **opened the buds** of the sunflowers.	朝日がヒマワリの**つぼみを開いた。**	1647
☐	It was no easy task to **remove weeds** from my garden.	庭から**雑草を取り除く**のは容易な仕事ではなかった。	1648
☐	These flowers will **produce blossoms** in early summer.	これらの花は初夏に**花をつける**だろう。	1649
☐	The Asian elephant is **an endangered species**.	アジアゾウは**絶滅危惧種**だ。	1650
☐	Radio stations in China **ceased broadcasting her songs**.	中国のラジオ局は**彼女の曲を放送するのを中止した。**	1651
☐	The soldiers were forced to **surrender to the enemy**.	その兵士たちは、**敵に降伏すること**を余儀なくされた。	1652
☐	The country **suspended payments** on its debts once again.	その国は再び債務の**支払いを中止した。**	1653
☐	The majority of countries have **abolished the death penalty**.	過半数の国は**死刑を廃止している。**	1654
☐	The government spent billions to **prevent a breakdown** of the financial system.	その政府は金融制度の**崩壊を防ぐ**ために莫大な金額を費やした。	1655
☐	They **sued the landlord** for return of the rent.	彼らは家賃の返還を求めて**地主を訴えた。**	1656
☐	Her testimony led to the decision to **prosecute the murderer**.	彼女の証言が**殺人者を起訴する**決定へとつながった。	1657
☐	The shareholders prepared to **file a lawsuit** against the company.	株主はその会社に対して**訴訟を起こす**準備をした。	1658
☐	He stood up in court to **testify to his innocence**.	彼は**自分の無実を証明する**ために法廷に立った。	1659

☐	The judge **postponed the trial** for further investigation.	その裁判官はさらなる調査のため**裁判を延期した**。	1660
☐	The defense lawyer **persuaded the jury** because of his eloquence.	被告側弁護人は彼の雄弁のおかげで**陪審を説得した**。	1661
☐	The policeman took the stand to **give testimony** to the court.	その警察官は法廷で**証言をする**ために証言台に立った。	1662
☐	Many countries have decided to **prohibit smoking** in public places.	多くの国々は公共の場所での**喫煙を禁止している**。	1663
☐	The government **enforced the ban** on all imports from Britain.	政府は英国からの全ての輸入品の**禁止を実施した**。	1664
☐	The company initially **confined their activities** to Japan.	その会社は最初**彼らの活動を**日本に**限定した**。	1665
☐	All the boys in this town **undergo a ritual** when they become 14.	この町の男の子は皆14歳になると**儀式を経験する**。	1666
☐	He **thanked god** that no one had been harmed in the accident.	その事故でだれもけがをしなかったことを彼は**神に感謝した**。	1667
☐	Temples are places where believers **perform worship**.	寺院は信者が**礼拝を行う**場所だ。	1668
☐	The gold sculpture was bought by **a young millionaire**.	その金の彫像は**若き百万長者**に買われた。	1669
☐	He was unhappy with the service so he **canceled the contract**.	彼はそのサービスに満足しなかったので、**契約を取り消した**。	1670
☐	The shop has **a large stock** of electrical goods.	その店は電気製品の**大量の在庫**を抱えている。	1671
☐	The manufacturer **imports grain** from Australia.	その製造業者はオーストラリアから**穀物を輸入している**。	1672
☐	We should do our best to **satisfy our client**.	私たちは**自分たちの依頼人を満足させる**べく最善を尽くすべきだ。	1673
☐	The stock market problems resulted in a **mild recession**.	株式市場の問題は**緩やかな不況**をもたらした。	1674
☐	The Japanese economy has been developed by **exporting products**.	日本経済は**製品を輸出する**ことで発展してきた。	1675
☐	Many employees lost their jobs in the years following the **fiscal crisis**.	多くの従業員はその**財政危機**後の数年間に職を失った。	1676
☐	The government agreed on new measures to **promote** regional **commerce**.	政府は地域の**商業を促進する**新しい対策について合意に達した。	1677
☐	The introduction of new facilities allowed the company to **increase its output**.	新しい設備の導入により、その会社は**生産を増加させる**ことができた。	1678
☐	Taking a walk **stimulated the imagination** of the artist.	散歩はそのアーティストの**想像力を刺激した**。	1679
☐	It is common for war to **spur development** in technology.	戦争が技術の**開発に拍車をかける**ことはよくある。	1680

STEP 25

能力・適性	1681	a **genius** of mathematics	数学の**天才**
	1682	the medical **faculty**	医**学部**
	1683	lack **competence**	**能力**を欠く
進化・本能	1684	suppress its **instincts**	**本能**を抑制する
	1685	facilitate **evolution** ▶ evolve from fish	**進化**を容易にする ▶ 魚から**進化する**
	1686	**innate** ability	**生まれつきの**能力
装飾・表現	1687	**adorn** myself with jewels	宝石で自分を**飾る**
	1688	wear **ornaments**	**装飾品**を身に付ける
	1689	**decorate** the bedroom	寝室を**飾る**
	1690	**exhibit** the pictures ▶ an art exhibition	絵を**展示する** ▶ 美術**展覧会**
調査・研究	1691	collect **statistics**	**統計**を集める
	1692	**inspect** the damage	損害を**調べる**
	1693	answer some **queries**	いくつかの**質問**に答える
	1694	**inquire** about the reason	理由を**たずねる**
	1695	**investigate** the case	その事件を**調査する**
社会・慣習	1696	follow **convention**	**慣例**に従う
	1697	launch a **campaign**	**キャンペーン**を始める
	1698	**enroll** in an association	協会に**入会する**

☐☐	**genius** [dʒíːnjəs]	名 ❶ 天才 ❷ 天性、素質
☐☐	**faculty** [fækəlti]	名 ❶（大学の）学部 ❷（器官や精神の）機能、能力
☐☐	**competence** [kάmpətəns]	名 能力、適性 ⇒ cómpetent 形 能力がある、適任の
☐☐	**instinct** [ínstiŋkt] ア	名 本能、直感 ⇒ instínctive 形 本能[直感]的な
☐☐	**evolution** [èvəlúːʃən]	名（生物などの）進化、発展 ⇒ evólve 動 進化する
☐☐	**innate** [inéit]	形 生まれつきの、先天的な
☐☐	**adorn** [ədɔ́ːrn]	動 飾る ⇒ adórnment 名 装飾品
☐☐	**ornament** [ɔ́ːrnəmənt]	名 装飾（品）、飾り
☐☐	**decorate** [dékərèit] ア	動（場所などを）(…で)飾る、装飾する(with) ⇒ decorátion 名 装飾、飾られたもの
☐☐	**exhibit** [igzíbət] ア 発	動 展示する、陳列する ⇒ exhibition 名 展覧会、博覧会
☐☐	**statistics** [stətístiks]	名（複数扱い）統計（資料）、（単数扱い）統計学
☐☐	**inspect** [inspékt]	動（詳しく）調べる、点検する ⇒ inspéction 名 検査、点検
☐☐	**query** [kwíəri] 発	名 質問、疑問 動 質問する、不審に思う
☐☐	**inquire** [inkwáiər]	動 たずねる、問い合わせる ⇒ inquíry 名 調査、質問
☐☐	**investigate** [invéstəgèit]	動 調査する、研究する ⇒ investigátion 名 調査、研究
☐☐	**convention** [kənvénʃən]	名 ❶ 慣例 ❷（政治・学術などの）大会 ⇒ convéntional 形 慣習的な、従来の
☐☐	**campaign** [kæmpéin]	名（ある目的のための組織的な）キャンペーン、運動
☐☐	**enroll** [inróul]	動 入会[入学]する[させる]、（名簿に）登録する ⇒ enróllment 名 登録、入会

STEP 26

販売・購買	1699	**purchase** the product	その製品を**購入する**
	1700	publish a **brochure**	**パンフレット**を発行する
期待・予想	1701	**anticipate** delays	遅れを**予期する**
	1702	a **probable** cause	**ほぼ確実な**原因
	1703	**deduce** facts	事実を**推論する**
	1704	**prospect** of the negotiation	交渉の**見通し**
	1705	**foresee** the outcome	結果を**予見する**
	1706	**infer** his intent	彼の意図を**推察する**
	1707	blind **optimism**	盲目的な**楽観**
傷病・医療	1708	**vomit** blood	血を**吐く**
	1709	die of the **plague**	**伝染病**で死亡する
	1710	cover the **scars**	**傷跡**を覆う
	1711	**infect** humans	人に**感染する**
	1712	kill the **germs**	**細菌**を殺す
	1713	a **dental** clinic	**歯科**診療所
	1714	the **fatal** wound	**致命**傷
	1715	see a **physician**	**医者**に診てもらう
	1716	measure your **pulse**	君の**脈**をはかる

purchase [pə́ːrtʃəs] ア 発	動 購入する　名 購入、買った品物
brochure [brouʃúər] 発	名 パンフレット、小冊子
anticipate [æntísəpèit]	動 予期する、予想する ⇒ anticipátion 名 予期
probable [prábəbl]	形 ほぼ確実な、推定される ⇒ próbably 副 おそらく、たぶん
deduce [didjúːs]	動 （演繹的に）推論する（⇔ indúce）
prospect [práspekt]	名 （将来の）見通し、可能性
foresee [fɔːrsíː] 活用 : foresaw-foreseen	動 予見する、見通す
infer [infə́ːr]	動 推察する、推論する
optimism [áptəmìzm]	名 楽観、楽天主義（⇔ péssimism） ⇒ optimístic 形 楽天的な
vomit [vámət]	動 吐く　名 嘔吐物
plague [pléig] 発	名 伝染病、疫病
scar [skáːr]	名 ❶ 傷跡　❷ 心の傷
infect [infékt]	動 （病気が人に）感染する ⇒ inféction 名 伝染（病）、悪影響
germ [dʒə́ːrm]	名 細菌
dental [déntəl]	形 歯科の、歯の
fatal [féitəl]	形 致命的な ⇒ fáte 名 運命
physician [fəzíʃən]	名 医者、（特に）内科医
pulse [páls]	名 脈、脈拍

STEP 26

1717	impose a **penalty**	**刑罰**を科す
1718	**imprison** citizens	市民を**投獄する**
1719	an **acute** sense	**鋭い**感覚
1720	a **liberal** attitude	**寛大な**態度
1721	beg for **mercy**	**慈悲**を乞う
1722	**tolerate** abuse	虐待を**許容する**
1723	a **benevolent** smile	**情け深い**ほほえみ
1724	have **compassion**	**思いやり**をもつ
1725	**concede** to his demand	彼の要求に**譲歩する**
1726	**console** my friend	友達を**慰める**
1727	teach **astronomy**	**天文学**を教える
1728	complete the **thesis**	**論文**を完成させる
1729	attend a **seminar**	**演習**に出席する
1730	major in **psychology**	**心理学**を専攻する
1731	his early **upbringing**	彼の早期の**しつけ**
1732	charge **tuition**	**授業料**を課す
1733	an iron **mine**	鉄**鉱山**
1734	develop the **suburbs**	**郊外**を開発する

☐☐	**penalty** [pénəlti]	名 ❶ 刑罰、罰金　❷ ペナルティ
☐☐	**imprison** [imprízən]	動 投獄する、閉じ込める ⇒ príson 名 牢獄、刑務所
☐☐	**acute** [əkjúːt]	形 ❶（感覚などが）鋭い　❷（痛みなどが）急性の ❸ 深刻な、重大な
☐☐	**liberal** [líbərəl]	形 ❶ 寛大な　❷ 自由（主義）の 名 自由主義者
☐☐	**mercy** [mə́ːrsi]	名 慈悲 ★ at the mercy of A　A のなすがままに
☐☐	**tolerate** [tálərèit]	動 ❶ 許容する　❷ 我慢する ⇒ tólerance 名 ❶ 寛容　❷ 我慢
☐☐	**benevolent** [bənévələnt]	形 情け深い、親切な ⇒ benévolence 名 ❶ 情け深さ　❷ 慈悲心
☐☐	**compassion** [kəmpǽʃən]	名 思いやり、深い同情 ⇒ compássionate 形 あわれみ深い
☐☐	**concede** [kənsíːd]	動 ❶ 譲歩する　❷（不本意ながら）認める ⇒ concéssion 名 譲歩
☐☐	**console** [kənsóul]	動 慰める、元気づける
☐☐	**astronomy** [əstrάnəmi]	名 天文学 ⇒ astronómical 形 天文学の
☐☐	**thesis** [θíːsəs] 複数形：theses	名 ❶ 論文　❷ 主題
☐☐	**seminar** [séminὰːr]	名 ❶（大学の）演習　❷ 専門家会議
☐☐	**psychology** [saikάlədʒi]	名 心理学 ⇒ psychológical 形 心理的な
☐☐	**upbringing** [ʌ́pbriŋiŋ]	名 しつけ、教育
☐☐	**tuition** [tjuːíʃən]	名 ❶ 授業料　❷ 教育
☐☐	**mine** [máin]	名 ❶ 鉱山　❷ 地雷
☐☐	**suburb** [sʌ́bəːrb]	名（しばしば the suburbs で）郊外 ⇒ subúrban 形 郊外の

STEP 26

環境	1735	preserve the **environment**	**環境**を保全する
	1736	an awful **nuisance**	ひどく**迷惑なもの**
	1737	**contaminate** food	食物を**汚染する**
発生・出現	1738	see the **dawn**	**夜明け**を見る
	1739	**originate** in Greece	ギリシャで**生じる**
	1740	**radiate** heat	熱を**放射する**
	1741	the **advent** of the Internet	インターネットの**到来**
避難・緊急	1742	**evacuate from** the cabin	船室**から避難する**
	1743	**retreat** northwards	北へ**退却する**
	1744	take **refuge** in the park	公園に**避難**する
	1745	**alert** residents	住民に**警報を出す**
活力・生命	1746	recover my **vigor**	**活力**を取り戻す
	1747	throw **sparks**	**火花**を散らす
	1748	a **dynamic** character	**活動的な**性格
	1749	**refresh** the earth	大地に**生気を与える**
	1750	generate **energy** ▶ energetic campaign	**エネルギー**を生み出す ▶ **精力的な**キャンペーン
交渉・相談	1751	receive a **commission**	**依頼**を受ける
	1752	**consult** a lawyer	弁護士に**相談する**

☐☐☐	**environment** [inváiərənmənt]	名 環境 ⇒ environméntal 形 環境の
☐☐☐	**nuisance** [n/ú:səns]	名 迷惑なもの[人]、うるさいもの[人]
☐☐☐	**contaminate** [kəntǽməneit]	動 汚染する、汚す ⇒ contaminátion 名 汚染
☐☐☐	**dawn** [dó:n]	名 ❶ 夜明け(= dáybreak)　❷ 始まり 動 ❶ 夜が明ける　❷ 現れ始める
☐☐☐	**originate** [ərídʒəneit]	動 生じる、起きる、起こす
☐☐☐	**radiate** [réidieit]	動 (光、熱などを)放射する ⇒ radiátion 名 放射、放射能
☐☐☐	**advent** [ǽdvent]	名 ❶ (重要な事物の)到来 ❷ (the Advent)キリストの降誕
☐☐☐	**evacuate** [ivǽkjueit]	動 (場所から)避難する、撤退する(from) ⇒ evacuátion 名 避難、撤退
☐☐☐	**retreat** [ritrí:t]	動 ❶ 退却する　❷ 引退する 名 ❶ 退却、後退　❷ 引きこもる場所
☐☐☐	**refuge** [réfju:dʒ]	名 避難(所)、保護 ⇒ refugée 名 避難民、亡命者
☐☐☐	**alert** [əlá:rt]	動 (…に対して)警報を出す、警告する(to) 形 (…に)用心深い(to)　名 警報、警戒
☐☐☐	**vigor** [vígər]	名 活力、気力 ⇒ vígorous 形 精力的な、力強い
☐☐☐	**spark** [spá:rk]	名 ❶ 火花　❷ 活気 ⇒ spárkle 名 輝き、火花
☐☐☐	**dynamic** [dainǽmik]	形 ❶ 活動的な、動的な　❷ 力学の → dynámics 名 力学、動力学
☐☐☐	**refresh** [rifréʃ]	動 生気を与える、よみがえらせる ⇒ refréshment 名 ❶ 元気回復　❷ 軽食、飲料
☐☐☐	**energy** [énərdʒi]	名 ❶ エネルギー　❷ 元気、活力 ⇒ energétic 形 精力的な、活動的な
☐☐☐	**commission** [kəmíʃən]	名 ❶ 依頼(による仕事)、委任、任務 ❷ 委員会　❸ 手数料　動 委任する
☐☐☐	**consult** [kənsʌ́lt]	動 ❶ (専門家などに)相談する、(医師に)診察 してもらう　❷ 調べる、参照する ★ consult with A　A(人)と相談する

STEP 26

政治	1753	become a **minister**	**大臣**になる
	1754	**elect** a mayor ▶ **elect** him **as** captain	市長を**選ぶ** ▶彼をキャプテンに**選出する**
	1755	nominate **candidates**	**候補者**を指名する
	1756	be elected **senator**	**上院議員**に選出される
分離・独立	1757	be divided into **segments**	**区分**に分割される
	1758	end in **divorce**	**離婚**に終わる
	1759	**detach** a leaf	葉を**切り離す**
	1760	**strip** the skin	皮を**はぐ**
程度	1761	a **fierce** debate	**激しい**議論
	1762	a **subtle** difference	**かすかな**違い
	1763	a **gradual** change	**ゆるやかな**変化
	1764	a **trivial** affair	**ささいな**出来事
	1765	**scarcely** breathe	**ほとんど**呼吸して**いない**
	1766	**mature** fruit	**熟した**果実
	1767	**dense** forests	**密集した**森林
	1768	differ **somewhat**	**いくらか**異なる
	1769	an **utter** stranger	**全くの**他人
	1770	**seldom** appear	**めったに**現れない

☐☐☐	**minister** [mínəstər]	名 ❶ 大臣　❷（プロテスタントの）牧師
☐☐☐	**elect** [ilékt]	動 選ぶ、選挙[選出]する ★ elect A (as) B　A を B に選出する
☐☐☐	**candidate** [kǽndədèit]	名 候補者、志願者
☐☐☐	**senator** [sénətər]	名（アメリカ、カナダなどの）上院議員 ⇒ sénate 名 上院
☐☐☐	**segment** [ségmənt]	名 区分、部分　動 分かれる、分裂する
☐☐☐	**divorce** [dəvɔ́ːrs]	名 離婚　動 離婚する、離婚させる ★ get divorced　離婚する
☐☐☐	**detach** [ditǽtʃ]	動（…から）切り離す、分離する (from)
☐☐☐	**strip** [stríp]	動（皮、服などを）はぎとる、脱がせる 名 細長い区画、細長い一片
☐☐☐	**fierce** [fíərs] ア	形 ❶ 激しい、すさまじい　❷ 獰猛な
☐☐☐	**subtle** [sʌ́tl] 発	形 かすかな、微妙な
☐☐☐	**gradual** [grǽdʒuəl]	形 ゆるやかな、徐々の ⇒ grádually 副 だんだんと、次第に
☐☐☐	**trivial** [tríviəl] 発	形 ささいな、取るに足らない
☐☐☐	**scarcely** [skéərsli]	副 ほとんど…ない、まさか[おそらく]…ない
☐☐☐	**mature** [mətʃúər]	形 熟した、円熟した
☐☐☐	**dense** [déns]	形 密集した、濃い ⇒ dénsity 名 密度、濃さ
☐☐☐	**somewhat** [sʌ́mhwàt]	副 いくらか、少々
☐☐☐	**utter** [ʌ́tər]	形 全くの、絶対的な 動 話す、口に出す
☐☐☐	**seldom** [séldəm]	副 めったに…ない

STEP 26

例文でCHECK!!

☐	The professor is recognized worldwide as **a genius of mathematics**.	その教授は**数学の天才**として世界的に認められている。	1681
☐	**The medical faculty** of the university is the most renowned in the country.	その大学の**医学部**はその国で最も有名である。	1682
☐	The workers **lacked competence** to do the job well.	作業者たちはその仕事を上手くこなす**能力に欠けていた**。	1683
☐	It is difficult for animals raised in the wild to **suppress their instincts**.	野生で育つ動物は**本能を抑制する**のが難しい。	1684
☐	The environmental conditions at the time served to **facilitate evolution**.	当時の環境条件が**進化を容易にする**のに役立った。	1685
☐	The young boy has an **innate ability** to play the piano.	その若い男の子はピアノを弾く**生まれつきの能力**を備えている。	1686
☐	I like to dress up and always **adorn myself with jewels**.	私はお洒落をするのが好きで、いつも**宝石で自分を飾る**。	1687
☐	The tribespeople like to **wear ornaments** around their necks.	その種族の人たちは、首の周りに**装飾品を身に付ける**のが好きだ。	1688
☐	She **decorated the bedroom** with tasteful furniture.	彼女は上品な家具で**寝室を飾った**。	1689
☐	The museum mainly **exhibits the pictures** of contemporary Japanese artists.	その美術館は主に現代日本画家の**絵を展示している**。	1690
☐	The company conducted surveys to **collect statistics** about their customers.	その会社は顧客に関する**統計を集める**ために調査をした。	1691
☐	After the crash, he got out of the car to **inspect the damage**.	衝突の後、彼は**損害を調べる**ために車から降りた。	1692
☐	The interviewer asked if he would be prepared to **answer some queries**.	そのインタビュアーは**いくつかの質問に答える**準備があるか彼にたずねた。	1693
☐	He **inquired about the reason** for the delay.	彼は遅延の**理由をたずねた**。	1694
☐	The police officer was instructed to **investigate the case** thoroughly.	その警察官は徹底的に**その事件を調査する**よう指示された。	1695
☐	His conservative nature led him to **follow convention**.	自身の保守的な気質が、彼を**慣例に従う**ように仕向けた。	1696
☐	The government **launched a campaign** to explain the risks of smoking.	政府は喫煙のリスクを説明する**キャンペーンを始めた**。	1697
☐	He **enrolled in an association** to broaden his network.	彼は人脈づくりのために**協会に入会した**。	1698
☐	After looking into the alternatives, he decided to **purchase the product**.	代わりのものを調べた後、彼は**その製品を購入する**ことに決めた。	1699
☐	The company **published a brochure** to promote their new service.	その会社は新しいサービスを宣伝するために**パンフレットを発行した**。	1700
☐	I will be out of town next week, so please **anticipate delay** in response.	私は来週、町を離れているので、返信の**遅れを予期してください**。	1701
☐	The doctor agreed that **a probable cause** of death was suicide.	その医師は死の**ほぼ確実な原因**が自殺であることに同意した。	1702
☐	It is almost impossible to **deduce facts** from the information provided.	与えられた情報から**事実を推論する**のは、ほぼ不可能である。	1703

☐	He might not be optimistic about the **prospects of the negotiation**.	彼は**交渉の見通し**には楽観的ではないかもしれない。	1704
☐	He was clearly able to **foresee the outcome** of the event.	彼ははっきりとその出来事の**結果を予見する**ことができた。	1705
☐	It was possible to **infer his intent** from his angry expression.	彼の怒った表情から**彼の意図を推察する**ことはできた。	1706
☐	I'm afraid **blind optimism** will get us into a big trouble.	私は、**盲目的な楽観**が私たちを大きなトラブルに導くのではないかと恐れている。	1707
☐	The nurse gave first-aid treatment when a patient began to **vomit blood**.	その看護師は患者が**血を吐き**始めたとき、応急処置をした。	1708
☐	More than half a million people **died of the plague**.	50万人以上の人が**伝染病で死亡した**。	1709
☐	She applied makeup to **cover the scars** on her face.	彼女は自分の顔の**傷跡を覆う**ために化粧をした。	1710
☐	Health authorities said the virus could **infect humans**.	保健機関はそのウイルスは**人に感染する**可能性があると述べた。	1711
☐	This soap will effectively **kill the germs** on your hands.	この石鹸は君の手についた**細菌を**効果的に**殺す**だろう。	1712
☐	I had a toothache, so I visited **a** nearby **dental clinic**.	歯が痛かったので、私は近所の**歯科診療所**を訪れた。	1713
☐	The beast received **the fatal wound** in the head.	その獣は頭に**致命傷**を負った。	1714
☐	He finally decided to **see a physician** after several days of illness.	数日間具合が悪かった後、彼はようやく**医者に診てもらう**ことにした。	1715
☐	Let us **measure your pulse** just in case.	念のため**君の脈をはからせて**ください。	1716
☐	The judge **imposed a penalty** on the firm for not meeting safety standards.	その裁判官は安全基準を満たさなかったため、その企業に**刑罰を科した**。	1717
☐	The state has the authority to **imprison citizens** who break the law.	その州は法律を破る**市民を投獄する**権限を持っている。	1718
☐	Humans have **a** more **acute sense** of taste than other animals.	人類は他の動物よりも**鋭い**味**覚**をもっている。	1719
☐	Europeans generally show **liberal attitudes** toward drinking.	欧州人は一般的に飲酒に対して**寛大な態度**を示している。	1720
☐	She began to cry and **begged for mercy**.	彼女は泣き始めて**慈悲を乞うた**。	1721
☐	We can never **tolerate** child **abuse** in the home.	私たちは決して家庭内での児童**虐待を許容する**ことはできない。	1722
☐	He gave **a benevolent smile** as he nodded in agreement.	彼は同意してうなずきながら**情け深いほほえみ**を投げかけた。	1723
☐	She always **had compassion** for the weak of society.	彼女は社会における弱者に対して常に**思いやりをもっていた**。	1724
☐	We had no choice but to **concede to his demand**.	私たちには、**彼の要求に譲歩する**ほか選択肢がなかった。	1725
☐	I tried to **console my friend** after the loss of her cat.	彼女の猫が死んだ後、私は**友達を慰め**ようとした。	1726

STEP 26

☐	I **have taught astronomy** to university students for more than 30 years.	私は30年以上大学生に**天文学を教えてきた**。	1727
☐	She struggled to **complete the thesis** by the deadline.	彼女は締め切りまでに**論文を完成させ**ようと苦闘した。	1728
☐	The student **attended a seminar** about French history.	その生徒はフランスの歴史に関する**演習に出席した**。	1729
☐	He **majored in psychology** at the University of Tokyo.	彼は東京大学で**心理学を専攻した**。	1730
☐	**His** tough **early upbringing** shaped his view of life.	**彼の**厳しい**早期のしつけ**は彼の人生観を形づくった。	1731
☐	German public schools do not **charge tuition**.	ドイツの公立校は**授業料を課さ**ない。	1732
☐	**The** old **iron mine** closed down and is now a tourist attraction.	その古い**鉄鉱山**は閉山し、今は観光名所となっている。	1733
☐	The railway company launched a huge plan to **develop the suburbs**.	その鉄道会社は**郊外を開発する**大規模な計画に乗り出した。	1734
☐	All businesses have a moral duty to **preserve the environment**.	全ての企業は**環境を保全する**道徳的な義務がある。	1735
☐	His neighbors' loud music was becoming **an awful nuisance**.	彼の隣人のうるさい音楽は**ひどく迷惑なもの**になってきていた。	1736
☐	Poor hygiene in the kitchen can **contaminate food**.	不衛生な台所は**食物を汚染する**。	1737
☐	She stayed up until the early hours to **see the dawn**.	彼女は**夜明けを見る**ために早朝まで起きていた。	1738
☐	The principles of democracy **originated in Greece**.	民主主義の原則は**ギリシャで生じた**。	1739
☐	The engine continued to **radiate heat** even after it had been turned off.	エンジンは切られた後もなお**熱を放射し**続けた。	1740
☐	Access to information has become much easier since **the advent of the Internet**.	**インターネットの到来**後、情報へのアクセスははるかに容易になった。	1741
☐	The passengers were told to **evacuate from the cabin** immediately.	乗客は直ちに**船室から避難する**ように言われた。	1742
☐	After defeats on the southern front, the army had to **retreat northwards**.	南方の前線で敗北した後、その軍隊は**北へ退却し**なければならなかった。	1743
☐	The victims of the hurricane **took refuge in the park**.	ハリケーンの被害にあった人たちは、**公園に避難した**。	1744
☐	He saw smoke coming from the block and immediately **alerted residents**.	彼は煙が その一角から出てくるのを見て、すぐさま**住民に警報を出した**。	1745
☐	I rested and took a drink of water to **recover my vigor**.	**活力を取り戻す**ために、私は一休みして水を飲んだ。	1746
☐	Trains in the 19th century **threw sparks** and they often caused fires.	19世紀の列車は**火花を散らし**、よく火事を引き起こした。	1747
☐	He was **a dynamic character**, full of life and energy.	彼は**活動的な性格**で活気と精力に満ちていた。	1748
☐	The arrival of spring **refreshes the earth** and encourages plant growth.	春の到来は**大地に生気を与え**植物の成長を促す。	1749

☐	Scientists found out how to **generate energy** from sound waves.	科学者たちは音波から**エネルギーを生み出す**方法を見出した。	1750
☐	The musician **received a commission** to compose film music.	その音楽家は映画音楽を作曲する**依頼を受けた**。	1751
☐	He chose to **consult a lawyer** before signing the contract.	彼はその契約書に署名する前に**弁護士に相談する**ことに決めた。	1752
☐	He **became a minister** of education and launched a series of reforms.	彼は教育担当**大臣になり**一連の改革を開始した。	1753
☐	The citizens will **elect a** new **mayor** next week.	市民らは来週新しい**市長を選ぶ**ことになっている。	1754
☐	Members were invited to **nominate candidates** for the award.	会員たちは、賞の**候補者を指名する**よう要請された。	1755
☐	He made it his goal to **be elected senator** by the age of 30.	彼は30歳までに**上院議員に選出される**ことを目標とした。	1756
☐	The population **was divided into segments** by age and gender.	人口は年齢と性別によって**区分に分割された**。	1757
☐	It is more common than ever for marriages to **end in divorce**.	これまでよりも結婚が**離婚に終わる**ことがふつうになっている。	1758
☐	He reached up to **detach a leaf** from the branch.	彼は枝から**葉を切り離す**ために手を伸ばした。	1759
☐	He **stripped the skin** from the animal he had caught.	彼は捕まえたその動物から**皮をはいだ**。	1760
☐	**A fierce debate** over the death penalty is taking place around the world.	死刑に関する**激しい議論**が世界中で行われている。	1761
☐	There is only **a subtle difference** between the two colors.	その2つの色には**かすかな違い**しかない。	1762
☐	**A gradual change** came over his face as he realized his mistake.	間違いに気づくにつれて彼の顔には**ゆるやかな変化**が現れた。	1763
☐	The argument was **a trivial affair** in the larger scheme of things.	物事のより大きな枠組みの中でその議論は**ささいな出来事**だった。	1764
☐	As fear overcame him, he found he could **scarcely breathe**.	恐怖に圧倒されるにつれて、彼は**ほとんど呼吸できない**ことに気づいた。	1765
☐	**Mature fruits** have a more intense flavor than those picked earlier.	**熟した果実**は、早く摘んだものより も濃厚な味がする。	1766
☐	**Dense forests** are home to a variety of wildlife.	**密集した森林**は、多様な野生動物の生息地である。	1767
☐	The two designs **differ somewhat** but convey the same message.	その2つのデザインは**いくらか異なる**が、同じメッセージを伝えている。	1768
☐	The man turned out to be **an utter stranger**.	その男性は**全くの他人**だと判明した。	1769
☐	He never gives interviews and **seldom appears** in public these days.	彼は決してインタビューを受けず、最近では公の場に**めったに現れない**。	1770

STEP 26

フォーカスワード 前置詞

1. about
イメージ: …のすぐそば

talk about the World Cup
ワールドカップについて話す

2. after
イメージ: 順序があと

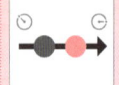

after the festival
祭りの後で

3. at
イメージ: 広い範囲の中の一点

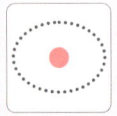

at home
家で

4. before
イメージ: 前方

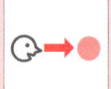

before sunrise
日の出前に

5. between
イメージ: 2つのものの間にある

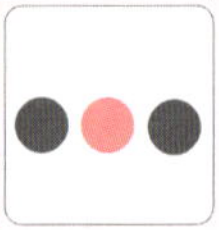

between Hiroshima and Hakata
広島と博多の間

6. by
イメージ: 他のもののそば

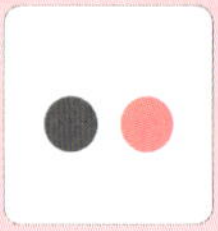

the chair by the window
窓際にあるいす

7. for
イメージ: 向かっていく先

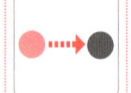

run for my health
健康のために走る

8. from
イメージ: 始点

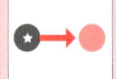

fly from Tokyo to Rome
東京からローマへ飛行機で行く

9	**in** イメージ 範囲の中		**play in the house** 家で遊ぶ
10	**into** イメージ あるものの内部に向かって		**come into the room** 部屋の中に入る
11	**of** イメージ あるものの一部		**one of the boys** 少年たちのひとり
12	**on** イメージ 接している		**a painting on the wall** 壁にかかっている絵
13	**over** イメージ 上をおおう		**a bridge over the river** 川の上にかかる橋
14	**to** イメージ 到達点まで		**go to the library** 図書館へ行く
15	**under** イメージ 真下に		**under the table** テーブルの下に
16	**with** イメージ 同じ時間・場所で		**a girl with her firend** 友達と一緒にいる女の子

レッツ！スピーク ③ まとまった意見を述べてみよう

言ってみよう

問題 これまでに学んだチャンクを活かして、次のスピーチを完成させましょう。はじめに結論を述べてから理由を付け加えていくスタイルを自分のものにして、どんどん英語を発信できるようにしましょう。

ロボットの使用についてどう思うか。

I think we should use robots more.
I have two reasons to support my idea.
Firstly, we can (　) economic (　) by using robots.
Companies severely compete with one another.
With robots, they can make products more efficiently.
Secondly, robots will serve to our safety.
We have to (　) our (　) against the (　) of (　).
For example, we can use robots to safely (　) or remove (　).

（私たちはもっとロボットを使うべきだ。
自分の考えを支持する2つの理由がある。
まず、私たちはロボットを使うことで経済的な利益を得ることができる。
企業は互いに厳しく競争している。
ロボットがあれば、もっと効率的に製品を作ることができる。
第2に、ロボットは私たちの安全に役立つだろう。
私たちはテロ行為の脅威にそなえて領土を守らなければならない。
たとえば、爆弾を安全に爆発させたり取り除くためにロボットを使うことができる。）

解答
gain, profits, defend, territories, threat, terrorism, explode, bombs

CROWN Chunk Builder
Advanced

さくいん

単語

見出し語は太字で示してあります。

A

- **abandon** ... 209
- abandonment ... 209
- ability ... 265
- **able** ... 265
- **abnormal** ... 273
- abnormality ... 273
- **aboard** ... 123
- **abolish** ... 363
- **abound** ... 145
- **about** ... 384
- absence ... 277
- **absent** ... 277
- absolute ... 231
- **absolutely** ... 231
- **absorb** ... 117
- absorption ... 117
- **abstract** ... 259
- abstraction ... 259
- **absurd** ... 323
- abundance ... 145
- **abundant** ... 145
- **abuse** ... 289
- **academic** ... 259
- academy ... 259
- **accept** ... 59
- acceptable ... 59
- acceptance ... 59
- **access** ... 191
- accessible ... 191
- **accident** ... 63
- accidental ... 63
- accommodate ... 286
- **accommodation** ... 286
- accompaniment ... 89
- **accompany** ... 89
- **accomplish** ... 273
- accomplishment ... 273
- **account** ... 23
- **accumulate** ... 323
- accumulation ... 323
- accuracy ... 151
- **accurate** ... 151
- accusation ... 131
- **accuse** ... 131
- **accustom** ... 107
- **achieve** ... 45
- achievement ... 45
- **acid** ... 359
- **acknowledge** ... 149
- acknowledgment ... 149
- acquaint ... 167
- **acquaintance** ... 167
- **acquire** ... 207
- acquisition ... 207
- action ... 217
- active ... 217
- activity ... 217
- **acute** ... 375
- **adapt** ... 107
- adaptation ... 107
- **add** ... 37
- **addict** ... 335
- addition ... 37
- **adequate** ... 321
- **adjust** ... 47
- adjustment ... 47
- **administration** ... 247
- administrative ... 247
- admiration ... 33
- **admire** ... 33
- **admit** ... 59,149
- **admission** ... 59,149
- **adopt** ... 249
- adoption ... 249
- **adore** ... 305
- **adorn** ... 371
- adornment ... 371
- **advance** ... 207
- advanced ... 207
- **advantage** ... 33
- advantageous ... 33
- **advent** ... 377
- **adverse** ... 323
- **advertise** ... 223
- advertisement ... 223
- **affair** ... 63
- **affect** ... 229
- affection ... 229
- **afford** ... 179
- affordable ... 179
- **after** ... 384
- **afterward** ... 205
- aggression ... 221
- **aggressive** ... 221
- agonize ... 359
- **agony** ... 359
- **agree** ... 47
- agreement ... 47
- agricultural ... 233
- **agriculture** ... 233
- **aid** ... 247
- **aim** ... 153
- **aircraft** ... 331
- **alert** ... 377
- **alike** ... 215
- alliance ... 293
- **allow** ... 59
- allowance ... 59
- **ally** ... 293
- **alongside** ... 323
- **aloud** ... 111,145
- **alter** ... 249,319
- alternate ... 249,319
- **alternative** ... 249
- **altitude** ... 295
- **altogether** ... 231
- **amaze** ... 309
- amazed ... 309
- amazing ... 309
- **ambassador** ... 293
- ambiguity ... 321
- **ambiguous** ... 321
- **ambition** ... 53
- ambitious ... 53
- **ambulance** ... 181
- **amount** ... 149
- **ample** ... 329
- **amuse** ... 321
- amusement ... 321
- analogous ... 331
- **analogy** ... 331
- analysis ... 275
- analytical ... 275
- **analyze** ... 275
- **ancestor** ... 73
- **anchor** ... 331

- anger ... 175
- angle ... 259
- angry ... 175
- anguish ... 359
- anniversary ... 63
- announce ... 139
- announcement ... 139
- annoy ... 33
- annual ... 205
- anonymity ... 309
- anonymous ... 309
- antarctic ... 349
- anticipate ... 373
- anticipation ... 373
- antonym ... 189
- anxiety ... 53
- anxious ... 53
- apart ... 45
- ape ... 137
- apologetic ... 39
- apologize ... 39
- apology ... 39
- apparent ... 271
- apparently ... 271
- appeal ... 111
- appear ... 45
- appearance ... 45
- appetite ... 111
- applaud ... 193
- applause ... 193
- application ... 17
- apply ... 17
- appoint ... 165
- appointment ... 165
- appreciate ... 39
- appreciation ... 39
- approach ... 219
- appropriate ... 35
- approval ... 149
- approve ... 149
- approximate ... 351
- approximately ... 351
- architect ... 75
- architecture ... 75
- arctic ... 349
- area ... 189
- argue ... 63
- argument ... 63
- arise ... 191
- arithmetic ... 259

- army ... 35, 221
- arouse ... 319
- arrange ... 133
- arrangement ... 133
- arrest ... 107
- arrival ... 45
- arrive ... 45
- arrogance ... 329
- arrogant ... 329
- article ... 65
- articulate ... 361
- articulation ... 361
- artificial ... 75
- ashamed ... 203
- aside ... 147
- ask ... 29
- aspect ... 243
- aspiration ... 287
- aspire ... 287
- assault ... 303
- assemble ... 289
- assembly ... 289
- assert ... 287
- assertion ... 287
- assess ... 335
- assessment ... 335
- assign ... 165
- assignment ... 165
- assist ... 247
- assistance ... 247
- assistant ... 247
- associate ... 247
- association ... 247
- assume ... 105
- assumption ... 105
- assurance ... 309
- assure ... 309
- astonish ... 309
- astonishment ... 309
- astronomical ... 375
- astronomy ... 375
- at ... 384
- athlete ... 201
- athletic ... 201
- athletics ... 201
- atmosphere ... 257
- atmospheric ... 257
- atom ... 261
- atomic ... 261
- attach ... 89

- attachment ... 89
- attain ... 153
- attainment ... 153
- attempt ... 45
- attend ... 277
- attendance ... 277
- attitude ... 77
- attract ... 103
- attraction ... 103
- attractive ... 103
- attribute ... 305
- author ... 25
- authority ... 25, 247
- authorize ... 247
- autobiography ... 159
- auxiliary ... 247
- availability ... 207
- available ... 207
- avenue ... 219
- avoid ... 47
- awake ... 21
- aware ... 133
- awareness ... 133
- awe ... 249
- awesome ... 249
- awful ... 53
- awkward ... 251

B

- baggage ... 219
- balance ... 237
- bald ... 125
- ban ... 365
- bandage ... 181
- bankrupt ... 357
- bankruptcy ... 357
- bare ... 125, 233
- barely ... 233
- bark ... 137
- barrel ... 269
- barren ... 347
- barrier ... 303
- base ... 35
- basic ... 35
- basis ... 259
- bath ... 119
- bathe ... 119
- beast ... 137
- beat ... 221
- before ... 384

389

- [ ] **behalf** ·········· 189
- [ ] **behave** ·········· 217
- [ ] behavior ·········· 217
- [ ] **belief** ·········· 97
- [ ] believe ·········· 97
- [ ] **belong** ·········· 31
- [ ] belongings ·········· 31
- [ ] **bend** ·········· 37, 261
- [ ] **beneath** ·········· 147
- [ ] **beneficial** ·········· 223, 321
- [ ] **benefit** ·········· 223
- [ ] benevolence ·········· 375
- [ ] **benevolent** ·········· 375
- [ ] **bent** ·········· 261
- [ ] **bet** ·········· 273
- [ ] **betray** ·········· 357
- [ ] betrayal ·········· 357
- [ ] **between** ·········· 384
- [ ] **bewilder** ·········· 329
- [ ] bewilderment ·········· 329
- [ ] **bid** ·········· 293
- [ ] bidding ·········· 293
- [ ] **bilingual** ·········· 251
- [ ] **billion** ·········· 351
- [ ] **bind** ·········· 323
- [ ] **biography** ·········· 159
- [ ] biological ·········· 259
- [ ] **biology** ·········· 259
- [ ] **bitter** ·········· 91
- [ ] **blame** ·········· 19
- [ ] **bleed** ·········· 175
- [ ] **blend** ·········· 117
- [ ] **bless** ·········· 193
- [ ] blessing ·········· 193
- [ ] **blind** ·········· 175
- [ ] **blink** ·········· 291
- [ ] blood ·········· 175
- [ ] **blossom** ·········· 363
- [ ] **blow** ·········· 49
- [ ] **blur** ·········· 321
- [ ] **blush** ·········· 257
- [ ] **boast** ·········· 139
- [ ] boastful ·········· 139
- [ ] **bold** ·········· 119
- [ ] boldly ·········· 119
- [ ] **bond** ·········· 153
- [ ] book ·········· 133
- [ ] **booking** ·········· 133
- [ ] **boom** ·········· 177
- [ ] **boost** ·········· 347

- [ ] **booth** ·········· 305
- [ ] **border** ·········· 217
- [ ] **bored** ·········· 31
- [ ] boredom ·········· 31
- [ ] boring ·········· 31
- [ ] **borrow** ·········· 61
- [ ] borrowing ·········· 61
- [ ] **bother** ·········· 33
- [ ] **bottom** ·········· 35
- [ ] **bounce** ·········· 217
- [ ] **bound** ·········· 123
- [ ] **bow** ·········· 89, 359
- [ ] **breakdown** ·········· 363
- [ ] **breakthrough** ·········· 207
- [ ] **breast** ·········· 137
- [ ] **breath** ·········· 125
- [ ] breathe ·········· 125
- [ ] **breed** ·········· 271
- [ ] **brief** ·········· 205
- [ ] **broad** ·········· 117
- [ ] **broadcast** ·········· 139
- [ ] **brochure** ·········· 373
- [ ] **browse** ·········· 337
- [ ] **bud** ·········· 363
- [ ] **budget** ·········· 25
- [ ] budgetary ·········· 25
- [ ] **bullet** ·········· 89
- [ ] **bulletin** ·········· 139
- [ ] **bully** ·········· 289
- [ ] **bunch** ·········· 167
- [ ] **burden** ·········· 221
- [ ] **bureau** ·········· 93
- [ ] **bureaucracy** ·········· 93, 333
- [ ] **burglar** ·········· 107
- [ ] **burial** ·········· 303
- [ ] **burst** ·········· 229
- [ ] bury ·········· 303
- [ ] **by** ·········· 384

C

- [ ] **cabin** ·········· 97
- [ ] **cabinet** ·········· 333
- [ ] **cage** ·········· 89
- [ ] **calculate** ·········· 261
- [ ] calculation ·········· 261
- [ ] **calm** ·········· 125
- [ ] calmness ·········· 125
- [ ] **campaign** ·········· 371
- [ ] **canal** ·········· 279
- [ ] **cancel** ·········· 133

- [ ] cancellation ·········· 133
- [ ] **cancer** ·········· 235
- [ ] **candidate** ·········· 379
- [ ] **capable** ·········· 265
- [ ] capability ·········· 265
- [ ] **capture** ·········· 207
- [ ] **carbon** ·········· 359
- [ ] **care** ·········· 49
- [ ] **career** ·········· 163
- [ ] **cast** ·········· 345
- [ ] **casual** ·········· 187
- [ ] **catalyst** ·········· 347
- [ ] **catastrophe** ·········· 349
- [ ] catastrophic ·········· 349
- [ ] categorize ·········· 97
- [ ] **category** ·········· 97
- [ ] **cattle** ·········· 233
- [ ] **caution** ·········· 145
- [ ] **cease** ·········· 363
- [ ] **celebrate** ·········· 63
- [ ] celebration ·········· 63
- [ ] **celebrity** ·········· 63, 151
- [ ] **cell** ·········· 137
- [ ] **ceremony** ·········· 173
- [ ] **certificate** ·········· 287
- [ ] certify ·········· 287
- [ ] **challenge** ·········· 45
- [ ] **channel** ·········· 263
- [ ] **chaos** ·········· 147
- [ ] chaotic ·········· 147
- [ ] **characteristic** ·········· 181
- [ ] characterize ·········· 181
- [ ] charcoal ·········· 163
- [ ] **charge** ·········· 237
- [ ] **charm** ·········· 103
- [ ] **chase** ·········· 119
- [ ] **cheat** ·········· 357
- [ ] **cheer** ·········· 257
- [ ] **cheerful** ·········· 257
- [ ] **chemical** ·········· 51, 259
- [ ] chemist ·········· 259
- [ ] **chemistry** ·········· 51, 259
- [ ] **cherish** ·········· 195
- [ ] **chest** ·········· 137
- [ ] **chief** ·········· 271
- [ ] choice ·········· 53
- [ ] **choir** ·········· 201
- [ ] **choose** ·········· 53
- [ ] **circuit** ·········· 291
- [ ] **circular** ·········· 261

☐ circulate 261	☐ commute 303	☐ confidence 39
☐ **circumstance** **295**	☐ **companion** **89**	☐ **confident** **39**
☐ **citizen** **35**	☐ **compare** **25**	☐ **confine** **365**
☐ citizenship 35	☐ comparison 25	☐ **confirm** **247**
☐ **civil** **121**	☐ **compassion** **375**	☐ confirmation 247
☐ **civilization** **121**	☐ compassionate 375	☐ **conflict** **131**
☐ civilized 121	☐ **compatible** **333**	☐ **confront** **307**
☐ **claim** **47**	☐ **compensate** **345**	☐ **confuse** **33**
☐ clarification 309	☐ compensation 345	☐ confusion 33
☐ **clarify** **309**	☐ **compete** **251**	☐ **congratulate** **139**
☐ classic 201	☐ **competence** **371**	☐ congratulation 139
☐ **classical** **201**	☐ competent 371	☐ **connect** **119**
☐ **client** **365**	☐ competition 251	☐ connection 119
☐ **cliff** **219**	☐ compilation 323	☐ **conquer** **251**
☐ **climate** **257**	☐ **compile** **323**	☐ conquest 251
☐ **clinic** **181**	☐ **complain** **39**	☐ **conscience** **315**
☐ clinical 181	☐ complaint 39	☐ conscientious 315
☐ clinician 181	☐ **complement** **247**	☐ **conscious** **273**
☐ close 275	☐ **complex** **147**	☐ **consensus** **287**
☐ **closely** **275**	☐ **complicate** **147**	☐ **consent** **287**
☐ **clue** **79**	☐ complicated 147	☐ **conservation** **215**
☐ **clumsy** **293**	☐ **compliment** **193**	☐ conservative 215
☐ **coal** **163**	☐ complimentary 193	☐ **consider** **17**
☐ **coarse** **317**	☐ **component** **289**	☐ **considerable** **145**
☐ coherence 309	☐ **compose** **131**	☐ considerate 145
☐ **coherent** **309**	☐ composition 131	☐ consideration 17
☐ **coincide** **333**	☐ **compound** **261**	☐ **consist** **31**
☐ coindicence 333	☐ comprehend 337	☐ consistency 351
☐ **collapse** **209**	☐ **comprehension** **337**	☐ **consistent** **351**
☐ **colleague** **289**	☐ **comprehensive** **337**	☐ **console** **375**
☐ **colonial** **293**	☐ **compromise** **109**	☐ **constant** **307**
☐ colony 293	☐ **compulsory** **349**	☐ constantly 307
☐ combination 117	☐ **conceal** **309**	☐ **constitute** **131**
☐ **combine** **117**	☐ **concede** **375**	☐ constitution 131
☐ **come** **43**	☐ **conceit** **329**	☐ **construct** **97**
☐ **comedy** **91**	☐ **conceive** 105,**337**	☐ construction 97
☐ **comet** **153**	☐ **concentrate** **21**	☐ constructive 97
☐ **comfort** **91**	☐ concentration 21	☐ **consult** **377**
☐ comfortable 91	☐ **concept** 105,**337**	☐ **consume** **179**
☐ comic 91	☐ **concerning** **315**	☐ consumption 179
☐ comical 91	☐ concession 375	☐ **contact** **47**
☐ **command** **247**	☐ **conclude** **275**	☐ **contain** **135**
☐ **comment** **159**	☐ **conclusion** **275**	☐ container 135
☐ **commerce** **365**	☐ **concrete** **309**	☐ **contaminate** **377**
☐ commercial 365	☐ **condemn** **333**	☐ contamination 377
☐ **commission** **377**	☐ condemnation 333	☐ **contemporary** **345**
☐ **commit** **119**	☐ **conduct** **217**	☐ **contempt** **357**
☐ commitment 119	☐ **conference** **331**	☐ **content** 125,**321**
☐ **committee** **73**	☐ **confess** **361**	☐ **context** **65**
☐ **community** **319**	☐ confession 361	☐ **continent** **77**

- continental ... 77
- **continual** ... 79,215
- **continue** ... 79,215
- **continuous** ... 79,215
- **contract** ... 365
- contraction ... 365
- **contradict** ... 307
- contradiction ... 307
- **contrary** ... 131
- **contrast** ... 25
- **contribute** ... 105
- contribution ... 105
- **control** ... 75
- controversial ... 331
- **controversy** ... 331
- **convention** ... 371
- conventional ... 371
- **converse** ... 351
- conversion ... 319
- **convert** ... 319
- **convey** ... 195
- conveyance ... 195
- conviction ... 275
- **convince** ... 275
- **cooperate** ... 315
- cooperation ... 315
- **cope** ... 315
- **core** ... 359
- **corporate** ... 357
- corporation ... 357
- **correspond** ... 333
- correspondence ... 333
- **corridor** ... 305
- **corrupt** ... 335
- **cost** ... 51
- costly ... 51
- **cotton** ... 279
- **cough** ... 175
- **council** ... 165
- **counter** ... 131
- **courage** ... 195
- courageous ... 195
- courteous ... 359
- **courtesy** ... 359
- **coward** ... 307
- cowardice ... 307
- **cozy** ... 321
- **crack** ... 335
- **craft** ... 201
- craftsman ... 201
- craftsmanship ... 201
- **crash** ... 229
- **create** ... 53
- creation ... 53
- creative ... 53
- **credit** ... 39
- **crew** ... 289
- **crime** ... 63
- criminal ... 63
- **crisis** ... 117
- critic ... 275
- **critical** ... 117,275
- criticism ... 19
- **criticize** ... 19,275
- **crop** ... 233
- **crucial** ... 359
- **cruel** ... 235
- cruelty ... 235
- **crush** ... 139
- **cultivate** ... 233
- cultivation ... 233
- culture ... 233
- **cure** ... 181
- **curiosity** ... 119
- **curious** ... 119
- **currency** ... 135
- **current** ... 265
- **curriculum** ... 179
- **customer** ... 81

D

- **damage** ... 173
- **dare** ... 273
- **dawn** ... 377
- **deadline** ... 159
- **deaf** ... 205
- deafen ... 205
- **deal** ... 151
- **debate** ... 63
- **debt** ... 135
- **decade** ... 345
- **decay** ... 335
- deceit ... 357
- **deceive** ... 357
- **decent** ... 321
- **declare** ... 189
- **decline** ... 245
- **decorate** ... 371
- decoration ... 371
- **decrease** ... 173
- **dedicate** ... 105
- dedication ... 105
- **deduce** ... 373
- **deem** ... 337
- deep ... 243
- deeply ... 243
- **defeat** ... 221
- **defend** ... 203
- defense ... 203
- **deficit** ... 321
- **define** ... 123
- **definite** ... 231
- definitely ... 231
- definition ... 123
- **degree** ... 67
- **delay** ... 47
- **delegate** ... 347
- delegation ... 347
- **delete** ... 193
- **deliberate** ... 331
- **delicacy** ... 237
- **delicate** ... 237
- **delight** ... 125
- delightful ... 125
- **deliver** ... 219
- delivery ... 219
- **demand** ... 111
- **democracy** ... 93
- democrat ... 93
- democratic ... 93
- **demonstrate** ... 247
- demonstration ... 247
- denial ... 245
- **dense** ... 379
- density ... 379
- **dental** ... 373
- **deny** ... 245
- **depart** ... 123
- departed ... 123
- **department** ... 93
- departure ... 123
- **depend** ... 39
- **deposit** ... 135
- depress ... 177
- **depression** ... 177
- deprivation ... 103
- **deprive** ... 103
- **depth** ... 243
- **deputy** ... 347
- **derive** ... 95

- □ **descend** 295
- □ descendant 295
- □ **describe** 23
- □ description 23
- □ **deserve** 249
- □ desirable 195
- □ **desire** 195
- □ **despair** 179
- □ **desperate** 179
- □ desperation 179
- □ **despise** 357
- □ **despite** 131
- □ destine 303
- □ **destiny** 303
- □ **destroy** 49
- □ destruction 49
- □ destructive 49
- □ **detach** 379
- □ **detail** 23
- □ **detect** 337
- □ **detective** 103
- □ determination 123
- □ **determine** 123
- □ determined 123
- □ **devastate** 263
- □ devastating 263
- □ devastation 263
- □ **develop** 75
- □ development 75
- □ **device** 161
- □ devise 161
- □ **devote** 305
- □ devotion 305
- □ **dialogue** 263
- □ **differ** 215
- □ difference 215
- □ different 215
- □ **digest** 337
- □ **dignity** 315
- □ diligence 109
- □ **diligent** 109
- □ **dim** 321
- □ **dimension** 351
- □ **dioxide** 265
- □ diplomacy 293
- □ **diplomat** 293
- □ **direct** 37
- □ director 37
- □ **disability** 205
- □ disable 205

- □ disabled 205
- □ **disappear** 31
- □ disappearance 31
- □ **disappoint** 179
- □ disappointed 179
- □ disappointing 179
- □ disappointment 179
- □ **disaster** 109
- □ disastrous 109
- □ **disciple** 309
- □ **discipline** 309
- □ **discount** 179
- □ **discourage** 179
- □ discouraged 179
- □ discouragement 179
- □ discouraging 179
- □ **discover** 73
- □ discovery 73
- □ discriminate 235
- □ **discrimination** 235
- □ **discuss** 63
- □ discussion 63
- □ **disease** 235
- □ **disguise** 309
- □ **dislike** 61
- □ **dismiss** 309
- □ **disorder** 329
- □ **display** 23
- □ **dispute** 331
- □ dissolution 107
- □ **dissolve** 107
- □ **distance** 243
- □ distant 243
- □ distinct 181
- □ **distinction** 181
- □ distinctive 181
- □ **distinguish** 97
- □ distinguished 97
- □ **distract** 329
- □ distraction 329
- □ **distribute** 177
- □ distribution 177
- □ **district** 189
- □ **disturb** 33
- □ disturbance 33
- □ **diverse** 215
- □ diversion 215
- □ diversity 215
- □ **divide** 19
- □ **divine** 95

- □ **division** 19
- □ **divorce** 379
- □ **do** 57
- □ **document** 203
- □ **documentary** 203
- □ **domestic** 317
- □ dominant 315
- □ **dominate** 315
- □ **donate** 293
- □ donation 293
- □ **dose** 319
- □ **doubt** 23
- □ **doze** 105
- □ **dozen** 149
- □ **draft** 361
- □ **drain** 335
- □ **drama** 91
- □ **dramatic** 91
- □ **draw** 23
- □ drawing 23
- □ **dread** 301
- □ dreadful 301
- □ **drought** 349
- □ **drown** 229
- □ drowning 229
- □ **due** 47
- □ **dull** 251
- □ **duplicate** 317
- □ **duty** 151
- □ **dye** 361
- □ **dynamic** 377
- □ dynamics 377

E

- □ **eager** 109
- □ **earn** 25
- □ **earnest** 109
- □ earnings 25
- □ **ease** 295
- □ **easy** 295
- □ ecological 265
- □ **ecology** 265
- □ economic 177
- □ economical 177
- □ **economy** 177
- □ **edge** 147
- □ **edit** 361
- □ **edition** 159, 361
- □ editor 159
- □ **educate** 51

393

☐ **education** 51	☐ endurance 215	☐ evacuation 377
☐ **effect** **37**,229	☐ **endure** 215	☐ **evaluate** 335
☐ effective 37	☐ enduring 215	☐ evaluation 335
☐ efficiency 249	☐ energetic 377	☐ **everlasting** 307
☐ **efficient** 249	☐ **energy** 377	☐ **evidence** 51
☐ **elderly** 35	☐ **enforce** 351	☐ evident 51
☐ **elect** 379	☐ enforcement 351	☐ **evil** 357
☐ electric 163	☐ **engage** 277	☐ **evolution** 371
☐ electrical 163	☐ engaged 277	☐ evolve 371
☐ **electricity** 163	☐ **enhance** 347	☐ **exact** 151
☐ elegance 317	☐ enhancement 347	☐ exactly 151
☐ **elegant** 317	☐ **enormous** 39	☐ **exaggerate** 357
☐ **element** 279	☐ **enroll** 371	☐ exaggeration 357
☐ elemental 279	☐ enrollment 371	☐ examination 277
☐ elementary 279	☐ **ensure** 247	☐ **examine** 277
☐ eligibility 321	☐ **enterprise** 357	☐ examiner 277
☐ **eligible** 321	☐ **entertain** 91	☐ **exceed** 287
☐ **eliminate** 193	☐ entertainment 91	☐ excellence 33
☐ elimination 193	☐ **enthusiasm** 109	☐ **excellent** 33
☐ eloquence 361	☐ enthusiast 109	☐ **exception** 309
☐ **eloquent** 361	☐ enthusiastic 109	☐ exceptional 309
☐ **embarrass** 203	☐ **entire** 231	☐ **excess** **149**,287
☐ embarrassed 203	☐ entirely 231	☐ **excessive** 149,287
☐ embarrassing 203	☐ entirety 231	☐ **exclaim** 361
☐ embarrassment 203	☐ **entitle** 315	☐ exclamation 361
☐ **embassy** 293	☐ **entrepreneur** 289	☐ **exclude** 309
☐ **embrace** 287	☐ **environment** 377	☐ exclusion 309
☐ **emerge** 191	☐ environmental 377	☐ **exclusive** 133
☐ emergence 191	☐ **equal** 237	☐ **excuse** 49
☐ **emergency** 63	☐ equality 237	☐ **execute** 351
☐ **emotion** 195	☐ **equip** 305	☐ execution 351
☐ emotional 195	☐ equipment 305	☐ **executive** 347
☐ **emperor** 93	☐ **era** 159	☐ **exhaust** 335
☐ emphasis 275	☐ **error** 19	☐ exhausted 335
☐ **emphasize** 275	☐ **erupt** 349	☐ **exhibit** 371
☐ **empire** 93	☐ eruption 349	☐ exhibition 371
☐ **employ** 289	☐ **escape** 47	☐ **exile** 349
☐ **employee** 289	☐ **essence** 181	☐ **exist** 31
☐ employer 289	☐ essential 181	☐ existence 31
☐ employment 289	☐ **establish** 45	☐ **exotic** 331
☐ empress 93	☐ establishment 45	☐ **expand** 257
☐ **empty** 81	☐ **estate** 343	☐ expansion 257
☐ **enable** 107	☐ **estimate** 223	☐ expansive 257
☐ **enclose** 135	☐ estimation 223	☐ **expect** 79
☐ enclosure 135	☐ **eternal** 159	☐ expectation 79
☐ **encounter** 131	☐ eternity 159	☐ **expedition** 303
☐ **encourage** **39**,195	☐ ethic 315	☐ **expense** 237
☐ encouragement 39	☐ **ethics** 315	☐ expensive 237
☐ **encyclopedia** 159	☐ **ethnic** 319	☐ **experiment** 277
☐ **endeavor** 351	☐ **evacuate** 377	☐ experimental 277

- [ ] **explain** ... 23
- [ ] explanation ... 23
- [ ] **explode** ... 229,**295**
- [ ] **exploit** ... 289
- [ ] exploitation ... 289
- [ ] **explosion** ... 229,**295**
- [ ] explosive ... 229
- [ ] **export** ... 365
- [ ] **expose** ... 139
- [ ] exposure ... 139
- [ ] **express** ... 23
- [ ] **expression** ... 23
- [ ] **exquisite** ... 287
- [ ] **extend** ... 257
- [ ] **extensive** ... 257,**329**
- [ ] **extent** ... 257,**263**
- [ ] **external** ... 323
- [ ] **extinct** ... 193
- [ ] extinction ... 193
- [ ] **extra** ... 39
- [ ] **extract** ... 359
- [ ] **extraordinary** ... 145
- [ ] **extreme** ... 263
- [ ] extremely ... 263

F

- [ ] **fabric** ... 361
- [ ] **facilitate** ... 347
- [ ] **facility** ... 161
- [ ] **factor** ... 305
- [ ] **faculty** ... 371
- [ ] **fade** ... 193
- [ ] **fail** ... 19
- [ ] failure ... 19
- [ ] **faint** ... 237
- [ ] **fair** ... 223
- [ ] **faith** ... 361
- [ ] faithful ... 351
- [ ] **fake** ... 107
- [ ] **familiar** ... 33
- [ ] familiarity ... 33
- [ ] **fantastic** ... 195
- [ ] **fantasy** ... 195
- [ ] **faraway** ... 243
- [ ] **fare** ... 51
- [ ] **farewell** ... 161
- [ ] **fascinate** ... 103
- [ ] fascinated ... 103
- [ ] fascinating ... 103
- [ ] fascination ... 103

- [ ] **fasten** ... 161
- [ ] fastener ... 161
- [ ] **fatal** ... 373
- [ ] **fate** ... **303**,373
- [ ] **fault** ... 19
- [ ] **favor** ... 33
- [ ] **fear** ... 53
- [ ] fearful ... 53
- [ ] **feast** ... 111
- [ ] **feature** ... 37
- [ ] **federal** ... 333
- [ ] **fee** ... 51
- [ ] **feed** ... 81
- [ ] **feel** ... 71
- [ ] **fellow** ... 167
- [ ] **female** ... 73
- [ ] **fierce** ... 379
- [ ] **figure** ... 81
- [ ] **finance** ... 223
- [ ] financial ... 223
- [ ] **find** ... 85
- [ ] **fine** ... 249
- [ ] **firm** ... 223
- [ ] **fiscal** ... 365
- [ ] **fix** ... 21
- [ ] fixture ... 21
- [ ] **flaw** ... 293
- [ ] **flesh** ... 337
- [ ] flexibility ... 291
- [ ] **flexible** ... 291
- [ ] **flock** ... 271
- [ ] **flood** ... 61
- [ ] **flow** ... 109
- [ ] fluency ... 251
- [ ] **fluent** ... 251
- [ ] **fluid** ... 291
- [ ] **focus** ... 21
- [ ] **fold** ... 119
- [ ] folder ... 119
- [ ] **follow** ... 65
- [ ] **fond** ... 233
- [ ] fondness ... 233
- [ ] food ... 81
- [ ] **for** ... 384
- [ ] **forbid** ... 59
- [ ] **force** ... 63
- [ ] forceful ... 63
- [ ] forcible ... 63
- [ ] **forecast** ... 261
- [ ] **foresee** ... 373

- [ ] **forgive** ... 149
- [ ] **form** ... 77,187
- [ ] **formal** ... 77,187
- [ ] **former** ... 243
- [ ] **formidable** ... 301
- [ ] **formula** ... 123
- [ ] formulate ... 123
- [ ] **forth** ... 207
- [ ] **fortunate** ... 125
- [ ] fortune ... 125
- [ ] found ... 131
- [ ] **foundation** ... 131
- [ ] **fountain** ... 279
- [ ] **fragment** ... 263
- [ ] **fraud** ... 357
- [ ] frequency ... 205
- [ ] **frequent** ... 205
- [ ] frequently ... 205
- [ ] frighten ... 53
- [ ] **frightened** ... 53
- [ ] frightening ... 53
- [ ] **from** ... 384
- [ ] **frontier** ... 293
- [ ] **fuel** ... 163
- [ ] **fulfill** ... 321
- [ ] **function** ... 75
- [ ] functional ... 75
- [ ] **fund** ... 135
- [ ] funding ... 135
- [ ] fund-raising ... 135
- [ ] **funeral** ... 173
- [ ] **fur** ... 187
- [ ] **furious** ... 319
- [ ] **furnish** ... 81,161
- [ ] **furniture** ... 81,161
- [ ] **furthermore** ... 245
- [ ] fury ... 319

G

- [ ] **gain** ... 207
- [ ] **garment** ... 187
- [ ] **gasp** ... 323
- [ ] **gaze** ... 337
- [ ] **gender** ... 73
- [ ] **gene** ... 271
- [ ] **general** ... 231
- [ ] **generate** ... 229
- [ ] generosity ... 119
- [ ] **generous** ... 119
- [ ] genetic ... 271

395

- genetics … 271
- **genius** … 371
- **genuine** … 359
- geographical … 219
- **geography** … 219
- **germ** … 373
- **gesture** … 257
- **get** … 101
- **gifted** … 265
- **give** … 115
- **glance** … 201
- **glimpse** … 201
- **global** … 217
- globalization … 217
- globe … 217
- **gloomy** … 295
- glorious … 125
- **glory** … 125
- **go** … 129
- **god** … 365
- **goods** … 179
- **goodwill** … 287
- **gorgeous** … 167
- **govern** … 93
- government … 93
- **gradual** … 379
- gradually … 379
- **grain** … 347
- **grant** … 217
- **graph** … 203
- graphic … 203
- graphics … 203
- **grasp** … 337
- grateful … 193
- **gratitude** … 193
- **grave** … 279
- **greet** … 67
- greeting … 67
- **grief** … 319
- grieve … 319
- **grin** … 329
- **grip** … 323
- **gross** … 293
- **guarantee** … 153
- **guess** … 79
- **guideline** … 317
- **guilt** … 103
- guilty … 103

H

- **habit** … 77
- **habitat** … 265
- habitual … 77
- **handle** … 17
- **hang** … 119
- **harbor** … 279
- **hardly** … 67
- **harm** … 49
- harmful … 49
- **harmonious** … 33
- **harmony** … 33
- **haste** … 345
- **hasty** … 345
- **hate** … 61
- **haunt** … 191
- haunted … 191
- **have** … 143
- **hazard** … 117
- hazardous … 117
- **headline** … 159
- **headquarters** … 357
- **heal** … 181
- hemisphere … 261
- **heritage** … 343
- **hesitate** … 109
- hesitation … 109
- **hire** … 163
- **hold** … 79
- **hollow** … 343
- **holy** … 95
- honest … 119
- **honesty** … 119
- **honor** … 67
- **horizon** … 219
- horizontal … 219
- **horrible** … 121
- **horror** … 121
- **household** … 167
- **huge** … 145
- **humble** … 307
- **humid** … 257
- humidity … 257
- **humiliate** … 357
- humiliation … 357
- **humor** … 91
- humorous … 91
- **hurt** … 49
- **hybrid** … 359
- **hygiene** … 329
- hygienic … 329

I

- **ideal** … 33
- **identical** … 331
- identify … 121
- **identity** … 121
- **ideology** … 349
- **idiom** … 251
- idiomatic … 251
- **idiot** … 323
- **idle** … 307
- **idol** … 95
- ignorance … 245
- ignorant … 245
- **ignore** … 245
- **ill** … 67
- illness … 67,235
- **illuminate** … 91
- illumination … 91
- **illustrate** … 361
- illustration … 361
- imaginary … 23
- imagination … 23
- imaginative … 23
- **imagine** … 23
- **imitate** … 277
- imitation … 277
- **immediate** … 205
- immediately … 205
- **immerse** … 361
- **immigrant** … 217,293
- immigrate … 217,293
- **immigration** … 217
- **impair** … 173
- **implement** … 351
- implementation … 351
- implication … 361
- **imply** … 361
- **import** … 365
- **impose** … 349
- impress … 173
- **impression** … 173
- impressive … 173
- **imprison** … 375
- **improve** … 45
- improvement … 45
- **impulse** … 319
- impulsive … 319

- ☐ in ... 385
- ☐ **incentive** ... 289
- ☐ **incident** ... 229
- ☐ incidental ... 229
- ☐ **include** ... 61
- ☐ inclusion ... 61
- ☐ inclusive ... 61
- ☐ **income** ... 237
- ☐ **increase** ... 61
- ☐ **incredible** ... 173
- ☐ incredibly ... 173
- ☐ **incur** ... 305
- ☐ **indicate** ... 23
- ☐ indication ... 23
- ☐ **indifferent** ... 319
- ☐ **indispensable** ... 335
- ☐ **indulge** ... 321
- ☐ industrial ... 177
- ☐ industrious ... 177
- ☐ **industry** ... 177
- ☐ **inevitable** ... 117
- ☐ **infant** ... 351
- ☐ **infect** ... 373
- ☐ infection ... 373
- ☐ **infer** ... 373
- ☐ **influence** ... 37
- ☐ influential ... 37
- ☐ **inform** ... 145
- ☐ information ... 145
- ☐ **ingredient** ... 279
- ☐ **inhabit** ... 363
- ☐ inhabitant ... 363
- ☐ **inherit** ... 343
- ☐ **initial** ... 279
- ☐ injure ... 205
- ☐ injured ... 205
- ☐ **injury** ... 205
- ☐ **inmate** ... 371
- ☐ innocence ... 103
- ☐ **innocent** ... 103
- ☐ **inquire** ... 371
- ☐ inquiry ... 371
- ☐ **insight** ... 133
- ☐ **insist** ... 111
- ☐ insistence ... 111
- ☐ **inspect** ... 371
- ☐ inspection ... 371
- ☐ inspiration ... 97
- ☐ **inspire** ... 97
- ☐ **install** ... 161
- ☐ installment ... 161
- ☐ **instance** ... 277
- ☐ **instinct** ... 371
- ☐ instinctive ... 371
- ☐ **institute** ... 179
- ☐ institution ... 179
- ☐ **instruct** ... 295
- ☐ instruction ... 295
- ☐ **insult** ... 357
- ☐ **insurance** ... 153
- ☐ insure ... 153
- ☐ **integrate** ... 323
- ☐ integration ... 323
- ☐ intellect ... 337
- ☐ **intellectual** ... 337
- ☐ intelligence ... 53
- ☐ **intelligent** ... 53
- ☐ **intend** ... 153
- ☐ **intense** ... 263
- ☐ intensive ... 263
- ☐ intention ... 153
- ☐ **interact** ... 229
- ☐ interaction ... 229
- ☐ interactive ... 229
- ☐ **interfere** ... 329
- ☐ **interior** ... 305
- ☐ **intermediate** ... 223
- ☐ **intermission** ... 105
- ☐ **interpret** ... 361
- ☐ interpretation ... 361
- ☐ **interrupt** ... 209
- ☐ interruption ... 209
- ☐ **interval** ... 275
- ☐ **intimate** ... 315
- ☐ **into** ... 385
- ☐ **introduce** ... 67
- ☐ introduction ... 67
- ☐ introductory ... 67
- ☐ **invaluable** ... 25, 93
- ☐ **invent** ... 75
- ☐ invention ... 75
- ☐ **invest** ... 177
- ☐ **investigate** ... 371
- ☐ investigation ... 371
- ☐ investment ... 177
- ☐ **involve** ... 135
- ☐ involved ... 135
- ☐ involvement ... 135
- ☐ **irritate** ... 175
- ☐ irritated ... 175
- ☐ irritating ... 175
- ☐ irritation ... 175
- ☐ isolate ... 161
- ☐ **isolation** ... 161
- ☐ **issue** ... 17
- ☐ **item** ... 81

J

- ☐ **jail** ... 103
- ☐ **jealous** ... 251
- ☐ jealousy ... 251
- ☐ **jewel** ... 167
- ☐ jewelry ... 167
- ☐ **joint** ... 161
- ☐ journalism ... 159
- ☐ **journalist** ... 159
- ☐ **judge** ... 25
- ☐ judgment ... 25
- ☐ juror ... 363
- ☐ **jury** ... 363
- ☐ just ... 103
- ☐ **justice** ... 103
- ☐ justification ... 309
- ☐ **justify** ... 309

K

- ☐ **keen** ... 351
- ☐ knee ... 359
- ☐ **kneel** ... 359
- ☐ **know** ... 157

L

- ☐ **labor** ... 59
- ☐ laborer ... 59
- ☐ laborious ... 59
- ☐ **lack** ... 31
- ☐ lacking ... 31
- ☐ **landlord** ... 151
- ☐ **landscape** ... 77
- ☐ **last** ... 205
- ☐ lasting ... 205
- ☐ **launch** ... 175
- ☐ **laundry** ... 351
- ☐ law ... 121
- ☐ **lawn** ... 287
- ☐ **lawsuit** ... 363
- ☐ **lay** ... 119
- ☐ **layer** ... 131
- ☐ laziness ... 77
- ☐ **lazy** ... 77

397

leak	357
lean	119
leap	217
lease	293
lecture	179
legal	121
legend	335
legendary	335
legislate	317
legislation	317
legitimate	309
leisure	81
length	243
lengthen	243
let	59
liberal	375
liberate	121
liberation	121
liberty	121
lick	301
likely	79
likewise	331
limb	337
limit	231
limitation	231
limited	231
linger	307
link	161
liquid	89
literal	201, 343
literary	201
literate	201
literature	201
litter	349
live	271
loan	293
locate	147
location	147
log	223
logic	275
logical	275
look	171
loud	111, 145
loudly	111, 145
loyal	105
loyalty	105
lucrative	321
luggage	219
luxurious	167
luxury	167

M

magnificence	145
magnificent	145
main	271
maintain	215
maintenance	215
major	39
majority	39
make	185
male	73
manage	59
management	59
manager	59
manipulate	291
manipulation	291
mankind	167
manual	291
manufacture	349
march	175
margin	349
marine	265
marriage	173
married	173
marry	173
mass	167
massacre	295
massive	167
master	347
masterpiece	345
mate	307
material	75
mature	379
maximum	231
mayor	165
mean	301
means	315
meanwhile	245
measure	165
measurement	165
media	345
medical	67
medicine	67
medieval	345
mediocre	301
Mediterranean	217
medium	219
melt	107
melting pot	107
memorize	195

memory	195
mend	135
mental	221
mention	65
merchandise	151
merchant	151
mercy	375
mere	233
merely	233
merge	333
merger	333
mess	147
messy	147
metaphor	343
method	51
methodology	51
migration	303
mild	263
mile	275
milestone	275
military	35
millionaire	365
mimic	331
mind	21
mine	375
mineral	163
minimum	231
minister	379
minor	237
minority	237
miracle	95
miraculous	95
mischief	209
mischievous	209
miserable	203
miser	203
misery	203
miss	61
mission	165
missionary	165
misunderstand	263
misunderstanding	263
mix	333
mixture	333
moderate	223
moderation	223
modest	307
moesty	307
modification	177
modify	177

398

- [ ] moist ... 257
- [ ] **moisture** ... 257
- [ ] **mold** ... 343
- [ ] molecular ... 279
- [ ] **molecule** ... 279
- [ ] **monitor** ... 273
- [ ] **monk** ... 95
- [ ] monologue ... 263
- [ ] **moral** ... 121
- [ ] **moreover** ... 245
- [ ] **mortal** ... 303
- [ ] **motion** ... 291
- [ ] **motivate** ... 97
- [ ] motivation ... 97
- [ ] motive ... 97
- [ ] **motto** ... 189
- [ ] **mount** ... 161
- [ ] **mourn** ... 173
- [ ] mournful ... 173
- [ ] **multiple** ... 317
- [ ] **multiply** ... 317
- [ ] **murder** ... 63
- [ ] murderer ... 63
- [ ] **murmur** ... 343
- [ ] **muscle** ... 137
- [ ] muscular ... 137
- [ ] **mutual** ... 195
- [ ] **mysterious** ... 21
- [ ] **mystery** ... 21
- [ ] mystical ... 95
- [ ] **myth** ... 95
- [ ] mythology ... 95

N

- [ ] **naked** ... 125
- [ ] **narrate** ... 189
- [ ] narration ... 189
- [ ] narrative ... 189
- [ ] **narrow** ... 117
- [ ] narrowly ... 117
- [ ] **nasty** ... 235
- [ ] **nation** ... 35
- [ ] national ... 35
- [ ] **naughty** ... 307
- [ ] **navigate** ... 331
- [ ] navigation ... 331
- [ ] **navy** ... 35,303
- [ ] **nearby** ... 275
- [ ] **nearly** ... 67
- [ ] **neat** ... 291
- [ ] **negative** ... 19
- [ ] **neglect** ... 357
- [ ] **negotiate** ... 151
- [ ] negotiation ... 151
- [ ] **neighbor** ... 275
- [ ] **neighborhood** ... 275
- [ ] **nerve** ... 337
- [ ] **nervous** ... 337
- [ ] **net** ... 149
- [ ] **network** ... 195
- [ ] **neutral** ... 223
- [ ] neutralize ... 223
- [ ] **nevertheless** ... 245
- [ ] **nightmare** ... 333
- [ ] **noble** ... 347
- [ ] **nod** ... 257
- [ ] **normal** ... 37
- [ ] **notice** ... 21
- [ ] **notion** ... 105
- [ ] **notorious** ... 235
- [ ] **nourish** ... 347
- [ ] nourishment ... 347
- [ ] **nuclear** ... 163
- [ ] nucleus ... 163
- [ ] **nuisance** ... 377
- [ ] **numerous** ... 149
- [ ] nutrient ... 111
- [ ] **nutrition** ... 111

O

- [ ] **oath** ... 343
- [ ] obedience ... 305
- [ ] **obey** ... 305
- [ ] **object** ... 89
- [ ] **objective** ... 153
- [ ] observance ... 277
- [ ] observation ... 277
- [ ] **observe** ... 277
- [ ] **obsession** ... 301
- [ ] **obstacle** ... 209
- [ ] **obtain** ... 207
- [ ] **obvious** ... 271
- [ ] obviously ... 271
- [ ] **occasion** ... 223
- [ ] occasional ... 223
- [ ] **occupation** ... 25
- [ ] **occupy** ... 25,133
- [ ] **occur** ... 191
- [ ] occurrence ... 191
- [ ] **ocean** ... 219
- [ ] oceanic ... 219
- [ ] **odd** ... 351
- [ ] **of** ... 385
- [ ] offend ... 333
- [ ] **offense** ... 333
- [ ] **offer** ... 37
- [ ] **on** ... 385
- [ ] **operate** ... 17
- [ ] operation ... 17
- [ ] **opponent** ... 333
- [ ] **opportunity** ... 59
- [ ] **oppose** ... 19
- [ ] opposition ... 19
- [ ] **oppress** ... 139
- [ ] oppression ... 139
- [ ] **optimism** ... 373
- [ ] optimistic ... 373
- [ ] **option** ... 249
- [ ] optional ... 249
- [ ] **oral** ... 137
- [ ] **orbit** ... 153
- [ ] **ordinary** ... 271
- [ ] **organ** ... 137
- [ ] organic ... 137
- [ ] **organization** ... 59,191
- [ ] **organize** ... 59,191
- [ ] **origin** ... 95
- [ ] original ... 95
- [ ] originality ... 95
- [ ] **originate** ... 377
- [ ] **ornament** ... 371
- [ ] **otherwise** ... 245
- [ ] **outcome** ... 305
- [ ] **outline** ... 187
- [ ] **output** ... 365
- [ ] **outstanding** ... 249
- [ ] **over** ... 385
- [ ] **overall** ... 329
- [ ] **overcome** ... 273
- [ ] **overlook** ... 301
- [ ] **overwhelming** ... 145
- [ ] **owe** ... 135
- [ ] owing ... 135
- [ ] oxide ... 265
- [ ] **oxygen** ... 265

P

- [ ] **pain** ... 175
- [ ] **pale** ... 175
- [ ] **palm** ... 137

☐ **paradise** ... 125	☐ philosophic ... 259	☐ precision ... 35
☐ **paradox** ... 307	☐ **philosophy** ... 259	☐ **predict** ... 79
☐ paralysis ... 175	☐ **phrase** ... 251	☐ prediction ... 79
☐ **paralyze** ... 175	☐ **physical** ... 17	☐ **prefer** ... 25
☐ **parliament** ... 333	☐ **physician** ... 181,373	☐ preference ... 25
☐ **partial** ... 161	☐ physics ... 17	☐ pregnancy ... 271
☐ participant ... 277	☐ **pick** ... 249	☐ **pregnant** ... 271
☐ **participate** ... 277	☐ **piracy** ... 357	☐ **prejudice** ... 235
☐ participation ... 277	☐ pirate ... 357	☐ **preliminary** ... 301
☐ **particle** ... 359	☐ pitiful ... 31	☐ preparation ... 75
☐ **particular** ... 317	☐ **pity** ... 31	☐ preparatory ... 75
☐ passion ... 351	☐ **plague** ... 373	☐ **prepare** ... 75
☐ **passionate** ... 351	☐ **plain** ... 209	☐ **prescribe** ... 319
☐ **passive** ... 109	☐ please ... 31	☐ prescription ... 319
☐ **path** ... 45	☐ **pleasure** ... 31	☐ presence ... 159
☐ patience ... 67	☐ **plenty** ... 39	☐ **present** ... 159
☐ **patient** ... 67	☐ **plot** ... 305	☐ preservation ... 215
☐ **patriot** ... 349	☐ poem ... 201	☐ **preserve** ... 215
☐ patriotism ... 349	☐ poet ... 201	☐ **president** ... 151
☐ **pave** ... 287	☐ **poetry** ... 201	☐ presidential ... 151
☐ pavement ... 287	☐ **poison** ... 89	☐ **press** ... 137
☐ **peak** ... 301	☐ poisonous ... 89	☐ pressure ... 139
☐ **peculiar** ... 273	☐ **pole** ... 89	☐ **prestige** ... 315
☐ **pedestrian** ... 303	☐ **policy** ... 165	☐ **pretend** ... 53
☐ **peep** ... 337	☐ **polish** ... 323	☐ pretentious ... 53
☐ **penalty** ... 375	☐ **polite** ... 67	☐ **prevail** ... 361
☐ **penetrate** ... 361	☐ politeness ... 67	☐ **prevent** ... 47
☐ penetration ... 361	☐ political ... 165	☐ prevention ... 47
☐ **pension** ... 317	☐ **politics** ... 165	☐ **previous** ... 243
☐ **perceive** ... 337	☐ **pollute** ... 49	☐ previously ... 243
☐ perception ... 337	☐ pollution ... 49	☐ pride ... 125
☐ **period** ... 47	☐ **ponder** ... 331	☐ **primary** ... 301
☐ periodic ... 47	☐ **population** ... 73	☐ **prime** ... 301
☐ periodical ... 47	☐ **port** ... 279	☐ **primitive** ... 243
☐ **permanence** ... 307	☐ **portion** ... 289	☐ **principal** ... 35
☐ **permanent** ... 215,307	☐ **positive** ... 233	☐ **principle** ... 259
☐ permission ... 149	☐ **possess** ... 191	☐ **prior** ... 301
☐ **permit** ... 149	☐ possession ... 191	☐ priority ... 301
☐ **persist** ... 287	☐ possessive ... 191	☐ prison ... 375
☐ persistent ... 287	☐ **postpone** ... 345	☐ **privilege** ... 315
☐ **personnel** ... 347	☐ **potent** ... 335	☐ **probable** ... 373
☐ **persuade** ... 275	☐ **potential** ... 265	☐ probably ... 373
☐ persuasion ... 275	☐ **practice** ... 51	☐ **procedure** ... 207,301
☐ pessimism ... 307	☐ **praise** ... 193	☐ **proceed** ... 207
☐ **pessimist** ... 307	☐ **pray** ... 21	☐ process ... 207
☐ **petty** ... 317	☐ prayer ... 21	☐ **proclaim** ... 139
☐ **pharmacy** ... 181	☐ **precede** ... 301	☐ proclamation ... 139
☐ **phase** ... 323	☐ precedence ... 301	☐ **profession** ... 163
☐ **phenomenal** ... 109	☐ **precious** ... 93	☐ professional ... 163
☐ **phenomenon** ... 109	☐ **precise** ... 35	☐ **profile** ... 347

- profit ... 321
- profitable ... 321
- **progress** ... 207
- **prohibit** ... 365
- prohibition ... 365
- **project** ... 305
- prominence ... 249
- **prominent** ... 249
- **promote** ... 207
- promotion ... 207
- **prompt** ... 347
- **pronounce** ... 65
- pronunciation ... 65
- proof ... 103
- **proper** ... 35
- properly ... 35
- proposal ... 111
- **propose** ... 111
- **prosecute** ... 363
- prosecution ... 363
- **prospect** ... 373
- **prosper** ... 321
- prosperity ... 321
- **protect** ... 203
- protection ... 203
- **protest** ... 131
- **proud** ... 125
- **prove** ... 103
- **proverb** ... 189
- **provide** ... 37
- **province** ... 317
- provision ... 37
- psychological ... 375
- **psychology** ... 375
- publication ... 65
- **publicity** ... 329
- publicize ... 329
- **publish** ... 65
- **pulse** ... 373
- **punctual** ... 345
- punctuality ... 345
- **punish** ... 103
- punishment ... 103
- punitive ... 103
- **pupil** ... 179
- **purchase** ... 373
- **pure** ... 209
- purity ... 209
- **purse** ... 237
- **pursue** ... 65
- pursuit ... 65
- **put** ... 199

Q

- **quality** ... 37
- quantitative ... 149
- **quantity** ... 149
- **quarrel** ... 333
- **query** ... 371
- **queue** ... 191
- **quit** ... 17
- quotation ... 343
- **quote** ... 343

R

- **race** ... 167
- racial ... 167
- **radiate** ... 377
- **radiation** ... 163,377
- **radical** ... 351
- **rage** ... 175
- **range** ... 61
- **rank** ... 279
- **rapid** ... 243
- **rare** ... 93
- rarely ... 93
- **rate** ... 81
- **raw** ... 75
- **reach** ... 45
- **react** ... 187
- reaction ... 187
- realization ... 73
- **realize** ... 73
- **rear** ... 323
- **reasonable** ... 151
- **rebel** ... 303
- **recall** ... 195
- receipt ... 61
- **receive** ... 61
- reception ... 61
- **recession** ... 365
- **recipe** ... 301
- recognition ... 133
- **recognize** ... 133
- **recollect** ... 345
- **recover** ... 273
- recovery ... 273
- **recruit** ... 289
- rectangle ... 343
- **rectangular** ... 343
- **reduce** ... 173
- reduction ... 173
- redundancy ... 295
- **redundant** ... 295
- **refer** ... 65
- **reference** ... 65,343
- **reflect** ... 51
- reflection ... 51
- **reform** ... 319
- **refrain** ... 317
- **refresh** ... 377
- refreshment ... 377
- **refuge** ... 377
- refugee ... 377
- **refund** ... 135
- refusal ... 245
- **refuse** ... 245
- **regard** ... 133
- regarding ... 133
- **regime** ... 333
- **region** ... 189
- regional ... 189
- **register** ... 277
- registration ... 277
- **regulate** ... 309
- regulation ... 309
- **reinforce** ... 347
- reinforcement ... 347
- **reject** ... 245
- rejection ... 245
- **relate** ... 195
- relation ... 195
- relative ... 195
- relevance ... 315
- **relevant** ... 315
- **reliable** ... 97
- reliance ... 97
- relief ... 309
- **relieve** ... 309
- **religion** ... 95
- religious ... 95
- **reluctant** ... 329
- **rely** ... 97
- **remain** ... 79,177
- **remainder** ... 177
- **remark** ... 189
- remarkable ... 189
- remedial ... 181
- **remedy** ... 181
- **remember** ... 53

- [ ] **remind** ... **53**
- [ ] reminder ... 53
- [ ] removal ... 193
- [ ] **remove** ... **193**
- [ ] **renew** ... **135**
- [ ] renewal ... 135
- [ ] **repair** ... **21**
- [ ] **replace** ... **21**
- [ ] replacement ... 21
- [ ] **reply** ... **47**
- [ ] **represent** ... **23**
- [ ] **representative** ... **189**
- [ ] **reproduce** ... **277**
- [ ] reproduction ... 277
- [ ] **republic** ... **93**
- [ ] republican ... 93
- [ ] **request** ... **47**
- [ ] **require** ... **111**
- [ ] requirement ... 111
- [ ] **rescue** ... **247**
- [ ] **research** ... **79**
- [ ] resemblance ... 215
- [ ] **resemble** ... **215**
- [ ] reservation ... 133
- [ ] **reserve** ... **133**
- [ ] residence ... 151
- [ ] **resident** ... **151**
- [ ] **resign** ... **315**
- [ ] **resist** ... **209**
- [ ] resistance ... 209
- [ ] resolution ... 123
- [ ] **resolve** ... **123**
- [ ] **resort** ... **187**
- [ ] **resource** ... **163**
- [ ] **respect** ... **249**
- [ ] respectable ... 249
- [ ] **respond** ... **187**
- [ ] response ... 187
- [ ] **rest** ... **105**
- [ ] restoration ... 135
- [ ] **restore** ... **135**
- [ ] **restrict** ... **231**
- [ ] restriction ... 231
- [ ] **resume** ... **345**
- [ ] resumption ... 345
- [ ] **retail** ... **223**
- [ ] **retain** ... **215**
- [ ] **retire** ... **59**
- [ ] retirement ... 59
- [ ] **retreat** ... **377**

- [ ] retrieval ... 345
- [ ] **retrieve** ... **345**
- [ ] **reunion** ... **73**
- [ ] **reveal** ... **51**
- [ ] **revenge** ... **303**
- [ ] **revenue** ... **321**
- [ ] **reverse** ... **323**
- [ ] **review** ... **17**
- [ ] **revise** ... **177**
- [ ] revision ... 177
- [ ] revival ... 345
- [ ] **revive** ... **345**
- [ ] **revolution** ... **349**
- [ ] **reward** ... **163**
- [ ] **rhyme** ... **361**
- [ ] **riddle** ... **105**
- [ ] ridicule ... 173
- [ ] **ridiculous** ... **173**
- [ ] **ripe** ... **233**
- [ ] ripen ... 233
- [ ] **rise** ... **257**
- [ ] **risk** ... **117**
- [ ] **ritual** ... **365**
- [ ] **rival** ... **333**
- [ ] **roam** ... **303**
- [ ] **roar** ... **349**
- [ ] **rob** ... **63**
- [ ] robber ... 63
- [ ] robbery ... 63
- [ ] **role** ... **59**
- [ ] **root** ... **77**
- [ ] **rough** ... **261**
- [ ] **route** ... **331**
- [ ] **routine** ... **151**
- [ ] **row** ... **331**
- [ ] **rub** ... **291**
- [ ] **ruin** ... **49**
- [ ] **rumor** ... **65**
- [ ] **rural** ... **347**
- [ ] rust ... 291
- [ ] **rusty** ... **291**

S

- [ ] **sacred** ... **95**
- [ ] **safeguard** ... **203**
- [ ] **sage** ... **307**
- [ ] **sail** ... **331**
- [ ] **sanitary** ... **329**
- [ ] **satellite** ... **153**
- [ ] satisfaction ... 33

- [ ] satisfactory ... 33
- [ ] **satisfy** ... **33**
- [ ] **save** ... **49**
- [ ] **say** ... **213**
- [ ] **scan** ... **277**
- [ ] **scandal** ... **323**
- [ ] **scar** ... **373**
- [ ] **scarcely** ... **379**
- [ ] scare ... 121
- [ ] scared ... 121
- [ ] **scary** ... **121**
- [ ] **scent** ... **337**
- [ ] **scheme** ... **305**
- [ ] **scholar** ... **259**
- [ ] scholarship ... 259
- [ ] **scold** ... **131**
- [ ] **scope** ... **189**
- [ ] sculptor ... 201
- [ ] **sculpture** ... **201**
- [ ] **search** ... **79**
- [ ] **secondary** ... **301**
- [ ] **secure** ... **203**
- [ ] security ... 203
- [ ] **see** ... **227**
- [ ] **seek** ... **79**
- [ ] **seem** ... **23**
- [ ] seemingly ... 23
- [ ] **segment** ... **379**
- [ ] **seize** ... **207**
- [ ] seizure ... 207
- [ ] **seldom** ... **379**
- [ ] **selfish** ... **165**
- [ ] selfishness ... 165
- [ ] selfless ... 165
- [ ] **seminar** ... **375**
- [ ] senate ... 379
- [ ] **senator** ... **379**
- [ ] **senior** ... **35**
- [ ] **sense** ... **31**
- [ ] **sensible** ... **31,319**
- [ ] **sensitive** ... **31,319**
- [ ] **sentence** ... **65**
- [ ] **separate** ... **19**
- [ ] separation ... 19
- [ ] **sequence** ... **279**
- [ ] sequential ... 279
- [ ] **serene** ... **291**
- [ ] **servant** ... **347**
- [ ] **serve** ... **49**
- [ ] service ... 49

☐ session 191	☐ soar 295	☐ **starve** 303
☐ **setback** 293	☐ **sob** 319	☐ **state** 31
☐ **settle** 273	☐ **soil** 233	☐ statement 31
☐ settlement 273	☐ **solid** 89	☐ **statesman** 333
☐ settler 273	☐ solution 17	☐ stateswoman 333
☐ **severe** 263	☐ **solve** 17	☐ **statistics** 371
☐ **shabby** 335	☐ **solvent** 359	☐ **statue** 75
☐ **shake** 17	☐ **somewhat** 379	☐ **status** 121
☐ shaky 17	☐ **soothe** 229	☐ **steady** 203
☐ **shallow** 243	☐ **sophisticated** 335	☐ **steep** 261
☐ shame 203	☐ sophistication 335	☐ **steer** 331
☐ **shape** 37	☐ **sore** 205	☐ **stem** 139
☐ **share** 25	☐ **sort** 97	☐ **stereotype** 335
☐ **sharp** 271	☐ **sour** 91	☐ **stick** 161
☐ **shed** 295	☐ **souvenir** 89	☐ **stiff** 291
☐ **sheer** 209	☐ **span** 345	☐ **stimulate** 365
☐ **shelter** 117	☐ **spare** 317	☐ stimulation 365
☐ **shift** 177	☐ **spark** 91, 377	☐ **stingy** 333
☐ **shine** 77	☐ **sparkle** 91, 377	☐ **stink** 335
☐ **shrink** 295	☐ **special** 163	☐ **stir** 147
☐ **shrug** 329	☐ specialization 163	☐ **stock** 365
☐ **shy** 77	☐ **specialize** 163	☐ **storm** 61
☐ shyness 77	☐ **species** 363	☐ stormy 61
☐ sickness 235	☐ **specific** 51	☐ **strain** 221
☐ **sigh** 125	☐ specification 317	☐ **stream** 109
☐ sign 203	☐ **specify** 51, 317	☐ **stress** 221
☐ **signal** 123	☐ **spectacle** 345	☐ stressful 221
☐ **signature** 203	☐ **spectacular** 271, 345	☐ **stride** 291
☐ **significance** 93	☐ **spectator** 91	☐ strife 351
☐ significant 93	☐ **spend** 25	☐ **string** 75
☐ **signify** 359	☐ **sphere** 261	☐ **strip** 379
☐ silence 243	☐ spherical 261	☐ **strive** 351
☐ **silent** 243	☐ **spill** 19	☐ **stroke** 291
☐ **silly** 19	☐ **spin** 291	☐ structural 77
☐ **simple** 209	☐ **spiral** 261	☐ **structure** 77
☐ simplicity 209	☐ **spirit** 221	☐ **stubborn** 165
☐ **simplify** 200	☐ spiritual 221	☐ **stuff** 75
☐ simply 209	☐ **split** 19	☐ **stun** 251
☐ **simultaneous** 345	☐ **spoil** 49	☐ stunning 251
☐ **sincere** 313	☐ **sprint** 201	☐ submission 295
☐ **skip** 301	☐ **spur** 365	☐ **submit** 295
☐ **skyscraper** 97	☐ stability 203	☐ **substance** 359
☐ **slam** 323	☐ stabilize 203	☐ substantial 359
☐ **slave** 73	☐ **stable** 203	☐ **substitute** 189
☐ slavery 73	☐ **stack** 323	☐ **subtle** 379
☐ **slip** 209	☐ **stagger** 291	☐ **subtract** 295
☐ **smell** 31	☐ **stain** 293	☐ subtraction 295
☐ **smooth** 37	☐ **standard** 259	☐ **suburb** 375
☐ **sneer** 357	☐ **stare** 201	☐ suburban 375
☐ **soak** 361	☐ **startle** 309	☐ **succeed** 73

- ☐ success ... 73
- ☐ successful ... 73
- ☐ successive ... 73
- ☐ **sue** ... 363
- ☐ **suffer** ... 235
- ☐ suffering ... 235
- ☐ **sufficient** ... 263
- ☐ **suggest** ... 49
- ☐ suggestion ... 49
- ☐ suicidal ... 229
- ☐ **suicide** ... 229
- ☐ **suit** ... 67
- ☐ **sum** ... 51,187
- ☐ **summarize** ... 51,187
- ☐ summary ... 51,187
- ☐ **summit** ... 217
- ☐ **superb** ... 287
- ☐ **superior** ... 249
- ☐ superiority ... 249
- ☐ **superstition** ... 95
- ☐ superstitious ... 95
- ☐ **supervise** ... 315
- ☐ supervision ... 315
- ☐ **supplement** ... 289
- ☐ **supply** ... 177
- ☐ **suppose** ... 105
- ☐ **surface** ... 147
- ☐ **surge** ... 295
- ☐ **surgeon** ... 181
- ☐ surgery ... 181
- ☐ **surrender** ... 363
- ☐ **surround** ... 147
- ☐ surrounding ... 147
- ☐ surveillance ... 79
- ☐ **survey** ... 79
- ☐ **survival** ... 45,273
- ☐ **survive** ... 45,273
- ☐ survivor ... 273
- ☐ **suspect** ... 107
- ☐ **suspend** ... 363
- ☐ suspicion ... 107
- ☐ **sustain** ... 307
- ☐ sustainable ... 307
- ☐ **swallow** ... 17
- ☐ **swarm** ... 167
- ☐ **swear** ... 273
- ☐ **sweep** ... 335
- ☐ **swell** ... 257
- ☐ **swift** ... 345
- ☐ **swing** ... 289
- ☐ **sword** ... 221
- ☐ sympathize ... 233
- ☐ **sympathy** ... 233
- ☐ **symptom** ... 235
- ☐ **syndrome** ... 235
- ☐ **synonym** ... 343

T

- ☐ **tackle** ... 315
- ☐ **take** ... 241
- ☐ **tale** ... 139
- ☐ **talent** ... 21
- ☐ talented ... 21
- ☐ **tame** ... 305
- ☐ **taste** ... 91
- ☐ tasty ... 91
- ☐ **tax** ... 165
- ☐ **tear** ... 263
- ☐ **tease** ... 209
- ☐ **technical** ... 349
- ☐ **technique** ... 261,349
- ☐ **tell** ... 255
- ☐ **temper** ... 195
- ☐ temporal ... 205
- ☐ **temporary** ... 205
- ☐ **tempt** ... 103
- ☐ **tend** ... 265
- ☐ tendency ... 265
- ☐ **tender** ... 329
- ☐ **tense** ... 221
- ☐ **tension** ... 221
- ☐ **term** ... 159
- ☐ **terminal** ... 123
- ☐ **terrific** ... 173
- ☐ **terrified** ... 121
- ☐ terrify ... 121
- ☐ territorial ... 293
- ☐ **territory** ... 293
- ☐ **terror** ... 121
- ☐ **terrorism** ... 121,221
- ☐ terrorist ... 221
- ☐ **testify** ... 363
- ☐ **testimony** ... 363
- ☐ **theft** ... 107
- ☐ **therapy** ... 329
- ☐ **thermometer** ... 349
- ☐ **thesis** ... 375
- ☐ **thick** ... 77
- ☐ thief ... 107
- ☐ **thin** ... 77
- ☐ **think** ... 269
- ☐ **thirst** ... 111
- ☐ thirsty ... 111
- ☐ **thorough** ... 231
- ☐ **thread** ... 361
- ☐ **threat** ... 121
- ☐ threaten ... 121
- ☐ **thrill** ... 319
- ☐ **throat** ... 337
- ☐ **throughout** ... 231
- ☐ **thus** ... 245
- ☐ tidal ... 109
- ☐ **tide** ... 109
- ☐ **tidy** ... 31
- ☐ **tie** ... 67
- ☐ tight ... 137
- ☐ **tighten** ... 137
- ☐ **tiny** ... 237
- ☐ **tip** ... 17
- ☐ **tiresome** ... 319
- ☐ **tissue** ... 137
- ☐ **to** ... 385
- ☐ tolerance ... 375
- ☐ **tolerate** ... 375
- ☐ **tomb** ... 303
- ☐ **tongue** ... 251
- ☐ **topic** ... 65
- ☐ **torture** ... 359
- ☐ **total** ... 231
- ☐ **tough** ... 295
- ☐ **toxic** ... 359
- ☐ **trace** ... 95
- ☐ **track** ... 65
- ☐ **trade** ... 59
- ☐ **traffic** ... 45
- ☐ **tragedy** ... 229
- ☐ tragic ... 229
- ☐ **trait** ... 317
- ☐ **transfer** ... 191
- ☐ **transform** ... 177
- ☐ transformation ... 177
- ☐ **transition** ... 303
- ☐ **translate** ... 159
- ☐ translation ... 159
- ☐ transmission ... 303
- ☐ **transmit** ... 303
- ☐ **transparent** ... 343
- ☐ **transport** ... 123
- ☐ transportation ... 123
- ☐ **treat** ... 187

- treatment ... 187
- **tremendous** ... 145
- tremor ... 289
- trend ... 265
- trendy ... 265
- trial ... 363
- tribe ... 319
- trigger ... 175
- trim ... 107
- trivial ... 379
- tropical ... 219
- troublesome ... 293
- trust ... 39
- trustworthy ... 39
- tuition ... 375
- tune ... 81
- twin ... 167
- twist ... 261
- typical ... 181
- tyranny ... 315
- tyrant ... 315

U

- ugliness ... 61
- ugly ... 61
- ultimate ... 287
- uncover ... 139
- under ... 385
- undergo ... 217
- undertake ... 287
- unification ... 187
- unify ... 187
- union ... 191
- unique ... 133
- unit ... 81
- unite ... 187
- unity ... 187
- **universal** ... 153, **329**
- universe ... 153
- unless ... 245
- unrest ... 301
- upbringing ... 375
- upper ... 147
- upset ... 61
- urban ... 319
- urge ... 97
- urgency ... 117
- urgent ... 117
- usher ... 295
- utility ... 349
- utilize ... 349
- utter ... 379

V

- vacancy ... 237
- vacant ... 237
- vague ... 133
- vain ... 237
- valid ... 335
- validity ... 335
- valuable ... 25, **93**
- value ... 25
- vanish ... 335
- vanity ... 307
- variety ... 215
- various ... 243, 215
- vary ... 243, 215
- vast ... 145
- vehicle ... 123
- venture ... 305
- venue ... 305
- verse ... 343
- version ... 331
- vessel ... 123
- vibration ... 289
- vice ... 235
- victim ... 229
- victory ... 251
- viewpoint ... 105
- vigor ... 377
- vigorous ... 377
- violate ... 295
- violation ... 295
- violence ... 107
- violent ... 107
- viral ... 235
- virtual ... 233
- virtually ... 233
- virus ... 235
- visible ... 201
- vision ... 201
- vital ... 317
- vivid ... 91
- vividly ... 91
- volcanic ... 219
- volcano ... 219
- volume ... 149
- vomit ... 373
- vote ... 35
- vow ... 343
- voyage ... 191

W

- wage ... 289
- want ... 283
- warn ... 145
- warning ... 145
- warranty ... 153
- waste ... 193
- wealth ... 25
- wealthy ... 25
- wear ... 81
- weave ... 361
- weed ... 363
- weigh ... 81
- weight ... 81
- weird ... 165
- welfare ... 317
- whisper ... 111
- widespread ... 117
- widow ... 307
- width ... 343
- wilderness ... 349
- willing ... 351
- win ... 73
- wind ... 343
- winding ... 343
- winning ... 73
- wipe ... 291
- wisdom ... 53
- wise ... 53
- with ... 385
- withdraw ... 305
- withdrawal ... 305
- wither ... 193
- witness ... 201
- wonder ... 21
- worm ... 363
- worship ... 365
- worth ... 93
- worthy ... 93
- wound ... 205

Y

- yawn ... 337
- yearn ... 287
- yell ... 111
- yield ... 321

イディオム

- a bunch of A ... 167
- a dozen of A ... 149
- a flood of A ... 61
- a large[small] quantity of A ... 149
- a sort of A ... 97
- Absolutely! ... 231
- accuse A of B ... 131
- accustom A to B ... 107
- adapt oneself to A ... 107
- add to A ... 37
- admire A for B ... 33
- agree with A ... 47
- aim to do ... 153
- allow A to do ... 59
- and so forth ... 207
- apologize to A for B ... 39
- appear(to be) C ... 45
- appoint A (as[to be]) B ... 165
- approve of A ... 149
- arrange(for A) to do ... 133
- aside from A ... 147
- ask a favor of A ... 33
- assign A B ... 165
- assign B to A ... 165
- assist A in doing[to do] ... 247
- associate A with B ... 247
- at a distance ... 243
- at A's expense ... 237
- at intervals ... 275
- at leisure ... 81
- at length ... 243
- at one's leisure ... 81
- at the expense of A ... 237
- at the mercy of ... 375
- at the rate of A ... 81
- at the request of A ... 47
- at the risk of A ... 117
- attempt to do ... 45
- attend to A ... 277
- avoid doing ... 47
- back and forth ... 207
- ban A from doing ... 365
- be able to do ... 265
- be absorbed in A ... 117
- be aimed at A ... 153
- be annoyed with[at about] ... 33
- be ashamed to do ... 203
- be attached to A ... 89
- be based on A ... 35
- be bent on A ... 261
- be blessed with A ... 193
- be bound for A ... 123
- be bound to do ... 123
- be bound to do ... 323
- be capable of doing ... 265
- be composed of A ... 131
- be confronted with[by] ... 307
- be curious to do ... 119
- be definite about A ... 231
- be delayed ... 47
- be desperate for A ... 179
- be drowned ... 229
- be embarrassed ... 203
- be engaged in A ... 277
- be fluent in A ... 251
- be honored to do ... 67
- be in debt (to A) ... 135
- be in good[bad] shape ... 37
- be keen on A ... 351
- be likely to do ... 79
- be occupied in[with] A ... 133
- be on edge ... 147
- be opposed to A ... 19
- be possessed by A ... 191
- be proud of A ... 125
- be proud to do ... 125
- be reluctant to do ... 329
- be stunned ... 251
- be suited for[to] A ... 67
- be supposed to do ... 105
- be terrified to do ... 121
- be[get become] accustomed to A ... 107
- be[get] involved in A ... 135
- be[get] stuck ... 161
- behave oneself ... 217
- benefit from A ... 223
- blame A for B[B on A] ... 19
- boast of A ... 139
- bother to do[doing] ... 33
- burst into A ... 229
- by accident ... 63
- by degrees ... 67
- can afford to do ... 179
- care for A ... 49
- catch a disease ... 235
- caution A to do ... 145
- cease doing[to do] ... 363
- challenge A to B ... 45
- claim to do ... 47
- commit oneself ... 119
- compare A to B ... 25
- compare A with[to] B ... 25
- complain(to A) about[of] B ... 39
- concentrate on A ... 21
- confuse A with B ... 33
- congratulate A on B ... 139
- connect A with[to] B ... 119
- consider O C ... 17
- consist in A ... 31
- consult with A ... 377
- credit A with B ... 39
- criticize A for B ... 19
- cure A of B ... 181
- dare A to do ... 273
- deal in A ... 151
- decline to do ... 245
- dedicate oneself to A ... 105
- defend A against[from] B ... 203
- demonstrate that ... 247
- depend on A ... 39
- deprive A of B ... 103
- derive A from B ... 95
- deserve to do ... 249
- discourage A from doing ... 179
- disguise oneself ... 309
- dislike doing ... 61
- dismiss A as B ... 309
- distinguish A from B ... 97
- distinguish between A and B ... 97
- do A credit[do credit to A] ... 39
- due to A ... 47

- elect A(as) B … 379
- enable A to *do* … 107
- encourage A to *do* … 39
- ensure that… … 247
- excuse A for *doing* … 49
- expect A to *do* … 79
- fade in … 193
- fade out … 193
- fall victim to A … 229
- find fault with A … 19
- flow in … 109
- for instance … 277
- force A to *do* … 63
- forgive A B … 149
- forgive A for *doing* … 149
- furnish A with B … 161
- get divorced … 379
- give a discount on A … 179
- go aboard … 123
- go to extremes … 263
- grant A B[B to A] … 217
- hang around[about] … 119
- hang on … 119
- hate *doing*[to *do*] … 61
- have an effect on A … 37
- have[get catch] a glimpse of A … 201
- heal A of B … 181
- I('ll) bet… … 273
- I would appreciate it if … 39
- impose A on B … 349
- in blossom … 363
- in brief … 205
- in contrast to[with] … 25
- in depth … 243
- in despair … 179
- in detail … 23
- in earnest … 109
- in excess of A … 149
- in favor of A … 33
- in general … 231
- in harmony with A … 33
- in particular … 317
- in plenty … 39
- in principle … 259
- in regard to A … 133
- in terms of A … 159
- in the distance … 243
- in the long[short] terms … 159

- in vain … 237
- inform A of[about] B … 145
- intend to *do*[*doing*] … 153
- invest A with B … 177
- lack for A … 31
- last A B … 205
- lean on[upon] A … 119
- let alone A … 59
- Let me see. … 59
- lose[keep] one's temper … 195
- make a deal with A … 151
- make sense … 31
- manage to *do* … 59
- motivate A to *do* … 97
- neglect to *do*[*doing*] … 357
- nip A in the bud … 363
- notice A *do*(*doing*) … 21
- off duty … 151
- offer to *do* … 37
- on account of A … 23
- on duty … 151
- on the basis of A … 259
- on the contrary … 131
- on the decrease … 173
- on the edge of A … 147
- on[in] A's behalf … 189
- on[in] behalf of A … 189
- owe A B[B to A] … 135
- permit A to *do* … 149
- persuade A to *do*[into *doing*] … 275
- pick out … 249
- pick up … 249
- play a role … 59
- plenty of A … 39
- prefer A to B … 25
- prefer to *do* … 25
- pretend to *do* … 53
- prevent A from *doing* … 47
- prior to A … 301
- propose to *do*[*doing*] … 111
- provide A with B[B for A] … 37
- put A into practice … 51
- put[set] aside … 147
- quit *doing* … 17
- reach for A … 45
- reduce A to B … 173
- reflect on A … 51

- refuse to *do* … 245
- regard A as B … 133
- remain C … 79
- remember *doing* … 53
- remember to *do* … 53
- remind A of B … 53
- replace A with B … 21
- request A to *do* … 47
- resolve to *do* … 123
- risk *doing* … 117
- rob A of B … 63
- search(A) for B … 79
- secure A B[B for A] … 203
- seek for A … 79
- seek to *do* … 79
- seize A by the B … 207
- slip A's mind … 209
- sort out … 97
- speak ill of A … 67
- starve for A … 303
- stick to A … 161
- substitute A for B … 189
- suffer from A … 235
- suggest *doing* … 49
- suggest(to A) that … 49
- superior to A … 249
- supply A with B[B for A] … 177
- suspect that … 107
- take A for granted … 217
- take care of A … 49
- take pains … 175
- taste C … 91
- tear up … 263
- tempt A to *do* … 103
- thus far … 245
- to a great[large] extent … 263
- to some degree … 67
- to some[a certain] extent … 263
- transform A into B … 177
- turn a blind eye to A … 175
- urge A to *do* … 97
- vote against A … 35
- vote for A … 35
- warn A of[against] B … 145
- with reference to A … 343
- worth *doing* … 93
- You bet (…) … 273

407

編者紹介

投野由紀夫

東京外国語大学大学院教授。専門はコーパス言語学、第二言語語彙習得、辞書学。コーパス分析からわかる英語の基本語彙の重要性を説き、英語教材に幅広く応用、『エースクラウン英和辞典』(三省堂)、『プログレッシブ英和中辞典』(小学館) などの辞書の編者であるほか、「コーパス練習帳」シリーズ (NHK出版)、『NHK基礎英語データベース Mr. コーパス 投野由紀夫のよりぬき表現360』(NHK出版) などの語学書を開発してきた。さらに CEFR という新しい外国語能力の参照枠を日本に導入、CEFR-J という枠組みとしてシラバス、教材作成、評価などの土台作りをコーパス分析をからめて行っている。趣味は古辞書収集とクラシック鑑賞、珈琲、講演の後の温泉巡り。

編集協力

石井和宏	和泉爾	上田道浩	鎌田雄二	河野直樹	下田和男
宿口信子	友田哲平	中西健介	長谷部聖	樋口博一	平井正朗
福﨑穣司	藤田泰典	松川稔	三原伸剛	向井透	村山翔大
山下朋明	結城正雄	(五十音順)			

クラウン　チャンクで英単語 Advanced

2016年 3月10日　第 1 刷発行
2021年 2月10日　第 7 刷発行

編　者　　投野由紀夫
発行者　　株式会社　三省堂　代表者　瀧本多加志
印刷者　　三省堂印刷株式会社
発行所　　株式会社　三省堂
　　　　　〒101-8371
　　　　　東京都千代田区神田三崎町二丁目22番14号
　　　　　電話　編集　(03) 3230-9411
　　　　　　　　営業　(03) 3230-9412
　　　　　商標登録番号　663092
　　　　　https://www.sanseido.co.jp/

© Sanseido Co., Ltd. 2016
Printed in Japan
<チャンクアドバンスト・408pp.>
落丁本・乱丁本はお取り替えいたします。
ISBN978-4-385-26112-6

本書を無断で複写複製することは、著作権法上の例外を除き、禁じられています。また、本書を請負業者等の第三者に依頼してスキャン等によってデジタル化することは、たとえ個人や家庭内での利用であっても一切認められておりません。